北京劳动保障职业学院国家骨干校建设资助项目

复旦卓越·人力资源管理和社会保障系列教材

薪酬管理业务综合训练

肖红梅　康　锋　主编

丛书编辑委员会

编委会主任　李继延　李宗泽

编委会副主任　冯琦琳

编委会成员　李　琦　张耀嵩　刘红霞　张慧霞

郑振华　朱莉莉

复旦大学出版社

内容提要

本书是针对劳动与社会保障、人力资源管理和公共事务管理等专业的学生编写的一本教材，突出强调了“教、学、做、训、评”的特点。本教材本着“理论适度”的原则，紧密结合《企业人力资源管理师国家职业标准》（三级、四级）的要求，围绕企业薪酬管理专员（主管）的岗位职责和主要工作内容展开，按照项目模块化编写。本书共有六个项目：薪酬概述与职业认知、工资等级制度、工作评价、工资结构调整与工资标准测算、日常薪资计发和企业人工成本管控。另外，在教材的风格和形式上也进行了创新，增加了许多互动性、情景性和操作性的教学内容，使其更加丰富、生动和富有趣味性。

本书适合实践型本科及高职高专类院校人力资源管理和工商管理专业师生选作教材，同时也可作为各类组织管理人员培训教材或教学参考书。

丛书总主编　李　琦

编辑成员（按姓氏笔画排序）

邓万里　田　辉　石玉峰　孙立如　孙　林　刘红霞
许晓青　许东黎　朱莉莉　李宝莹　李晓婷　张慧霞
张奇峰　张海蓉　张耀嵩　肖红梅　杨俊峰　郑振华
赵巍巍

前言

Qianyan

高等职业教育以就业为导向，以培养高端技能型专门人才为宗旨。这一点决定了高职教材应该有别于本科层次的传统学科型教材。“薪酬管理”是人力资源管理专业的一门技术性与实践性较强的专业核心课程。目前，我国适用于本科院校的“薪酬管理”教材多数侧重于欧美国家薪酬战略、薪酬理论等知识性介绍，而对薪酬管理实践特别是基于薪酬管理岗位职责的具体业务训练则不足（当然，这在一定程度上是本科层次人才培养定位所决定的）。这类教材不能很好地满足当前高职人力资源管理专业人才培养的需要。

鉴于此，本着满足高职人力资源管理专业理实一体化教学改革的要求，我们编写了本教材。教材的编写体现了基于工作过程的职业教育课程开发理念，本着“理论适度”的原则，紧密结合《企业人力资源管理师国家职业标准》（三级、四级）的要求，围绕企业薪酬管理专员（主管）的岗位职责和主要工作内容展开，按照项目模块化编写。教材共分为六个项目：薪酬概述与职业认知、工资等级制度、工作评价、工资结构调整与工资标准测算、日常薪资计发和企业人工成本管控。每个项目内按照工作流程或知识的内在逻辑分别设置了若干模块，每个项目内设有“核心知识要点”、“业务演练”、“课后巩固”和“总结与评价”等环节，力求最大限度地满足高职院校薪酬管理课程的理实一体化教学的需要。

本教材的写作分工如下：北京劳动保障职业学院劳动经济管理系教师肖红梅编写项目1、项目5、项目6；北京中创国业薪酬设计院高级薪酬设计师、北京劳动保障职业学院聘任讲师康锋编写项目2、项目3、项目4。国内知名的薪酬管理咨询专家、北京中创国业薪酬设计院执行院长康士勇教授为本书的内容设计和结构安排提出了建设性意见;北京劳动保障职业学院劳动经济管理系主任李琦教授也为本教材的编写提出了诸多指导性的建议,在此一并表示感谢!

本教材广泛吸取和参考了国内专家同行有关最新薪酬管理的学术研究和管理咨询成果,在脚注和教材的参考书目中予以列入,在此表示诚挚的谢意!管理是科学,管理也是艺术,薪酬管理理论与实践博大精深,需要我们不断去探索研究。尽管本书编写人员付出了很大努力,但由于编者水平有限,本教材一定存在许多问题和不足,祈望得到批评和指正。

编　者

2012年12月于北京

目 录

Mulu

项目 1

薪酬概述与职业认知

【学习目标】

1 理解薪酬的含义，辨析与薪酬有关的概念；
2 认知薪酬的基本形式；
3 识别应计入工资总额的工资项目；
4 了解最基本的工资决定理论；
5 认知薪酬专员(主管)岗位职责。

【逻辑架构图示】

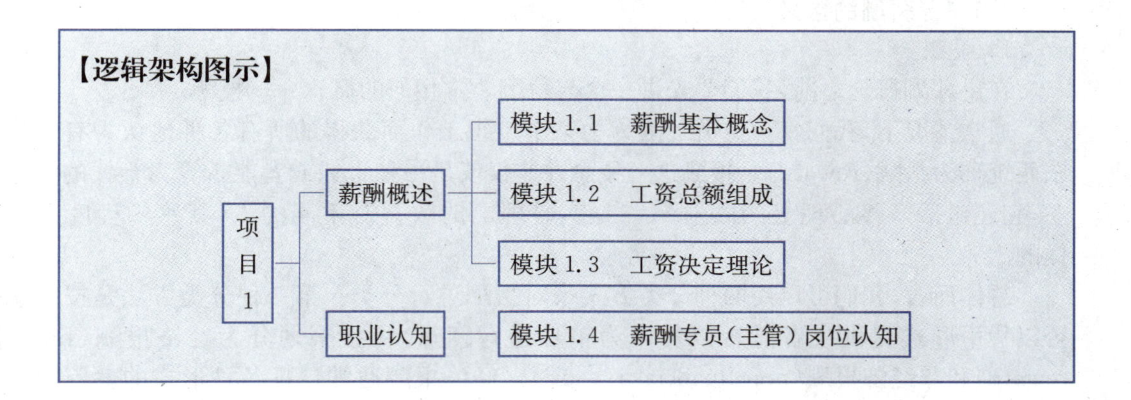

【引导案例】

从前，有一位猎人厌倦了自己一个人打猎的辛劳，买来几条猎狗，并规定：凡是能够在打猎中捉到兔子的，就可以得到几根骨头，捉不到的就没有饭吃。猎人这一招使得猎狗们纷纷去努力追兔子。过了一段时间，猎狗捉的兔子越来越小了(猎狗们观察发现：猎人奖赏骨头的数量只与兔子数量有关，而无关兔子大小)。猎人经过思考后决定：每过一段时间，就统计一次猎狗捉到兔子的总重量，以此来决定其一段时间内的待遇。于是猎狗们捉到兔子的数量和重量都增加了。又过了一段时间，猎人发现，猎狗们捉兔子的数量又少了。猎人问猎狗，方知问题出在：猎狗们担心它们捉不到兔子的时候，就没有骨头吃。于是，猎人再次进行了改革，使得每条猎狗除基本骨头外，可获得其所猎兔肉总量的 $n\%$，而且随着服务时间加长，贡献变大，该比例还可递增，有权分享猎人总兔肉的 $m\%$。从此，猎人与猎狗们的合作步入了正常……

上述小故事提示我们：薪酬管理与支付形式是多么重要！对于一个企业来说，一旦报酬系统出了故障，就会给企业带来不少麻烦。那么，究竟什么是薪酬？一个企业薪酬专员(主管)的岗位职责是什么？带着上述问题，请你开始第一个项目的学习。

资料来源：改编自《管理小故事：猎人与猎狗》，百度文库，http://wenku.baidu.com/view/d1056403b52acfc789ebc9c3.html。

模块 1.1 薪酬的基本概念

核心知识要点

1.1.1 薪酬的含义

1. 报酬

在讲薪酬概念之前，我们要先讲一个与薪酬非常相似的概念——报酬。

通常情况下，我们将一位员工因为为某个组织工作而获得的所有各种他认为有价值的东西统称为报酬(reward)。报酬这一概念并非仅仅是一种金钱或者能折算为金钱的实物概念，它还包括一些心理上的收益[①]。当然，心理上的收益对不同的人，其感知程度是不一样的。

总体而言，我们可以用两种分类方式来对报酬进行分类。第一种分类方法是按报酬是否以货币形式提供或者能否以货币为单位进行衡量，将报酬划分为经济报酬(financial reward)和非经济报酬(non-financial reward)。经济报酬通常包括各种形式的薪资和福利(其中，薪资被称为直接经济报酬，福利被称为间接经济报酬)。非经济性报酬则包括成长和发展的机会、从事富有挑战性的工作的机会、参与决策的机会、特定的个人办公环境、工作地点的交通便利性等。

第二种分类方法是按某种报酬对劳动者所产生的激励是一种外部刺激还是一种发自内心的心理激励，将报酬划分为外在报酬(extrinsic reward)和内在报酬(intrinsic reward)。这

① 刘昕，《薪酬管理》(第2版)，中国人民大学出版社，2007年，第4页。

种划分方法与工作特性理论(job characteristic theory)紧密相连。工作特性理论认为，具有技能多样性、任务一致性、任务重要性、自主性以及反馈性等五个方面特征的工作，会导致员工产生三种关键性的心理状态，即感受到工作的有意义性、感受到自己对工作的责任感、了解自己的工作活动所产生的结果，而这些关键的心理状态又会带来员工的低流动率、低缺勤率和高工作满意度，同时强化员工的工作绩效。

2. 薪酬

"薪酬"一词在我国属于舶来品，英语中的对应词汇是"compensation"，含有弥补和补偿之意。因此，在本质上，薪酬正是雇主或企业为获取员工所提供的劳动而提供的一种回报或报酬。薪酬是一个外延广泛的概念，不同的使用者在使用这一词汇时，往往会有不同的界定。对于薪酬概念的界定，通常有以下三种。

第一种是宽口径的界定，将薪酬等同于报酬，即员工由于完成了自己的工作而获得的各种内在报酬和外在报酬[①]。这种宽口径的薪酬概念，其实质上就是一些教科书上的总薪酬概念。详见表1-1。

表1-1　总薪酬的构成

<table>
<tr><td rowspan="3">通过工作获得的收益
（总薪酬）</td><td rowspan="2">外在薪酬</td><td>直接：现金</td><td>● 基本工资
● 奖金
● 短期红利
● 长期激励</td></tr>
<tr><td>间接：福利与服务</td><td>● 劳动保护
● 休息时间
● 服务及津贴</td></tr>
<tr><td>内在薪酬</td><td colspan="2">● 赞扬与地位
● 雇佣安全
● 挑战性的工作
● 学习的机会</td></tr>
</table>

须指出的是，上述这种宽口径的界定在实践中不是很常见。

第二种是中等口径的界定，即指雇员作为雇佣关系的一方所得到的各种货币收入，以及各种具体的服务和福利之和。目前，很多人力资源管理和薪酬管理方面的教科书都采用这种定义。

第三种是窄口径的界定，即薪酬仅仅包括货币性薪资(基本薪酬和可变薪酬)，而不包括福利。在实践中，大多数实际管理部门都倾向于使用这种定义，比如美国全面报酬学会(WAW)就采取这样的定义，美国的联邦政府人事管理署和美国劳工统计局也倾向于使用这种定义。

本教材中，对薪酬概念的使用一般属于第二种，比如"薪酬管理"一词实际包括薪酬和福利两部分内容。有时候也会倾向于第三种，比如薪酬等级、薪酬幅度等概念，实际上特指工资。另外，在专门阐述工资问题时，结合我国实际，与国家劳动统计、会计口径相一致，本书

① Joseph J. Martocchio, *Strategic Compensation: A Human Resource Management Approach*, Pearson Prentice Hall, 2004, p. 2.

更多地使用了收入、工资、工资总额等概念。

1.1.2 薪酬的形式

关于薪酬的形式，美国学者乔治·米尔科维奇和杰里·M·纽曼著、董克用翻译的《薪酬管理》一书列入了以下四种形式的薪酬。我国人力资源和社会保障部主办的一级人力资源管理师职业资格考试指定教材中也沿用了这四种形式。

1. 基本工资

基本工资又叫基本薪资，是雇主为已完成工作而支付的基本现金薪酬。它反映的是工作岗位或技能价值，而往往忽视了员工之间的个体差异。某些薪酬制度把基本工资看作雇员所受教育、所拥有技能的一个函数。对基本工资的调整可能是基于以下事实：整个生活水平发生变化或通货膨胀；其他雇员对同类工作的薪酬有所改变；雇员的经验进一步丰富；员工个人业绩、技能有所提高。

基本工资是员工从雇主那里获得的较为稳定的经济性报酬，它为员工提供了基本的生活保障和稳定的收入来源。

2. 绩效工资

绩效工资是企业对员工过去工作行为和已取得工作业绩的认可，在基本工资基础上增加支付的工资，绩效工资往往随员工的工作表现及其业绩的变化而调整。因此，有突出业绩的员工，可以在基本工资之外获得一定额度的绩效工资。调查资料表明，美国90%的公司采用了绩效工资。按照我国的习惯，这里的绩效工资可以称为"绩效加薪"，与我国过去实行的奖金制度内涵是一致的。在我国传统的工资管理体制下，企业生产工人除了可获得一定数额的基本工资外，还可以根据其劳动定额完成的情况获得一定数额的奖金，即超额的劳动报酬。

须注意的是，美国的绩效工资概念与我国实践中的使用习惯是有所差别的。在美国，绩效工资属于对员工过去工作行为和已取得成就的认可而给予的加薪；而在我国，绩效工资被认为是考核期间与当期实际绩效程度直接联系起来的那部分可变工资，在工资支付中称为绩效工资、奖金或效益工资等。在劳动统计中称为奖金或超额计件工资，与相对固定的计时工资或基本工资并列存在。

3. 激励工资

激励工资也和业绩直接挂钩，它具有一定的弹性，人们通常将激励工资看作可变性薪酬。激励工资可以分为短期激励工资和长期激励工资两种具体形式。

短期激励工资，通常采取非常特殊的绩效标准。例如：在美国的普拉克思航空公司的化学与塑料分部，每个季度如果达到或者超过了8%的资本回报率目标，就可以得到一天的工资；回报率达到9.6%，在这个季度工作了的每个员工可得到等于两天工资的奖金；如果达到20%的资本回报率，任何员工都可以得到等于8.5天工资的奖金。

长期激励工资，则把重点放在员工多年努力的成果上。高层管理人员或高级专业技术人员经常获得股份或红利，这样，他们会把精力主要放在投资回报、市场占有率、资产净收益等组织的长期目标上。例如，微软、百事可乐、沃尔玛、宝洁公司让它们的员工都拥有股票期权，美国的可口可乐公司评选出对公司成功有突出贡献者而奖励给他们股份。近年来，我国国有企业在长期激励工资方面做了一定的探索，推行了经营者年薪制、股票期权、期股和员工持股计划等制度。企业建立长期激励工资可以使员工利益与公司利益紧密相连，有利于培养员工的主人翁意识，使他们更加关注企业的未来和发展。

虽然激励工资和绩效工资都与员工的业绩有关，但对业绩产生影响两者是有区别的：一是激励工资以支付工资的方式影响员工将来的行为；而绩效工资侧重于对过去工作的认可。二是激励工资制度在实际业绩达到之前就已经确定，而绩效工资往往不会提前被雇员所知晓。三是激励工资是一次性支出，对劳动力成本没有永久的影响，业绩下降时，激励工资也会自动下降；而绩效工资通常会加到基本工资上去，是永久的增加。

4. 福利和服务

企业为员工提供的各种形式的福利和服务，包括休假（假期）、服务（医药咨询、财务计划、员工餐厅）和保障（医疗保险、人寿保险和养老金），越来越成为薪酬的一种重要形式。根据对我国一些中心城市国有企业的调查，企业在这方面的费用逐年上升，大约占企业人工总成本的30%。灵活多样的福利和服务已成为企业引才留人的重要手段。

1.1.3 薪酬的功能

不同的利益主体对薪酬职能有不同的认知，从而构成了薪酬管理目标的多元性。从微观层面看，对企业而言，薪酬是企业的一种成本支出；而对员工而言，薪酬则是员工劳动所换取的收入，它代表了企业和员工之间的利益交换关系。从宏观层面看，薪酬属于社会再生产的分配环节，对社会经济生活产生重大影响。因此，对于薪酬的功能，需要从员工、企业与社会三个方面来加以理解。

1. 薪酬的功能：员工方面

薪酬对于员工的重要性主要体现在经济保障功能、心理激励功能和信号传递功能三个方面。

（1）经济保障功能。

在市场经济条件下，薪酬收入是绝大多数劳动者的主要收入来源，它对于劳动者及其家庭生活所起的保障作用是其他任何收入保障手段都无法替代的。薪酬对员工的保障不仅要体现在它要满足员工在衣、食、住、行等基本生存需要，同时还体现在它要满足员工在娱乐、教育、自我开发等方面的需要。总之，从某种程度上来讲，员工薪酬水平的高低直接影响着员工及其家庭的生存状态和生活方式。

（2）心理激励功能。

根据马斯洛的需要层次理论，员工对薪酬的需求在五个层次上有所表现：第一，员工期望所获得的薪酬必须能够满足其基本生活需要，这是薪酬水平的底限；第二，员工期望自己的薪酬收入更加稳定并有所增加；第三，员工期望自己所获得的薪酬与同事相比是公平的；第四，员工期望自己能够获得比他人更高的薪酬，以作为对个人能力及其工作价值的肯定；第五，员工期望自己能够获得更高的薪酬，来满足更为富裕、质量更高的生活需求，从而进入一种更为自由的生存状态。一般情况下，当员工低层次的薪酬需求得到满足后，会产生更高层次的薪酬需求，且员工的薪酬需求往往是多层次的。

从激励的角度来说，员工较高层次的薪酬需求得到满足的程度越高，则薪酬对于员工的激励作用就越大。反之，如果员工的薪酬需求得不到满足，就很可能会产生消极怠工、工作效率低下、缺勤率和离职率上升、组织凝聚力和员工对企业忠诚度下降等不良后果。实践经验表明，在企业其他条件相同的情况下，不能满足员工的合理薪酬期望的企业很容易出现员工满意度低和流动率高的现象。

(3) 信号传递功能。

劳动者的薪酬水平,能一定程度上说明一个人在社会上所处的位置。一个劳动者的薪酬水平实际上可以向其他人传递着一种信号,人们可以根据其所获得的薪酬水平的高低来判定员工的职业、所教育程度、生活状况,甚至家庭、朋友等。在一个组织内部,员工的相对薪酬水平往往代表了员工在组织内部的地位和层次,是识别员工个人价值实现的一种信号。

2. 薪酬的功能:企业方面

对企业而言,薪酬的功能体现在控制经营成本、改善经营绩效、塑造企业文化和支持企业变革这几个方面。

(1) 控制经营成本。

对于任何企业来说,薪酬都是一项不容忽视的成本支出,企业薪酬成本直接影响其产品或服务的竞争力。一方面,企业迫于产品或服务市场上的竞争压力不得不控制薪酬成本;另一方面,企业为了获取和保留企业经营所不可或缺的人力资源,不得不支付具有吸引力的薪酬。通常情况下,薪酬总额在大多数企业的总成本中占到40%—90%的比重。比如,薪酬成本在制造业的总成本很少会低于20%,而在服务行业中薪酬总额占总成本的比重往往高达80%—90%[①]。企业通过合理控制薪酬成本,能够降低总成本而赢得经营成功。

(2) 改善经营绩效。

薪酬直接影响员工的工作行为、工作态度以及工作业绩,影响他们的工作效率、缺勤率、对组织的归属感和忠诚度,从而直接影响企业经营绩效。通过薪酬支付,企业可以让员工了解,什么样的行为、态度、业绩是受到鼓励,是对企业有贡献的,从而引导员工的工作行为、工作态度以及最终的绩效朝着企业期望的方向发展。反之,不合理、不公正的薪酬则会导致员工采取不符合企业利益的行为而致企业经营目标难以实现。如何利用薪酬手段来改善企业绩效,是企业薪酬管理的主要目标。

(3) 塑造企业文化。

合理的、富有激励性的薪酬制度会有助于企业塑造良好的企业文化,或者对企业已有的文化起到强化作用;反之,企业薪酬政策与企业文化或价值观存在冲突,则会对企业文化和价值观产生消极影响。比如,如果企业是推行以个人为单位的绩效工资方案(如计件工资制),则会在企业内部起到强化个人主义文化,使员工崇尚独立、注重彼此之间的竞争。如果企业绩效工资的计算和发放主要以小组或团队为单位,则会强化员工们的合作精神和团队意识,从而支持一种团队文化。

(4) 支持企业变革。

企业变革需要相应的制度来保障实施,变革要想取得成功,管理制度必须和变革保持一致。企业变革离不开薪酬管理的改革。现在很多企业都提倡团队合作的精神,相应的分配制度就要体现团队合作导向,在决定个人报酬时不仅要考虑员工个人在岗位上做出的贡献,还要考虑员工所在部门的整体业绩表现。这种个人绩效和部门绩效相结合决定个人报酬的薪酬管理制度就清晰地体现了企业倡导团队合作的导向。如果一边大谈团队合作,实际上仅仅以个人绩效决定薪酬,那么结果可能就是"各扫门前雪","管好自己的一亩三分田,随便他人怎么着"的一盘散沙局面。

---

① 刘昕,《薪酬管理》(第2版),中国人民大学出版社,2007年,第15页。

3. 薪酬的功能：社会方面

劳动者的总体薪酬水平是一国总体社会和经济发展水平的重要指标。合理的薪酬不仅可以满足人们的多种需要，不断提高人们的生活质量，而且有利于经济社会的平等与效率的提高。

(1) 薪酬是宏观经济运行的参考因素。

薪酬会对区域经济发展、产品市场及国际贸易等产生重要的影响，需要宏观政策的调控。比如，政府会对企业的人工成本进行调查，发布劳动力市场工资指导价位，通过工资指导线指导企业工资调整，制定最低工资标准等。

(2) 薪酬是衡量社会公平的标准。

通过薪酬的变动，可以发现不同社会层面、社会群体的收入变动与收入公平问题。薪酬指标可以显示城乡之间、区域之间、行业之间的报酬差异，从而反映一个社会的公平程度。

(3) 薪酬是财政支出的重要组成部分。

政府机构、公共管理部门等公务人员的薪酬是来自政府财政预算，是财政支出的重要组成部分。公务人员薪酬会对私营部门产生一定的示范效应。比如，公务员工资薪金涨了，可能会带动企业部门相应的工资上涨。

1.1.4 与薪酬有关的概念

1. 工资、薪金与工资率

国际劳动组织《1949年保护工资条约》中对工资定义："'工资'一词系指不论名称或计算方式如何，由一位雇主对一位受雇者，为其已完成和将要完成的工作或已提供或将要提供的服务，可以货币结算并由共同协议或国家法律或条例予以确定而凭书面或口头雇用合同支付的报酬或收入。"①

薪金，也叫薪俸、薪给、薪水，今通称工资。工资与薪金在本质上并没有差别，而是使用习惯上有所差别。在日本，对工厂劳动者的给予叫工资，对职员的给予叫薪俸。在我国台湾，薪给(salary)与工资(wage)通称为薪资。有的教科书上也对工资和薪金做了这样的区别：以工作品质要求为主(脑力劳动者、劳心者)的收入称为薪金，以工作量要求为主(体力劳动者、劳力者)的收入称为工资。

工资率，是指单位时间内的工资数额。按照计薪周期不同，工资率可以分为小时工资率、日工资率、周工资率、月工资率和年工资率，一般比较常见的是月工资率。

2. 名义工资与实际工资

名义工资也叫货币工资，是以某种货币单位表示的工资数量，比如小李每个月的工资为5 000元人民币。

实际工资，是与名义工资相对应的概念，是指在扣除居民消费价格上涨等因素后，货币工资能实际购买到的商品和劳务的购买力。如果货币工资提高，实际工资并非一定提高，只有当货币工资的增长高于消费品和住房价格提高速度时，实际工资才会上升。实际工资可用货币工资除以居民消费价格指数求得。

比较不同国家的劳动者的薪资水平，就不能简单地比较名义工资数字，要比较其实际工资水平。比如，一个加拿大的大学教员和一个中国的大学教员的年薪都是6万元，但从两个

---

① 国际劳工组织，《国际劳工公约和建议书(1949—1994)》第1卷，国际劳工组织北京局，1994年第1版，第131页。

国家的物价水平来看,加拿大教员在加拿大能买到的商品或服务比中国教员要更多一些。因此,加拿大教员的实际工资要高些。

3. 应发工资与实发工资

应发工资与实发工资是一组特别容易与名义工资、实际工资相混淆的概念。应发工资,按照我们的习惯,又叫税前工资,是指各项工资收入相加所得的数额。实发工资,也叫税后工资,是指应发工资在扣除法律法规规定的个人统一缴费项目(社会保险费、住房公积金和个人所得税)、单位符合规定的扣款(比如事假工资、租房租金、水电费等)后的数额。

4. 平均工资与工资水平

平均工资是指一定时间内平均每一职工的工资数额。工资水平是指一定区域和一定时间内劳动者平均工资的高低程度。从概念解释来看,平均工资是反映工资水平的指标。比如通过比较两个地区的职工平均工资(简称"社平工资"),就可以大致比较出两个地区的工资水平。2011 年北京市职工平均工资为56 061元,上海市职工平均工资为51 968元,可以看出北京市 2011 年的职工工资水平略高于上海市。

1.1.5 薪酬目标

设计薪酬管理制度是为了达到一定的目标,薪酬制度的基本目标可以归纳为合法、效率和公平这三个方面。合法是底限,否则企业就会受到国家有关法律的处罚;效率是出发点,企业希望借助薪酬来激励员工提高组织绩效;公平是基础,否则薪酬就起不到足够的激励作用,而导致员工消极怠工,甚至离开公司。

1. 合法

合法,包括遵守各种全国性的和地方性的法律法规,比如劳动法、劳动合同法、工资支付规定、有关社会保险方面的法规等。这是维持和提高企业的信誉的关键,也是吸引优秀人才的关键。

2. 效率

将效率目标可进一步细化为四个方面,即提高绩效、保证质量、赢得客户和控制成本。

(1) 提高绩效。

首先,薪酬制度应支持企业战略,即承担不同职能和任务目标员工的薪酬水平是否支持公司的战略目标;该计划还应该与人力资源战略和目标正确配合;在原来工资的基础上,目标工资的增幅多大才有意义。

其次,要通过薪酬制度来促进员工的行为与组织目标相符。组织内部薪酬结构影响员工的行为。要设计一种能使员工的努力与组织的目标相一致的薪酬结构,应该把每个职位与组织目标之间的关系阐述清楚。员工越是清楚地了解他们的工作与组织目标之间的关系,薪酬结构越是能使员工的行为与组织目标相一致。

(2) 保证质量。

保证产品和服务的质量,这是实现公司战略、取悦客户的基础。

(3) 赢得客户。

客户是市场,丢了客户就丢了市场。要让每一位员工明白,给他们发工资的人不是公司经理,是客户。只有为客户高度负责,客户满意,企业、员工的生存空间才会越来越大。

(4) 控制成本。

控制成本有两个方面的意义:一是在保证质量的前提下,控制住了成本,就控制住了价格,就能取得产品价格的竞争优势;二是降低成本,这能够提高企业的经济效益,进而就能为提高员工收入水平、技术改造和扩大生产规模提供资金保证。

3. 公平

公平,意味着过程(程序)公平和结果公平。

(1) 决定分配结果的程序公平。

这种公平对员工的满意度影响更大,通常使用公平分配和公平程序决定报酬的组织,被认为更可信赖并将导致更高的组织承诺水平。没有分配决策过程的公平,就没有分配结果的公平。

员工对过程公平的认可程度将对他们是否接受结果产生重大的影响,如果员工和企业认为确定薪酬结果的方式是公平的,他们就愿意接受低工资。要做到薪酬过程公平,应遵循以下四点:A. 薪酬结构要适用于全体员工;B. 允许员工并鼓励员工代表参与薪酬制定过程;C. 员工要有对薪酬不满的申诉程序;D. 使用的数据要准确。

(2) 分配的结果公平。

分配的公平感来源于两个方面的分配关系。一是企业和员工之间的分配关系,即劳动和资本的关系。这一关系表现为员工实际获得的报酬数量与按相关标准进行衡量的产出之间的关系,如人工费比率、劳动分配率等,在销售额、增加值一定下,人工费比率或劳动分配率决定了增加值中的资本要素报酬总额和劳动要素报酬总额。二是员工之间的分配关系,即在劳动要素报酬总额一定的情况下,其在劳动者之间的分配。

1.1.6　薪酬政策

薪酬政策,包括四个方面:内部一致性;外部竞争力;员工贡献;薪酬管理。

1. 内部一致性

内部一致性,通常被称作内部公平,是指薪酬结构(即薪酬差别)与组织设计和工作之间的关系。它强调薪酬结构设计的规范性和统一性,即要对所有员工公平,按照统一的尺度来衡量每一员工的岗位在组织中的相对价值,而不管他们的身份如何。

内部一致性决定着企业内部的薪酬结构。它通过对企业内各个岗位进行岗位分析,编制岗位说明书,依据一定的标准同时考虑组织的战略意图、文化、风俗习惯、经济环境、员工的特征和工作性质等要素对各个岗位进行评价,以确定企业内合理的薪酬结构。

2. 外部竞争力

外部竞争力,是指雇主如何参照市场竞争对手的薪酬水平给自己的薪酬水平定位。它强调的是薪酬支付与外部组织的薪酬之间的关系。它具有市场相对性,即与其他竞争对手相比。在实际运作中,薪酬的竞争力是通过选择高于、低于或与竞争对手相同的薪酬水平来实现的。视外部竞争情况而定的薪酬水平决策对薪酬目标具有双重影响:

其一,确保薪酬足够吸纳和维系员工。这是对员工态度和行为的影响。一旦员工发现他们的薪酬低于企业内其他同行,他们就很有可能会离开。

其二,控制劳动力成本以使本企业的产品或服务价格具有竞争力。这是对企业运作成本的影响。在其他条件相同的情况下,薪酬水平越高,劳动力成本越高。由此可见,外部竞争力直接影响着企业的效率和内部公平。

3. 员工贡献

员工贡献是指企业对员工业绩的重视,按业绩付酬。对绩效和(或)工龄的重视程度是一项重要的薪酬决策，因为它直接影响着员工的工作态度和工作行为。制定了绩效工资政策的企业，在制定薪酬制度时会更为注重绩效工资和激励工资。

4. 薪酬管理

企业必须设计一整套包括内部一致性、外部竞争力、员工贡献在内的薪酬制度，但如果管理不善，则不可能达到预定目标。管理者必须把各种形式（如基本工资、短期和长期激励工资）规划在该制度之内，做好与员工的沟通，还要对该制度能否达到目标做出准确判断。

业务演练

任务 1－1：薪酬形式认知

练习 1： 表 1－2 是某企业人力资源部员工王三 2012 年 6 月份的工资条。请识别其工资条中基本工资是多少，绩效工资是多少，津贴补贴为多少。

表 1－2　某企业人力资源部员工王三的工资条　　单位：元

职工姓名	岗位工资	绩效工资	工龄工资	通讯	饭补	应发合计	养老	失业	医疗	公积金	个税	实发合计
王三	1 400.00	600.00	200.00	70.00	330.00	2 600.00	149.50	3.74	59.06	172.80	0.00	2 214.90

任务 1－2：识别与工资有关的概念

练习 2： 参考表 1－2 王三 2012 年 6 月份的工资条，请识别其每个月的应发工资为多少，实发工资为多少，实发工资是怎么计算出来的。（拓展：你能否利用所学的知识，进一步推算出王三各项社会保险费的缴费基数？）

练习 3： 李平 2011 年的月平均工资为 3 500 元，年终考核合格后按照公司工资制度规定，2012 年 1 月起李平的工资涨 100 元，即每月为 3 600 元。按照国家统计局公布的数据：2012 年 1 月份全国居民消费价格总水平环比上涨 1.5%。请你据上述数据判断，李平的 2012 年 1 月实际工资水平与 2011 年比较起来是上涨了还是下降了。若上涨，实际上涨了多少？

模块 1.2　工资总额组成

核心知识要点

1.2.1　工资总额概念

工资总额是一个非常重要的概念，它直接关系到员工各项社会保险缴费基数、公积金缴费等。

1990 年 1 月 1 日，国家统计局发布的《关于工资总额组成的规定》（统计局[1990]1 号令）指出：工资总额是指各单位在一定时期内直接支付给本单位全部职工的劳动报酬总额。随后，国家统计局发布的《关于工资总额组成的规定若干具体范围的解释》又进一步明确了工资总额的计算原则："工资总额的计算应以直接支付给职工的全部劳动报酬为根据。各单位支付给职工的劳动报酬以及有关规定支付的工资，不论是计入成本的还是不计入成本的，不论是以货币形式支付的还是以实物形式支付的，均应列入工资总额的计算范围。”

1.2.2 工资总额的组成

国家统计局发布的《关于工资总额组成的规定》（统计局[1990]1号令）中指出：工资总额包括计时工资、计件工资、奖金、津贴和补贴、加班加点工资和特殊情况下支付的工资六大组成部分。

1. 计时工资

计时工资是指按计时工资标准（包括地区生活费补贴）和工作时间支付给个人的劳动报酬，包括以下几个方面：

(1) 对已做工作按计时工资标准支付的工资；

(2) 实行结构工资制的单位支付给职工的基础工资和职务（岗位）工资；

(3) 新参加工作职工的见习工资（学徒的生活费）；

(4) 运动员体育津贴。

2. 计件工资

计件工资是指对已做工作按计件单价支付的劳动报酬，包括以下几个方面：

(1) 实行超额累进计件、直接无限计件、限额计件、超定额计件等工资制，按劳动部门或主管部门批准的定额和计件单价支付给个人的工资；

(2) 按工作任务包干方法支付给个人的工资；

(3) 按营业额提成或利润提成办法支付给个人的工资。

3. 奖金

奖金指支付给职工的超额劳动报酬和增收节支的劳动报酬，包括以下几个方面：

(1) 生产奖。这包括超产奖、质量奖、安全奖、考核各项经济指标的综合奖、提前竣工奖、外轮速遣奖、年终奖（劳动分红）等。

(2) 节约奖。这包括各种动力、燃料、原材料等节约奖。

(3) 劳动竞赛奖。这包括发给劳动模范、先进个人的各种奖金和实物奖励。

(4) 机关、事业单位的奖励工资。

(5) 其他奖金。这包括从事兼课酬金和业余医疗卫生收入提成中支付的奖金等。

4. 津贴和补贴

津贴补贴是指为了补偿职工特殊或额外的劳动消耗和因其他特殊原因支付给职工的津贴，以及为了保证职工工资水平不受物价影响支付给职工的物价补贴，包括以下几个方面：

(1) 补偿职工特殊或额外劳动消耗的津贴。具体有：高空津贴、井下津贴、流动施工津贴、野外工作津贴、林区津贴、高温作业临时补贴、海岛津贴、艰苦气象台站津贴、微波站津贴、高原地区临时补贴、冷库低温津贴、基层审计人员外勤工作津贴、邮电人员外勤津贴、夜班津贴、中班津贴、班组长津贴、学校班主任津贴、三种艺术（舞蹈、武术、管乐）人员工种补贴、运动队班（队）干部驻队补贴、公安干警值勤岗位津贴、环卫人员岗位津贴、广播电视天线工岗位津贴、城市社会福利事业单位津贴、环境监测津贴、收容遣送岗位津贴等。

(2) 保健性津贴。具体有：卫生防疫津贴、医疗卫生津贴、科技保健津贴、各种社会福利职工特殊保健津贴等。

(3) 技术性津贴。具体有：特级教师补贴、科研津贴、工人技师津贴、中药老药工技术津贴、特殊教育津贴等。

(4) 年功性津贴。具体有：工龄津贴、教龄津贴、护龄津贴。

(5) 其他津贴。具体有：A. 直接支付给个人的伙食津贴(火车司机和乘务员的乘务津贴、航行和空勤人员伙食补贴、水产捕捞人员伙食津贴、专业车队汽车司机行车津贴、体育运动员和教练员伙食补助费、少数民族伙食津贴、小伙食单位补贴等)；B. 合同制职工的工资性补贴；C. 书报费、上下班交通补贴以及洗理费等。

(6) 补贴。这包括：为保证职工工资水平不受物价上涨或变动影响而支付的各种补贴，例如，肉类价格补贴、副食品价格补贴、粮价补贴、煤价补贴、房贴、水电贴等。

在习惯上，一般把属于生产性质的叫做津贴，属于生活性质的叫做补贴。在统计上，又分为工资性津贴和非工资性津贴。工资性津贴是指列入工资总额的津贴项目；非工资性津贴是指不进入工资总额的津贴项目。

5. 加班加点工资

加班加点是在企业执行的工作时间制度的基础上延长工作时间。凡在法定节假日和公休假日进行工作的叫做加班，凡在正常工作日延长工作时间的叫做加点。加班加点工资是指因加班加点而支付的工资。

6. 特殊情况下支付的工资

特殊情况下支付的工资包括以下几个方面：

(1) 根据国家法律、法规和财政规定，因病、工伤、产假、计划生育假、婚丧假、事假、探亲假、定期休假、停工学习、执行国家或社会义务等原因按计时工资标准的一定比例支付的工资。

(2) 附加工资、保留工资。附加工资是对特定工作相比一般工作所要做出的特别付出的一种补偿。它强调只能是对从事特殊工作和其生活条件给岗位角色带来的额外付出所做的一种补偿，以使这些需要做额外付出的工作能够为人们所接受。设定附加工资的目的在于实现不同工作和不同生活条件下的报酬合理化。这里的保留工资不是劳动经济学中"保留工资理论"中的保留工资概念，而是指因某种原因形成的职工原工资标准高于新工资政策规定标准的部分，其高出部分作为保留工资继续支付给职工，以保证不因执行新的工资政策而减少工资收入。

1.2.3 工资总额不包括的项目

以下项目不计入工资总额：

(1) 根据国务院发布的有关规定颁布的创造发明奖、自然科学奖、科学技术进步奖和支付的合理化建议和技术改进奖以及支付给运动员、教练员的奖金。

(2) 有关社会保险和职工福利方面的费用。具体有：职工死亡丧葬费及抚恤费、医疗卫生费和公费医疗费用、职工生活困难补助费、集体福利事业补贴、工会文教费、集体福利费、探亲路费、冬季取暖补贴等。

(3) 劳动保护的各种支出。具体有：工作服、手套等劳动保护用品，解毒剂、清凉饮料，以及按 1963 年 7 月 19 日劳动部等七单位规定的范围对接触有毒物质、矽尘作业、放射线作业和潜水、沉箱作业、高温作业等五类工种所享受的由劳动保护费开支的保健食品待遇。

(4) 有关离休、退休、退职人员待遇的各项支出。

(5) 稿费、讲课费及其他专门工作报酬。

(6) 出差伙食补助费、误餐补助、调动工作的旅费和安家费。

(7) 对自带工具、牲畜来企业工作职工所支付的工具、牲畜等的补偿费用。

(8) 实行租赁经营单位的承租人的风险性补偿收入。

(9) 对购买本企业股票和债券的职工所支付的股息(包括股金分红)和利息。

(10) 劳动合同制职工解除劳动合同时由企业支付的医疗补助费、生活补助费等。

(11) 因录用临时工而在工资以外向提供劳动力单位支付的手续费和管理费。

(12) 支付给家庭工人的加工费和按加工订货办法支付给承包单位的发包费用。

(13) 支付给参加企业劳动的在校学生的补贴。

(14) 计划生育独生子女补贴。

业务演练

任务 1-3：识别应计入工资总额的项目

练习 4： 下面所列出的是某上市公司企业发展部员工李某 2012 年 6 月份由企业所派发的各项收入。请识别下面哪些项目应该计入工资总额。

1. 岗位工资 3 200 元；
2. 绩效工资 2 200 元；
3. 计划生育独生子女补贴 5 元；
4. 为公司提出合理化建议所得奖励 500 元；
5. 通讯补贴 430 元；
6. 在公司开展的主题征文比赛中获奖，得稿费 1 000 元；
7. 购买公司股票而派发的股息 8 400 元；
8. 劳动保护费用 100 元；
9. 回老家广州探亲报销的路费 869 元；
10. 交通补贴 480 元。

练习 5： 从工资总额看社保、公积金基数核定。

小张是一位精明的职场女性，供职于北京某房地产开发公司。她所在的企业发任何一笔钱都是直接打进银行工资卡上。心细的小张每收到工资卡上的一笔钱后都要记录下来输入 Excel 表格中，这样一年下来，小张就可以很清楚地算出这一年她到底挣了多少钱。到了 2012 年 3 月份，小张所在公司的人力资源部开始核定 2012 年度的各项社会保险缴费基数了。她打听了一下核定的结果，人力资源部给她核定的 2011 年工资总额为 98 161.84 元，这个数与小张自己用 Excel 表核定的结果 10 563.76 元，差了 7 000 多元。这让小张感到非常不解，她自己在平时也学了一些劳动保障方面的政策，知道人力资源部门核定的这个工资总额基数将直接关系到她的各项社会保险缴费基数，若给她核定少了，最直接的是每个月打入她医保卡里的钱就会相应得少，还有每个月打入公积金账户里的钱也会少。于是，小张带着自己的工资卡明细，心怀不满地来到了人力资源部找薪酬专员询问，两个人经过一番详细的计算,发现工资总额还是人力资源部的那个结果——98 161.84 元正确。薪酬专员对小张做了详尽的政策解释,让小张一下子豁然开朗了。

请你分析一下,上述案例中,为什么小张自己核定的 2011 年工资总额与人力资源部的结果不一样?难道年度工资总额不是每个月打入工资卡里的所有钱吗?

模块 1.3 工资决定理论

核心知识要点

1.3.1 边际生产力工资理论

工资决定理论,是指对长期和短期情况下工资水平高低如何决定的解释。

边际生产力工资理论是在 19 世纪 70 年代,由美国经济学家约翰·贝茨·克拉克在他的著作《财富的分配》中提出的。边际生产力理论可以说是现代工资理论的先驱,他可以解释长期的工资水平的决定,也可以解释短期的工资水平的决定,并为以后很多的工资理论奠定了基础,提供了可供借鉴的理论基石。

克拉克在做分析时,做了如下假设:(1) 在经济生活中,产品市场与要素市场是完全竞争的,工资水平不是由工会或者是政府操纵的;(2) 资源的数量是一定的,并且生产技术也是固定的,所以工人总是用同样的技术与资源生产出同样数量的产品;(3) 资本设备的数量被看作是固定的,但是它的形式可以改变,从而可以与任何可以雇佣到的劳动力达到最佳的配置;(4) 工人是同质的,即工人之间可以相互地调配,并且具有同样的生产效率。

克拉克认为,劳动的边际生产力是递减的,即如果工人的人数不断地增加,在工人人数增加之初产量会不断地上升,但是当工人的人数增加到一定的程度时,每增加一个单位的工人就意味着每个工人分摊到的工具设备在不断地减少,从而使每一单位劳动力的产品比原来的要少,因而新增加的工人的劳动生产率依次减少,最后增加的那一单位工人的劳动生产力最低。克拉克把最后一单位工人的劳动生产力叫做边际生产力。根据这一理论,劳动者的工资是由最后一单位劳动者的边际产量决定的,也就是,雇主雇佣的最后一单位工人所增加的产量等于付给该工人的工资。

如果工人所增加的产量小于付给他的工资,雇主就不会雇佣他;反之,当工人所增加的产量大于支付给他的工资时,雇主就会增加劳动的雇佣,以使资源达到最优的配置与组合,增加企业的利润;只有当雇主支付给工人的工资与工人的工作导致的产量增加相等时,雇主才会既不减少也不增加劳动力的雇佣。在这里要说明的是,不仅最后一单位工人的工资是由他所增加的产品的产量所决定的,而且其他所有的工人的工资都是由它决定的。该理论可以用图 1-1 来解释。

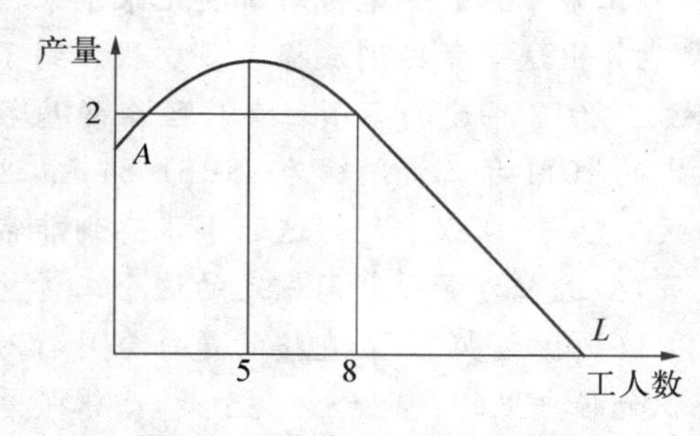

图 1-1 劳动边际生产力曲线

在图 1-1 中我们看到,曲线 AL 代表的是边际生产力曲线,并且它是先上升后下降的,这表明了劳动的边际生产力在劳动者的投入数量到达一定的水平时是递减的。在其他条件一定的情况下当雇佣工人的数量为5人时,劳动的边际生产力达到最大,在此之后,随着工人数量的增加边际产量开始减少。当雇佣工人的数量达到8人时,员工的产量为2个单位,而雇主支付给员工的工资正好是2个单位,此时符合克拉克的边际生产力工资理论,雇主此时不再增人也不再减人。

须指出的是,克拉克的边际生产力理论的分析是建立在静态分析基础上的,显然这并不符合实际的经济生活状态,有一定的局限性。

1.3.2 均衡价格工资理论

均衡价格工资理论,其创始人是英国的经济学家阿弗里德·马歇尔(1842—1924)。马歇尔认为,边际生产力工资理论只是从劳动力的需求方面研究了工资水平的确定,而没有从劳动力的供给方面反映对工资水平决定的作用和影响,这是不全面的。因此,应当从劳动需求和劳动供给两个方面来说明工资水平的决定。从劳动的需求看,工资取决于劳动的边际生产力,厂商愿意支付的工资水平是由劳动的边际生产力决定的。从劳动的供给看,工资取决于两个因素:(1)劳动力的生产成本,即工人及家属养活自己与全家的生活费用以及工人所需的培训和教育费用;(2)劳动的负效用,或闲暇效用。

把市场的劳动力需求曲线和市场的劳动力供给曲线同时在同一个图形上描绘出来,就可以从中得出一些有意义的结论,如图1-2所示。

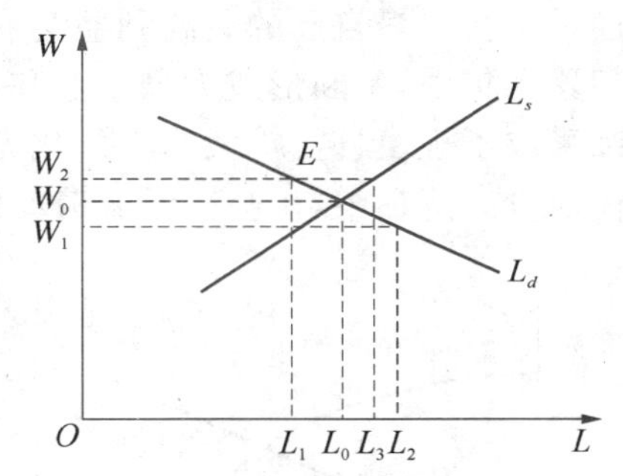

图1-2 由需求和供给决定的均衡价格工资

在图1-2中,纵坐标W为工资率;横坐标L为就业人数,即供给人数或需求人数。

假设市场工资定为W_1,在这种低工资率下,劳动力的需求量将超过劳动力供给,因而会存在劳动力短缺。雇主为了得到足够的劳动力,必然增加工资,以与其他雇主争夺劳动力,从而推动该职业的劳动力市场的整体工资水平的上升。工资上升后,会出现两种情况:第一,更多的人愿意进入这一市场求职;第二,引起雇主劳动力需求量的减少。

如果工资上升到W_2,劳动力的供给量将超过劳动力的需求量,结果产生劳动力剩余,不是所有希望就业的人都能找到工作。面对大量的求职者,雇主很快意识到,即使降低工资,仍然会得到合格的求职者以填补空缺职位;并且,如果工资降低,还会希望雇佣更多的工人。当工资降低以后,那些仅能找到一个工作岗位的人,也就接受这一降低的工资而就职,而不愿接受这一降低的工资的另一些人,将离开这一职业市场而到其他职业市场求职。这样,随着工资从W_2下降,劳动力的需求量与供给量逐渐趋向均衡。

在某一工资率下,劳动力的需求量正好等于劳动力的供给量。这一工资率,即图1-2中的W_0点,就是需求与供给相均衡时形成的工资率,所以也称均衡工资率,或市场出清工资率。此时,雇主所需要的雇佣量得到满足,所有空缺职位都有人填补了,而市场上所有愿意工作的人也都找到了工作。总之,在W_0点,既无劳动短缺也无劳动剩余,劳动力的供需双方都感到满意,哪一方都不存在变动工资的因素,因而市场处于均衡状态。与均衡工资率相应实现的就业量L_0,即为均衡就业量。

1.3.3 集体谈判工资理论

集体谈判工资理论是工会发展的产物。所谓集体谈判，就是以工人集团即工会为一方，以雇主或雇主集团为另一方进行的劳资谈判。从18世纪以来，包括亚当·斯密在内的一些早期经济学家，一直就十分注意集体谈判在工资决定上的影响。以后，像约翰·贝茨·克拉克和庇古（A. C. Pigou，1877—1959）这样知名的经济学家对此也有过研究。但是由于当时工会的规模和影响都比较小，人们对之并没有给予更多的重视。第二次世界大战前后，工会势力在美国等发达资本主义国家迅速增长，工会会员人数达到产业工人总数的四分之一左右，再加上许多未参加工会的工人的收入实际上也受到工会活动的影响，因此，工会在工资决定中的作用引起了高度关注，集体谈判工资理论也就应运而生。对集体谈判工资理论作出过重要贡献的经济学家有多布、邓洛普、张伯伦、厄尔曼、李斯等人。

集体谈判工资理论认为，工资的决定取决于劳资双方在工资谈判中交涉力量的抗衡结果。在工业化发展的初期，工资谈判是在企业主和劳动者个人之间个别进行的。由于工人无法遏制自己相互之间的竞争，因而无法抵抗工资下降的趋势。工人只能组织起来，通过工会代表自己的更高利益与雇主和雇主集团作斗争。与此同时，雇主方面通过资本积聚和集中，不断形成大型企业和企业集团，从而遏制了雇主之间的竞争。劳资双方的谈判采取了规模日益扩大的集团化方式，即资本家组织与工会组织之间的集体交涉。在现代西方经济学中，工会被看成劳动供给的垄断者（卖方垄断），因而能够控制劳动者的供给量和工资。

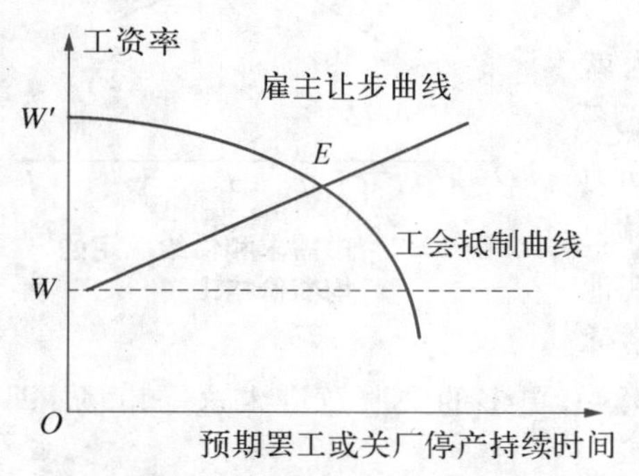

图1-3 雇主让步曲线和工会抵制曲线

须指出的是，事实上工会对工资的决定并没有绝对的垄断权，因为雇主不会接受工会最初提出的高工资要求，否则就会提高生产成本，不利于竞争。在谈判过程中，双方都有既定的策略，在讨价还价的过程中，工会最大的压力武器是罢工，雇主的压力武器是关厂，最终双方让步，达成协议。约翰·希克斯在分析了谈判中双方调整策略的过程后，提出了集体谈判的希克斯模式，如图1-3所示。

谈判开始，工会提出新的工资要求 W'，而雇主只同意 W。后来，雇主的让步曲线呈正斜率，工会的抵制曲线为负斜率，即雇主愿意接受高于 W 的工资率，工会愿意接受低于 W' 的工资率。最后在 W' 和 W 之间的 E 点达成工资率协议。

集体谈判决定工资，表面上看似乎是谈判结果取决于双方力量的对比，实际上其背后仍是经济因素在起作用。即使是在某种程度上谈判力量似乎超过了经济力量，工会的胜利最终还是短命的。因为一时较高的工资必然引起较高的价格，从而降低了产品的市场需求。反过来又会减少雇主对劳动力的需求，使工资最终跟劳动的边际生产力恢复一致。因此，集体谈判论和边际生产力论并不矛盾。边际生产力工资论决定了工资运动的长期趋势，而集体谈判工资论则决定了短期货币工资水平。工会集团、雇主集团以及他们之间的集体谈判是劳动力市场的媒介，通过这种媒介，经济力量才可能发挥作用。工资和劳动的边际生产率才可能在一个长时期内建立起密切关系。

1.3.4 人力资本理论

人力资本理论是由美国经济学家西奥多·舒尔茨于 20 世纪 60 年代提出的。为此，他获得了 1980 年诺贝尔经济学奖。人力资本理论研究人力资本的内容及其形成，以及人力资本投资的收入效应。一切有利于提高劳动者的素质与能力的活动，有利于提高人的知识存量、技能存量和健康存量的经济行为以及有利于改善人力资本利用效率的开支，都是人力资本投资。人力资本理论不是工资决定理论，但它对工资的决定有影响。人力资本理论已在《劳动经济学》中详细谈论过了，在此不再赘述。

人力资本理论给我们提供的启示在于：对于那些进行了较高层次专项人力资本投资的人员，在同等条件下设计他们的工资水平时，应考虑在尽可能短的时间内，使他们的收入不但能够抵补学习成本，而且还能够获得一定的收益。这样做，既可以激励他们创造性地工作，也可以带动组织内的其他人进行人力资本投资。

业务演练

任务 1-4：识别工资决定理论在实践中的应用

练习 6： 思考如下工资现象背后的原因，指出是之前学习过的哪种工资决定理论在实践中的应用。

1. 某鞋厂两个制鞋工甲和乙，甲能每天生产 60 双鞋得到 180 元的计件工资；乙每天生产 30 双鞋，得到 90 元的计件工资。

2. 我国注册会计师奇缺，其年薪一般在 15 万元以上；而一般出纳人员（初级）年薪一般在 3—4 万元。

3. 某科研院所规定新进人员见习期的工资水平：本科 2 200 元/月，硕士 2 500 元/月，博士 3 200 元/月。

4. 某啤酒公司斥巨资引进国际生产线，挂靠国内知名品牌，四年来企业效应稳步增长，职工代表向管理方提出了涨工资的要求。如果不给员工涨工资会引起员工不满，但职工方所提出的上调幅度过高（公司受金融危机影响资金周转不定，明年拟对第四条生产线进行扩建改造，需要 2 亿元的资金）。对此，双方代表约定了一个时间专门展开了工资集体谈判……

模块 1.4 薪酬专员（主管）岗位认知

核心知识要点

1.4.1 人力资源管理师（四级）职业标准（薪酬管理部分）

薪酬管理职位，按照原劳动和社会保障部批准，自 2001 年 8 月 3 日起试行、2007 年修订并自 2007 年 2 月 6 日起施行的《企业人力资源管理师国家职业标准》中，四级人力资源管理师（员级），任职人员应达到的能力要求和相关知识要求，如表 1-3 所示。

表1-3 四级(员级)人力资源管理师国家职业标准(摘录)

职业功能	工作内容	能力要求	相关知识
五、薪酬管理	(一)薪酬管理信息采集	1. 能够采集岗位评价需要的信息 2. 能够采集薪酬调整需要的信息	1. 薪酬及其管理的含义和特点 2. 薪酬管理基本程序的知识 3. 岗位分析和评价的内容 4. 薪酬调整需要测算的指标
	(二)员工工资统计分析	1. 能够进行工资核算 2. 能够对有关工资指标进行统计分析	1. 工资形式的内容和种类 2. 工资支付的有关规定 3. 工资统计指标的种类
	(三)员工福利费用核算	1. 能够统计核算企业各种社会保险费 2. 能够建立工资、保险以及福利台账	1. 社会保险的基本内容 2. 员工福利的概念和种类

1.4.2 人力资源管理师(三级)职业标准(薪酬管理部分)

薪酬管理职位,《企业人力资源管理师国家职业标准》中三级人力资源管理师(助师级),任职人员应达到的能力要求和相关知识要求,如表1-4所示。

表1-4 三级(助师级)人力资源管理师国家职业标准(摘录)

职业功能	工作内容	能力要求	相关知识
五、薪酬管理	(一)薪酬制度设计	1. 能够进行薪酬制度设计的准备工作 2. 能够提出专项薪酬管理制度的草案 3. 能够检查工资奖金制度的执行情况并提出修订建议	1. 薪酬的概念和影响 2. 薪酬管理的概念、原则和内容 3. 薪酬制度设计的基本要求
	(二)工作岗位评价	1. 能够设计岗位评价指标及其标准 2. 能够运用各种方法进行岗位评价 3. 能够对评价结果进行处理和分析	1. 岗位评价基本原理和方法 2. 岗位评价要素指标和标准 3. 岗位测量评定误差的分类
	(三)人工成本核算	1. 能够核算人工成本指标 2. 能够运用相关方法确定人工成本	1. 人工成本的概念和构成 2. 人工成本的核算方法
	(四)员工福利管理	1. 能够编制员工福利总额的预算计划 2. 能够核算各类保险和住房公积金	1. 社会保障的基本概念 2. 福利管理的主要内容

业务演练

任务 1－5：薪酬专员岗位职责认知

练习 7： 请你利用合适的途径收集至少三个不同企业（或事业单位）薪酬专员（主管）的岗位职责，并归纳整理出薪酬专员的岗位职责（注意：调查时选取企业内最基层的薪酬管理岗）。

练习 8： 请你与一名薪酬专员进行深度访谈，了解其工作内容和大致的工作流程，形成文字材料。文字材料中应包括如下内容：

1. 所调查公司薪酬管理岗位每年/每季度/月的主要工作内容有哪些？
2. 其重点、难点是什么？
3. 主要工作开展的大致流程如何？

【课 后 巩 固】

1. 按报酬是否以货币形式提供或者能否以货币为单位进行衡量，将报酬划分为经济报酬和________；按某种报酬对劳动者所产生的激励是一种外部刺激还是一种发自内心的心理激励，可将报酬划分为________和________。

2. 薪酬一词，英语中的对应词汇是________，其外延有不同的界定，按照中等口径的界定，即指雇员作为雇佣关系的一方所得到的各种________，以及各种具体的________之和。

3. 基本薪资反映的是（　　）。

A. 工作的价值　　B. 工作或技能的价值
C. 劳动者出卖劳动力的价值　　D. 雇主购买劳动力的支出

4. （　　）是指一定区域和一定时期内工资劳动者平均工资的高低程度。

A. 实际工资　　B. 货币工资　　C. 平均工资　　D. 工资水平

5. 以货币形式表现的薪酬包括的四种形式是（　　）。

A. 计时工资、计件工资、奖金、津贴和补贴
B. 基本薪资、绩效工资、激励工资、福利和服务
C. 工资、薪金、社会保险、职工福利
D. 工资、社会保险、劳动保护、职工福利

6. 克拉克把最后一单位工人的劳动生产力叫做________。

7. （　　）工资理论被认为是对长期工资水平所作的最令人满意的解释。

A. 均衡价格工资理论　　B. 边际生产率工资理论
C. 人力资本工资理论　　D. 劳资谈判工资理论

8. 根据均衡价格工资理论，劳动力的供给价格取决于（　　）。

A. 劳动的边际生产率　　B. 市场平均工资
C. 劳动的边际产品价值　　D. 劳动者的生活费用

9. 劳动力需求与劳动力供给相均衡时形成的工资率，叫________，或市场出清工资率，与均衡工资率相应实现的就业量称为________。

10. 在统计工作中，一般把列入工资总额的津贴项目和不计入工资总额支付的津贴项

目，分别称作（　　）。

A. 补贴和非工资性津贴　　　　B. 工资性津贴和非工资性津贴

C. 津贴和补贴　　　　D. 生活性补贴和生产性津贴

11.（判断题）激励工资会引起人工成本的永久增加。（　　）

12.（判断题）实际工资，就是实际支付给员工的工资数额。（　　）

【总结与评价】

学习效果评价表

班级________　学生姓名________　学号________　教师________

项　目	评价要素点	学生评价（30%）	组长评价（30%）	教师评价（40%）
态度（30%）	出勤情况			
	课堂纪律			
	团队合作			
	积极主动			
技能（50%）	任务 1：			
	任务 2：			
	任务 3：			
	任务 4：			
	任务 5：			
知识（20%）	课后巩固题			
综合评价：				

注：每个教学项目的学习效果评价从态度、技能和知识三个维度来进行，每个维度分值满分 100 分，视评价要素点的数目及重要程度来确定各个评价要素点的分值（也可简单地采取平均分配分值，比如态度评价维度，四个要素评价点各占 25 分）；技能评价要素点要求学生自行填写完整，这也是学生学习后一个回顾的过程；三个评价维度分值所占总评成绩的权重分别为 30%、50%和 20%；评价主体包括学生本人、所在的小组组长和任课教师，其权重分别为 30%、30%和 40%。

项目 2

工资等级制度

【学习目标】

1. 理解并掌握工资等级制度的概念及工资等级制度的主要职能；
2. 理解年资型、职位型、职能型、多元型等不同类型的工资等级制度的特点；
3. 掌握岗位等级工资制的特点及形式；
4. 熟悉技术等级工资制的组成及实施技术等级工资制的操作步骤；
5. 了解我国企业曾实行过的职务等级工资制的形式；
6. 了解事业单位岗位绩效工资制及公务员职级工资制。

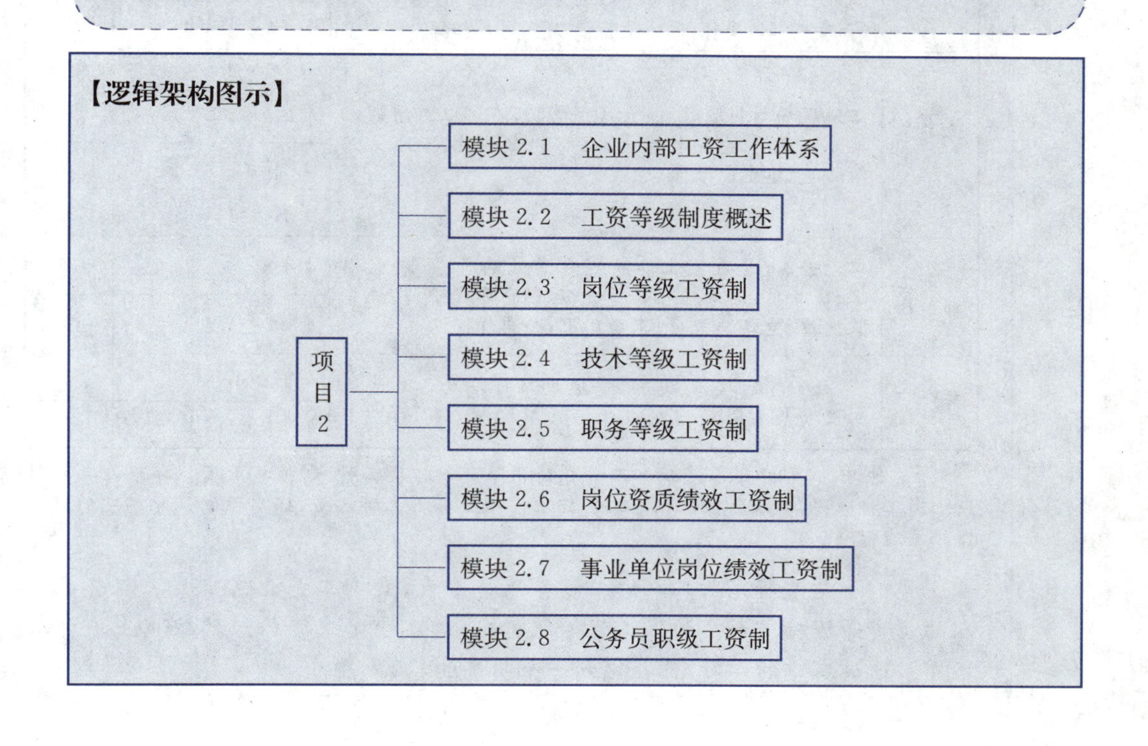

【引导案例】

案例一 某研究院工人工资标准表 单位：元/月

<table>
<tr><th>技术等级</th><th>工资标准</th><th>工种或岗位</th></tr>
<tr><td>高级工</td><td>2 800</td><td rowspan="4">操作工、化验员、材料员、机械保全工、电工、焊工、钳工、车工、司炉工、驾驶员、分析工、话务维修工、保管员、打字员、复印工</td></tr>
<tr><td>中级工</td><td>2 300</td></tr>
<tr><td>初级工</td><td>1 800</td></tr>
<tr><td>普通工</td><td>1 300</td></tr>
</table>

案例二 某工程公司技术工人五类工种划分及工资标准表 单位：元/月

<table>
<tr><th>工种</th><th>所含岗位</th><th>工种年限</th><th>工资标准</th></tr>
<tr><td rowspan="5">一类工种岗位</td><td rowspan="5">工程处的瓦工、抹灰工、木工(含木加工的木工)，捣鼓手，钢筋工，架子工，电焊工(含钢窗厂焊工)，塔吊车司机(含汽车吊)，汽车驾驶员，装载机手，机运处的挖掘机、推土机、压路机手，土方及运输组司机，安装处的水电安装工，塔吊安拆维修工</td><td>1年以内</td><td>610</td></tr>
<tr><td>1年(含)—2年</td><td>690</td></tr>
<tr><td>2年(含)—3年</td><td>770</td></tr>
<tr><td>3年(含)—5年</td><td>870</td></tr>
<tr><td>5年(含)以上</td><td>970</td></tr>
<tr><td rowspan="4">二类工种岗位</td><td rowspan="4">小型机械手(小翻斗车手、拌和机手、卷扬机手)，工地电梯工，水电维修工，钢铝合金厂的放样工、裁床工、组装工、油漆工、玻璃工，建材厂的机械手，机运处修理厂修理工、车工、钳工、铣工、锻工、镗工，无中级五大员证的员工(施工员、材料员、预算员、质量检查员、安全员)，有证一、二级厨师，机械设备管理员，塔吊指挥</td><td>试用期满</td><td>610</td></tr>
<tr><td>1年(含)—2年</td><td>690</td></tr>
<tr><td>2年(含)—4年</td><td>770</td></tr>
<tr><td>4年(含)以上</td><td>870</td></tr>
<tr><td rowspan="4">三类工种岗位</td><td rowspan="4">工地现场材料验收员、仓库保管员、有证三级厨师以及无证主厨、电脑打字员、无职称出纳员、工地保卫消防员、水电抄表员</td><td>试用期满</td><td>530</td></tr>
<tr><td>1年(含)—2年</td><td>610</td></tr>
<tr><td>2年(含)—4年</td><td>690</td></tr>
<tr><td>4年(含)以上</td><td>770</td></tr>
<tr><td rowspan="2">四类工种岗位</td><td rowspan="2">工地普工(含混凝土养护)、食堂采购员、厂内电梯工、保育员、门诊挂号收费员、后勤仓库保管员、机关收发员、电话总机员、车场门卫、公司保安队</td><td>4年以下</td><td>610</td></tr>
<tr><td>4年(含)以上</td><td>690</td></tr>
<tr><td rowspan="2">五类工种岗位</td><td rowspan="2">厂(处)取报、接待、复印、普通炊事员以及各类清洁工及勤杂人员</td><td>4年以下</td><td>530</td></tr>
<tr><td>4年(含)以上</td><td>450</td></tr>
</table>

注：表中“工种年限”，是指本工种在岗年限。如转换工种，则可按原岗位年限三年折算新上岗工种一年，套入新岗位相应工资档次。以上各类工种人员，随岗位的调整而及时调整岗位技能标准。

案例一是某研究所工人的工资等级标准表，案例二是北京市某工程公司工人的工资等级标准表。两张工资等级标准表，在决定工资等级的依据上有什么不同？通过本章的学习，你将得到一个明确的答案。

模块2.1　企业内部工资工作体系

核心知识要点

2.1.1　企业内部工资分配的概念

企业内部工资分配，即企业微观工资分配，是企业按照合理人工费的要求，或依据集体协商原则，或遵照国家政策确定和提取工资总额，并将确定和提取的工资总额分配给职工个人的全过程。

2.1.2　企业内部工资分配所要解决的问题和追求的目标

企业内部工资分配所要解决的问题和追求的目标是：以劳动者的劳动质量和数量为依据，处理好两个分配关系，即企业与职工之间的分配关系、企业内部职工之间的分配关系，使职工的工资收入同他们的劳动成果紧密联系起来，以从企业内部分配方面不断增强企业活力，提高企业的劳动生产率和经济效益，提高职工的职业生活质量。

2.1.3　企业内部工资工作体系

搞好企业内部工资分配，核心是建立健全企业内部工资工作体系，进而建立起全面反映职工劳动质量和数量并反映劳动力供求关系的工资制度。

企业内部工资工作体系，由劳动定额、工资等级制度和工资形式三部分组成。这三个部分中的每一部分都有自己特定的职能，并组成了企业内部工作的严密的、不可分割的统一整体。

1. 劳动定额

劳动定额规定劳动数量标准。确定应付劳动者的工资数量，必须首先明确各类劳动者应当提供多少劳动量。劳动定额承担着这方面的职能。它规定着劳动者在单位时间内应当完成的具有某种质量要求的劳动数量标准，以作为正确计量劳动者劳动数量的标准尺度。

劳动定额在产品生产工人中的应用，有两种基本形式：一种是工时定额，也称时间定额，是在一定生产技术和生产组织条件下，为生产一定量合格产品或完成一定量工作，所预先规定的用时间表示的劳动消耗量标准；另一种是产量定额，是在一定生产技术和生产组织条件下，在单位时间内预先规定的完成合格产品的数量标准。

在非产品生产职工中，根据工作的特点不同，劳动定额派生出很多其他价值形式的定额，如销售定额(计划销售额或目标销售额)、利润定额(计划利润、目标利润、核定的实现利润基数)、实现利税定额(计划利税、目标利税、核定的实现利税基数)等。

在工资管理体系中，劳动定额的过程往往表现为绩效计划过程，并具体体现为绩效指标和绩效标准。

2. 工资等级制度

工资等级制度规定工资等级标准。确定应付劳动者的工资数量，还必须明确各类劳动者工资报酬的支付标准。工资等级制度承担着这方面的职能。工资等级制度是确定劳动者工资等级标准(简称工资标准)的工具，它通过对不同质量劳动的分析比较，规定着各类劳动者的劳动等级，并进而规定着各类劳动者相应的工资等级和工资标准。

工资标准，也称工资率或工资价位、劳动力价格或劳动价格。确定工资标准的工资等级制度是企业工资制度的基础和核心。所以，贯彻按劳分配的首要任务，是选择能够比较准确反映劳动差别的工资等级制度，并在工资标准上对复杂劳动与简单劳动、熟练劳动与非熟练劳动、繁重劳动与轻便劳动规定明显的工资差别。

在工资管理体系中，工资等级制度在实际工作中集中表现为确定工资结构，以及基于工作或技能、工龄因素等确定工资标准的过程。

这里应当强调的是：工资标准总体水平的高低，取决于可供分配的工资总额，或者可供列支人工成本费用总额以及工资总额在人工成本费用总额中的比例。

在本模块其后的内容中，我们将对工资等级制度展开详尽介绍。

3. 工资形式

工资形式把劳动数量与工资标准联系起来，是最终支付工资的依据。

工资形式是劳动计量与工资支付方式的简称。工资形式作为工资工作体系的一个组成部分，是因为劳动定额只是规定了劳动者的劳动数量标准，工资等级制度也只是规定了劳动者的工资报酬标准，然而却缺乏一种把两者联系起来的机制，使工资支付无法进行。工资形式则承担了这方面的职能。它计量劳动者实际提供的劳动数量，并把劳动数量同工资标准直接联系在一起，作为最终支付工资的依据。

在工资管理体系中，劳动计量的过程往往表现为绩效考核的过程。通过绩效考核，表明职工提供的劳动数量或劳动贡献程度。

综上所述，全面有效地做好企业的工资工作，必须把劳动定额、工资等级制度和工资形式三项工作同时设计，同时实施。

模块 2.2　工资等级制度概述

核心知识要点

2.2.1 工资等级制度的概念

先说工资制度的概念。工资制度有广义和狭义之分。

广义的工资制度，是指为了贯彻按劳分配原则，计量劳动者的劳动消耗和计付劳动报酬而建立的一整套完整、系统的准则和方法，它包括工资等级制度、定级制度、升级制度、各种工资形式，以及工资管理体制等。狭义的工资制度，特指工资等级制度。本模块所要论述的是狭义的工资制度。

(1) 工资等级制度，就是根据劳动的复杂程度、繁重程度、责任大小等因素确定工资等级，或者根据劳动者的劳动能力确定工资等级，按等级规定工资标准的制度。

(2) 工资等级制度是整个工资制度的核心内容。由于工资等级制度规定的工资，即按工资标准领取的标准工资构成了职工全部工资收入中的基本部分，所以工资等级制度又被人们称为基本工资制度。

(3) 工资等级制度是伴随着劳动力等级制度的发展而发展起来的。马克思在论述工资等级制度的产生和发展时指出："由于总体工人的各种职能有的比较简单，有的比较复杂，有的比较低级，有的比较高级，因此他的器官，即各个劳动力，需要极不相同的教育程度，从而具有极不相同的价值。因此，工场手工业发展了劳动力的等级制度，与此相适应的是工资的等级制度。”①

2.2.2 工资等级制度的职能

工资等级制度的主要职能是确定相对工资率。也就是在全部职工货币工资水平一定的情况下，在全国范围内或一个局部（如一个企业）范围内确定各类职工、各类工作或职位的工资标准，以确定各类职工、各种工作或职位之间的相对报酬。

2.2.3 工资等级制度的特点

(1) 工资等级制度主要从劳动的质量方面反映和区分劳动的差别，并相应地按劳动质量等级规定工资等级。这是它的基本特点。

(2) 在计量劳动质量时，工资等级制度所反映的不是任意个人之间的劳动质量差别，而是各等级之间的质量上的差别；对各个等级的每个劳动者来说，它反映的只是劳动能力或任职岗位等级的高低，而不是实际的劳动消耗。由于这两点原因，工资等级制度也就不能作为计量劳动差别和计算工资的唯一依据；只有同一定的工资形式结合起来，才能确切地使工资反映劳动差别。

(3) 工资等级制度规定的工资，是职工在完成国家法定工作时间和劳动定额标准时支付的工资，所以也称标准工资。它反映着一定时期的社会生产力水平和国家经济状况，带有相对的稳定性。

2.2.4 工资等级制度的类型

工资分配总是通过划分工资等级来实现的，按照确定劳动者工资等级依据的不同，可以把工资等级制度归纳为以下四种类型。

1. 年资型工资制

年资型工资制，其确定劳动者工资等级的主要依据是年龄和连续工龄。其主要内涵是：职工的基本工资随职工本人的年龄和本企业工龄的增加而每年增加，而且增加工资有一定的序列，各企业按自行规定的年功工资表循序增加，故称年功序列工资制。其理论依据是：年龄越大，企业工龄越长，技术熟练程度越高，对企业的贡献越大，因而工资也越高。年功序列工资制以劳动等价报酬和生活保障为原则。典型的年资型工资制度体系如图2-1所示。

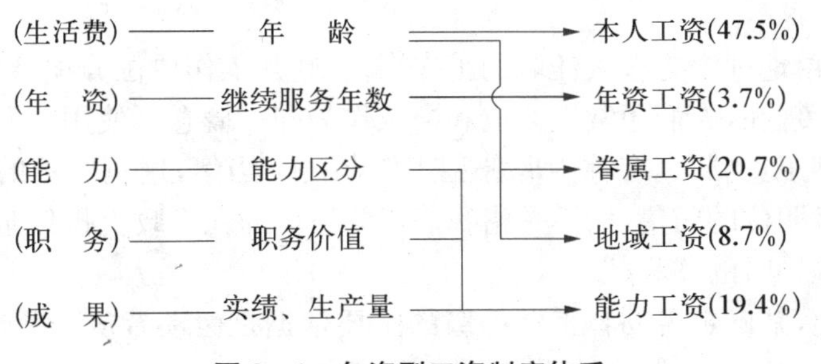

图2-1 年资型工资制度体系

---

① 马克思，《资本论》第1卷，人民出版社，1975年，第388页。

年资型工资制的典型形式是日本企业传统的年功序列工资制。年功序列工资制起源于第一次世界大战期间，是在日本的东方传统观念与当时日本的现实情况相结合的特殊条件下于20世纪50年代初期全面形成的，并于20世纪50年代和60年代在日本企业广泛采用。其特点是：

其一，基本工资按年龄、企业工龄和学历等因素决定，与劳动质量没有直接的关系。

其二，工资标准由企业自定，并每年随职工生活费用、物价、企业的支付能力而变动。

其三，起点工资低，多等级、小级差，每年定期增加工资，也就是随着职工年龄增长、家庭负担的增加而增加工资。

其四，考虑到职工衣、食、住、行等方面的需要，在基本工资外，还有优厚的奖金，各种各样的津贴、补贴。除考虑职工本人的生活需要外，还适当考虑职工家属的生活需要，以尽可能解除职工后顾之忧。

其五，基本工资是计算退休金和奖金的基础。

年功序列工资制与终身雇佣制结合在一起，在战后日本经济的恢复和60年代实现赶超西方经济的目标中发挥了重要作用。其优越性主要是：

其一，年功序列工资制有随年龄增长而每年增加工资的规划，使职工能预期将来会有较高的待遇而甘心接受开始工作时的较低工资，不但能稳定雇佣关系，而且可防止过度竞争，保持融洽的气氛和秩序。

其二，它与终身雇佣制结合一起，使职工对企业产生强烈的依附感，把企业看作个人生活的依靠和一生事业的基地，从而产生“工作第一、企业重要”的观念，并成为促进经济发展和提高劳动生产率的主要动力。

其三，它对引进新技术和调整劳动组织有一定的灵活性和适应性。因为在年功序列工资制中，决定基本工资的最主要因素不是岗位或职位，因而当企业引进新技术后需要调整组织机构和人员时，职工不必有工资下降的担忧，企业也不必担心在工资制度上产生阻力。同时，企业引进新技术后，职工一般也无被解雇之忧，企业会通过培训保证职工迅速掌握和适应新技术和新岗位。因此，与欧美国家的职工相比，日本职工对技术革新的态度较为积极。

2. 职位型工资制

职位型工资制即基于职位确定工资等级结构，也称作以工作为导向的工资等级结构。职位型工资制是战后以来以美国为代表的西方工业化市场经济国家广泛采用的一种工资制度。

职位，可以简单地理解为有人任职的工作岗位，它是工作单位分配给每个工作人员职务和责任的集合体。现在，人们通常把职位和岗位作为同一概念来使用。所以，职位型工资制也可以称为岗位型工资制，也有称为职务型工资制的。当然，这里所用的“职务”概念，是指工作项目或同等级职位的归集，而不是指我们通常所说的在行政上担任某一官职的“职务”，或担任其他某种领导时的“职务”。

职位型工资制，其确定劳动者工资等级的主要依据是劳动者从事劳动的职位等级或岗位等级。典型的职位型工资制度体系如图2-2所示。

职位型工资制有两种具体形式。一种是岗位等级工资制，通常用于工人。工人工资等级决定于通过工作评价确定的岗位等级。另一种是职位等级工资制，通常用于职员（及国家公务员）。职位工资等级决定于通过职位分类确定的职位等级。从实际情况看，工作评价或

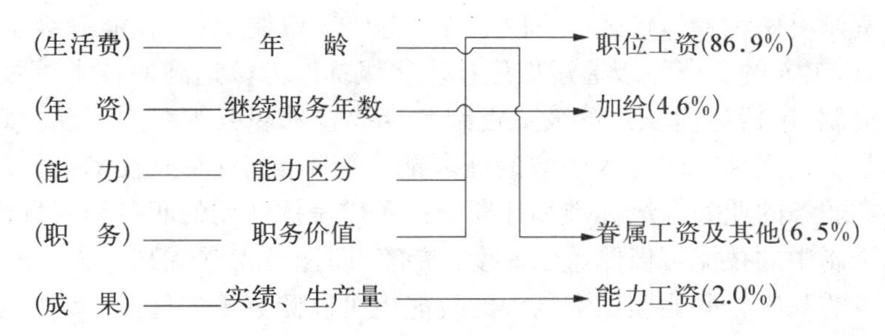

图 2-2 职位型工资制度体系

者职位评价，人们都习惯通俗地称为“岗位评价”、“岗位测评”。

职位型工资制与年资工资制有着根本区别：年资型工资制是根据劳动者个人的年龄、企业工龄及学历等个人因素决定工资，因此，被称为“属人工资”；而职位型工资制则依据职位这一不含任何个人特质的因素来决定工资，因而被称为“属职工资”。

职位型工资制的突出优点是：它以实际工作内容为基础确定工资结构，以劳动者所从事工作的难度和重要性来确定工资等级，使人们清楚地看到了同工同酬原则的实行。而且，这种工资制度还有助于避免出现那种按工人的资格水平付酬，而这种资格实际上并不为企业所需要。此外，有利于按职位系列进行工资管理，使责、权、利有机地结合起来。

实行职位型工资制容易出现的问题是：在一岗一薪下，过分强调岗位的价值，忽视了在同等级岗位上工作而实际存在的不同职工在技术上的差别，并由此导致职工提高专业技术水平或技术水平的动力不足，导致技术岗位人员缺位；工资的晋升只有职位等级晋升一条通道，造成“官道”拥挤，并最终形成“官本位”的工资制。

3. 职能型工资制

职能型工资制即基于能力确定工资等级结构，也称以技能或能力为导向的工资等级结构。

职能，是指执行任职职位规定的职责的能力。职能型工资制，其确定劳动者工资等级的主要依据是劳动者按照技术等级标准或业务等级标准考评确定的技术等级或业务等级。职能工资制也可以简单地理解为技能型工资制或能力型工资制。在美国，这被叫做“按知识付酬计划”。

人们习惯上认为，以技能为基础的等级结构用于蓝领工作，其广泛的应用领域是制造业和组装业的工作；以能力为基础的等级结构用于白领工作。

典型的职能型工资制体系如图 2-3 所示。

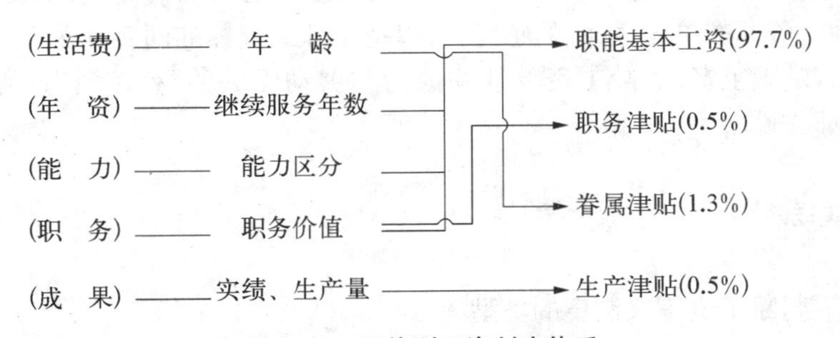

图 2-3 职能型工资制度体系

职能型工资制有两种具体形式：一种是技术等级工资制，或称技能等级工资制，适用于技术工种的工人，工人的工资等级通过按照技术等级标准考核达到的技术等级确定；另一种是职务等级工资制，包括管理职务等级工资制和专业技术职务等级工资制。管理人员的工资等级按照其具备担任某行政等级职务的任职能力资格确定；专业技术人员的工资等级通过按照各级各类职务的业务等级标准和任职资格条件考评达到的职务等级资格确定。

职能型工资制中的技能可以侧重于深度：专家，即把员工掌握某一方面知识、技术的多少作为工资等级的基础。职能型工资制中的技能也可以侧重于广度，即多技能的通才，以掌握多技能为基础。

职能型工资制的突出优点是：它以劳动者的技术业务水平或个人特质为基础确定工资结构，以个人的能力水平来确定工资等级，排除了因客观上某些高等级职位无空缺而使工资受损的情况，使他们获得稳定的工资保障。从企业方面来说，由于工资按能力确定，不因职责的调整而调整，因而能够保证劳动力调整的灵活性。

职能型的工资制也存在着一些问题：其一，相当一部分劳动者所从事工作的难度和重要性与他们的实际相对工资水平往往不相称，难以实现同工同酬；其二，员工的工资水平是由他们所掌握的技能水平决定的，因此，员工将积极要求参加技术培训以尽快达到最高工资水平，而给员工带来的培训机会可能是不平等的；其三，如果多数员工的工资标准都处于上限，公司的人工成本势必很高，导致产品的价格水平过高或利润下降。解决这种问题的策略，是将起薪水平确定在略低于竞争对手的水平上，或者通过某种方式适当控制员工技能等级提高的速度。总之，其较高的工资水平必须能够被数量较少的劳动力或者较高的生产率消化和吸收。

4. 多元型工资制

多元型工资制，也称分解工资制，或称组合工资制、结构工资制，是把影响和决定劳动者工资的各种主要因素分解开来，然后根据各因素分别设置工资标准的一种工资制度。

多元型工资制的具体形式表现为由不同内容或不同工资单元组成的结构工资制。例如，以岗位(职务)工资为主要内容的结构工资制；以技术工资为主要内容的结构工资制；劳动部曾在1990—1992年倡导实行的岗位技能工资制；20世纪60年代以后，一些日本企业吸收欧美职位、职能工资制的特点，曾经实行过的“年功型职位职能工资制”；我国1993年开始在国家公务员中实行的“职级工资制”也属于这一类型。

多元型工资制给人一种十分灵活、适应性强、能照顾到各类劳动者的各个方面的感觉，让各类人员都无可挑剔。但是分析起来，多元型工资制可能是在我国经济转轨时期的特定环境下为照顾新老职工的关系而相互妥协的产物和选择。其在实行过程中也存在一定的问题：各工资单元之间的相对关系难以摆平，工资的确定缺乏明确的导向；工资价格不能一目了然，给人一种工资标准单元多、乱的感觉；难以把全部工资标准同实际劳动量联系起来，一些工资单元，如，基础工资、工龄工资等往往成为与劳动无关的“死工资”；会造成同工不同酬，或不同工也同酬。

业务演练

任务2-1：判断工资等级制度的类型

练习1： 课下对你所熟悉的三位在职人员进行工资调查，分析其工资构成、各部分构成比例及基本工资标准的确定依据，判断该单位的工资等级制度属于哪种类型。

模块 2.3 岗位等级工资制

核心知识要点

2.3.1 岗位等级工资制的概念和特点

1. 岗位等级工资制的概念

岗位等级工资制，简称岗位工资制，它是按照员工在生产中的工作岗位确定工资等级和工资标准的一种工资制度，是劳动组织与工资组织密切结合的一种工资制度。

岗位工资制是建立在岗位评价基础上的，员工所任职岗位的劳动差别是决定工资差别的主要因素，岗位等级越高，工资越高。它隐含着这样一种假定：担任某一种职位的员工恰好具有与工作要求相当的能力，它不鼓励员工拥有跨职位的其他技能。

2. 岗位等级工资制的特点

(1) 按照工人工作岗位等级规定工资等级和工资标准。

岗位工资制不是按照工人的技术能力规定工资标准，而是按照各工作岗位的技术复杂程度、劳动强度、劳动条件、责任大小等规定工资标准。工人在哪个岗位工作，就执行哪个岗位的工资标准。在这种情况下，同一岗位的工人尽管能力与资历可能有所差别，却执行同一工资标准。

(2) 工人只有到高一级的岗位工作，才能提高工资等级。

岗位工资制存在升级问题，工人只有变动工作岗位，即只有到高一等级的岗位上，才能提高工资等级。但这并不等于说，一个工人不变换岗位，就不能提高工资标准。在企业经济效益提高，或社会整体经济水平增长以及物价上涨过快而工资等级数目不变的情况下，对于不能上升到高一级岗位上工作的工人，就要通过提高岗位工资标准来提高工资。

(3) 工人只有达到岗位的要求时，才能上岗工作。

岗位工资制虽然不制定技术标准，但各工作岗位都规定有明确的职责范围、技术要求和操作规程，工人只有达到岗位的要求时，才能独立顶岗工作。如果在未达到岗位的要求时就上岗工作，只能视为熟练期间，领取熟练期的工资。

2.3.2 岗位等级工资制的形式

岗位等级工资制主要有两种形式：一岗一薪制和一岗数薪制。岗位薪点工资制是岗位工资制的一种创新形式。

1. 一岗一薪制

一岗一薪制，指的是一个岗位只有一个工资标准，凡在同一岗位上工作的工人都执行同一工资标准(如表 2-1 所示)。岗位工资标准由低到高顺序排列，组成一个统一的岗位工资标准体系，它反映的只是不同岗位之间的工资差别，不反映岗位内部的工资差别。

实行一岗一薪，岗内不升级。新工人上岗采取“试用期”或“熟练期”办法，期满经考核合格后正式上岗，即可执行岗位工资标准。

一岗一薪制适用于专业化、自动化程度较高，流水作业、工种技术比较单一、工作物等级比较固定的工种。

表 2-1　某公司岗位工资标准表

岗位等级	薪酬标准(元)	管理职务	技术职务	生产岗位薪酬标准	
				岗位等级	标准(元)
十岗	5 000	公司总经理		一岗	1 080
九岗	4 250	公司副总经理		二岗	1 250
八岗	3 900	总经理助理		三岗	1 650
七岗	3 700	公司部室主任	正高级工程师	四岗	1 950
六岗	3 250	公司部室副主任	高级工程师	五岗	2 250
五岗	2 800	科长		六岗	2 600
四岗	2 380	副科长	工程师	七岗	3 050
三岗	1 950	主办科员	助理工程师		
二岗	1 600	科员	技术员		
一岗	1 300	办事员	技术员		

2. 一岗数薪制

一岗数薪制，指的是在一个岗位内设置几个工资标准，以反映岗位内部不同员工之间的劳动差别(如表 2-2 所示)。

表 2-2　某公司岗位工资标准表

等级＼档次	1	2	3	4	5	6	7
一	5 000	6 500	8 000				
二	3 800	4 800	5 800				
三	2 800	3 300	3 800	4 300			
四	2 100	2 400	2 700	3 000	3 300		
五	1 700	1 900	2 100	2 300	2 500	2 700	
六	1 100	1 300	1 500	1 700	1 900	2 100	
七	700	800	900	1 000	1 100	1 200	1 300

岗内级别同岗位之间的级别一样，也是根据岗位内不同工作的技术复杂程度、劳动强度、责任大小等因素确定的，工资的确定同样是对事不对人；当然也有时是主要对事，其次对

人，即在岗位内部，对技术熟练程度较高的工人规定较高的工资标准。由于一岗数薪，高低相邻的两个岗位之间的工资级别和工资标准可能交叉。实行一岗数薪制，员工在本岗位内可以晋升工资档次（也称“薪级”），直到达到本岗最高工资标准。

由于一岗数薪融合了技术等级工资制和岗位工资制的优点，适应了生产岗位之间存在的劳动差异和岗位内部劳动者之间存在的技术熟练程度的差异，所以它适用于岗位划分较粗，同时岗位内部技术有些差别的工种。

3. 岗位薪点工资制

（1）岗位薪点工资制的概念。

岗位薪点工资制是岗位工资制的一种创新形式，出现在20世纪90年代初期，是在岗位劳动评价的基础上，通过量化考核，用点数来反映不同岗位的劳动差别，用点值来确定每点的工资额，以企业经济效益决定工资和建立激励机制为核心的一种基本工资制度。

（2）薪点组成。

岗位薪点工资制是由岗位要素点、积累贡献点、个人技能要素点、津补贴点四个单元构成。其中：岗位要素点、积累贡献点是员工的基本收入，个人技能要素点、津补贴点是员工的辅助收入。

A. 岗位要素点是反映员工在岗位劳动中体现岗位劳动“四要素”的薪点，“上岗则有、下岗则无”，是岗位薪点工资制的主要组成部分，占岗位薪点工资制的70%左右。它是个人在生产、经营、管理等活动中贡献大小的具体反映，是体现员工个人实际操作技能和潜在劳动素质的薪点。

B. 积累贡献点是反映员工过去劳动所作积累贡献的薪点，是体现新老员工差别的主要措施，其占岗位薪点工资制的10%以内。

C. 个人技能要素点，是体现个人技能水平的因素，根据本人的专业技术资格等级或技术等级确定，占岗位薪点工资制的10%左右。

D. 津贴点，根据岗位劳动地点和场所对劳动者造成的劳动负效用确定，属于补偿性的工资差别，占岗位薪点工资制的10%左右。

（3）薪点值。

岗位薪点工资制中薪点值的确定根据企业的经济效益而定。一般第一年可根据上级有关部门核定的当月或当年可使用的工资总额，考虑到企业成本的承受能力，按照企业所有人员当月或当年的薪点总额求得。以后每年调整由企业视经济效益确定，效益好、利润高，可清算回的效益工资也高，点值随之上浮；反之下浮。因此它促进企业逐步建立自我约束机制，使企业收入分配走向制度化、规范化。

薪点值计算公式是：

$$\text{薪点值}=\frac{\text{当月(当年)可使用的工资总额}}{\text{当月(当年)所有人员的薪点总额}}$$

（4）应发薪点工资。

个人应发薪点工资按下式计算：

$$\text{个人应发薪点工资}=\text{该职工所得薪点}\times\text{薪点值}$$

模块 2.4　技术等级工资制

核心知识要点

2.4.1　技术等级工资制的概念

技术等级工资制是工人工资等级制度的一种形式，其主要作用是区分技术工种之间和工种内部的劳动差别和工资差别。

技术等级工资制是按照工人所达到的技术等级标准确定工资等级，并按照确定的等级工资标准计付劳动报酬的一种制度。这种工资制度适用于技术复杂程度比较高、工人劳动差别较大、分工较粗，以及工作物不固定的工种。

自 1956 年起到 1985 年止，我国一直实行八级技术等级工资制，在八级之上还有技师、高级技师。自 1985 年起，我国开始把八级技术工人划分为初级工、中级工、高级工三级。技术复杂的工种，在高级工之上延伸出技师、高级技师两个等级。

2.4.2　技术等级工资制的组成

技术等级工资制由工资标准、工资等级表和技术等级标准三个基本因素组成。借助这三个组成部分，给具有不同技术水平或从事不同工作的工人规定适当的工资等级。

1. 工资标准

工资标准，亦称工资率，就是按单位时间(时、日、周、月)规定的工资数额，表示某一等级在单位时间内的货币工资水平。按小时规定的为小时工资标准，按日规定的为日工资标准，按月规定的为月工资标准。我国工人的工资标准大部分是按月规定的，企业可以根据需要，将月工资标准换算为日工资标准或小时工资标准。

确定工资标准，最重要的是规定好最低的一级工资标准。一级工资标准的确定在很大程度上取决于国家或地区的最低工资限额，在一定程度上反映了整个国家或局部地区的工资水平。如果扣除物价等不可比因素，就可以作为研究各国之间、地区之间工资差别的基础。一级工资标准应当与国家实行最低工资保障标准相一致。

2. 工资等级表

工资等级表是用来规定工人的工资等级数目以及各工资等级之间差别的一览表。它由工资等级数目、工资等级差别以及工种等级线组成。它表示不同劳动熟练程度和不同工种之间工资标准的关系。

(1) 工资等级数目。

工资等级数目是指工资有多少个等级。工资等级是工人技术水平和工人技术熟练程度的标志，其数目多少是根据生产技术的复杂程度、繁重程度和工人技术熟练程度的差异规定的。凡是生产技术比较复杂、繁重程度及工人技术熟练程度差别较大的产业或工种，工资等级数目就应规定得多一些；反之，则应少一些。

(2) 工资等级差别。

工资等级差别，简称级差，是指相邻两个等级的工资标准相差的幅度。级差有两种表示方法：一种是用绝对金额表示；另一种是用工资等级系数表示。

所谓工资等级系数，就是某一等级的工资标准同一级工资标准的对比关系。它说明某一等级的工资比一级工资高多少倍，某一等级的工作就比最低等级的工作复杂多少倍。知道了一级工资标准和某一工资等级的系数，就可以求出某一等级的工资标准。

(3) 工种等级线。

工种等级线，是用来规定各工种(岗位)的起点等级和最高等级的界限。起点等级是熟练工、学徒工转正定级后的最低工资。最高等级线是该工种在一般情况下不能突破的上限。凡技术复杂程度高、责任大以及掌握技术所需要的理论知识水平较高的工种，等级的起点就高，等级线长；反之，则起点低，等级线短。一些技术简单而又繁重的普通工种，由于体力消耗大，其等级起点较高，但等级线不宜过长。

工种等级线、学徒期、熟练期以及培训期和见习期由国家统一规定，各单位不得自行提高或降低工种等级线和缩短学徒或培训期限。具体工种及工种等级线请查阅劳动部劳培字[1992]14号文件颁发的《中华人民共和国工种分类目录》。部分工种的工种等级线如表2-3所示。

表2-3 工种等级线举例

行业	工种	熟练期	学徒期		工种等级线		
			培训期	见习期	初级工	中级工	高级工
商业	司磅工	半年	一年	一年			
商业	制冰工	一年					
商业	糕点制作工		一年	一年			
建设	无轨电车驾驶员	半年					
建设	环卫机动车驾驶员		一年	一年			
建设	供水调度员		转化				
建设	管道检漏工		一年	一年			
机械工业	烧结工	一年					
机械工业	钳工		二年	一年			
机械工业	工具钳工		二年	一年			

3. 技术等级标准

技术等级标准，简称技术标准，它是按生产和工作分类的所有技术工种工人的技术等级规范，是用来确定工人的技术等级(简称“工人等级”)和工人工资等级的尺度。它包括“应知”、“应会”和“工作实例”三个组成部分。

(1) “应知”，是指完成某等级工作所应具备的理论知识，也可以同时规定工人应达到的文化水平。

(2) “应会”，是指工人完成某等级工作所必须具备的技术能力和实际经验。

(3) “工作实例”，是根据应知、应会的要求，列举本工种某等级工人应该会做的典型工作项目。

我国的技术等级标准由国家或国家产业部门统一制定。技术等级标准分别明确地规定了各工种的初级工、中级工和高级工应具备的专业和技术能力尺度。工人按照技术标准的要求,经过书面考试和实际制作的考试,达到某一技术等级标准的要求,就可以评定某一技术等级,并相应地执行某一等级的工资标准。

技师,应按原劳动人事部劳人培[1987]16号发布的《关于实行技师聘任制的暂行规定》和劳人培[1987]19号《〈关于实行技师聘任制的暂行规定〉的几点意见》规定的技师条件评聘。

高级技师,应按原劳动人事部劳人培[1990]14号发布的《关于高级技师评聘的实施意见》规定的高级技师条件评聘。

2.4.3 技术等级工资制的操作步骤

在实际工作中,技术等级工资制的一般操作步骤如下。

1. 划分与设置工种,工种定义,规定适用范围

(1) 工种是根据劳动管理的需要,按照生产劳动的性质和工艺技术特点而划分的工作种类。工种名称应既能准确反映工种的特性,又能兼顾其行业的特点和习惯称谓。劳动部1992年颁发的《中华人民共和国工种目录》,划分了包括46个行业在内的4 700多个工种,几乎覆盖了全国所有工人从事的工作种类。各行业及用人单位可依据《目录》和本单位实际情况进行划分和设置。

(2) 工种定义是对工种性质的描述和说明,一般包括工作手段、方式、对象和目的等项内容。如,对机械工业铸造工种定义为:“使用造型工具、设备、材料、制成型腔等。将金属溶液注入型腔内,获得所需铸件。”

(3) 适用范围,是指工种所包括的主要生产工作岗位。如,规定铸造工的适用范围包括:造型、造芯、芯铁、扣箱、浇注、机械造型、特种造型及金属压铸、铸件修补等。

2. 划分工种等级线,规定学徒期、熟练期

(1) 划分工种等级线。工种等级线是工种技术复杂程度的客观反映。《目录》在科学划分工种的基础上,通过对工种分析与评价,根据技术复杂程度及工人掌握其基本知识和技能所需专业培训的时间长短,合理地设定技术等级,并将原以八级制为主体的等级结构形式简化为三级制为主体的等级结构形式。技术要求复杂的工种等级线一般设定初、中、高三级;技术要求比较简单、不易或不宜划分等级的工种一般设初、中两级;或不再区分等级。某些工种技术等级为中、高两级,属于转化或晋升工种。

对工种等级线达到高级的,可再向上延伸技师和高级技师工资等级。

各行业、各企业可在初、中、高三级的基础上,根据合理设置工资等级数目的要求,综合考虑工作年限等因素,再具体细化等级或分档。例如,根据《国务院办公厅转发人事部财政部〈关于从2001年10月1日起调整机关事业单位工作人员工资标准和增加离退休人员离退休费三个实施方案〉的通知》(国办发[2001]70号),事业单位技术工人工资标准,如表2-4所示。

(2) 规定学徒期、熟练期。学徒期是工人掌握本工种基本专业技术理论和操作技能,并能独立工作所需的培训的期限。根据国家有关法律和目前企业实际情况,保证工人的技术素质,《目录》确定学徒期和熟练期的原则是:凡技术复杂,等级线设初、中、高、三级的工种,除了个别行业外,一律实行两年以上(包括两年)的学徒期。学徒期包括培训期和见习期两项内容。对实行三年学徒期的工种,规定培训期两年、见习期一年;对实行两年半学徒期的工种,规定培训期一年半、见习期一年。凡技术要求比较简单的工种(等级线设初、中两级或初级的)实行两年以下的熟练期。熟练期多为一年和半年。

表2-4　事业单位技术工人技术等级工资标准　　单位：元/月

技术等级	技术等级工资标准												
	一	二	三	四	五	六	七	八	九	十	十一	十二	十三
高级技师	498	524	550	583	616	649	682	715	748	781	814		
技　　师	425	447	469	491	519	547	575	603	631	659	687	715	
高 级 工	378	396	414	432	455	478	501	524	547	570	593	616	639
中 级 工	339	354	369	384	404	424	444	464	484	504	524	544	564
初 级 工	315	328	341	354	372	390	408	426	444	462	480	498	516

注：国办发[2001]70号颁发，自2001年10月1日起执行。工人按照本人的工作年限在本人技术等级内横向纳入工资档次。

《目录》中规定的工种等级线、学徒期和熟练期应严格执行，不得随意缩短。

3. 确定技术等级标准

各行业工人的技术等级标准一般由各行业主管部门依据《目录》修订或制定，经劳动部审定后，由劳动部和行业主管部门联合颁发。考虑到《目录》对工种等级线只分为初、中、高三级，各企业可根据工资等级数目的要求，分别将初、中、高级技术标准做相应的细化，以适应工人等级考核和确定工资等级的要求。

4. 对工人进行技术等级考核，确定其技术等级

确定工人的技术等级是确定工人工资等级的基础，所以在实行技术等级制的企业或岗位，应严格按照各等级技术标准对工人进行考核，并以工人达到的技术等级确定其工资标准。可以这样认为，严格按照技术标准对工人考核定级、考核升级是技术等级工资制的灵魂。

工人技术业务的考核，按照劳动部令1990年第1号发布的《工人考核条例》的有关规定执行。

5. 制定工资等级标准表

(1) 确定工资等级系数。在上述工种等级线和技术等级及工资等级数目确定的基础上，接下来的工作就是确定工资等级系数了。

规定工资等级系数要结合企业的工资结构一并考虑。如果采用单一的技术等级工资制，那么，工资等级系数应将劳动条件及责任因素考虑在内；如果采用的是技能工资加津贴的工资结构，那么工资等级系数就可单纯依据技术等级的复杂程度确定。

确定工资等级系数，是先确定级差百分比，后算出各等级的工资系数。工资等级系数，可以是等比系数、累进系数、累退系数或不规则系数。

A. 等比系数。这种系数的特点是：级与级之间相差的百分比相同，但级与级之间工资绝对额是逐步扩大的。它有显著的物质鼓励作用。我国1956年制定的工资等级表，即采用等比系数，如表2-5所示。

等级系数计算的公式是：

$$a_n = \alpha_1 r^{n-1}$$

式中：α_n——求公比时最高等级的系数或倍数；求各等级的系数时为所求该等级的系数。

α_1——一级工的工资等级系数为1。

n——求公比时最高等级数；求各等级系数时为所求该等级级数。

r——为该工资标准级差的公比。

表2-5 等比系数

工资等级	一	二	三	四	五	六	七	八
等级系数	1	1.17	1.369	1.602	1.874	2.193	2.566	3.00
级 差%	—	17	17	17	17	17	17	17

［例］ 设n为8，α_n为3，求级差公比。

代入公式：$3 = 1 \times r^{8-1}$

$3 = r^7$

$r = \sqrt[7]{3} = 1.17$

级差公比为：$(r-1) \times 100\% = (1.17-1) \times 100\% = 17\%$。

B. 累进系数。这种系数的特点是：级差的百分比是逐级扩大的。等级越高，级差的绝对金额也越大。这种系数的物质鼓励作用更强，但由于相差悬殊，在我国极少采用，如表2-6所示。

表2-6 累进系数

工资等级	一	二	三	四	五	六	七	八
等级系数	1.00	1.13	1.29	1.48	1.72	2.02	2.4	2.9
级差(%)	—	13	14.2	15	16	17.5	18.8	20.8

C. 累退系数。这种系数又称递减系数，其特点是：级与级之间的级差系数逐渐缩小，但级与级之间的工资差额绝对相等，如表2-7所示。

表2-7 累退系数

工资等级	一	二	三	四	五	六	七	八
等级系数	1	1.27	1.54	1.81	2.08	2.35	2.62	2.85
级差(%)	—	27	21.3	17.6	14.9	13	11.5	8.8

D. 不规则系数。这种系数的特点是：级与级之间相差的百分比无一定规律，忽高忽低。目的是随着工资等级的提高，使工资绝对金额逐级稳步提高，不致级与级之间差别过大。1985年新拟国营大中型企业工人的工资标准就采取了这一形式，如表2-8所列的六类工资区两类产业工人的工资标准。

表2-8 不规则系数

工资等级	一	二	三	四	五	六	七	八
工资标准	37	44	52	61	72	84	97	111

(续表)

工资等级系数	1	1.189	1.405	1.694	1.946	2.270	2.622	3
级差(%)	—	0.189	0.182	0.173	0.180	0.167	0.155	0.144
级差(%)	—	7	8	9	11	12	13	14

(2) 计算工资等级标准。工资等级标准要依据工资等级系数、各等级工人数及可能支付的工资总额计算,并应考虑市场的工资行情。计算公式是:

$$\text{A. 一级工资标准} = \frac{\text{用于技能工资的工资总额}}{\text{本企业技能工资等级系数之和}}$$

式中:工资等级系数之和 $= \sum$ 每级工资等级系数×每一等级工人数。

B. 各等级工资标准=一级工资标准×各等级工资等级系数

6. 制定技术等级工资制实施细则

实施细则除包括上述内容外,应将重点放在保证其健康运行的机制上,如,规定明确的技术等级考核周期和考核方法、工人转换工种的工资确定办法、工资标准随劳动生产率和物价调整的周期与办法等。

业务演练

任务 2-2:已知工资等级系数及每一等级人数,计算各等级工资标准

练习 2: 某公司有工资总额 105 000 元,其他资料如表 2-9 所示。

表 2-9 某公司工资等级

工资等级	一	二	三	四	五	六	七	八	合计
工资等级系数	1.0	1.2	1.5	2.0	2.5	3.0	3.5	4.0	—
每一等级人数	20	35	30	36	30	25	18	3	—
每一等级工资等级系数之和									
一级工资标准 (小数点后保留两位)									—
各等级工资标准 (四舍五入取整)									—

要求:1. 计算每一等级工资系数之和,并填入表内;
2. 计算一级工资标准,填入表内,并列出一级工资标准计算公式;
3. 计算各等级工资标准,填入表内,并列出各等级工资标准计算公式。

任务 2-3:已知每一工资等级人数及各岗级点数,计算各等级工资标准

练习 3: 某公司实行岗位工资制,岗位工资总额 705 600 元,其他资料如表 2-10 所示。

表 2－10　某公司岗位等级

岗位等级	一	二	三	四	五	六	七	八	合计
各岗级员工数	50	60	80	100	120	90	70	30	—
各岗级点数	120	150	180	210	240	270	300	330	—
各岗级总点数									
每点工资率（小数点后保留两位）									—
各岗级工资标准（四舍五入取整）									—

要求：1. 计算各岗级总点数，填入表内。

2. 计算每点工资率，填入表内，并列出每点工资率的计算公式。

3. 计算各岗级工资标准，填入表内，并列出各岗级工资标准的计算公式。

模块 2.5　职务等级工资制

核心知识要点

2.5.1　职务等级工资制的概念

职务等级工资制，是按照企业职员担任的职务等级规定工资等级和工资标准的一种工资制度，适用于企业中担任管理职务和专业技术职务的人员。其完整的表述是：职务等级工资制是按照职员担任的职务规定工资标准，不同职务有不同的工资标准，在同一职务内，又划分若干等级，每个职员都在本人职务所规定的工资等级范围内评定工资。职务等级工资制的特点是以下几个方面。

1. 按照职务规定工资，“一职数薪”制

职务工资制是按照职务规定工资，但它不是“一职一薪”制，而是在每个职务内部再划分若干等级，规定不同的工资标准，借以反映同一职务内的各个职员劳动熟练程度的差别。

2. 只能在职员职务工资规定的范围内升级

各个职员只能在其职务工资所规定的工资标准范围内进行升级，当升到最高等级时，除非提升职务或调任其他职务，否则不再有升级调整工资的机会。

3. 调任新职务，即领取新的职务工资

它是以职务定工资，因此，职员调任新职务即领取新的职务工资，不考虑职员本人原有的工资水平与资历。

2.5.2　职务等级工资制的组成

职务等级工资制由职务名称序列表、职务工资标准表、业务等级标准组成。

1. 职务名称序列表

职务名称序列表是在职能分工的基础上，由国家主管部门对各个职能工作的内容进行横向和纵向的分析、归类，然后制定出明确的、统一的各种职务名称序列表。有了统一的职务名称序列表，才能在全国范围内对执行同一职能的各职员，按同一标准评价，按同一职务确定工资。

2. 职务工资标准表

职务工资标准表是各类职务工资标准的一览表。它由职务工资等级数目、职务工资类别及其划分标准、职务工资标准及职务等级线组成。

(1) 职务工资等级数目。它是指职务工资一共有多少个等级。职务工资等级的多少可完全由企业自定。一般来说，职务工资等级的多少同企业的规模大小成正相关关系。

(2) 职务工资类别及其划分标准。职务工资类别是指对同一名称的职务根据单位的行政级别、产业类别、规模大小等不同造成的劳动差别规定不同的工资标准，是表现同一名称职务工资差别的一种方式，目的是更好地体现同一职务由于单位规模大小等不同而造成的劳动差别。

1985年工资改革，企业职务工资类别是根据企业所属产业类别和企业类型(即规模大小)划分的。同是厂长，北京地区二类产业、中型企业最低职务工资为125元，小型企业为111元；同是中型企业的厂长，一类产业和二类产业的最低职务工资为125元，而三类产业为122元。

(3) 职务工资标准及职务等级线。同一职务规定若干等级工资标准，某个职务执行最低工资等级和最高工资等级的界限称为职务等级线。

3. 业务等级标准

业务等级标准是各个职务的业务规范文件，是评定职员职务工资的主要依据。它由"应知"、"业务要求"和"职责规范"三部分组成。

(1) 应知，是指规定从事某项职务所应掌握的专业理论与实际知识，对管理人员还要求掌握与所担任职务有关的法律、法令、条例和规章制度等知识。

(2) 业务要求，是指从事某项职务所应具备的文化程度和专业知识的最低水平。在某些情况下，对某一职务或工作还要求有一定的本专业实际工龄。

在实际工作中，也可以把"应知"、"业务要求"合并起来，提出一个总的要求。例如，我国对科研、文教等部门的工作人员提出的"职称要求"就是综合制定的。

(3) 职责规范，主要是列举各个职务的主要工作内容和从事该项工作的职员所应负的主要责任、权限，以及完成任务的标准。其内容应该反映出该职务的工作性质、复杂程度、负责程度、职责范围等。既要有明确的分工，指出"干什么"，又要指出"干到什么样"。

2.5.3 我国国有企业职务等级工资制的形式

自1956年我国第二次工资改革以来，我国国有企业曾实行了两种形式的职务等级工资制。

1. "豆腐干"式的职务工资制

"豆腐干"式的职务工资制即按职务和工作单位分类，再分别规定不同的工资标准。

在1956年工资改革中，根据各产业在国民经济中的重要性、技术复杂程度和劳动条件，企业所在地区，以及职务的重要性、责任大小、职责繁简、技术复杂程度等因素，并参照当时工资情况，按照职务全国统一规定职务等级工资标准。

这种按照工作单位和职务分类确定职务工资的具体办法，是把全国划分七类地区、四类产业，每类产业又分为四类企业，在企业内部分为三类科室，科室以下又分四类职能员（如表2-11所示），每类职务又分为若干个等级，根据每个人担任的职务，按照德才条件，适当照顾资历，评定工资级别。工程技术人员与行政管理人员纳入同一职务等级表，给同等职务的工程技术人员和行政管理人员规定了大体相同的工资标准，如表2-12所示。

表2-11 1956年企业的地区、产业、企业科室和职员分类

类别	一类	二类	三类	四类	五类	六类	七类
地区	四川省、贵州省	华东、中南、云南省	东北、华北	上海市、西安市	广州市、兰州市	新疆	青海省
产业	钢铁冶炼、有色金属、煤矿、铁矿、石油、地质	电力、机器、制造、重化工、建筑材料、铁道、交通、建筑安装	造纸、纺织、制革、印刷、邮电	制糖、酒精、化学油脂、日用玻璃、被服面粉、卷烟、食品、肥皂			
科室	设计、工艺、生产科	计划、劳资、人事、财务、保卫科	秘书、总务、福利科				
职员	设计、工艺等专职技术	成本会计、劳动组织、综合计划、综合统计等专职经济员	会计、统计、机要员	记账、工资、核算、描图、打字员			

表2-12 1956年华北、东北地区石油企业职务工资标准

编号	主要职务名称 \ 工资标准（元） \ 企业分类	一类企业	二类企业	三类企业	四类企业
1	正副厂长、正副局长、正副总工程师	229—144	211—126	193—117	171—103
2	一类车间正副主任，设计、工艺、生产正副科长、主任工程师	162—108	148—99	135—90	126—81
3	二类车间正副主任，计划、劳资、人事、财务、保卫正副科长、主任经济工程师	144—99	130—90	121—81	112—76
4	三类车间正副主任，秘书、总务、福利科正副科长	126—90	117—81	108—72	99—72
5	工段长	126—72	117—67	108—63	99—63
6	设计、工艺等专职工程师	135—94	126—85	117—81	108—81
7	财务、会计、综合统计、生产计划、劳资等专职经济工程师	126—76	117—72	108—67	99—63

(续表)

编号	工资标准(元) 企业分类 主要职务名称	一类企业	二类企业	三类企业	四类企业
8	设计、工艺等专职技术员	99—54	91—54	90—54	88—54
9	成本会计、劳动组织、综合计划、综合统计等专职经济员	90—52	85—52	81—52	76—52
10	会计、统计、机要员	76—43	76—43	76—43	76—43
11	记账、工资核算员、描图、打字员	66—38	66—38	66—38	66—38
12	考勤、电话、收发员	57—36	57—36	57—36	57—36
13	设计、工艺等专职助理技术员	57—43	57—43	57—43	57—43

这种按职务和工作单位分类的职务工资制,俗称“豆腐干”式的职务工资制。其优点是:职务划分明确,便于制定各类职务的职责范围和业务、技术标准,便于考核;工资标准分类较细,工资与职务紧密挂钩,并突出了职务,体现了按劳分配的原则;由于它是按照职务确定工资等级,每个职务内的工资等级与其他职务互不相关,职员调动工作后易于按新任职务重新评定工资,有利于干部上下调动。其不足是:职务工资制主要是抄袭了前苏联的一套做法,过多地强调了差别,在同一地区同一职务,只是由于产业分类和企业分类不同,其工资标准就有较大的差别,造成了工资关系上的一些矛盾。

2. “一条龙”式的职务等级工资制

“一条龙”式的职务等级工资制即按工作性质对各种职务进行归类,工作性质相同的各个职务采用同一个职务等级工资标准表。

我国在1985年第三次工资改革中,劳人薪[1985]31号文件印发的新拟《国营大中型企业干部工资标准表》,就是“一条龙”形式的职务等级工资制,见表2-13。

“一条龙”形式的职务等级工资制,其优点是:职务划分较粗,便于机构和人员的调整;工资标准体系大大简化。拿1985年新拟订的参考干部工资标准来说,它将原来的庞杂的标准体系大大简化。按照国家十一类工资区别划分,全国只设九种职务工资标准,每类工资区只设三种工资标准,每一企业只执行一种工资标准。其不足是:由于职务划分较粗,不便于考核;工资标准过于简化,不能充分体现同级别但工作性质和难易程度不同职务的劳动差别。

2.5.4 企业职务等级工资制的发展趋势

前面介绍的职务等级工资制的两种形式,严格来说,“豆腐干”式的职务工资制,由于其工资的确定是侧重工作,即使是同级别的职务也会因从事工作的性质和难易程度不同而工资有所不同,所以它属于职位型工资制。它同工人岗位等级工资制的原理是一样的。而“一条龙”形式的职务工资制,由于其工资的确定是侧重职务的管理级别(或者说企业的行政级别),即使是工作性质和难易差别很大,但只要职务级别相同就执行同级的工资标准,所以它基本上是一种职能工资制。它同工人的技术等级工资制的原理基本是一样的,但也兼有

表 2 - 13 国营大中型企业干部工资标准表

备类区适用标准范围 / 序号 / 等级	五类工资区	六类工资区	七类工资区	八类工资区	九类工资区	十类工资区	十一类工资区			
	1	2	3	4	5	6	7	8	9	
一	213	255	263	270	277	285	292	299	300	大型联合企业领导干部
二	224	230	236	243	250	256	263	269	276	
三	202	208	214	220	226	231	237	243	249	大型企业领导干部
四	185	190	196	201	207	212	217	222	227	
五	170	175	180	185	190	195	199	204	209	中型企业领导干部
六	155	160	165	169	173	178	182	187	192	
七	141	145	150	154	158	162	166	170	175	
八	128	131	136	139	143	147	150	154	158	
九	115	118	122	125	128	132	135	138	142	
十	102	105	108	111	114	117	120	123	126	
十副	96	98	101	104	107	110	112	115	118	
十一	90	92	94	97	100	103	105	108	110	
十一副	84	86	88	90	93	96	98	101	103	
十二	78	80	82	84	87	90	91	94	96	
十二副	73	74	76	78	81	84	85	87	89	
十三	68	69	70	72	75	78	79	81	82	
十三副	63	64	65	66	69	72	73	75	76	
十四	58	59	60	61	64	67	68	69	70	
十四副	53	54	55	56	59	62	63	64	65	
十五	49	50	51	52	54	57	58	59	60	
十五副	45	46	47	48	49	52	53	54	55	
十六	41	42	43	44	45	47	48	49	50	
十六副	37	38	39	40	41	43	44	45	46	
十七	34	35	36	37	38	39	40	41	42	

职位工资的性质。今后，企业实行哪种形式的等级工资制：一要取决于本企业的生产工作特点和管理水平；二要同工人的工资等级制度结合在一起来考虑，并应使两者工资等级确定的原则相一致。

模块2.6 岗位资质绩效工资制

核心知识要点

2.6.1 岗位资质绩效工资制的含义

岗位资质绩效工资制以“按岗位定酬、按资质定酬、按绩效付酬”为主线设计，工资的确定、调整与支付，以岗位、资质、绩效为导向。

岗位资质绩效工资制，有以下三层含义。

1. 按岗位定酬

按岗位定酬，是指按照员工任职的岗位等级决定工资等级，员工任职的岗位不同，岗位价值就不同，岗位等级通过岗位评价确定。

2. 按资质定酬

按资质定酬，是指根据职工个人资质条件确定工资档次。资质，即职工具有的专业技术等级(或技术等级)、技术年限或缴费年限等体现职工个人职能水平的因素。岗位资质工资标准，也就是岗位基本工资标准，按“一岗多薪”宽带设计。在同一等级上的员工，专业技术资质是不一样的，年功、经验是不一样的，应当在按岗位定酬的基础上，再按“人”定酬：资质高的、年功长、经验丰富的，纳入高档次工资标准；反之，纳入低档次工资标准。

3. 按绩效付酬

按绩效付酬强调的是工资组成中的岗位绩效工资标准，不能按标准固定支付，要与公司、部门、本岗位任职人员的绩效实现程度相联系。岗位绩效工资，是工资构成中的全浮动部分，按“一岗一薪”窄带设计，只纵向体现岗位的价值。

岗位资质绩效工资制把职位型工资制和职能型工资制两种工资制度的优点结合起来，同时又克服了单一实行岗位工资制或单一实行职能工资制的缺点。

2.6.2 岗位资质绩效工资制的优势

实践证明，岗位资质绩效工资制，作为岗位工资制一种拓展得到很多企业的认同。具体来说，具有以下几点优势。

(1) 职工工资等级的高低，以岗位为基础确定，首先既体现了不同岗位的不同劳动价值，又基本保证了同工同酬的实现。

(2) 在同一工资等级中，通过给不同知识、不同资历和经验、不同技能或能力的职工规定不同的工资档次，体现了对人力资本投资的承认、补偿和回报，目的是要建立一种激励员工主动进行人力资本投资，进而提高业务技术素质的新的机制。长期坚持这一点，就会大大提升员工的整体素质水平，提升企业整体竞争力和职工个人人力资本增值的“双赢”结果。

(3) 在一岗多薪、上下等级交叉的岗位资质工资标准下，职工工资的晋升有了多种通道，技术岗位的工资完全有可能超过主管、超过直接上级，甚至间接上级，不“升官”也可以“发财”。这就有效地保证了企业技术人才的供给，为“科技兴企”提供了薪酬制度上的支持和保障。

(4) 岗位绩效工资，是根据职工在一定时期内的绩效评价结果而考核浮动计发的劳动报酬，具有明显的激励作用。通过设置岗位绩效工资单元，从分配制度上有效强化和支持了绩效管理。

2.6.3 岗位资质绩效工资制的实施

为顺利稳妥实行岗位资质绩效工资制，要特别扎实地做好以下工作：

(1) 制订符合实际的《岗位评价标准体系》，将《岗位评价标准体系》公布，并广泛征求意见；

(2) 找出典型岗位进行试评，保障岗位评价标准体系的操作性和有效性；成立具有群众基础的岗位评价委员会；实施岗位评价，形成组织内岗位价值序列；

(3) 纵向以工作岗位为基础，根据岗位等级确定每人工资等级；

(4) 测算确定岗位资质绩效工资标准表；

(5) 设计岗位资质工资档次纳入表，横向以个人资质为基础，确定每人工资档次；

(6) 将所有职工纳入新的岗位资质绩效工资标准；

(7) 实行切实有效的绩效管理制度，制定《绩效工资管理办法》(或《绩效工资实施细则》)，将个人绩效工资计发与公司、部门、个人绩效实现程度紧密挂钩。

相关链接 2-1：

KUJ 公司岗位资质绩效工资制方案(摘录)

第二章 岗位资质工资

第九条 【岗位资质工资等级】

岗位资质工资等级根据职工任职的岗位等级确定。

岗位资质工资等级由公司岗位评价委员会按照《KUJ 公司岗位评价标准体系》，通过实施岗位评价评定。

《KUJ 公司岗位等级序列表》见表 2-14。

第十条 【岗位资质工资标准】

岗位资质工资，是工资构成中的相对固定部分。

岗位资质工资标准实行“一岗多薪”制。档差按岗位资质工资基准线的 5%设计。

岗位资质工资标准，纵向以岗位等级为基础，体现岗位的价值；横向工资档次以个人岗位资质依据，体现员工个人人力资本的价值。

《KUJ 公司岗位资质工资标准表》，见表 2-15。

第十一条 【纳入岗位资质工资等级的办法】

所有人员按照所任岗位评定的岗位等级，直接进入与本岗位等级相对应的工资等级。

第十二条 【纳入岗位资质工资档次的办法】

员工纳入工资档次的步骤和办法是：

(一) 按照 KUJ 规划发展战略的要求，明确每个岗位等级任职的专业技术资格等级或技术等级要求。

(二) 正好符合任职专业技术资格等级或技术等级要求的，纳入岗位资质工资的 4 档工资标准。其中，中层管理人员纳入 5 档。

（三）低于任职专业技术资格等级或技术等级条件的，低纳工资档次。

（四）高于任职专业技术资格条件或技术等级条件的，高纳工资档次。

（五）员工具有专业技术等级或技术等级的，按专业技术年限或技术年限增加工资档次；没有专业技术等级或技术等级的，按改制后的本企业工龄纳入工资档次。

《岗位资质工资档次纳入表》，见表2-16、表2-17。

（六）在按前述纳入工资档次的基础上，对于具有二级建造师认证的人员，高纳一个工资档次；具有一级建造师认证的人员，高纳两个工资档次。

（七）对于有学历，没有专业技术资格的人员，暂按视同对待：（1）高中、中专、中技毕业三年以上，大专毕业一年以上的，视同员级或中级工；（2）本科毕业一年以上的，视同助理级或高级工。

第十三条　【纳入岗位资质工资档次若干问题的处理】

（一）纳入工资档次专业技术年限或技术年限，从取得相应的专业技术资格或技术等级的当年算起。

（二）纳入工资档次的本企业工龄从KUJ公司改制的当年算起，即从2005年算起。

（三）员工按照高一技术等级纳入的工资档次，低于按照低一技术等级纳入的工资档次的，按照就高等级纳入。

（四）按照学历和毕业年限视同专业技术资格的人员，其毕业年限，第一年按周年处理；满一周年以后，按虚年计算。

（五）实行“老人老办法”，对老人给予一定的保护。“老人”为2005年参加改制的人员，老人在按照本方案纳入新工资标准后，每月岗位资质工资与岗位绩效工资之和低于2006年每月四项工资（岗位职务工资＋年功工资＋职称津贴＋住房补贴）之和的，或者在2006年每月四项工资基础上每月增加工资不到50元的，一律增加到每月50元。

第三章　岗位绩效工资

第十四条　【岗位绩效工资等级】

岗位绩效工资等级，见表2-14。

第十五条　【岗位绩效工资标准】

岗位绩效工资标准，实行“一岗一薪”制，即每个岗位等级只有一个工资标准。

岗位绩效工资标准，见表2-15。

各等级月岗位资质工资和岗位绩效工资各自占岗位工资的比例，见下表。

各等级月岗位资质工资和岗位绩效工资各自占岗位工资的比例

岗位等级	岗位资质工资占岗位工资比例	岗位绩效工资占岗位工资比例	岗位资质工资＋岗位绩效工资
一至二	70％	30％	100％
三至五	65％	35％	100％
六至八	60％	40％	100％

（续表）

岗位等级	岗位资质工资占岗位工资比例	岗位绩效工资占岗位工资比例	岗位资质工资＋岗位绩效工资
九至十二	55%	45%	100%
十三至十六	50%	50%	100%

……

第五章 岗位工资计算与支付

第十九条 【岗位资质工资的计算支付】

岗位资质工资为任职人员的基本工资，在员工正常出勤、提供正常劳动的情况下，每月固定支付。在不能正常出勤的情况下，因病、婚、丧、生育等法定事假，按特殊情况下的工资支付规定处理；因私事假，按日扣减。

$$日岗位资质工资标准=\frac{本人月岗位资质工资标准}{21.75\ 天}$$

第二十条 【岗位绩效工资的计发】

（一）机关各部门负责人、分公司、子公司负责人的绩效考核及岗位绩效工资计发，由公司薪酬与考核委员会直接管理，不参与本部门、本单位内部绩效工资或效益工资的分配。

（二）机关各部门负责人、分公司、子公司负责人以下其他岗位任职人员的绩效工资，为两级考核、两级支付，是工资构成中的全浮动部分。

一级考核，即以部门、分公司、子公司为单位，由公司按照《部门绩效考核方案》，根据考核结果，决定各部门、分公司的应发绩效工资总额。

二级考核，即以岗位任职人员为单位，由各部门、分公司、子公司根据《公司关于岗位绩效考核的指导意见》自行制订的绩效考核办法进行考核，根据考核结果，决定岗位任职人员的应发绩效工资。

……

表 2－14 KUJ 公司岗位等级序列表

岗位等级	00	01 开发部	02 经营部	03 工程部	04 财务部	05 人保部	06 党群部
一						炊事员；话务员；警卫；卫生工	
二						通讯管理员；食堂管理员	

（续表）

岗位等级	00	01 开发部	02 经营部	03 工程部	04 财务部	05 人保部	06 党群部
三							
四				试验员	出纳；档案管理		
五		开发管理员	成本会计；物资管理员	计划统计员；设备管理员；工程维修管理员；贯标管理员；工程劳务管理员		消防干事；调配管理员；武装干事；后勤管理员	宣传干事；综合干事；组织干事
六		投标管理员	预算员		会计核算	干部管理员；工资管理员	
七			电气质检员；土建质检员；水暖质检员	成本管理			
八	开发主管		试验主管				
九		清欠副部长；预算主管	安全主管				
十			土建工程师；水暖工程师；电气工程师			纪检副部长；工会副部长	
十一			贯标副部长	业务副部长；管理副部长	副部长		
十二		预算副部长	技术副部长				
十三						部长	
十四	部长	部长		部长	部长		
十五			部长				
十六							

表 2－15　KUJ 公司岗位资质绩效工资标准表　　单位：元/月

档次/标准/等级	工资标准	级差	岗位资质工资档差	岗位资质工资标准档次												岗位绩效工资标准	绩效工资系数
				1	2	3	4	5	6	7	8	9	10	11	12		
一	1 400	—	50	630	680	730	780	830	880	930	**980**	1 030	1 080	1 130	1 180	**420**	1
二	1 500	100	55	665	720	775	830	885	940	995	**1 050**	1 105	1 160	1 215	1 270	**450**	1.07
三	1 700	200	55	718	774	829	884	939	995	1 050	**1 105**	1 160	1 216	1 271	1 326	**595**	1.42
四	1 900	200	60	815	875	935	995	1 055	1 115	1 175	**1 235**	1 295	1 355	1 415	1 475	**665**	1.58
五	2 100	200	65	805	870	935	1 000	1 065	1 130	1 195	**1 260**	1 325	1 390	1 455	1 520	**840**	2.00
六	2 400	300	70	950	1 020	1 090	1 160	1 230	1 300	1 370	**1 440**	1 510	1 580	1 650	1 720	**960**	2.29
七	2 800	400	85	1 085	1 170	1 255	1 340	1 425	1 510	1 595	**1 680**	1 765	1 850	1 935	2 020	**1 120**	2.67
八	3 000	200	90	1 170	1 260	1 350	1 440	1 530	1 620	1 710	**1 800**	1 890	1 980	2 070	2 160	**1 200**	2.86
九	3 200	200	90	1 130	1 220	1 310	1 400	1 490	1 580	1 670	**1 760**	1 850	1 940	2 030	2 120	**1 440**	3.43
十	3 400	200	95	1 205	1 300	1 395	1 490	1 585	1 680	1 775	**1 870**	1 965	2 060	2 155	2 250	**1 530**	3.64
十一	3 900	500	110	1 375	1 485	1 595	1 705	1 815	1 925	2 035	**2 145**	2 255	2 365	2 475	2 585	**1 755**	4.18
十二	4 100	200	115	1 450	1 565	1 680	1 795	1 910	2 025	2 140	**2 255**	2 370	2 485	2 600	2 715	**1 845**	4.39
十三	4 300	200	110	1 380	1 490	1 600	1 710	1 820	1 930	2 040	**2 150**	2 260	2 370	2 480	2 590	**2 150**	5.12
十四	4 600	300	115	1 495	1 610	1 725	1 840	1 955	2 070	2 185	**2 300**	2 415	2 530	2 645	2 760	**2 300**	5.48
十五	5 200	600	130	1 690	1 820	1 950	2 080	2 210	2 340	2 470	**2 600**	2 730	2 860	2 990	3 120	**2 600**	6.19
十六	6 000	800	150	1 950	2 100	2 250	2 400	2 550	2 700	2 850	**3 000**	3 150	3 300	3 450	3 600	**3 000**	7.14

注：本表月岗位工资标准＝岗位资质工资标准(8 档)＋岗位绩效工资标准。

表 2－16　中层(不含)以下任职人员工资档次纳入表

岗位等级	专业技术/技术等级要求	任职人员实际具备专业技术/技术等级	专业技术/技术年限/工龄	专业技术/技术年限/工龄	专业技术/技术年限/工龄
			4 年以下 5 年以下	5—8 年 6—10 年	9 年以上 11 年以上
一级 二级	初级工	普通工	3	4	5
		初级工及以下	4	5	6
		员级/中级工	5	6	7
		助理级/高级工	6	7	8
		中级/技师	8	9	10
三级 四级	员级； 中级工	初级工及以下	3	4	5
		员级/中级工	4	5	6
		助理级/高级工	6	7	8
		中级/技师	8	9	10

（续表）

岗位等级	专业技术/技术等级要求	任职人员实际具备专业技术/技术等级	专业技术/技术年限/工龄	专业技术/技术年限/工龄	专业技术/技术年限/工龄
			4年以下 5年以下	5—8年 6—10年	9年以上 11年以上
五级 六级 七级 八级 九级	助理级； 高级工	初级工及以下	2	3	4
		员级/中级工	3	4	5
		助理级/高级工	4	5	6
		中级/技师	6	7	8
		高级/高级技师	8	9	10

表2-17 中层(含主任工程师)以上任职人员工资档次纳入表

岗位等级	专业技术/技术等级要求	任职人员实际具备专业技术/技术等级	专业技术/技术年限/工龄	专业技术/技术年限/工龄	专业技术/技术年限/工龄
			4年以下 5年以下	5—8年 6—10年	9年以上 11年以上
十级 — 十六级	中级； 技师	初级工及以下	1	2	3
		员级/中级工	2	3	4
		助理级/高级工	3	4	5
		中级/技师	5	6	7
		高级/高级技师	7	8	9
		正高级	8	9	10

（一）对于具有学历无专业技术或技术等级的员工，按以下办法视同专业技术等级：

1. 中等学历毕业的，从第四年起视同员级专业技术等级；

2. 大专学历的，从毕业第二年起视同员级专业技术等级；

3. 本科毕业的，从毕业满一年起视同助理级专业技术等级；

4. 按低专业技术等级纳入的工资档次，低于按高一等级纳入的工资档次的，按就高档次确定。

（二）具有建造师认证的，在按本表纳入工资档次基础上，二级建造师，高纳一档；一级建造师，高纳两档。

业务演练

任务2-4：体会岗位资质绩效工资制的设计思路

练习4：阅读"相关链接2-1：KUJ公司岗位资质绩效工资制方案(摘录)"后请思考，在本方案中，岗位资质工资为什么采用“一岗多薪”宽带设计，岗位绩效工资为什么采用“一岗一薪”窄带设计？

模块 2.7 事业单位岗位绩效工资制

核心知识要点

2.7.1 事业单位工资制度沿革

《国务院关于修改〈事业单位登记管理暂行条例〉的决定》（中华人民共和国国务院令第411号，2004年6月27日），规定“事业单位，是指国家为了社会公益目的，由国家机关举办或者其他组织利用国有资产举办的，从事教育、科技、文化、卫生等活动的社会服务组织”。

我国事业单位工资制度，从没有奖金或绩效工资到1985年建立奖励工资，又到2006年明确提出建立绩效工资，经历了以下五个阶段。

(1) 第一阶段，1956年第二次工资改革实行职务等级工资制，一直到1984年，是没有奖金制度的阶段。1956年，我国进行第二次工资改革，确定实行了国家机关、事业单位工作人员的职务等级工资制。

(2) 第二阶段，自1985年开始到1988年，是开始建立奖金制度的阶段。1985年，按照中发[1985]9号文件印发的《国家机关和事业单位工作人员工资制度改革方案》，按照工资的不同职能，分为基础工资、职务工资、工龄津贴和奖励工资四个组成部分。奖励工资，实际执行标准为一个月的基础工资与职务工资之和。

(3) 第三阶段，1989年进行工资总额管理体制改革，到2006年6月，奖金有较大幅度增长的阶段。对于事业单位的工资总额管理，实行了区别对待的方针，即视具体事业单位经济自立程度的不同，实行不同的管理办法：

A. 已经实行企业化管理，又能够经济自立的事业单位，应执行国家对企业的有关规定，独立核算，自负盈亏，并与国家机关、事业单位的调整工资脱钩。

B. 经济上不能自立或不能完全自立的事业单位，通过增收节支的结余经费，应建立事业发展基金、职工福利基金和职工奖励基金，具体比例应根据“有条件的单位也可以适当多发一些奖金”和“这些收入大部分应该用于发展各项事业，用于奖励基金的只能是一小部分”的精神，由主管部门会同财政部门核定。

C. 科研单位：完全自立的实行经费长期自理、自主使用。对这类单位纳税后留用的纯收入，在保证事业发展前提下，国家不再规定事业发展、奖励、福利三项基金的比例和具体的分配形式。部分自立的技术开发型单位，实行奖励福利基金提取比例与减拨事业费幅度挂钩，以奖励福利基金占纯收入的50%为基数，事业费每减10%，奖励福利基金比例增加2%。

D. 高校单位：可以试行经费包干和工资总额包干。增人不增工资总额，减人不减工资总额。结余的工资基金由学校自主使用。计划外的横向协作的科研项目、各类科技服务活动和举办的各类培训班，可以从纯收入中按一定比例提取劳务酬金。具体比例由各地根据实际情况自行确定。按规定比例提取的劳务酬金，不计征奖金税。

E. 医疗卫生单位：允许有条件的从事有偿业余服务，有条件的项目也可进行有偿超额劳动。业余医疗服务收入(不含药品收入)，在扣除必要的物质材料消耗费用和适当的仪器设备折旧后，作为个人酬金全部由单位自主分配。

(4) 第四阶段，1993—2006年6月，是在工资构成中明确“活的部分”占有30%—50%比例的阶段。按照国发[1993]79号文颁发的《国务院关于机关和事业单位工作人员工资制度改革问题的通知》和国办发[1993]85号印发的《国务院办公厅关于印发机关、事业单位工资制度改革三个实施办法的通知》，按照经费来源分类，不同类的单位活的工资部分执行不同的工资标准，如表2-18所示。

表2-18 按照单位经费来源分类，固定工资部分与活的津贴部分组成一览表

单位经费来源分类	固定部分比例和标准	活的部分比例和标准	合　计
全额拨款单位7∶3	70%	30%	100%
	500	210	710
差额拨款单位6∶4	60%	40%	100%
	500	330	830
自收自支单位5∶5	50%	50%	100%
	500	500	1 000

“活的部分”称为“津贴”、“奖金”或“岗位目标管理津贴”。从1993年到2005年，绝大多数事业单位实行了奖金制度或绩效工资制度。奖金或绩效工资大多来自本单位的创收收入。很多单位的绩效工资水平甚至已经超过了基本工资(岗位工资+薪级工资)之和的水平。

(5) 第五阶段，从2006年7月1日开始，明确事业单位实行绩效工资制度的阶段。人事部、财政部《关于印发事业单位工作人员收入分配制度改革方案的通知》(国人部发[2006]56号)、《关于印发事业单位工作人员收入分配制度改革实施办法的通知》(国人部发[2006]59号)，就事业单位收入分配制度做出了新的规定，并从2006年7月1日执行。事业单位进行的本次收入分配制度改革，核心是建立并实行岗位绩效工资制度。岗位绩效工资由岗位工资、薪级工资、绩效工资和津贴补贴四部分组成，明确了事业单位实行绩效工资制度。

2.7.2 事业单位实行绩效工资改革的基本内容

1. 建立岗位绩效工资制度

事业单位实行岗位绩效工资制度。岗位绩资工资由岗位工资、薪级工资、绩效工资和津贴补贴四部分组成，其中岗位工资和薪级工资为基本工资。

(1) 岗位工资。

岗位工资主要体现工作人员所聘岗位的职责和要求。事业单位岗位分为专业技术岗位、管理岗位和工勤技能岗位。专业技术岗位设置13个等级，管理岗位设置10个等级，工勤技能岗位分为技术工岗位和普通工岗位，技术工岗位设置5个等级，普通工岗位不分等级。不同等级的岗位对应不同的工资标准(见表2-19、表2-20、表2-21)。工作人员按所聘岗位执行相应的岗位工资标准。

(2) 薪级工资。

薪级工资主要体现工作人员的工作表现和资历。对专业技术人员和管理人员设置65个薪级;对工人设置40个薪级,每个薪级对应一个工资标准(见表2-19、表2-20、表2-21)。对不同岗位规定不同的起点薪级。工作人员根据工作表现、资历和所聘岗位等因素确定薪级,执行相应的薪级工资标准。

(3) 绩效工资。

绩效工资主要体现工作人员的实绩和贡献。国家对事业单位绩效工资分配进行总量调控和政策指导。事业单位在核定的绩效工资总量内,按照规范的程序和要求,自主分配。

事业单位实行绩效工资后,取消现行年终一次性奖金,将一个月基本工资的额度以及地区附加津贴纳入绩效工资。

(4) 津贴补贴。

事业单位津贴补贴,分为艰苦边远地区津贴和特殊岗位津贴补贴。

艰苦边远地区津贴主要是根据自然地理环境、社会发展等方面的差异,对在艰苦边远地区工作生活的工作人员给予适当补偿。艰苦边远地区的事业单位工作人员,执行国家统一规定的艰苦边远地区津贴制度。执行艰苦边远地区津贴所需经费,属于财政支付的,由中央财政负担。

特殊岗位津贴补贴主要体现对事业单位苦、脏、累、险及其他特殊岗位工作人员的政策倾斜。国家对特殊岗位津贴补贴实行统一管理。

2. 实行工资分类管理

对从事公益服务的事业单位,根据其功能、职责和资源配置等不同情况,实行工资分类管理。基本工资执行国家统一的政策和标准,绩效工资根据单位类型实行不同的管理办法。

3. 完善工资正常调整机制

(1) 正常增加薪级工资。

在年度考核的基础上,对考核合格及以上等次的工作人员每年正常增加一级薪级工资。

(2) 岗位变动调整工资。

工作人员岗位变动后,按新聘岗位执行相应的工资标准。

(3) 调整基本工资标准。

国家根据经济发展、财政状况、企业相当人员工资水平和物价变动等因素,适时调整工作人员基本工资标准。

(4) 调整津贴补贴标准。

国家根据经济发展、财政状况及调控收入分配关系的需要,适时调整艰苦边远地区津贴标准和特殊岗位津贴补贴标准。

4. 完善高层次人才和单位主要领导的分配激励约束机制

(1) 完善高层次人才分配激励机制。

加大对高层次人才的激励力度,继续实行政府特殊津贴制度,建立重要人才国家投保制度,采取一次性重奖以及协议工资等灵活多样的分配形式和办法,逐步完善高层次人才分配激励机制。

(2) 建立事业单位主要领导的分配激励约束机制。

逐步建立事业单位主要领导的分配激励约束机制,探索多种分配形式,规范分配程序,合理确定收入水平，加强对事业单位主要领导收入分配的监督管理。

5. 健全收入分配宏观调控机制

实行工资分级管理，明确中央、地方和部门的管理权限，完善收入分配调控政策，规范工资收入支付方式，加强工资收入支付管理，建立统分结合、权责清晰、运转协调、监督有力的宏观调控机制，将事业单位工作人员的工资收入纳入调控范围。加强监督检查，健全纪律惩戒措施，维护国家收入分配政策的严肃性。

表 2-19 事业单位专业技术人员基本工资标准表 单位：元/月

岗位工资		薪级工资									
岗位	工资标准	薪级	工资标准	薪级	工资标准	薪级	工资标准	薪级	工资标准	薪级	工资标准
一级	2 800	1	80	14	273	27	613	40	1 064	53	1 720
二级	1 900	2	91	15	295	28	643	41	1 109	54	1 785
三级	1 630	3	102	16	317	29	673	42	1 154	55	1 850
四级	1 420	4	113	17	341	30	703	43	1 199	56	1 920
五级	1 180	5	125	18	365	31	735	44	1 244	57	1 990
六级	1 040	6	137	19	391	32	767	45	1 289	58	2 060
七级	930	7	151	20	417	33	799	46	1 334	59	2 130
八级	780	8	165	21	443	34	834	47	1 384	60	2 200
九级	730	9	181	22	471	35	869	48	1 434	61	2 280
十级	680	10	197	23	499	36	904	49	1 484	62	2 360
十一级	620	11	215	24	527	37	944	50	1 534	63	2 440
十二级	590	12	233	25	555	38	984	51	1 590	64	2 520
十三级	550	13	253	26	583	39	1 024	52	1 655	65	2 600

注：各专业技术岗位的起点薪级分别为：一级岗位 39 级，二至四级岗位 25 级，五至七级岗位 16 级，八至十级岗位 9 级，十一至十二级岗位 5 级，十三级岗位 1 级。

表 2-20 事业单位管理人员基本工资标准表 单位：元/月

岗位工资		薪级工资									
岗位	工资标准	薪级	工资标准	薪级	工资标准	薪级	工资标准	薪级	工资标准	薪级	工资标准
一级	2 750	1	80	6	137	11	215	16	317	21	443
二级	2 130	2	91	7	151	12	233	17	341	22	471
三级	1 640	3	102	8	165	13	253	18	365	23	499
四级	1 305	4	113	9	181	14	273	19	391	24	527
五级	1 045	5	125	10	197	15	295	20	417	25	555

（续表）

岗位工资		薪级工资									
岗位	工资标准	薪级	工资标准	薪级	工资标准	薪级	工资标准	薪级	工资标准	薪级	工资标准
六级	850	26	583	34	834	42	1 154	50	1 534	58	2 060
七级	720	27	613	35	869	43	1 199	51	1 590	59	2 130
八级	640	28	643	36	904	44	1 244	52	1 655	60	2 200
九级	590	29	673	37	944	45	1 289	53	1 720	61	2 280
十级	550	30	703	38	984	46	1 334	54	1 785	62	2 360
		31	735	39	1 024	47	1 384	55	1 850	63	2 440
		32	767	40	1 064	48	1 434	56	1 920	64	2 520
		33	799	41	1 109	49	1 484	57	1 990	65	2 600

注：各管理岗位的起点薪级分别为：一级岗位 46 级，二级岗位 39 级，三级岗位 31 级，四级岗位 26 级，五级岗位 21 级，六级岗位 17 级，七级岗位 12 级，八级岗位 8 级，九级岗位 4 级，十级岗位 1 级。

表 2－21　事业单位工人基本工资标准表　　单位：元/月

岗位工资		薪级工资							
岗位	工资标准	薪级	工资标准	薪级	工资标准	薪级	工资标准	薪级	工资标准
技术工一级	830	1	70	11	188	21	363	31	614
技术工二级	690	2	80	12	202	22	386	32	643
技术工三级	615	3	90	13	217	23	409	33	675
技术工四级	575	4	101	14	232	24	432	34	707
技术工五级	545	5	112	15	248	25	455	35	739
普通工	540	6	124	16	264	26	478	36	774
		7	136	17	282	27	504	37	809
		8	148	18	300	28	530	38	844
		9	161	19	320	29	556	39	879
		10	174	20	340	30	585	40	915

注：各技术工岗位的起点薪级分别为：一级岗位 26 级，二级岗位 20 级，三级岗位 14 级，四级岗位 8 级，五级岗位 2 级。普通工岗位的起点薪级为 1 级。

2.7.3　纳入新工资标准的办法

1. 套改岗位工资

（1）专业技术人员。

专业技术人员按本人现聘用的专业技术岗位，执行相应的岗位工资标准。具体办法是：聘用在正高级专业技术岗位的人员，执行一至四级岗位工资标准，其中执行一级岗位工资标准的人员，须经人事部批准；聘用在副高级专业技术岗位的人员，执行五至七级岗位工资标准；聘用在中级专业技术岗位的人员，执行八至十级岗位工资标准；聘用在助理级专业技术岗位的人员，执行十一至十二级岗位工资标准；聘用在员级专业技术岗位的人员，执行十三级岗位工资标准。

在事业单位按国家有关规定设置专业技术岗位并完成岗位聘用前，专业技术人员岗位工资暂按以下办法执行：聘为正高级专业技术职务的人员，执行四级岗位工资标准；聘为副高级专业技术职务的人员，执行七级岗位工资标准；聘为中级专业技术职务的人员，执行十级岗位工资标准；聘为助理级专业技术职务的人员，执行十二级岗位工资标准；聘为员级专业技术职务的人员，执行十三级岗位工资标准。待完成规范的岗位设置并按规定核准后，专业技术人员再按明确的岗位等级执行相应的岗位工资标准。

(2) 管理人员。

管理人员按本人现聘用的岗位(任命的职务)执行相应的岗位工资标准。具体办法是：聘用在部级正职岗位的人员，执行一级职员岗位工资标准；聘用在部级副职岗位的人员，执行二级职员岗位工资标准；聘用在局级正职岗位的人员，执行三级职员岗位工资标准；聘用在处级正职岗位的人员，执行五级职员岗位工资标准；聘用在处级副职岗位的人员，执行六级职员岗位工资标准；聘用在科级正职岗位的人员，执行七级职员岗位工资标准；聘用在科级副职岗位的人员，执行八级职员岗位工资标准；聘用在科员岗位的人员，执行九级职员岗位工资标准；聘用在办事员岗位的人员，执行十级职员岗位工资标准。

(3) 工人。

工人按本人现聘用的岗位(技术等级或职务)执行相应的岗位工资标准。具体办法是：聘用在高级技师岗位的人员，执行技术工一级岗位工资标准；聘用在技师岗位的人员，执行技术工二级岗位工资标准；聘用在高级工岗位的人员，执行技术工三级岗位工资标准；聘用在中级工岗位的人员，执行技术工四级岗位工资标准；聘用在初级工岗位的人员，执行技术五级岗位工资标准；聘用在普通工岗位的人员，执行普通工岗位工资标准。

2. 套改薪级工资

工作人员按照本人套改年限、任职年限和所聘岗位，结合工作表现，套改相应的薪级工资(见表2-22、表2-23、表2-24、表2-25)。

套改年限，是指工作年限与不计算工龄的在校学习时间合并计算的年限，其中须扣除1993年以来除见习期外年度考核不计考核等次或不合格的年限。不计算工龄的在校学习时间，是指在国家承认学历的全日制大专以上院校未计算为工龄的学习时间(只适用于这次分配制度改革，不涉及工龄计算问题)。在校学习的时间以国家规定的学制为依据，如短于国家学制规定，按实习学习年限计算；如长于国家学制规定，按国家规定学制计算。

任职年限，是指从聘用到现岗位当年起计算的年限。

套改年限和任职年限的计算截至2006年6月30日。

(1) 工作人员按现聘岗位套改的薪级工资，如低于按本人低一级岗位套改的薪级工资，可按低一级岗位进行套改，并将现聘岗位的任职年限与低一级岗位的任职年限合并计算。

(2) 工作人员由较高等级的岗位聘用到较低等级的岗位，这次套改可将原聘岗位与现聘岗位的任职年限合并计算。

表 2-22　事业单位专业技术人员薪级工资套改表

岗位	任职年限＼薪级＼套改年限	3年以下	4年	5—6年	7—8年	9年	10—11年	12—13年	14年	15—16年	17—18年	19年	20—21年	22—23年	24年	25—26年	27—28年	29年	30—31年	32—33年	34年	35—36年	37—38年	39年	40—41年	42—43年	44年	45—46年	47—48年	49年	50—51年	52—53年	54年	55—56年	57—58年	59年以上
一级	15年以下																39	40	41	42	43	44	45	46	47	48	49	50	51	52	53	54	55	56	57	58
	16—20																	41	42	43	44	45	46	47	48	49	50	51	52	53	54	55	56	57	58	59
	21年以上																		43	44	45	46	47	48	49	50	51	52	53	54	55	56	57	58	59	60
二级	2年以下									25	26	27	28	29	30	31	32	33	34	35	36	37	38	39	40	41	42	43	44							
	3—4年										27	28	29	30	31	32	33	34	35	36	37	38	39	40	41	42	43	44	45							
	5—6年											29	30	31	32	33	34	35	36	37	38	39	40	41	42	43	44	45	46							
三级	7—8年												31	32	33	34	35	36	37	38	39	40	41	42	43	44	45	46	47							
	9—10年													33	34	35	36	37	38	39	40	41	42	43	44	45	46	47	48							
四级	11—12年														35	36	37	38	39	40	41	42	43	44	45	46	47	48	49							
	13年以上															37	38	39	40	41	42	43	44	45	46	47	48	49	50							
五级	2年以下						16	17	18	19	20	21	22	23	24	25	26	27	28	29	30	31	32	33	34	35										
	3—4年							18	19	20	21	22	23	24	25	26	27	28	29	30	31	32	33	34	35	36										
	5—6年								20	21	22	23	24	25	26	27	28	29	30	31	32	33	34	35	36	37										
六级	7—8年									22	23	24	25	26	27	28	29	30	31	32	33	34	35	36	37	38										
	9—10年										24	25	26	27	28	29	30	31	32	33	34	35	36	37	38	39										
七级	11—12年											26	27	28	29	30	31	32	33	34	35	36	37	38	39	40										
	13年以上												28	29	30	31	32	33	34	35	36	37	38	39	40	41										
八级	2年以下			9	10	11	12	13	14	15	16	17	18	19	20	21	22	23	24	25	26	27	28	29	30	31										
	3—4年				11	12	13	14	15	16	17	18	19	20	21	22	23	24	25	26	27	28	29	30	31	32										
	5—6年					13	14	15	16	17	18	19	20	21	22	23	24	25	26	27	28	29	30	31	32	33										

（续表）

岗位 \ 薪级 套改年限 / 任职年限		3年以下	4年	5—6年	7—8年	9年	10—11年	12—13年	14年	15—16年	17—18年	19年	20—21年	22—23年	24年	25—26年	27—28年	29年	30—31年	32—33年	34年	35—36年	37—38年	39年	40—41年	42—43年	44年	45—46年	47—48年	49年	50—51年	52—53年	54年	55—56年	57—58年	59年以上
九级	7—8年						15	16	17	18	19	20	21	22	23	24	25	26	27	28	29	30	31	32	33	34										
	9—10年							17	18	19	20	21	22	23	24	25	26	27	28	29	30	31	32	33	34	35										
十级	11—12年								19	20	21	22	23	24	25	26	27	28	29	30	31	32	33	34	35	36										
	13年以上									21	22	23	24	25	26	27	28	29	30	31	32	33	34	35	36	37										
十一级	2年以下		5	6	7	8	9	10	11	12	13	14	15	16	17	18	19	20	21	22	23	24	25	26	27	28										
	3—4年			7	8	9	10	11	12	13	14	15	16	17	18	19	20	21	22	23	24	25	26	27	28	29										
	5—6年				9	10	11	12	13	14	15	16	17	18	19	20	21	22	23	24	25	26	27	28	29	30										
十二级	7—8年					11	12	13	14	15	16	17	18	19	20	21	22	23	24	25	26	27	28	29	30	31										
	9—10年						13	14	15	16	17	18	19	20	21	22	23	24	25	26	27	28	29	30	31	32										
	11年以上							15	16	17	18	19	20	21	22	23	24	25	26	27	28	29	30	31	32	33										
十三级	3年以下	1	2	3	4	5	6	7	8	9	10	11	12	13	14	15	16	17	18	19	20	21	22	23	24	25										
	4—6年			4	5	6	7	8	9	10	11	12	13	14	15	16	17	18	19	20	21	22	23	24	25	26										
	7—9年					7	8	9	10	11	12	13	14	15	16	17	18	19	20	21	22	23	24	25	26	27										
	10—12年							10	11	12	13	14	15	16	17	18	19	20	21	22	23	24	25	26	27	28										
	13—15年								12	13	14	15	16	17	18	19	20	21	22	23	24	25	26	27	28	29										
	16年以上										15	16	17	18	19	20	21	22	23	24	25	26	27	28	29	30										

表 2-23　事业单位管理人员薪级工资套改表

岗位	任职年限＼套改年限＼薪级	3年以下	4年	5—6年	7—8年	9年	10—11年	12—13年	14年	15—16年	17—18年	19年	20—21年	22—23年	24年	25—26年	27—28年	29年	30—31年	32—33年	34年	35—36年	37—38年	39年	40—41年	42—43年	44年	45—46年	47年以上
一级	3年以下																		46	47	48	49	50	51	52	53	54	55	56
	4—6年																			48	49	50	51	52	53	54	55	56	57
	7—9年																				50	51	52	53	54	55	56	57	58
	10—12年																					52	53	54	55	56	57	58	59
	13年以上																						54	55	56	57	58	59	60
二级	3年以下															39	40	41	42	43	44	45	46	47	48	49	50	51	52
	4—6年																41	42	43	44	45	46	47	48	49	50	51	52	53
	7—9年																	43	44	45	46	47	48	49	50	51	52	53	54
	10—12年																		45	46	47	48	49	50	51	52	53	54	55
	13年以上																			47	48	49	50	51	52	53	54	55	56
三级	3年以下											31	32	33	34	35	36	37	38	39	40	41	42	43	44	45			
	4—6年												33	34	35	36	37	38	39	40	41	42	43	44	45	46			
	7—9年													35	36	37	38	39	40	41	42	43	44	45	46	47			
	10—12年														37	38	39	40	41	42	43	44	45	46	47	48			
	13年以上															39	40	41	42	43	44	45	46	47	48	49			
四级	3年以下									26	27	28	29	30	31	32	33	34	35	36	37	38	39	40	41	42			
	4—6年										28	29	30	31	32	33	34	35	36	37	38	39	40	41	42	43			
	7—9年											30	31	32	33	34	35	36	37	38	39	40	41	42	43	44			
	10—12年												32	33	34	35	36	37	38	39	40	41	42	43	44	45			
	13年以上													34	35	36	37	38	39	40	41	42	43	44	45	46			
五级	3年以下							21	22	23	24	25	26	27	28	29	30	31	32	33	34	35	36	37	38	39			
	4—6年								23	24	25	26	27	28	29	30	31	32	33	34	35	36	37	38	39	40			
	7—9年									25	26	27	28	29	30	31	32	33	34	35	36	37	38	39	40	41			
	10—12年										27	28	29	30	31	32	33	34	35	36	37	38	39	40	41	42			
	13年以上											29	30	31	32	33	34	35	36	37	38	39	40	41	42	43			

（续表）

岗位	任职年限 \ 套改年限	3年以下	4年	5—6年	7—8年	9年	10—11年	12—13年	14年	15—16年	17—18年	19年	20—21年	22—23年	24年	25—26年	27—28年	29年	30—31年	32—33年	34年	35—36年	37—38年	39年	40—41年	42—43年	44年	45—46年	47年以上
六级	3年以下						17	18	19	20	21	22	23	24	25	26	27	28	29	30	31	32	33	34	35	36			
	4—6年							19	20	21	22	23	24	25	26	27	28	29	30	31	32	33	34	35	36	37			
	7—9年								21	22	23	24	25	26	27	28	29	30	31	32	33	34	35	36	37	38			
	10—12年									23	24	25	26	27	28	29	30	31	32	33	34	35	36	37	38	39			
	13年以上										25	26	27	28	29	30	31	32	33	34	35	36	37	38	39	40			
七级	3年以下				12	13	14	15	16	17	18	19	20	21	22	23	24	25	26	27	28	29	30	31	32	33			
	4—6年					14	15	16	17	18	19	20	21	22	23	24	25	26	27	28	29	30	31	32	33	34			
	7—9年						16	17	18	19	20	21	22	23	24	25	26	27	28	29	30	31	32	33	34	35			
	10—12年							18	19	20	21	22	23	24	25	26	27	28	29	30	31	32	33	34	35	36			
	13年以上								20	21	22	23	24	25	26	27	28	29	30	31	32	33	34	35	36	37			
八级	3年以下			8	9	10	11	12	13	14	15	16	17	18	19	20	21	22	23	24	25	26	27	28	29	30			
	4—6年				10	11	12	13	14	15	16	17	18	19	20	21	22	23	24	25	26	27	28	29	30	31			
	7—9年					12	13	14	15	16	17	18	19	20	21	22	23	24	25	26	27	28	29	30	31	32			
	10—12年							15	16	17	18	19	20	21	22	23	24	25	26	27	28	29	30	31	32	33			
	13年以上								17	18	19	20	21	22	23	24	25	26	27	28	29	30	31	32	33	34			
九级	3年以下		4	5	6	7	8	9	10	11	12	13	14	15	16	17	18	19	20	21	22	23	24	25	26	27			
	4—6年			6	7	8	9	10	11	12	13	14	15	16	17	18	19	20	21	22	23	24	25	26	27	28			
	7—9年					9	10	11	12	13	14	15	16	17	18	19	20	21	22	23	24	25	26	27	28	29			
	10—12年							12	13	14	15	16	17	18	19	20	21	22	23	24	25	26	27	28	29	30			
	13年以上								14	15	16	17	18	19	20	21	22	23	24	25	26	27	28	29	30	31			
十级	3年以下	1	2	3	4	5	6	7	8	9	10	11	12	13	14	15	16	17	18	19	20	21	22	23	24	25			
	4—6年			4	5	6	7	8	9	10	11	12	13	14	15	16	17	18	19	20	21	22	23	24	25	26			
	7—9年					7	8	9	10	11	12	13	14	15	16	17	18	19	20	21	22	23	24	25	26	27			
	10—12年							10	11	12	13	14	15	16	17	18	19	20	21	22	23	24	25	26	27	28			
	13—15年								12	13	14	15	16	17	18	19	20	21	22	23	24	25	26	27	28	29			
	16年以上										15	16	17	18	19	20	21	22	23	24	25	26	27	28	29	30			

表 2-24　事业单位技术工人薪级工资套改表

岗位	薪级 套改年限 任职年限	4年以下	5年	6—7年	8—9年	10年	11—12年	13—14年	15年	16—17年	18—19年	20年	21—22年	23—24年	25年	26—27年	28—29年	30年	31—32年	33—34年	35年	36—37年	38—39年	40年	41年以上
技术工一级	2年以下														26	27	28	29	30	31	32	33	34	35	36
	3—4年															28	29	30	31	32	33	34	35	36	37
	5年以上																30	31	32	33	34	35	36	37	38
技术工二级	2年以下											20	21	22	23	24	25	26	27	28	29	30	31	32	33
	3—4年												22	23	24	25	26	27	28	29	30	31	32	33	34
	5—6年													24	25	26	27	28	29	30	31	32	33	34	35
	7年以上														26	27	28	29	30	31	32	33	34	35	36
技术工三级	3年以下								14	15	16	17	18	19	20	21	22	23	24	25	26	27	28	29	
	4—6年									16	17	18	19	20	21	22	23	24	25	26	27	28	29	30	
	7—9年										18	19	20	21	22	23	24	25	26	27	28	29	30	31	
	10—12年											20	21	22	23	24	25	26	27	28	29	30	31	32	
	13年以上												22	23	24	25	26	27	28	29	30	31	32	33	
技术工四级	3年以下					8	9	10	11	12	13	14	15	16	17	18	19	20	21	22	23	24	25	26	
	4—6年						10	11	12	13	14	15	16	17	18	19	20	21	22	23	24	25	26	27	
	7—9年							12	13	14	15	16	17	18	19	20	21	22	23	24	25	26	27	28	
	10—12年								14	15	16	17	18	19	20	21	22	23	24	25	26	27	28	29	
	13年以上									16	17	18	19	20	21	22	23	24	25	26	27	28	29	30	
技术工五级	3年以下	2	3	4	5	6	7	8	9	10	11	12	13	14	15	16	17	18	19	20	21	22	23	24	
	4—6年			5	6	7	8	9	10	11	12	13	14	15	16	17	18	19	20	21	22	23	24	25	
	7—9年				7	8	9	10	11	12	13	14	15	16	17	18	19	20	21	22	23	24	25	26	
	10—12年					9	10	11	12	13	14	15	16	17	18	19	20	21	22	23	24	25	26	27	
	13年以上						11	12	13	14	15	16	17	18	19	20	21	22	23	24	25	26	27	28	

表 2-25 事业单位普通工人薪级工资套改表

薪级 / 套改年限 / 岗位	3年以下	4年	5—6年	7年	8—9年	10年	11—12年	13年	14—15年	16年	17—18年	19年	20—21年	22年	23—24年	25年	26—27年	28年	29—30年	31年	32—33年	34年	35—36年	37年	38—39年	40年以上
普通工	1	2	3	4	5	6	7	8	9	10	11	12	13	14	15	16	17	18	19	20	21	22	23	24	25	26

（3）工作人员按套改办法确定的薪级工资，低于相同学历新参加工作人员转正定级薪级工资的，执行相同学历新参加工作人员转正定级薪级工资标准。

模块 2.8 公务员职级工资制

核心知识要点

2.8.1 公务员工资制度沿革

我国公务员工资制度历经数次调整，主要包括以下四个阶段。

1. 第一阶段，职务等级工资制阶段

按照1956年6月16日国务院全体会议第32次会议通过的《国务院关于工资改革的决定》，国家机关从1956年4月1日起实行新的工资标准。我国在1956年进行的这次工资改革中，对于国家机关确定实行的基本形式是职务等级工资制。其具体情况和特点是：职务划分较粗，采取一职多级、上下交叉形式的工资标准；按照工作性质分类，国家机关行政管理人员的工资标准由30个等级组成，六类工资区最低为30级23元，最高为一级579.5元，平均级差为19.19元，其中13级（正处级）155.5元以下，平均级差7.79元；对机关工人制订了10级制的工资标准表，且不同工人的工种等级线明确。该工资制度基本延续到1985年。

2. 第二阶段，结构工资制阶段

1985年国家机关的工资制度改革，按照中发[1985]9号文件《国家机关和事业单位工作人员工资制度改革方案》进行。这次工资制度改革，主要是建立新的工资制度，初步理顺工资关系，为今后逐步完善工资制度打下基础。改革的主要内容是：国家机关行政人员改行以职务工资为主要内容的结构工资制，即将现行的标准工资加上副食品价格补贴、行政经费节支奖，与这次改革的工资合并在一起，按照工资的不同职能，分为基础工资、职务工资、工龄工资和奖励工资四个组成部分。国家机关的工人，可以实行以岗位（技术）工资为主要内容的结构工资制。实行结构工资制的，分为基础工资、岗位（技术）工资、工龄津贴和奖励工资四个部分，其中工人的基础工资与工龄津贴与干部相同。

这次改革，以职务工资为主要内容的结构工资制取代了原来的等级工资制，使机关工作人员基本纳入了新工资制度轨道，过去工资中存在的一些突出矛盾得到初步解决，一些不合理的工资关系得到了初步调整。但也存在一些问题：单纯依据职务来计量机关工作人员的劳动量有很大局限性。在实际工作中，以职务工资为主造成了只有晋升职务才能涨工资，在一定程度上强化了“官本位”;结构工资制的四个部分,除职务工资外,其余三个组成部分,即基础工资、奖励工资和工龄工资,基本上都是平均发放,加重了机关工资分配中的平均主义;工资标准偏低,工资级差和工资等级表的幅度过小。

3. 第三阶段,建立公务员职级工资制

上述问题的存在,已与我国建立社会主义市场经济的要求不相适应,要解决机关工资分配中的问题,更好地体现按劳分配原则和发挥工资职能作用,就必须改革结构工资制,逐步建立符合党政机关特点的工资制度。公务员工资制度作为整个公务员制度的一个重要组成部分,必须与公务员制度相配套,这也是推行公务员制度的客观要求。

中国公务员制度的建立,是以 1993 年 8 月国务院颁布的《国家公务员暂行条例》为标志。同年,公务员工资制度通过国发[1993]79 号文颁发的《国务院关于机关和事业单位工作人员工资制度改革问题的通知》和国办发[1993]85 号印发的《国务院办公厅关于印发机关、事业单位工资制度改革三个实施办法的通知》确定,从 1993 年 10 月 1 日起实施。其基本内容和实施办法是:一是机关工作人员实行职级工资制,其工资按照不同职能分为职务工资、级别工资、基础工资和工龄工资,其中,职务工资和级别工资是职级工资制的主体,是体现按劳分配原则的主要内容;二是建立正常增资制度;三是改革奖金制度;四是实行地区津贴和岗位津贴。

4. 第四阶段,改革公务员职级工资制

中华人民共和国第十届全国人民代表大会常务委员会第十五次会议于 2005 年 4 月 27 日通过的《中华人民共和国公务员法》,自 2006 年 1 月 1 日起施行。其中“第十二章 工资福利保险”第七十三条规定:“公务员实行国家统一的职务与级别相结合的工资制度。公务员工资制度贯彻按劳分配的原则,体现工作职责、工作能力、工作实绩、资历等因素,保持不同职务、级别之间的合理工资差距。国家建立公务员工资的正常增长机制。”

为了更好地顺应社会主义市场经济发展的潮流,实现政府机构廉洁、高效的运行目标,同时为了配合《中华人民共和国公务员法》的正式实施,国务院国发[2006]22 号《关于改革公务员工资制度的通知》印发了《公务员工资制度改革方案》,国人部发[2006]58 号印发了《人事部、财政部关于印发〈公务员工资制度改革实施办法〉的通知》,就国家公务员工资制度做了新的规定,并从 2006 年 7 月 1 日起执行。此次改革,列入实施范围的单位中除工勤人员以外的工作人员实行职级工资制。工资结构调整为职务工资和级别工资两项,取消基础工资和工龄工资。

2.8.2 公务员职级工资制改革的基本内容

改革公务员现行工资制度,完善机关工人岗位技术等级(岗位)工资制,完善津贴补贴制度,健全工资水平正常增长机制,实行年终一次性奖金。

1. 改革公务员职级工资制

(1) 调整基本工资结构。

公务员基本工资构成由现行职务工资、级别工资、基础工资和工龄工资四项调整为职务工资和级别工资两项,取消基础工资和工龄工资。

A. 职务工资。主要体现公务员的工作职责大小。一个职务对应一个工资标准,领导职务和相当职务层次的非领导职务对应不同的工资标准,见表 2-26。公务员按所任职务执行相应的职务工资标准。

表2-26 公务员职务工资标准表 单位：元/月

职　　务	工资标准	
	领导职务	非领导职务
国家级正职	4 000	
国家级副职	3 200	
省部级正职	2 510	
省部级副职	1 900	
厅局级正职	1 410	1 290
厅局级副职	1 080	990
县处级正职	830	760
县处级副职	640	590
乡科级正职	510	480
乡科级副职	430	410
科　　员		380
办 事 员		340

B. 级别工资。主要体现公务员的工作实绩和资历。公务员的级别由现行15个调整为27个，取消现行级别。每一职务层次对应若干个级别，见表2-27，每一级别设若干个工资档次，见表2-28。公务员根据所任职务、德才表现、工作实绩和资历确定级别与级别工资档次，执行相应的级别工资标准。

(2) 调整基本工资正常晋升办法。

公务员晋升职务后，执行新任职务的职务工资标准，并按规定晋升级别和增加级别工资。公务员年度考核称职及以上的，一般每五年可在所任职务对应的级别内晋升一个级别，一般每两年可在所任级别对应的工资标准内晋升一个工资档次。公务员的级别达到所任职务对应最高级别后，不再晋升级别，在最高级别工资标准内晋升级别工资档次。

(3) 实行级别与工资等待遇适当挂钩。

厅局级副职及以下职务层次的公务员，任职时间和级别达到规定条件后，经考核合格，可以享受上一职务层次非领导职务的工资等待遇。

2. 完善机关工人岗位技术等级(岗位)工资制

(1) 调整机关工人基本工资结构。

技术工人仍实行岗位技术等级工资制，基本工资构成由现行岗位工资、技术等级(职务)工资和奖金三项调整为岗位工资和技术等级(职务)工资两项。岗位工资根据工作难易程度和工作质量确定，按初级工、中级工、高级工三个技术等级和技师、高级技师两个技术职务设置，分别设若干工资档次。技术等级(职务)工资根据技术水平高低确定，一个技术等级(职务)对应一个工资标准，见表2-29。

普通工人仍实行岗位工资制，基本工资构成由现行岗位工资和奖金两项调整为岗位工资一项，见表2-30。

表 2-27 职务与级别对应关系表

<table>
<tr><th>级别</th><th colspan="12">职务</th></tr>
<tr><td>一</td><td>国家级正职</td><td></td><td></td><td></td><td></td><td></td><td></td><td></td><td></td><td></td><td></td><td></td></tr>
<tr><td>二</td><td></td><td rowspan="3">国家级副职</td><td></td><td></td><td></td><td></td><td></td><td></td><td></td><td></td><td></td><td></td></tr>
<tr><td>三</td><td></td><td></td><td></td><td></td><td></td><td></td><td></td><td></td><td></td><td></td><td></td></tr>
<tr><td>四</td><td></td><td rowspan="5">省部级正职</td><td></td><td></td><td></td><td></td><td></td><td></td><td></td><td></td><td></td></tr>
<tr><td>五</td><td></td><td></td><td></td><td></td><td></td><td></td><td></td><td></td><td></td><td></td><td></td></tr>
<tr><td>六</td><td></td><td></td><td rowspan="5">省部级副职</td><td></td><td></td><td></td><td></td><td></td><td></td><td></td><td></td></tr>
<tr><td>七</td><td></td><td></td><td></td><td></td><td></td><td></td><td></td><td></td><td></td><td></td></tr>
<tr><td>八</td><td></td><td></td><td rowspan="6">厅局级正职</td><td></td><td></td><td></td><td></td><td></td><td></td><td></td></tr>
<tr><td>九</td><td></td><td></td><td></td><td></td><td></td><td></td><td></td><td></td><td></td><td></td></tr>
<tr><td>十</td><td></td><td></td><td></td><td rowspan="6">厅局级副职</td><td></td><td></td><td></td><td></td><td></td><td></td></tr>
<tr><td>十一</td><td></td><td></td><td></td><td></td><td></td><td></td><td></td><td></td><td></td><td></td></tr>
<tr><td>十二</td><td></td><td></td><td></td><td></td><td rowspan="7">县处级正职</td><td></td><td></td><td></td><td></td><td></td></tr>
<tr><td>十三</td><td></td><td></td><td></td><td></td><td></td><td></td><td></td><td></td><td></td></tr>
<tr><td>十四</td><td></td><td></td><td></td><td></td><td></td><td rowspan="7">县处级副职</td><td></td><td></td><td></td><td></td></tr>
<tr><td>十五</td><td></td><td></td><td></td><td></td><td></td><td></td><td></td><td></td><td></td></tr>
<tr><td>十六</td><td></td><td></td><td></td><td></td><td></td><td></td><td rowspan="7">乡科级正职</td><td></td><td></td><td></td></tr>
<tr><td>十七</td><td></td><td></td><td></td><td></td><td></td><td></td><td rowspan="8">乡科级副职</td><td></td><td></td></tr>
<tr><td>十八</td><td></td><td></td><td></td><td></td><td></td><td></td><td rowspan="9">科员</td><td></td></tr>
<tr><td>十九</td><td></td><td></td><td></td><td></td><td></td><td></td><td></td><td rowspan="9">办事员</td></tr>
<tr><td>二十</td><td></td><td></td><td></td><td></td><td></td><td></td><td></td></tr>
<tr><td>二十一</td><td></td><td></td><td></td><td></td><td></td><td></td><td></td><td></td></tr>
<tr><td>二十二</td><td></td><td></td><td></td><td></td><td></td><td></td><td></td><td></td></tr>
<tr><td>二十三</td><td></td><td></td><td></td><td></td><td></td><td></td><td></td><td></td><td></td></tr>
<tr><td>二十四</td><td></td><td></td><td></td><td></td><td></td><td></td><td></td><td></td><td></td></tr>
<tr><td>二十五</td><td></td><td></td><td></td><td></td><td></td><td></td><td></td><td></td><td></td><td></td></tr>
<tr><td>二十六</td><td></td><td></td><td></td><td></td><td></td><td></td><td></td><td></td><td></td><td></td></tr>
<tr><td>二十七</td><td></td><td></td><td></td><td></td><td></td><td></td><td></td><td></td><td></td><td></td><td></td></tr>
</table>

表 2－28 公务员级别工资标准表 单位：元/月

级别	档次													
	1	2	3	4	5	6	7	8	9	10	11	12	13	14
一	3 020	3 180	3 340	3 500	3 660	3 820								
二	2 770	2 915	3 060	3 205	3 350	3 495	3 640							
三	2 530	2 670	2 810	2 950	3 090	3 230	3 370	3 510						
四	2 290	2 426	2 562	2 698	2 834	2 970	3 106	3 242	3 378					
五	2 070	2 202	2 334	2 466	2 598	2 730	2 862	2 994	3 126	3 258				
六	1 870	1 996	2 122	2 248	2 374	2 500	2 626	2 752	2 878	3 004	3 130			
七	1 700	1 818	1 936	2 054	2 172	2 290	2 408	2 526	2 644	2 762	2 880			
八	1 560	1 669	1 778	1 887	1 996	2 105	2 214	2 323	2 432	2 541	2 650			
九	1 438	1 538	1 638	1 738	1 838	1 938	2 038	2 138	2 238	2 338	2 438			
十	1 324	1 416	1 508	1 600	1 692	1 784	1 876	1 968	2 060	2 152	2 244			
十一	1 217	1 302	1 387	1 472	1 557	1 642	1 727	1 812	1 897	1 982	2 067	2 152		
十二	1 117	1 196	1 275	1 354	1 433	1 512	1 591	1 670	1 749	1 828	1 907	1 986	2 065	
十三	1 024	1 098	1 172	1 246	1 320	1 394	1 468	1 542	1 616	1 690	1 764	1 838	1 912	1 986
十四	938	1 007	1 076	1 145	1 214	1 283	1 352	1 421	1 490	1 559	1 628	1 697	1 766	1 835
十五	859	924	989	1 054	1 119	1 184	1 249	1 314	1 379	1 444	1 509	1 574	1 639	1 704
十六	786	847	908	969	1 030	1 091	1 152	1 213	1 274	1 335	1 396	1 457	1 518	1 579
十七	719	776	833	890	947	1 004	1 061	1 118	1 175	1 232	1 289	1 346	1 403	
十八	658	711	764	817	870	923	976	1 029	1 082	1 135	1 188	1 241	1 294	
十九	602	651	700	749	798	847	896	945	994	1 043	1 092	1 141		
二十	551	596	641	686	731	776	821	866	911	956	1 001			
二十一	504	545	586	627	668	709	750	791	832	873				
二十二	461	498	535	572	609	646	683	720	757					
二十三	422	455	488	521	554	587	620	653						
二十四	386	416	446	476	506	536	566	596						
二十五	352	380	408	436	464	492	520							
二十六	320	347	374	401	428	455								
二十七	290	316	342	368	394	420								

表 2-29　机关技术工人岗位技术等级工资标准表

单位：元/月

技术等级 \ 标准	岗位工资																		技术等级工资
	1	2	3	4	5	6	7	8	9	10	11	12	13	14	15	16	17	18	
高级技师	895	936	977	1 024	1 071	1 118	1 171	1 224	1 277	1 336	1 395	1 454	1 519	1 584	1 649				410
技　师	760	795	830	865	905	945	985	1 031	1 077	1 123	1 175	1 227	1 279	1 338	1 397				270
高级工	650	681	712	743	777	811	845	882	919	956	998	1 040	1 082	1 129	1 176	1 228	1 280		195
中级工	570	598	626	654	685	716	747	781	815	849	886	923	960	1 001	1 042	1 087	1 132	1 177	155
初级工	500	526	552	578	606	634	662	693	724	755	788	821	854	891	928	965	1 006	1 047	125

表 2-30　机关普通工人岗位工资标准表

单位：元/月

	1	2	3	4	5	6	7	8	9	10	11	12	13	14	15	16	17	18	19
普通工	610	634	658	684	710	738	766	797	828	862	896	934	972	1 013	1 054	1 098	1 142	1 186	1 230

（2）基本工资正常晋升办法。

机关工人年度考核合格及以上的，一般每两年可在对应的岗位工资标准内晋升一个工资档次。

3. 完善津贴补贴制度

在清理规范津贴补贴的基础上，实施地区附加津贴制度，完善艰苦边远地区津贴制度和岗位津贴制度。

（1）实施地区附加津贴制度。

地区附加津贴主要反映地区经济发展水平、物价消费水平等方面的差异。在清理规范津贴补贴的基础上，实施地区附加津贴制度。实施地区附加津贴制度的方案另行制定，适当时候出台。

（2）完善艰苦边远地区津贴制度。

艰苦边远地区津贴主要是根据自然地理环境、社会发展等方面的差异，对在艰苦边远地区工作生活的工作人员给予适当补偿。考虑自然地理环境和人文社会发展等因素，建立科学的评估指标体系，合理界定艰苦边远地区津贴实施范围和类别，适当增设津贴类别，合理体现地区之间艰苦边远程度的差异。依据评估指标体系对各地区艰苦边远程度的评估结果，综合考虑政策性因素，确定实施范围和类别。建立艰苦边远地区津贴水平正常增长机制和实施范围、类别的动态调整机制；根据经济发展和财力增长及调控地区工资差距的需要，适时调整艰苦边远地区津贴标准；根据评估指标体系，定期评估并适时调整实施范围和类别。执行艰苦边远地区津贴所需资金，属于财政支付的，由中央财政负担。完善艰苦边远地区津贴制度的实施方案另行制定。

（3）完善岗位津贴制度。

在特殊岗位工作的人员，实行岗位津贴制度。国家对岗位津贴实行统一管理。在清理现有各项岗位津贴的基础上，对岗位津贴进行规范，具体方案另行制定。在此之前，经国家批准建立的机关工作人员岗位津贴仍按现行规定执行。除国务院和国务院授权的人事部、财政部外，任何地区、部门和单位不得自行建立岗位津贴项目或调整岗位津贴实施范围和标准。地区、部门和单位现自行建立的岗位津贴以及在国家规定之外自行扩大范围和提高标准的一律取消。

4. 健全工资水平正常增长机制

建立工资调查制度，定期进行公务员和企业相当人员工资收入水平的调查比较。

国家根据工资调查比较的结果，结合国民经济发展、财政状况、物价水平等情况，适时调整机关工作人员基本工资标准。工资调查制度建立前，国家根据国民经济发展、财政状况和物价水平等因素，确定调整基本工资标准的幅度。

各类津贴补贴标准的调整办法，结合完善津贴补贴制度另行制定。

5. 年终一次性奖金

对年度考核称职（合格）及以上的工作人员，发放年终一次性奖金，奖金标准为本人当年12月份的基本工资。

2.8.3 工资标准套改办法

1. 职级工资套改办法

列入实施范围的单位中，除工勤人员以外的工作人员实行职级工资制。

(1) 职务工资。公务员按现任职务执行相应的职务工资标准。

(2) 级别工资。公务员的级别和级别工资档次,按现任职务、任职年限和套改年限确定,见表2-31。

① 现任职务,是指按干部管理权限由任免机关正式任命的职务。

② 任职年限,是指从正式任命现任职务当年起计算的年限。

③ 套改年限,是指工作年限与不计算工龄的在校学习时间合并计算的年限,其中须扣除1993年以来除试用期外年度考核不计考核等次或不称职的年限。不计算工龄的在校学习时间,是指在国家承认学历的全日制大专以上院校未计算为工龄的学习时间(只适用于这次工资制度改革,不涉及工龄计算问题)。在校学习的时间以国家规定的学制为依据,如短于国家学制规定,按实际学习年限计算;如长于国家学制规定,按国家规定学制计算。

④ 任职年限和工作年限的计算截至2006年6月30日。

A. 公务员按现任职务套改的级别,如低于或等于按原任低一职务套改的级别,级别工资就近就高套入对应的工资标准;如高于按原任低一职务套改的级别,但级别工资额低于按原任低一职务套改的级别工资额,可先按原任低一职务套改,再就近就高套入按现任职务套改级别对应的工资标准。按原任低一职务套改时,现任职务的任职年限与原任低一职务的任职年限合并计算为低一职务的任职年限。

B. 公务员套改的级别和级别工资额低于相同学历新参加工作人员转正定级的级别和级别工资额的,执行相同学历新参加工作人员转正定级的级别和级别工资额;套改的级别高于相同学历新参加工作人员定级的级别,但级别工资额低于定级的级别工资额的,可按相同学历新参加工作人员定级的级别工资额就近就高套入套改级别对应的工资标准。

2. 机关工人工资套改办法

(1) 技术工人工资套改办法。

① 技术等级工资。技术工人按考评(聘任)的技术等级(职务)执行相应的技术等级工资标准。

② 岗位工资。技术工人的岗位工资档次按现任技术等级(职务)、任技术等级(职务)年限和套改年限确定,见表2-32。

A. 现任技术等级(职务)是指技术工人按机关事业单位技术等级(职务)考评规定考评(聘任)的技术等级(职务);任技术等级(职务)年限是指技术工人从考评(聘任)技术等级(职务)当年起计算的年限;套改年限,是指工作年限与不计算工龄的在校学习时间合并计算的年限,其中须扣除1993年以来除学徒期、熟练期外年度考核不计考核等次或不合格的年限。

B. 任技术等级(职务)年限和工作年限的计算截至2006年6月30日。

技术工人按现任技术等级(职务)套改的岗位工资额,如低于或等于按原任低一技术等级(职务)套改的岗位工资额,可先按原任低一技术等级(职务)套改,再就近就高套入现任技术等级(职务)对应的工资标准。按原任低一技术等级(职务)套改时,现任技术等级(职务)的年限与原任低一技术等级(职务)的年限合并计算为低一技术等级(职务)的年限。

(2) 普通工人工资套改办法。

普通工人的岗位工资档次,按套改年限确定,见表2-33。套改年限的计算办法与技术工人相同。

表2-31 公务员级别工资套改表

职务	任职年限	套改年限																			
		3年以下	4—5年	6—7年	8—9年	10—12年	13—14年	15—17年	18—19年	20—22年	23—24年	25—27年	28—29年	30—32年	33—34年	35—37年	38—39年	40—42年	43—44年	45—47年	48年以上
省部级正职	1—5年													8—1	8—2	8—3	8—4	8—5	8—6	8—7	8—8
	6—10年														7—2	7—3	7—4	7—5	7—6	7—7	7—8
	11—15年															6—2	6—3	6—4	6—5	6—6	6—7
	16年以上																5—3	5—4	5—5	5—6	5—7
省部级副职	1—5年												10—1	10—2	10—3	10—4	10—5	10—6	10—7	10—8	10—9
	6—10年													9—2	9—3	9—4	9—5	9—6	9—7	9—8	9—9
	11—15年														8—2	8—3	8—4	8—5	8—6	8—7	8—8
	16年以上															7—3	7—4	7—5	7—6	7—7	7—8
厅局级正职	1—5年										13—1	13—2	13—3	13—4	13—5	13—6	13—7	13—8	12—8	12—9	11—9
	6—10年											12—2	12—3	12—4	12—5	12—6	12—7	12—8	12—9	12—10	11—10
	11—15年												11—2	11—3	11—4	11—5	11—6	11—7	11—8	11—9	11—10
	16年以上													10—3	10—4	10—5	10—6	10—7	10—8	10—9	10—10
厅局级副职	1—5年									15—1	15—2	15—3	15—4	15—5	15—6	15—7	14—7	14—8	13—8	13—9	12—9
	6—10年										14—2	14—3	14—4	14—5	14—6	14—7	14—8	14—9	13—9	13—10	12—10
	11—15年											13—2	13—3	13—4	13—5	13—6	13—7	13—8	13—9	13—10	12—10
	16年以上												12—3	12—4	12—5	12—6	12—7	12—8	12—9	12—10	12—11
县处级正职	1—5年							18—1	18—2	18—3	18—4	18—5	17—5	17—6	16—6	16—7	15—7	15—8	14—8	14—9	
	6—10年								17—2	17—3	17—4	17—5	17—6	17—7	16—7	16—8	15—8	15—9	14—9	14—10	
	11—15年									16—2	16—3	16—4	16—5	16—6	16—7	16—8	15—8	15—9	14—9	14—10	
	16年以上										15—3	15—4	15—5	15—6	15—7	15—8	15—9	15—10	14—10	14—11	

（续表）

职务	任职年限	套改年限																			
		3年以下	4—5年	6—7年	8—9年	10—12年	13—14年	15—17年	18—19年	20—22年	23—24年	25—27年	28—29年	30—32年	33—34年	35—37年	38—39年	40—42年	43—44年	45—47年	48年以上
县处级副职	1—5年						20—1	20—2	20—3	20—4	19—4	19—5	18—5	18—6	17—6	17—7	16—7	16—8	15—8	—	—
	6—10年							19—2	19—3	19—4	19—5	19—6	18—6	18—7	17—7	17—8	16—8	16—9	15—9	—	—
	11—15年								18—2	18—3	18—4	18—5	18—6	18—7	17—7	17—8	16—8	16—9	15—9	—	—
	16年以上									17—3	17—4	17—5	17—6	17—7	17—8	17—9	16—9	16—10	15—10	—	—
乡科级正职	1—5年					22—1	22—2	22—3	21—3	21—4	20—4	20—5	19—5	19—6	18—6	18—7	17—7	17—8	16—8	—	—
	6—10年						21—2	21—3	21—4	21—5	20—5	20—6	19—6	19—7	18—7	18—8	17—8	17—9	16—9	—	—
	11—15年							20—2	20—3	20—4	20—5	20—6	19—6	19—7	18—7	18—8	17—8	17—9	16—9	—	—
	16年以上								19—3	19—4	19—5	19—6	19—7	19—8	18—8	18—9	17—9	17—10	16—10	—	—
乡科级副职	1—5年				24—1	24—2	23—2	23—3	22—3	22—4	21—4	21—5	20—5	20—6	19—6	19—7	18—7	18—8	17—8	—	—
	6—10年					23—2	23—3	23—4	22—4	22—5	21—5	21—6	20—6	20—7	19—7	19—8	18—8	18—9	17—9	—	—
	11—15年						22—2	22—3	22—4	22—5	21—5	21—6	20—6	20—7	19—7	19—8	18—8	18—9	17—9	—	—
	16年以上							21—3	21—4	21—5	21—6	21—7	20—7	20—8	19—8	19—9	18—9	18—10	17—10	—	—
科员			26—1	26—2	25—2	25—3	24—3	24—4	23—4	23—5	22—5	22—6	21—6	21—7	20—7	20—8	19—8	19—9	18—9	—	—
办事员		27—1	27—2	27—3	26—3	26—4	25—4	25—5	24—5	24—6	23—6	23—7	22—7	22—8	21—8	21—9	20—9	20—10	19—10	—	—

表 2-32 机关技术工人岗位工资套改表

技术等级（职务）	在岗(任职)年限	套改年限																
		4年以下	5—6年	7—9年	10—11年	12—14年	15—16年	17—19年	20—21年	22—24年	25—26年	27—29年	30—31年	32—34年	35—36年	37—39年	40—41年	42年以上
高级技师	1—4年									1	2	3	4	5	6	7	8	9
	5—8年										3	4	5	6	7	8	9	10
	9年以上											5	6	7	8	9	10	11
技　师	1—4年							1	2	3	4	5	6	7	8	9	10	11
	5—8年								3	4	5	6	7	8	9	10	11	12
	9年以上									5	6	7	8	9	10	11	12	13
高级工	1—4年					1	2	3	4	5	6	7	8	9	10	11	12	13
	5—8年						3	4	5	6	7	8	9	10	11	12	13	14
	9年以上							5	6	7	8	9	10	11	12	13	14	15
中级工	1—4年				1	2	3	4	5	6	7	8	9	10	11	12	13	14
	5—8年					3	4	5	6	7	8	9	10	11	12	13	14	15
	9年以上						5	6	7	8	9	10	11	12	13	14	15	16
初级工		1	2	3	4	5	6	7	8	9	10	11	12	13	14	15	16	17

表 2-33 机关普通工人岗位工资套改表

普通工	套改年限															
	4年以下	5—6年	10—11年	12—14年	15—16年	17—19年	20—21年	22—24年	25—26年	27—29年	30—31年	32—34年	35—36年	37—39年	40—41年	42年以上
	1	2	4	5	6	7	8	9	10	11	12	13	14	15	16	17

附录 2－1

SPD钢铁有限公司薪点工资制度(摘录)

一、薪点工资制的概念

薪点工资制是在岗位劳动评价“四要素”的基础上，用点数和点值来确定职工的工资，点值与公司和专业厂、部门效益实绩挂钩，通过量化考核确定职工实际劳动报酬的一种工资模式。其主要特点是：工资标准不是以金额表示，而是用薪点数表示；点值取决于经济效益。再一个特点是支付每人多少工资，一律“秋后算账”。

薪点工资制是由职工原岗位工资、技能工资、工龄工资、月度工资、部分津贴合并组成。薪点数主要由基本点(生活保障点)、岗位劳动要素点(随岗位变化)、个人技能点(素质点)及积累贡献点(动态点)构成。

薪点工资制，实质上是一种把岗位工资、技能工资、资历工资综合在一起，并把工资定价和工资计发融合在一起的混合性工资制度。

二、点数的确定

(一) 基本点(生活保障点)

职工(包括新进职工)的基本点统一为110点。

(二) 岗位劳动要素点

(1) 在原十二岗二十一级岗位工资标准的基础上，根据岗位劳动评价“四要素”，对个别不尽合理的岗位工资标准先作适当调整，后定点数。

(2) 在原确定的岗位工资标准三个主要依据(劳动责任、劳动强度、劳动环境)的基础上，补充劳动技能这一依据，将部分技能工资(一般以三级工技能工资标准，关键岗位以最低技能工资等级标准)折入岗位劳动要素点，同时将月度奖金按岗位分档折入岗位劳动要素点(其中，分厂厂长的月度奖按平均水平的2.3—2.5折入岗位劳动要素点)，核定各岗位等级的薪点数。

(3) 调整看管岗位的薪点数(一般为15—20点)，增加主值看管岗位的责任点，即主值高于副值5—10点，同时鼓励和提高看管岗位职工的实际动手操作与一般维修水平，增加兼会工种点。

(4) 体现能者多劳多得的原则，对义务兼职人员适当增加责任点，即：生产组长为8点，分工会主席、团支部书记为5点。

(5) 管理技术人员实行以岗位聘任专业技术职务，被聘者可增加专业技术职务薪点，即：初级(员)增加5点，初级(助理)增加15点，中级增加25点，高级增加60点。

(三) 技能(素质)点

1. 技能等级点

(1) 工人岗位的技能等级点，着重体现职工本人的操作技能，按职工原技能工资，对照技能等级点标准，折合技能等级点。

(2) 以应会考核合格为主要依据，对上等级应会考核合格，且实绩考核合格的职工，经分厂推荐，可按上等级的副级薪点标准，折合技能等级点，对上等级(或本等级)应知、应会全科考核合格，且实绩考核合格的职工，经分厂推荐可按上等级(或本等级)的正级薪点标准，折合技能等级点。

(3) 管理技术岗位的职工，在技术(业务)等级标准未实施前，按本人原技能工资，对照技能等级点标准，折合技能等级点。

(4) 对工人岗位中的高工资低等级的情况，凡大于 45 岁的，可按本人原技能工资对照标准等级点，折合技能等级点；凡小于 45 岁的，按实际技能等级(考核合格)对照技能等级点标准，折合技能等级点。

2. 学历点

对有学历的职工，另行增加点数，即：初中 4 点；高中(技校)7 点；中专 10 点；大专 15 点；本科 20 点；研究生 25 点。

3. 兼会工种点

为鼓励职工一专多能，提高劳动效率，对从事兼会工种工作的职工，根据兼会工种的复杂程度和兼会工种的多少，另行增加薪点 5—25 点。

(四) 积累贡献点

1. 工龄点

对连续工龄满 5 年的职工，按连续工龄年限，1 年折合 1 点，以后每年 12 月份统一调整工龄薪点。

2. 考评升级点

对原岗位工资动态考评，按本岗位上一等级享受岗位工资(10%—15%)的职工，可将升级差额折合薪点。

3. 鼓励晋级点

对有突出贡献的职工，经分厂推荐了增加奖励晋级点，一般为 10—20 点/年次。

(五) 新进人员的点数确定

新进人员(工龄未满三年的)进厂前三年的薪点数，根据其本人所在的岗位及学历对应该岗位劳动要素和学历点，按基本点、岗位劳动要素点和学历点之和一定比例确定(即：第一年为 60%，第二年为 75%，第三年为 90%)。第四年开始按基本点、岗位劳动要素点和学历点之和确定，同时，按本人技术等级增加技能等级点。

(六) 按照效率优先，兼顾公平的原则，由厂部结合定员的岗位分布等情况核定本单位的薪点总数，凡超定员 1 人，扣减 3‰的薪点总数

三、点值的确定

职工的工资由薪点数乘点值确定，点值与企业和专业厂、部门效益挂钩，点值由薪点基值和薪点浮动值组成。

(一) 薪点基值

薪点基值是由原岗位工资、技能工资和工龄工资的总量除以公司全部职工的薪点数总和得出(薪点基值为 1.70 元/点)，薪点基值的升降与公司的效益挂钩浮动。

(二) 薪点浮动值

薪点浮动值与分厂的效益、产品质量、品种、劳动生产率等指标按月挂钩考核。

(三) 点值确定的考核办法由厂部另定

四、薪点工资制的运行

(一) 以经济责任书的形式，完善工资与企业效益挂钩考核

用经济责任书考核的形式，取代了原有的考核办法，主要体现如下。

(1) 在考核的范围上，由原来的仅对生产厂、专业处室的考核，扩大到机关所有职能处室的考核，使机关处室也按经济责任考核，确定当月的薪点浮动值。

(2) 薪点浮动值与效益挂钩的“量”加重，经济责任书把运行了 30 个月的薪点基值从 2.10 元/点下调为 1.70 元/点，下降幅度达 19%；而薪点浮动值由原来的 0.40 元/点调整到 0.80 元/点左右，浮动值考核量增加一倍。

(3) 以公司近三年先进水平和历年先进水平为考核依据，将所有考核的指标分解设计制定了否决、计划、增产三档标准。

(4) 改变了原来把奖金额折算为浮动值的计算办法，将公司各项指标的考核用每点浮动值 0.80 元/点左右的金额计算考核，达到指标按指标的计分标准提取分值(人民币)。

(5) 考核的否决力度加大，1997 年经济责任书否决指标，从 1996 年的安全、质量、成本的三个指标，又增加了产量指标，否决幅度从 1996 年的 30%提高到 50%，如有两个以上指标被否决，除否决当月全部浮动值之外，不足部分顺延次月否决。从单项否决指标比较，1997 年是 1996 年的 3.3 倍。

(6) 经济责任书还明文规定生产厂停产(包括大中修)一周以上，以停产回家一周及以上的员工，待工期间薪点值按 1.50 元/点发放，待工四周及以上，待工期间薪点值按 1.20 元/点发放。

(二) 制定公司统一的量化考核办法

(1) 统一规定了公司职工薪点工资分配公式：

$$工资收入=薪点数\times点值\times车间挂率\times班组挂率\times个人挂率+其他收入(中夜班、交通费等)$$

(2) 规定了生产厂、部门、车间、科室一级量化考核的内容：产量、质量、成本、品种、物耗、设备、安全、能耗等 8 大指标，同时要求车间、班组的考核内容更细化。如服务质量、上下道工序协作、班组建设、遵章守纪、精神文明等。

(3) 全体职工的月度考核分统一规定为 1 000 分。

挂率计算公式：

$$车间(工段、班组、个人)挂率=\frac{某一车间当月考核得分(工段、班组、个人)}{本部门所有车间当月考核得分的平均值(工段、班组、个人)}$$

(4) 对全公司职工的缺勤考核，违纪考核都作了明确的数量考核规定。

(三) 完善管理、技术人员的量化考核标准和办法

1. 确定考核标准

(1) 对管理人员主要采用了工作纪实量化标准，规定每天按 7 小时计算工作时间，从 8 个方面内容确定量化标准，如表 2-34 所示(以机关处室为例)。

表 2-34 管理人员工作纪实量化标准

工作内容	计分标准
1. 本职工作	
(1) 按岗位规范处理日常本职工作	1.2—1.3 分/时
(2) 设计各类报表、统计分析及汇报资料、起草文件、专题总结	1.4 分/时

（续表）

工 作 内 容	计分标准
2. 调研、下基层	
(1) 机关系统的调研协调	1.2分/时
(2) 参与厂组织的各类检查、调研、下分厂	1.4分/时
3. 会议	
(1) 本人主持召开会议	1.4分/时
(2) 参加与本职工作有关会议、学习班	1.2分/时
(3) 领导委派参加本厂会议	1.1分/时
(4) 领导委派参加厂外会议	1.3分/时
4. 阅读	
(1) 处理文件、资料	1.0分/时
(2) 处理与本职工作有关的书报、刊物	0.9分/时
5. 主动参与领导安排的公益劳动	1.3分/时
6. 领导交办任务	1.3分/时
7. 调休、公出、休假	1.0分/时
8. 外埠出差	1.2—1.4分/时

(2) 对科技人员的量化考核标准。

科技人员的量化考核标准(以科技部为例)，主要采用了工作纪实量化考核指标，结合效率系数和成果积分考核的标准。

① 工作纪实标准。

表2-35 科技人员工作纪实标准

序号	劳 动 形 式	计分标准(分/时)	备 注
1	阅读专业范围内的书刊	1.0	阅读报刊不计分
2	会议： 参加各种非专业会议 参加各种专业性会议 主办各类专业性会议	 1.1 1.2 1.4	 外地出差按7小时计 主持和主办人员
3	调研 市内公出、调研 现场评比、抽查 下分厂专业范围调研	 1.2 1.4 1.4	 一般以半天计 生产现场及露天 包括外地调研
4 5	公益劳动，交办任务 编写方案、总结、论文专题分析 接待、处理本职工作 现场技术质量攻关、跟班劳动	1.3 1.3 1.3 1.5	非本职工作 必须有文字材料 带任务下现场
6	翻译： 外译中 中译外 现场口译	 1.2 1.3 1.5	 300字/小时 150字/小时

② 效率系数。

根据工作成绩、工作效率、工作难度、工作质量四个方面来确定系数，系数范围为：0.5—1.0。

③ 成果积分标准。

表 2-36 科技人员成果积分标准

成果名称	积分	备注
技术小结或专题分析	1分/500字	以录用为标准

级别	积分	备注
厂级	1.0分/500字	长刊发表
市、部级	1.5分/500字	市、部刊物发表
国家级	2.0分/500字	国家级刊物发表
国际级	3.0分/500字	国际级刊物发表

（由厂合理化评委通过公布）

等级	积分	等级	积分
一等	8分/次	三等	2分/次
二等	4分/次	四、五等	1分/次

2. 考核程序

（1）每个管理技术人员都按纪实标准，填写工作纪实表。

（2）在个人计分的基础上，科长对科员的纪实和实绩进行考核，并由科长填写量化考核汇总表，签字后报送处领导。

（3）主管领导审核。

（4）按考核得分计酬。

【课后巩固】

1. 在工资制度体系中，能够承担确定相对工资率这一职能的是（　　）。

A. 工资等级制度　　B. 工资等级表

C. 劳动定额　　D. 工资形式

2. 工资等级制度主要是从劳动的（　　）方面来反映和区分工资差别。

A. 数量　　B. 质量　　C. 强度和条件　　D. 数量和质量

3. 一级工资标准是（　　）劳动在单位时间内的劳动报酬，它是一切工资差别的基础。

A. 一般性　　B. 普通工

C. 体力性　　D. 最简单、最不熟练

4. 工资等级表是用来规定员工的工资等级数目以及（　　）之间差别的一览表。

A. 各工资等级　　B. 相邻

C. 最高等级与最低等级　　　　　　　　D. 不同职位

5. 某一等级的工资等级系数是 2.60，2.60 的实际含义是说明这一等级（　　）。

A. 工资相差的倍数　　　　　　　　　B. 工资幅度为 2.60

C. 劳动复杂程度倍数　　　　　　　　D. 工资标准相差 2.60

6. 一级工资标准为 310 元，某级工资的工资等级系数为 2.62，则某级的工资标准为（　　）元（二舍三入，七舍八入）；如某级的工资标准为 630 元，则某级的工资等级系数为（　　）。

A. 812；2.03　　　B. 812；0.49　　　C. 262；2.03　　　D. 310；2.62

7. 在工种等级线中，（　　）是熟练工、学徒工转正定级后的最低工资，最高等级线是该工种在一般情况下不能突破的上限。

A. 一级工资标准　B. 起点等级线　　C. 二级工资标准　D. 最低工资标准

8. 按照各工作岗位的技术复杂程度、繁重程度和责任大小等规定工资等级和工资标准的制度是（　　）。

A. 岗位技能工资制　　　　　　　　B. 职务工资制

C. 岗位等级工资制　　　　　　　　D. 技术等级工资制

9. 什么是工资等级制度？如何理解工资等级制度这一概念？

10. 工资等级制度的主要职能是确定________。它是指各种________或________之间的相对报酬。

11. 工资等级制度有哪四种类型，每种类型都相应具有哪些具体的工资等级制度的形式？

12. 岗位等级工资制有哪两种形式？

13. 在岗位薪点工资制中，一般由哪几部分薪点组成？薪点值如何确定？

14. 什么是技术等级工资制？它由哪三个基本因素组成？

15. 在技术等级工资制中，确定工资标准最重要的是规定好最低的，即________工资标准。

16. 确定一级工资标准的重要性是什么？

17. 级差是指________两个等级工资等级标准的幅度。有________和________两种表示方法。

18. 某一等级的工资标准和一级工资标准的对比关系称为________。某一等级的工资是一级工资的多少倍，则说明某一等级的________是最低等级________复杂程度的多少倍。它是某一等级劳动的标志。

19. 实行技术等级工资制的操作分为哪六个步骤？

20. 自 1956 年以来，我国企业曾实行了哪两种形式的职务等级工资制？

21. 2006 年事业单位收入分配制度改革实行的岗位绩效工资制，由哪四部分工资构成？

22. 事业单位管理人员和专业技术人员的岗位工资分别分为多少个岗位等级，工资标准分别为多少？管理人员和专业技术人员如何套改岗位工资标准？

23. 2006 年公务员职级工资制改革，调整后的工资由哪几部分构成？

24. 案例分析题

某企业员工工资构成包括岗位工资、月奖金、年终奖金。

月奖：月奖的标准是根据岗位等级而定的，职级越高，奖金越多。月奖与考核不挂钩，实际上是工资的补充。

年终奖金：管理部门如财务部的年终奖金是年底双薪；业务部门员工的总奖金是按业务部门收入提成的，但有时不能兑现。业务部门内部员工的奖金是背靠背的，由部门经理发放，员工不知道发放的依据。

要求：分析该企业现行工资方案中存在的问题，并针对存在的问题提出一个合理的工资分配改进方案。

【总结与评价】

学习效果评价表

班级______　学生姓名______　学号______　教师______

项　目	评价要素点	学生评价（30%）	组长评价（30%）	教师评价（40%）
态度（30%）	出勤情况			
	课堂纪律			
	团队合作			
	积极主动			
技能（50%）	任务1：			
	任务2：			
	任务3：			
	任务4：			
	任务5：			
知识（20%）	课后巩固题			
综合评价：				

注：每个教学项目的学习效果评价从态度、技能和知识三个维度来进行，每个维度分值满分100分，视评价要素点的数目及重要程度来确定各个评价要素点的分值（也可简单地采取平均分配分值，比如态度评价维度，四个要素评价点各占25分）；技能评价要素点要求学生自行填写完整（这是一个学生学习后回顾的过程）；三个评价维度分值所占总评成绩的权重分别为30%、50%和20%；评价主体包括学生本人、所在的小组组长和任课教师，其权重分别为30%、30%和40%。

项目 3

工 作 评 价

【学习目标】

1. 掌握工作评价的含义、工作评价的核心和所要实现的目标；
2. 了解工作评价的主要方法：排列法、分类法、因素比较法；
3. 熟悉计点法岗位评价流程；
4. 了解部门清单、岗位清单的编写格式；
5. 了解部门说明书、岗位说明书的编写格式和技术要点；
6. 掌握编制岗位评价标准体系的步骤和技术要点；
7. 熟悉实施岗位评价的流程和控制要点；
8. 掌握岗位评价数据处理和岗位等级划分方法。

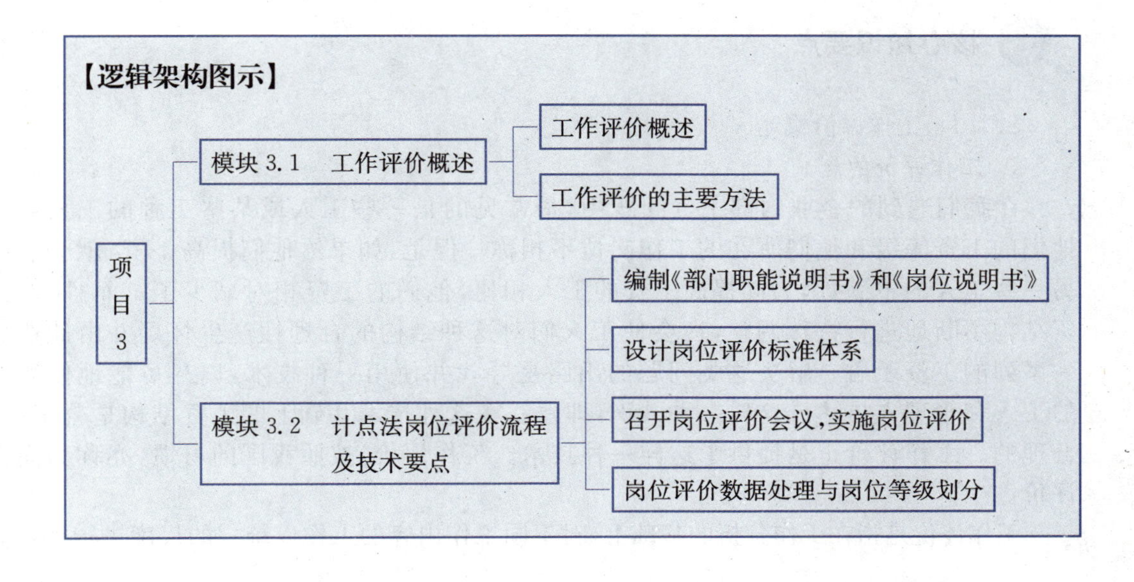

【引导案例】

××市地铁运营公司下属的TH公司于2011年正式启动了项目部制改革方案。在改制方案中，公司本部的职能部门和所属各项目部的管理、生产岗位都发生了较大变化：一是出现了许多新的岗位，二是原有的很多岗位其职责已发生较大的变化，三是公司内部的生产组织模式、作业方式也发生了一定改变。同时，按照上级的要求，为解决地铁新线和老线职工工资差距等历史遗留问题，决定全线调整薪酬方案。

在这种情况下，公司原有的岗位等级结构已经无法适应新的形势，必须重新调整岗位等级序列，以合理区分、界定岗位价值。该公司采用了计点法岗位评价的方法来调整岗位等级序列。首先，重新确定组织机构和岗位设置，拟订了部门清单和岗位清单，然后组织校订、修改或重新编写了《部门职能说明书》、《岗位说明书》。在咨询专家组采纳各方意见并正式发布岗位评价标准体系后，实施了岗位评价。之后，公司领导班子对评价结果进行了复审、调整，最终形成了新的岗位等级序列。这为公司全面落实项目部制改革方案，解决新老线工资差距等历史遗留问题奠定了基础。

通过这个案例，我们可以深刻地体会到岗位评价的作用并大致了解其实施方法，也有助于进一步理解岗位评价这一基础模块在整个薪酬体系设计中的重要地位。

本项目，我们将对岗位评价展开具体介绍，并重点说明计点法岗位评价流程及技术要点。

模块3.1 工作评价概述

核心知识要点

3.1.1 工作评价概述

1. 工作评价的含义

在我们遇到的企业内部工资问题中，最常见的是一些工人或某些工种的工人认为他们的工资等级和他们所在的工作岗位不相称。但是，如果给他们提高工资，就会引起另一些工人的不满，因为同提高工资的工人相比，他们的工资相对减少了。而且，对工资结构不断地进行特殊调整，还会使工人们对这种结构的合理性产生怀疑并由此造成一系列的工资矛盾。解决这类问题的出路是寻找并使用一种技术，以尽可能地使所有的工人和管理人员达成这样一种共识，即建立在这种技术基础上的工资结构是公正的、合理的。工作评价正是提供了这样一种技术。工作评价，按照我国的习惯，亦称为岗位评价。

工作评价是指在工作分析的基础上，对不同工作内容的工作以统一的尺度进行评定和评估，从而确定各项工作的相对价值，并据此建立岗位价值序列的过程。著名薪酬管理专家米尔克维奇认为，“职位评价是一个为组织制定职位结构而系统地确定每个职位相对价值的过程。这个评价是以工作内容、所需技能、对组织的价值、组织文化以及外部市场为基础的。”

因此，工作评价可以定义为：“是对工作进行研究和分级的方法，以便为合理的工资结构奠定基础。它关心工作的分类，但不去注意谁在做或谁去做这些工作。”①

关于工作评价的目的，我们可以通过下面的表述加深理解：“工作评价不能消除供求关系对工资水平的影响，但它可以根据每种职业、每个工种的内在要求，把它们分类、定级。工作评价并不对每个级别的合理工资制定标准，但它指出了什么级别应当获得较高工资。它力图为建立工资结构提供公正的方法。公正体现在：如果一项工作需要相同的努力、技术和责任心，劳动报酬就应相同；而如果需要的标准提高，工资也应当提高。工作评价的目标是要实现同工同酬。”②

因此，工作评价的核心是给工作标定级别，工作评价的目标是要实现同工同酬。

工作评价应遵循的原则是：

(1) 工作评价的是岗位而不是岗位中的员工；

(2) 让员工积极地参与到工作评价中来，以便他们认同工作评价的结果；

(3) 工作评价的结果应当公开。

2. 工作评价的形成过程

工作评价有一个形成过程，它是在西方国家中首先出现和发展起来的。

最初的工作等级形式是由工厂的习惯形成的。某些工作逐渐被认为是彼此有联系的，这种联系来源于外部的接触，也来源于生产操作的顺序，还来源于协作劳动的工人由低级到高级所需要掌握的知识顺序。工人和工头在劳动实践中逐渐感到某种工作比其他工作似乎应该多付报酬。一旦这种思想形成并被大家所接受，这种不同工种的工资差别也就成为习俗而被保留下来。

可是单用习惯来解释工资等级表的形成，是不能令人满意的，于是为数众多的厂商们开始探讨确定工作价值的方法，并逐步使工作等级划分和工作评价制度化。从 1915 年起，四种主要的工作评价体系逐步建立起来，按时间顺序是排列法、分类法、因素比较法和计点法。前两种被认为是非数量的评价体系；后两种被认为是数量的评价体系。战后以来，在西方发达工业国家中，最广泛采用的是计点法，其次是因素比较法。

20 世纪 50 年代以来，西方国家一些大型管理咨询公司在上述评价方法的基础上又创造了一些混合型的评价方法。这些混合性的评价方法，大多使用的是定量分析技术。这为确定可与外部劳动力市场相比较的工资水平提供了方便，但在处理资料方面主要依靠计算机，耗资也通常较多。著名的 Hay-MSL 指导图像表象法，译作海氏法，便是其中之一。

不同的评价方法在实施步骤、优缺点等方面存在着不同，见表 3-1。

---

① 联合国国际劳动组织职工教育读本，《工资》，中国劳动出版社，1991 年，第 66 页。
② 同上。

表 3-1 不同岗位评价方法优缺点及适用范围比较表

	优点	缺点	适用企业
排列法	简单方便，易理解、操作，节约成本	没有明确的评价标准，完全依靠经验和主观判断； 只能排列各岗位价值的相对次序，很难回答为什么一个岗位比另一个岗位等级高	岗位设置比较稳定；规模小
分类法	简单明了，易理解、接受，避免出现明显的判断失误	等级定义困难，给主观判断留下相当大的余地；成本相对较高	各岗位的差别很明显； 公共部门和大企业的管理岗位
因素比较法	能够直接得到岗位的工资水平	应用最不普遍； 要经常做工资调查，成本相对较高	能够随时掌握较为详细的市场工资标准
计点法	能够量化； 可以避免主观因素对评价工作的影响； 可以经常调整	设计比较复杂； 对管理水平要求较高； 成本相对较高	岗位不雷同； 岗位设置不稳定； 对精确度要求较高

3. 工作评价与工资等级的关系

工作评价的结果可以是分值形式，也可以是等级形式，还可以是排序形式，但人们最关心的是岗位与工资的对应关系。

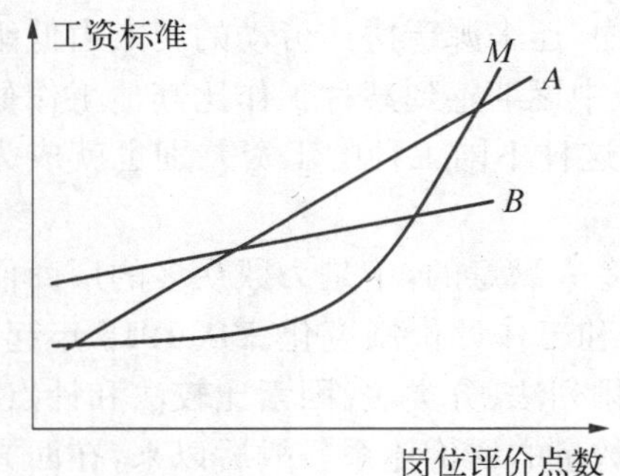

图 3-1 岗位评价与工资标准的比例关系

岗位与工资的对应关系可以是线性关系的，如图 3-1 所示中的曲线 A、曲线 B。岗位与工资的对应关系也可以是非线性关系的，如图 3-1 中的曲线 M。

图 3-1 中评价点数与多种工资线的关系还说明，评价点数的多少与工资率的高低，两者关系是正相关的，但不是正比例的，这说明：评价中所使用的点数是为了评价岗位和划分等级服务的，只要划分出了岗位等级，点数法就完成了作为一种评价方法使用的使命。至于测算工资标准所使用的点数或系数，将可能使用其他的办法来确定。在一些情况下，岗位之间评价点数的差距，并不能代表岗位之间应当达到的工资差距。

4. 工作评价的优点和缺点

(1) 工作评价的优点。

其一，工作评价的突出优点是，以各个岗位在整体工作中的相对重要性来确定其工资等级，并且能够保证同工同酬原则的实现。因此，它有利于消除工资结构中的不公正因素，维护企业工资等级间的逻辑和公正关系。同时，这样建立起来的简单的工资结构，也易于为人们理解和接受。

其二，工作评价中使用明确、系统而又简单的评价因素作为确定工资结构的基础，有助于减少在相对工资等级上的怨言。如数量评价体系，当工人对其现行工资有抱怨时，还可以提供一个核查和详细解释的基础，弄清其不公正所在之处，并通过重新评价纠正过来。

其三，工作评价中所收集的信息和结果可以为范围较宽的人事管理提供依据，如确定招工条件和培训技术标准等。

其四，工作评价为工会参与工资确定过程的各个方面提供了机会，并且为集体协商或谈判的内容之一——工资结构的确定提供了一个更准确、更值得信赖的基础。因此，工作评价的实施还有利于改善劳动关系。

(2) 工作评价的缺点。

其一，其适用范围会受到某些因素的不同程度的制约。首先，工作评价在确定评价因素、各因素权重以及评定各工作诸因素的级别上，都不可避免地带来某种程度的主观因素，这样就使评价缺乏完全客观和公正的结果。其次，工作评价是一项需要很多时间(一般需要1—3个月)和资源的技术，本身既需要专业技术人员，又需要很多投资。而且，由于引进工作评价所形成的新的工资结构可能会增加劳动成本，一旦工作评价计划实行，还必须常设维护机构。这样，引进工作评价所花费的成本可能会超出它所带来的好处。

为了克服上述缺点，一方面，要力求较全面地确定影响岗位等级的因素，在确定因素权重时，要吸收工会和工人代表参与决策，并考虑同行业其他公司在确定权重上的流行趋势。凡能量化的因素要量化，以减少先入为主的偏见；另一方面，要根据本单位规模和生产经营特点来选择工作评价方法，并精心计划和实施，以节约费用。

其二，工作评价生成的工资结构显得过于僵死，难以充分适应生产和技术的变化。工作评价的一个基本假定是，每个岗位工作的内容是大致固定不变的。而不少现代企业的趋势是使工作组织机构更加灵活，以充分适应生产和技术的变化。因此，再按照事先固定的任务来限定工作内容就有些牵强。工作评价具有适应基本稳定的企业组织机构和工作组织机构的内在联系，如果工作组织机构不断变化，每个岗位的工作内容不断调整，就难以正式引进和应用工作评价。在已经引进工作评价的情况下，就应注意对工作评价系统进行定期检查和维护，使其适应随着时间推移由于引进新技术而使工作内容和工作组织发生变化的需要。对于这一点，无论怎样强调都不过分。

5. 工作评价的完善与维护

(1) 日常维护。

日常维护工作之一是对产生的新岗位无一例外地按照建立起来的评价方案及时把它们排列到等级结构中去。

日常维护工作之二是复评。复评是实行工作评价之后，当某些岗位的情况发生变化之后，需要对评价过的岗位进行重新评价，以经常保持工作评价的准确性。

当下面所说的四种情况出现时，就应做复评工作：

A. 工作的内容变了，新的工作内容加入了已评定的工作；

B. 工作内容改变了，某些工作从已评定的工作中删除；

C. 由于领导阶层的不满，应重新评审；

D. 由于雇工的抱怨，应重新评审。

(2) 定期检查。

为了保持工作评价制度能适应新情况并根据需要对其进行修改，通常要建立一个定期检查机构。检查的内容是：

A. 代表性工作岗位是否还具有代表性，是否需要更新更具有代表性的岗位；

B. 检查升级和降级情况；

C. 检查等级堆积；

D. “红圈岗位”的处理情况；

E. 要素及权重是否应做必要修改；

F. 工资结构是否应进行调整，工资标准是否需要提高。

这样做是为了保证工作评价的正常运行。

3.1.2 工作评价的主要方法

1. 排列法

(1) 排列法的概念。

排列法，也称简单排列法、序列法、部门重要次序法，是由工作评价人员对各个岗位工作的重要性做出判断，并根据岗位工作相对价值的大小按升值或降值顺序排列来确定岗位等级的一种工作评价方法。

(2) 排列法的步骤。

A. 进行工作分析。

在这一步骤中，先由熟悉企业全部工作的评价委员会或部门主管把各种不同的工作名称分别记在一张卡片上；然后，依据下列要素对各个工作进行分析：工作难度和数量、工作责任、给予的和接受的监督管理、必要的训练和经验、工作条件。

将工作分析的结果制成工作说明书。

B. 排列工作顺序。

由工作评价委员会的全体委员分别根据工作说明书，或者自己头脑中对该项工作的印象，对工作按照难易或价值大小的次序进行排列。排列工作顺序，方法有以下两种。

一种是卡片排列法，即将工作说明书用简明文字写在小卡片上，按次序排列起来。难度或价值最大的工作应排在一等，难度价值第二的排在二等。如果两个或更多个工作难度价值并列同等，这些个工作则排列在同一等级。具体做法是：先确定最高和最低的工作，再确定中等的，然后确定最高和中等以及最低和中等之间的等级。

另一种是成对比较排列法。例如，某部门有六个岗位的工作，分别称为甲、乙、丙、丁、戊、己。先将六项工作分别按横竖排列于表 3-2 内，然后运用“012”比较评价法对六项工作分别进行判断比较。具体办法是把每一岗位的工作与其他的五岗工作逐一比较，并做出不难、难度相同、难的判断。当判断为不难时，就做“0”记号；判断为难度相同时，就做“1”记号；判断为难时，就做“2”记号。最后，在表中“总额”一栏中加总出判断每项工作难度次数。

表 3-2 012 成对比较排列表

岗位	甲	乙	丙	丁	戊	己	总额
甲	—	2	1	2	2	2	9
乙	0	—	0	0	1	0	1
丙	1	2	—	0	0	1	4

（续表）

岗位	甲	乙	丙	丁	戊	己	总额
丁	0	2	2	—	1	2	7
戊	0	1	2	1	—	2	6
己	0	2	1	0	0	—	3

经“012”成对比较后，判断各工作难度次数总额的多少决定了各岗位工作等级排列的先后。岗位工作等级排列如表3-3所示。

表3-3 岗位工作等级排列表

判断较难次数总额	工作岗位	岗位等级
9	甲	6
7	丁	5
6	戊	4
4	丙	3
3	己	2
1	乙	1

从表3-3排列可见，岗位甲为最高工作等级，岗位乙为最低工作等级。

应注意，在使用上述两个排列法中，每个评价者要在一星期左右反复进行两三次，以避免一时的疏忽。

C. 确定最终的自然岗位序列。

根据全体评价委员个人评定的结果，确定最终自然岗位序列，如表3-4所示。

表3-4 排列法岗位等级最终评定表

岗位	甲	乙	丙	丁	戊	己
赵委员评定	9	1	4	7	6	3
钱委员评定	8	2	5	6	—	4
孙委员评定	7	3	5	6	5	4
评定次数之和	24	6	14	19	11	10
参加评定人数	3	3	3	3	2	3
平均序数	8	2	4.67	6.33	5.5	3.33
岗位相对价值次序	1	6	4	2	3	5

由表3-4可知，评定的六个岗位工作的相对价值，按升值排列次序为甲、丁、戊、丙、己、乙。

应注意的是，按前面两种方法得到的只是一个按重要性排列的岗位序列，显然，在一个较大的企业中，是不能直接把上百个或数百个岗位组成的岗位序列作为工资等级序列的。因此，还有必要把岗位序列分成一定数目的岗位等级，即划岗归级，以作为实际的工资等级数目。

划岗归级，应掌握两个原则：一是岗位等级不宜过多，上一级岗位与下一级岗位之间应能比较出难易差别；二是难易程度大致相同的岗位，应划归同一岗位等级。

(3) 排列法的优点和缺点。

排列法的主要优点是在理论上与计算上简单，容易操作，省事省时，因而可以很快地建立起一个新的工资结构。另一个优点是，每一个岗位是作为一个整体比较，是凭人们的直觉来进行判断的，因而可以吸收更多的人员参加，并且容易在岗位数量不太多的单位中获得相当满意的评价结果。排列法虽不很精确，但较易使用，特别适合于小企业和机关办公室的工作评价。一般来讲，如果评价委员们通过日常的接触熟悉了他们要考察岗位的工作内容，那么，这种方法就可提供符合实际的岗位等级。

排列法的缺点也是明显的。其主要缺点是，岗位等级完全靠评价委员们或主管人员的主观判断，而不同评定者往往有不同的标准，且难于清楚地回答"为什么这个岗位比那个岗位重要"、"在多大程度上重要"等问题。由于这一缺点，岗位等级和工资标准不可避免地要受到评价委员个人品质的影响。另外，运用排列法不易找到熟悉所有工作的评价人员，各评价委员评价结果有时差异很大，容易导致错误。再一个缺点是，在大企业中使用很耗时，因为对数将随所要评价的岗位数的增加而成倍增长，就 100 个岗位来说，可能的对数接近 5 000 个。n 个元素能构成 $n(n-1)/2$ 对，100 个岗位，其构成的对数是[$100(100-1)/2=4\,950$]个。

2. 分类法

(1) 分类法的概念。

分类法，也称分级法或等级描述法，是事先建立一连串的劳动等级，给出等级定义；然后，根据劳动等级类别比较工作类别，把工作确定到各等级中去，直到安排在最合逻辑之处。

分类法不同于排列法，劳动等级是预先决定并建立的，然后参考岗位工作的内容对其分级。

(2) 分类法的步骤。

A. 建立工作类别或级别。

无论是对同一种性质的工作还是对包括各种性质工作在内的组织整体，都要确定等级数目。等级的数目取决于工作的性质、组织规模大小、职能的不同和工资政策。在这一环节中，没有对所有单位都普遍适用的规则。

B. 等级定义。

这一环节是给建立起来的工作等级做出工作分类说明。等级定义是在选定要素的基础上进行的。所以，首先是确定基本要素，以便通过这些要素进行等级定义或分类说明。这些要素主要是技术要求、智力要求、脑力和体力消耗程度、需要的培训和经验、工作环境。

接下来的工作是在选定要素的指导下进行等级定义。等级定义要为工作等级的评定分类提供标准，因此，要清楚地描述出不同等级工作的特征及其重要程度。一般等级定义的做法是从确定最低和最高等级的岗位开始的，因为这相对容易些。在分类定级中，对低级别的工作要求大致是：能够在领导者指导下处理简单的日常工作，很少或不要求工作人员具备独立判断、处理问题的能力。对较高级别的工作要求依不同程度而定，包括文化素质、管理能力、人际关系、责任,以及独立分析和解决问题的能力。表3-5列出了五种分类等级,是根据工作名称并按升值顺序排列的。

表3-5 工作分类说明

三级职员:集中注意日常工作快速而准确,在监督下工作,可能或有可能对最后结果承担责任。 二级职员:不受他人监督,对工作细节十分通晓,有特别的工作技能。人员:思想高度集中,特别准确、快速。 一级职员:必须具备二级职员的特点,承担更多的责任。 资深职员:从事技术性和多种多样的工作,偶尔要独立思考并从事困难的工作。这就要求具有特殊的办公室工作能力,并对所在部门的工作原则和业务基础有透彻的了解,在任何范围内都不受他人监督,工作只受有限的检查。人员:可靠,值得信赖,足智多谋,能够制定决策。 解释职员:那些从事或有能力完成工作的主要部分的人员。对工作的综合要求是更能独立思考,而且能够超出监督或日常工作的范围去考虑更深入的问题。

资料来源:〔美〕迈克尔·朱修斯著,彭和平等译,《人事管理学》,劳动人事出版社,1987年9月版,第336页。

等级定义是分类法中最重要、最困难的工作,要求极高,它必须使两个等级之间的技术水平和责任大小显而易见。相对于其他工作来说,等级定义花费的精力最多、时间最长。

C. 评价和分类。

评价和分类是由评价人阅读工作分类说明,并依据评价人对工作的相对难度、包括的职责,以及必备的知识和经验的理解,来决定每项工作应列入哪一等级。

在评价分类中,有一个比较容易的办法是,根据等级定义表明的特征在每个等级中先选择一个代表性岗位,这样评价委员们便有了评价其余工作岗位的参照系。随着评价的进行,对单个岗位的划等就变得容易起来了,因为前面划了等的岗位会使后面未划等的岗位都归入了等级,就可以确定每个等级的工资标准了。

(3) 分类法的优点和缺点。

分类法的优点是简便易行,容易理解,而且不会花费很多的时间,也不需要技术上的帮助。在单位较小,工作不太复杂或种类不多,以及受到时间和财力的限制不能采用其他方法时,就应利用分类法。分类法较排列法更准确、客观,因为等级定义都是以选定的要素为依据。而且,由于等级的数目及其相互间的关系能在各个岗位划等之前就确定,所以等级结构能够真实地反映有关组织的结构。从实践上看,长期以来,分类法在工业部门中也曾被应用过,但最广泛地还是被用于薪水制的工作中,尤其是政府部门和服务行业中。例如,美国联邦公务员的职位分类体系就采用了分类法。

分类法的缺点一般表现为不能很清楚地定义等级。由于定义等级的难度较大,分类法经常给主观地判断岗位等级留下相当大的余地,这将导致许多争论。而且,往往在一些分类方案中,先对工作进行分级,之后再概括出等级定义。鉴于定义等级的困难,这也不失为一种切实可行的办法。

3. 因素比较法

(1) 因素比较法的概念。

因素比较法是1926年由本奇提出的。在因素比较法中,最重要的是先决定工作评价的因素和关键工作,再用评价因素和关键工作制成关键工作分级表;其余工作,以此表为尺度决定其地位。

(2) 因素比较法的步骤。

A. 确定工作评价所需要的因素。工作评价因素，一般包括脑力、技能、体力、责任和工作条件五项。

B. 选择若干具有广泛代表性的现行工资比较合理的工作作为代表性工作或关键性工作，关键性工作一般是从全部工作中选出 15—30 项工作。

C. 将各种代表性工作按照各因素对各工作的相对重要性，依次排列为关键工作分级表(这一步可以简称为将关键性工作进行排列)，如表 3－6 所示。

D. 将各种关键工作的现行工资，按前面确定的五项因素，予以适当地分配，如表 3－7 所示。

E. 根据表 3－7，即关键工作工资资料表，编制因素比较尺度表，如表 3－8 所示。

F. 将关键工作以外的各项工作逐项与刚建立起来的关键工作工资资料表或因素比较尺度表相比较。这一步是一个因素一个因素地判定与关键工作最类似的每项工作，求得该项工作的相应位置，并查出各项因素工资，再将各项因素工资相加，而得出该项工作的工资的过程。

例如，对某项工作评价时，就其五项因素逐一和关键工作比较为：脑力相当于木工 0.26 元；技能相当于机工 0.35 元；体力相当于装配工 0.26 元；责任相当于机工 0.22 元；工作条件相当于油漆工 0.23 元。五项合计 1.32 元，则该项工作工资为 1.32 元。

表 3－6 关键工作分级表

等级顺序	脑 力	技 能	体 力	责 任	工作条件
1	材料搬运工	材料搬运工	计时工	材料搬运工	计时工
2	保卫	保卫	监督工	保卫	监督工
3	卡车司机	计时工	装配工	装配工	装配工
4	装配工	装配工	螺旋机工	油漆工	材料搬运工
5	油漆工	卡车司机	油漆工	卡车司机	保卫
6	磨料工	监督工	制动机工	制动机工	机工
7	制动机工	油漆工	车工	管子工	工具及制模工
8	管子工	管子工	管子工	磨料工	车工
9	车工	制动机工	卡车司机	计时工	卡车司机
10	木工	磨料工	木工	车工	木工
11	机工	车工	保卫	木工	磨料工
12	计时工	木工	工具及制模工	机工	管子工
13	螺旋机工	机工	机工	螺旋机工	制动机工
14	工具及制模工	螺旋机工	磨料工	监督工	油漆工
15	监督工	工具及制模工	材料搬运工	工具及制模工	螺旋机工

注：监督工是生产科的调度工人，他的任务是巡回监督各车间的生产进度。

表3-7 关键工作工资资料表

工作名称	脑力(分)	技能(分)	体力(分)	责任(分)	工作条件(分)	现行工资 元/小时
装配工	17	15	26	14	9	0.81
螺旋机工	34	40	28	26	25	1.53
制动机工	19	24	29	16	19	1.07
木工	26	32	36	21	17	1.32
监督工	39	19	24	28	8	1.18
保卫	12	10	38	8	12	0.80
机工	29	35	41	22	13	1.40
材料搬运工	9	8	50	6	10	0.83
磨料工	18	25	47	18	17	1.25
油漆工	18	20	28	14	23	1.03
管子工	19	23	33	17	18	1.10
计时工	32	11	24	20	8	0.95
工具及制模工	37	45	40	31	13	1.66
卡车司机	14	17	35	16	16	0.98
车工	24	31	33	20	16	1.24

表3-8 因素比较尺度表

每小时工资 (元)	脑力	技能	体力	责任	工作条件
0.50			材料搬运工		
0.49					
0.48					
0.47			磨料工		
0.46					
0.45		工具及制模工			
0.44					
0.43					
0.42					
0.41			机工		
0.40		螺旋机工	工具及制模工		
0.39	监督工				
0.38			保卫		
0.37	工具及制模工				

（续表）

每小时工资（元）	脑　力	技　能	体　力	责　任	工作条件
0.36			木工		
0.35		机工	卡车司机		
0.34	螺旋机工				
0.33			车工、管子工		
0.32	计时工	木工			
0.31		车工		工具及制模工	
0.30					
0.29	机工		制动机工		
0.28			螺旋机工 油漆工	监督工	
0.27					
0.26	木工		装配工	螺旋机工	
0.25		磨料工			螺旋机工
0.24	车工	制动机工	计时工、监督工		
0.23		管子工			油漆工
0.22				机工	
0.21				木工	
0.20		油漆工		车工、计时工	
0.19	制动机工 管子工	监督工			制动机工
0.18	磨料工、油漆工			磨料工	管子工
0.17	装配工	卡车司机		管子工	木工、磨料工
0.16				制动机工 卡车司机	车工、卡车司机
0.15		装配工			
0.14	卡车司机			装配工、油漆工	
0.13					机工、工具 及制模工
0.12	保卫				保卫
0.11		计时工			
0.10		保卫			材料搬运工
0.09	材料搬运工				装配工

（续表）

每小时工资（元）	脑　力	技　能	体　力	责　任	工作条件
0.08		材料搬运工		保卫	监督工、计时工
0.07					
0.06				材料搬运工	

(3) 因素比较法的优点和缺点。

因素比较法的优点是：把各种不同工作中的相同因素相互比较，然后再将各种因素工资累计，使各种不同工作获得较为公平的工作评价；此法用工作说明书建立工作比较尺度，这意味着任何人只要具备工作评价知识，就能够遵循此法来制定合理的尺度；此法常用 5 个因素，在这些因素中很少有重复的可能，而且可以简化评价工作。

因素比较法的缺点是：因素定义比较含混，适用范围广泛，但不够精确；因有工资尺度存在，所以势必受现行工资的影响，因而很难避免不公平现象；此法使用起来比较困难，因为在排列关键工作顺序时，两端工作虽容易决定，但中间部分难以安排；一个或更多的关键工作的职务可能变更或责任加重，这样会使这些关键工作失去代表性的作用；此法工作比较尺度的建立步骤复杂，难以向职工说明。

4. 要素计点法

要素计点法，也称点数法、点体系、要素分级计点法，我国也有称之为计分法的。使用此法，是先确定影响所有岗位的共有因素，并将这些因素分级、定义和配点，以建立起评价标准。之后，依据评价标准，对所有岗位进行评价并汇总出每一岗位的总点数。最后，根据岗位评价点数划分岗位等级。计点法是当今最广泛使用的工作评价方法。关于计点法，我们将在下一模块展开详细介绍。

业务演练

任务 3－1：运用 0、1、2 成对比较排列法完成岗位价值排序

练习 1：某工厂供应处主要承担物资采购、供应及备件、器材的入库、保管、发放等职责。该部门下设供应处处长、供应处副处长、会计统计员、仓库主任、保管班班长、计划采购员、保管员 7 个岗位，岗位说明书摘要如表 3－9 至表 3－15 所示。

要求：以小组为单位，运用 0、1、2 成对比较排列法对供应处所属岗位进行评价，得出该部门的岗位价值序列，并将排序结果填入表 3－16（如认为某些岗位的岗位价值相同，可以并列排序）。

表 3－9　供应处处长岗位说明书（摘录）

岗位名称	供应处处长
岗位职责	1. 贯彻执行党和国家、上级机关关于物资管理的相关法律法规、方针政策，结合本厂实际情况，制定本厂物资管理规章制度。 2. 贯彻执行党和国家、上级机关有关财经制度、纪律，杜绝经济问题发生。

（续表）

<table>
<tr><td>岗位职责</td><td colspan="3">3. 组织制定采购合同，负责审核、签署，并监督、督促合同的执行。
4. 组织编制物资的月份、季度、年度采购计划和经费计划，并对计划进行审核、监督、督促计划的有效执行。
5. 负责分配采购任务，组织采购员按照计划进行采购。
6. 全面负责仓库物资入库、保管、发放、安全秩序稳定工作，及时了解仓库管理情况，组织解决仓库主任反映的问题。
7. 监督落实相关物资仓库管理和安全管理规定，定期对仓库管理工作和安全进行检查。
8. 负责本部门岗位责任制和各项规章制度的落实，主持本部门自身建设，做好日常行政管理工作。
9. 完成厂领导交办的其他工作。</td></tr>
<tr><td>学历层次要求</td><td colspan="3">本科</td></tr>
<tr><td>对口专业</td><td>企业管理</td><td>相关专业</td><td>物流管理、仓储管理、采购与供应管理、行政管理、国际贸易、装备管理学、装备维修学</td></tr>
<tr><td>经验要求</td><td>工作满10年，并具有分厂工作经验</td><td>专业技术/技能等级要求</td><td>中级专业技术等级</td></tr>
<tr><td>业务能力要求</td><td colspan="3">1. 熟悉掌握党和国家及上级主管部门制定的与本处室职责有关的各项规章制度。
2. 具有较强的文字表达能力、业务领导能力，能够组织工厂物资的筹措、保管、供应管理工作。
3. 具有较强的组织协调能力，能够处理好本处室与其他部室的协调合作关系。</td></tr>
<tr><td>直接上级岗位</td><td colspan="3">生产副厂长</td></tr>
<tr><td>直接下级岗位</td><td colspan="3">供应处副处长、仓库主任</td></tr>
</table>

表3-10 供应处副处长岗位说明书（摘录）

<table>
<tr><td>岗位名称</td><td colspan="3">供应处副处长</td></tr>
<tr><td>岗位职责</td><td colspan="3">1. 贯彻执行工厂的管理方针、目标和上级有关的政策、法规、条例、制度和规定。
2. 协助处长完成供应处物资筹措、采购、保管、发放工作。
3. 负责与供应商之间的业务洽谈、问题协商，与相关单位的业务沟通。
4. 负责组织安排本部门人员的培训和考核工作。
5. 负责本部门保密安全工作。
6. 负责本部门规章制度的监督落实和检查通报工作。
7. 负责本部门信息化建设工作。
8. 完成处长交办的其他工作。</td></tr>
<tr><td>学历层次要求</td><td colspan="3">本科</td></tr>
<tr><td>对口专业</td><td>物流管理</td><td>相关专业</td><td>采购与供应管理、行政管理、国际贸易等</td></tr>
<tr><td>经验要求</td><td>工作满10年</td><td>专业技术/技能等级要求</td><td>中级专业技术等级</td></tr>
</table>

（续表）

业务能力要求	1. 具有较高的政策理论水平，熟悉掌握党和国家及上级主管部门制定的与本处室职责有关的各项规章制度。 2. 熟悉本处室职责和业务知识，了解掌握全处人员思想状况，能够协助领导本部室人员按业务分工努力完成本处的各项任务，搞好全厂的器材供应管理工作。 3. 具有较强的沟通协调能力，能够处理好本处室与其他部室的协调合作关系。		
直接上级岗位	供应处处长		
直接下级岗位	计划采购员、会计统计员		

表 3-11 会计统计员岗位说明书（摘录）

岗位名称	会计统计员		
岗位职责	1. 负责对物资采购相关票据的合法性进行审核，办理物资入库手续，开具入库凭证。 2. 负责全厂入库物资和全厂各部门领用物资的数量、金额统计，编制月份、年度报表。 3. 负责采购材料经费预算编制和票据报销工作。 4. 负责本处人员工资、福利的请领、发放。 5. 完成处长、副处长交办的其他工作。		
学历层次要求	本科		
对口专业	财务管理	相关专业	工商管理、企业管理、经济、金融等
经验要求	从事会计或相关工作4年以上	专业技术/技能等级要求	助理级专业技术等级
业务能力要求	1. 能够熟练运用会计方法操作财务业务，掌握计算机应用技术和财务软件的应用知识。 2. 具备较好的组织协调能力，能够独立完成材料成本核算工作。 3. 能够针对工厂材料核算中的各项数据做出准确的统计分析，并能根据分析结果和工作现状，对未来工作方向和趋势做出职业判断。 4. 熟练掌握各项办公软件。		
直接上级岗位	供应处副处长		
直接下级岗位	无		

表 3-12 仓库主任岗位说明书（摘录）

岗位名称	仓库主任		
岗位职责	1. 负责物资仓库的管理、保密工作。 2. 全面掌握仓库物资入库、出库、存储信息，及时提出物资采购理建议。 3. 负责对库房积压、呆滞物资的统计、汇总和上报工作，并提出处理建议。 4. 负责仓库设备设施的维护、保养、管理工作。 5. 负责仓库人员和设备的安全管理工作。 6. 完成处长交办的其他工作。		
学历层次要求	本科		
对口专业	仓储管理	相关专业	物流管理、采购与供应管理、仓库管理
经验要求	具备6年以上仓储管理或相关管理工作经验	专业技术/技能等级要求	中级专业技术等级

（续表）

业务能力要求	1. 熟悉本处室职责和业务知识，了解掌握仓库人员思想状况，能够领导仓库人员按业务分工完成仓库的各项任务，搞好全厂的物资保管、发放工作。 2. 具有较强的业务领导能力，能够组织工厂的物资保管、供应等管理工作。 3. 具有较强的组织协调能力，能够处理好本处室与其他部室的协调合作关系。
直接上级岗位	供应处处长
直接下级岗位	保管班班长

表 3－13　保管班班长岗位说明书（摘录）

岗位名称	保管班班长		
岗位职责	1. 贯彻执行工厂的管理方针、目标和上级有关的政策、法规、条例、制度和规定。 2. 负责分管仓库物资保管各项工作。 3. 协助制定仓库各项管理规定和保管员岗位职责。 4. 协助仓库主任组织仓库盘点和物资清查工作。 5. 负责对保管员的日常工作进行检查。 6. 完成领导交办的其他工作。		
学历层次要求	本科		
对口专业	仓储管理	相关专业	物流管理等
经验要求	具备 4 年以上保管员或相关管理工作经验	专业技术/技能等级要求	助理级专业技术等级
业务能力要求	1. 具有丰富的物资知识，对所管的物资要充分熟悉，掌握其性质和保管要求。 2. 掌握现代化仓储管理技术及信息管理技术。 3. 具备一定的财务基础知识和统计知识。 4. 熟练掌握各项办公软件。		
直接上级岗位	仓库主任		
直接下级岗位	保管员		

表 3－14　计划采购员岗位说明书（摘录）

岗位名称	计划采购员		
岗位职责	1. 按时编制、送达处领导分配的所分管项目的物资采购计划，并按时完成采购任务。 2. 熟悉和掌握所负责各项物资的名称、型号、价格、质量要求以及生产厂家和供应商信息，准确了解市场供求行情。 3. 负责订货合同的执行和到货验收工作，按照合同要求，对采购物资的质量、时间进度、运输等事项进行跟踪落实。 4. 负责办理采购物资的入库手续，配合保管员做好入库物资的入库验收工作。 5. 完成处长、副处长交办的其他工作。		
学历层次要求	本科		
对口专业	物流管理	相关专业	统计、技术经济及管理、装备管理学、装备维修学等相关专业
经验要求	从事采购或相关工作 4 年以上	专业技术/技能等级要求	助理级专业技术等级

(续表)

业务能力要求	1. 具备良好的组织协调能力，善于沟通，能独立处理物资采购中出现的问题，并能对工作中出现的问题提出合理化建议。 2. 具有较强的学习理解能力和语言表达能力。 3. 有较强的创新能力、组织能力、谈判能力、分析判断能力和团队协作能力。
直接上级岗位	供应处副处长
直接下级岗位	无

表 3-15 保管员岗位说明书(摘录)

<table>
<tr><td>岗位名称</td><td colspan="3">保管员</td></tr>
<tr><td>岗位职责</td><td colspan="3">1. 负责仓库的物资保管、验收入库、出库工作。
2. 负责物资器材入库和发放数据的统计和编制报表工作。
3. 负责仓库区域内的治安、防盗、消防工作，发现事故隐患及时上报，对意外事件及时处理。
4. 负责定期对仓库物资盘点和清查，做到账、物、卡相符，协助做好盘亏、盘盈处理和调账工作。
5. 完成仓库主任交办的其他工作。</td></tr>
<tr><td>学历层次要求</td><td colspan="3">专科</td></tr>
<tr><td>对口专业</td><td>仓储管理</td><td>相关专业</td><td>物流管理</td></tr>
<tr><td>经验要求</td><td>从事保管员或相关工作两年以上</td><td>专业技术/技能等级要求</td><td>员级专业技术等级</td></tr>
<tr><td>业务能力要求</td><td colspan="3">1. 精通物资仓储知识，对所管的物资要充分熟悉，掌握其性质和保管要求，有针对性地采取保管措施，保证物资保管质量。
2. 掌握现代化仓储管理技术，特别是信息管理技术。
3. 具备一定的财务基础知识和统计知识。
4. 熟练掌握各项办公软件。</td></tr>
<tr><td>直接上级岗位</td><td colspan="3">保管班班长</td></tr>
<tr><td>直接下级岗位</td><td colspan="3">无</td></tr>
</table>

表 3-16 供应处岗位相对价值排序表

排 序	岗 位 名 称
1	
2	
3	
4	
5	
6	
7	

模块 3.2　计点法岗位评价流程及技术要点

核心知识要点

3.2.1　编制《部门职能说明书》和《岗位说明书》

确定组织机构和岗位，包括组织各职能部门以及各部门所属岗位，这是进行岗位评价的前期基础性工作。

1. 确定组织机构，编制《部门清单》

组织机构设计是依据企业的发展目标和经营环境等，对现行组织机构进行分析并提出改革、调整，进而重新设置的过程。

组织机构确定之后，编制《部门清单》。《部门清单》示例，如表 3－17 所示。

表 3－17　某研究院部门清单(摘录)

部门编号	部门名称	部门职责概述	岗位数目	人数
01	院办	为院领导服务，负责处理行政内部事务，协调各部门关系。	5	5
06	人事处	对人力资源进行开发、培训、组织和调配，管理薪酬、福利事务。	2	2
09	财务处	负责全院财务核算、财务管理工作。	3	3
10	科研处	拟定院科研开发规划、项目立项、对科研开发项目进行过程管理。	5	5
15	研发中心	承担纵横向的研发任务和新产品的推广应用，为院的发展提供技术支撑。	8	48

2. 整合岗位，确定《岗位清单》

根据确定的部门职能和所属岗位、定员，整理《岗位清单》，两个实例如表 3－18、表 3－19 所示。《岗位清单》的确定，必要时要经单位领导办公会会议通过。

表 3－18　某研究院岗位清单(摘录)

序号	岗位名称	所属部门	岗位编码	岗位类别	职责概述	定员
1	院长	领导班子	0101	管理	负责全院的全面管理，制定中长期发展规划和年度计划并组织实施，组织制定各项规章制度，检查各项工作落实情况并对奖惩进行决策	1
2	党委书记	领导班子	0102	管理	主持院党委工作，确保上级党的方针政策在企业的贯彻实施	1

(续表)

序号	岗位名称	所属部门	岗位编码	岗位类别	职责概述	定员
3	党委副书记兼纪委书记兼工会主席	领导班子	0103	管理	负责院政治思想、党建、组织、宣传、工会、共青团等工作,对各项工作进行督促、检查	1
4	科研副院长	领导班子	0104	管理	组织领导全院的科研活动,保证科技资源为全院经济目标服务,向院长负责	1
5	行政副院长	领导班子	0105	管理	协助院长按上级主管部门的要求分管负责全院安技保卫、行管后勤、条件保障工作	1
6	生产经营副院长	领导班子	0106	管理	受院长直接领导,当好助手和参谋,参与院重大问题决策和院长直接交办的工作,全面负责院药业公司的生产经营工作	1
7	总工程师	领导班子	0107	管理	全面负责本院重点科研品种的选题、研究质量及产业化方式的管理;负责院科研成果投资经营的管理;组织建设科研成果产业化平台;参与全院科研、生产中重大技术疑难问题的解决	1

表3-19 某房地产开发公司岗位清单(摘录)

序号	所属部门	岗位名称	岗位编码	岗位类别	职责概述	学历要求	经验要求	专业技术/技能等级要求	定员
1	经营管理部	经营管理部经理	0601	管理	协助副总经理做好公司项目拓展及对外投资管理工作,负责经营管理部的全面工作	本科	从事经营管理工作8年以上	中级	1
2		经营管理部副经理	0602	管理	负责合同审查、对公司权益影响较大的经营事项出具法律意见、处理公司外部纠纷的诉讼	本科	从事房地产、公司常年法律顾问服务工作6年以上	中级	1
3		招投标管理	0603	管理	负责组织公司各类项目的招投标工作、非招标类项目的价格及合同条款的谈判	本科	从事招投标工作5年以上	中级	1
4		综合统计	0604	管理	负责收集整理房地产开发业务相关统计信息及数据,为企业和政府提供统计报表及相关调查资料	大专	从事统计工作3年以上	助理级	1

（续表）

序号	所属部门	岗位名称	岗位编码	岗位类别	职责概述	学历要求	经验要求	专业技术/技能等级要求	定员
5	经营管理部	成本核算	0605	管理	负责各项目成本核算工作	本科	从事工程造价工作5年以上	中级	2
6	物业管理部	物业管理部经理	0701	管理	协助副总经理工作，负责物业管理部全面工作	本科	从事房屋经营工作及相关管理工作8年以上	中级	1
7		物业管理部副经理	0702	管理	负责对公司所有产权房建筑、设备设施的大修工程项目进行审核、编制计划、组织实施，以及对本房地产有限公司的日常事务性管理	本科	从事房屋经营工作及相关管理工作6年以上	中级	1
8		销售	0703	管理	协助部门经理工作，负责房改售房（包括城镇居民、农转居）、产权证办理、房屋产权的统计。协助住户办理各种使用许可证等工作、档案归档工作、贷款住户产权证送递银行抵押工作，协调住户与有关部门所发生的问题。协助部门经理工作，负责本部门房屋销售手续的办理工作	本科	从事房改售房及相关管理工作5年以上	中级	3
9		物业管理	0706	管理	协助部门经理工作，负责物业管理部物业管理工作	本科	从事房屋经营工作及相关管理工作5年以上	中级	1

3．编制《部门职能说明书》与《岗位说明书》

在确定组织机构和《岗位清单》的基础上，按照企业各部门的职能和所属岗位，编制《部门职能说明书》和《岗位说明书》。基本流程是：

第一步：人力资源部启动编制《部门职能说明书》和《岗位说明书》的工作。

第二步：设计《部门职能说明书》、《岗位说明书》、《岗位任职人员信息调查问卷》的格式与内容，制订范本和填写说明。

《部门职能说明书》示例见本项目附录3－1；《岗位说明书》示例，见本项目附录3－2、附录3－3。

第三步：人力资源部组织召开编写《部门职能说明书》与《岗位说明书》培训会。

会上印发《部门职能说明书》的格式、编写范本、填写说明；印发《岗位任职人员信息调查问卷》格式、填写说明；印发《岗位说明书》格式、范本和填写说明。提出编写要求和时间要求，提示注意事项。

第四步：由部门部署岗位任职人员填写《岗位任职人员信息调查问卷》；直接上级编写《岗位说明书》；部门负责人编制《部门职能说明书》。

第五步：部门负责人将本部门的《部门职能说明书》、《岗位说明书》审核无误后，交人力资源部。

第六步：人力资源部组织召开《部门职能说明书》、《岗位说明书》审核会，审核确定各部门《部门职能说明书》、《岗位说明书》。必要时，提交决策层讨论。

审核的要点是：

A.《部门职能说明书》中的部门职责是否齐全，有无漏项；部门所属岗位数目、岗位名称、定员是否符合要求。

B.《岗位说明书》中的职责是否齐全、清晰。

C.《岗位说明书》中的任职资格要求，如最低学历要求、最低专业技术资格要求、最低经验要求是否合适，是否有过高或过低的情况？

必要时，应由人力资源部拟定一个统一的任职资格要求平衡表，以避免各部门根据自己的认识将任职条件定得过高或过低，并最终影响岗位评价的结果。

3.2.2 设计岗位评价标准体系

下面以设计某公司的岗位评价标准体系为例，说明设计岗位评价标准体系的程序。阅读表3-20。

表3-20 某公司岗位评价要素、因素及因素分级、配点表

要素	配点	权重	因　素	一级	二级	三级	四级	五级
（第一列）	（第二列）	（第三列）	（第四列）	（第五列）	（第六列）	（第七列）	（第八列）	（第九列）
劳动复杂程度	390	39%	1. 学历	20	40	60	80	—
			2. 经验	22	44	66	88	110
			3-1. 专业技术水平	18	36	54	72	90
			3-2. 技能水平	16	32	48	64	80
			4. 创造性	12	24	36	48	60
			5. 岗位空缺替代难度	10	20	30	40	50
劳动责任	360	36%	6. 经济效益责任	20	40	60	80	100
			7. 服务责任	16	32	48	64	80
			8. 安全生产责任	14	28	42	56	70
			9. 精神文明建设责任	15	30	45	60	—
			10. 指导监督、协调沟通责任	10	20	30	40	50

(续表)

要素	配点	权重	因　素	一级	二级	三级	四级	五级
(第一列)	(第二列)	(第三列)	(第四列)	(第五列)	(第六列)	(第七列)	(第八列)	(第九列)
劳动强度	200	20%	11. 脑力强度	12	24	36	48	60
			12. 体力强度	10	20	30	40	—
			13. 工作负荷率	10	20	30	40	50
			14. 心理压力	10	20	30	40	50
劳动环境	50	5%	15. 工作场所	5	10	15	20	25
			16. 危险性	5	10	15	20	25
合计	1 000	100%	—	—	—	—	—	—

设计岗位评价标准体系，需要经过以下五个步骤。

1. 选择一组评价岗位价值的因素，即划分岗位等级所使用的标准

如表 3－20 中的第一、第四列内容。

在计点法中，评价因素非常关键，发挥着中心作用。这些因素能反映工作如何增加组织的价值，它们源于工作本身和公司的战略方向。

(1) 选择评价因素的原则。

① 以所执行的工作为基础，即工作本身应突出哪些因素。

② 以组织的战略和价值观为基础。

③ 使最终受薪酬结构影响的利益相关者能够接受。

(2) 选择评价要素和评价因素。

评价要素，1950 年国际劳工组织在日内瓦会议上把各种劳动对人的要求归纳为劳动的四个要素，即智能、责任、负荷、环境。这一归纳被称为“日内瓦范本”。按照我国的习惯，劳动的四个要素包括劳动复杂程度、劳动责任、劳动强度、劳动条件。

在劳动要素确定之后，要进一步划分体现评价要素的子因素。一个行业、企业应把岗位因素细分为哪些子因素，应视行业、企业的不同具体情况而定。

2. 确定各影响因素的定义

例如，对“学历”和“经验”两个子因素做如下定义。

(1) 学历：本因素衡量岗位任职人员顺利履行工作职责应具有的最低学历。最低学历应在从事本岗位工作之前通过学历教育获得，在从事本岗位工作后所获得的学业水平除外。

(2) 经验：本因素衡量岗位任职人员在具备岗位任职的基本要求可以上岗从事本岗位工作，到掌握工作的技巧而完全胜任本岗位工作之间，一般所需要经历的最低实际工作时间。

3. 确定各影响因素的等级，并对细分成的每一等级定义

把每一个评价子因素，按照实际需要，细分成多个轻重不同的等级。如表 3－20 中的第五至九列。

在每个因素细分等级之后，要求对每一细分的等级分别定义。例如，对经验分级的定

义，如表3－21所示。

表3－21 经验分级定义

分 级	分 级 定 义
一级	1年以下
二级	1—2年
三级	3—4年
四级	5—6年
五级	7年及以上

4. 确定评价总点数、各评价因素的点数与配点

(1) 首先，确定评价总点数。

目前，英国、美国一般使用的总点数为500点，我国台湾省为600点。总点数多少，应以便于使用和划分工作等级为原则。作者在薪酬设计咨询中，采用的总点数一般为1 000点。

(2) 确定各评价要素权重与配点。

评价总点数确定后，确定各要素的权重与配点，以及工作评价因素的权重与点数。我国各行业、企业工作评价中各因素的权重及配点，应根据各行业、企业的生产经营特点、企业的战略方向等确定。

评价要素的权重反映了组织对各要素重视程度的差别。确定要素的权重，单位领导的参与和决策非常关键，他们的参与往往通过评价委员会，也有的直接表达自己的意见。确定各要素的权重及子因素配点的方法有两种：一种为经验赋值法；另一种为计算法。

其一，经验赋值法。直接以主观判断和相关经验确定各要素及子因素的权重和点数。例如：某公司评价因素的权重与配点，见表3－22。

表3－22 某公司评价因素的权重与配点

评价要素	配 点	权 重
劳动复杂程度	390	39%
劳动责任	360	36%
劳动强度	200	20%
劳动环境	50	5%
合 计	1 000	100%

其二，计算法。

① 对权重最高的要素赋值100%。

② 根据相对第一个要素重要性的百分比确定序列第二高要素的赋值，以此类推。

③ 分别计算每个评价要素权重占总权重的结构比例。

④ 确定各要素、各要素等级的点值(点数)。

举例说明：如表3－23所示，以评价要素决策、解决问题、知识三个要素为基础，确定三个要素的权重。

表 3－23　计算法确定评价因素配点

评价要素	重要程度	转化过程	权　重	点　　数
决　　策	100%	100%÷245%=0.408 2	40.8%	500×40.8%=204
解决问题	85%	85%÷245%=0.346 9	34.7%	500×34.7%=173
知　　识	60%	60%÷245%=0.244 9	24.5%	500×34.7%=123
合　　计	245%	1.000 0	100%	500

注：上表中总点数为 500 点。

（3）对评价子因素配点。

对评价子因素配点即将要素配点再进一步分配到子因素上。如表 3－24 中，将劳动复杂程度 390 点分配到：学历 80 点；经验 110 点；专业技术水平 90 点；创造性 60 点；岗位空缺替代难度 50 点。子因素的配点，实际上是对各子因素最高等级的配点。

表 3－24　评价子因素配点

评价子因素	一　级	二　级	三　级	四　级	五　级
1. 学历				80	—
2. 经验					110
3－1. 专业技术水平					90
3－2. 技能水平					80
4. 创造性					60
5. 岗位空缺替代难度					50

注：劳动复杂程度要素点数 390；表中 3－1 和 3－2，只计算其一。

5. 确定各子因素等级的配点

确定各子因素的分级点数，采用等差形式。等差点数＝要素点数÷要素等级数。比如，脑力强度的点值为 80 点，分为四级：等差点数（一级点数）＝80÷4＝20；二级点数＝20×2＝40；三级点数＝20×3＝60；四级点数＝20×4＝80。其他子因素的分级亦如此，如表 3－25 所示。至此，岗位评价点数幅度表、岗位评价标准体系最终形成。

表 3－25　子因素分级配点

要素	配点	权重	因　　素	一级	二级	三级	四级	五级
劳动复杂程度	390	39%	1. 学历	20	40	60	80	—
			2. 经验	22	44	66	88	110
			3－1. 专业技术水平	18	36	54	72	90
			3－2. 技能水平	16	32	48	64	80
			4. 创造性	12	24	36	48	60
			5. 岗位空缺替代难度	10	20	30	40	50

3.2.3 召开岗位评价会议,实施岗位评价

1. 岗位评价会议的准备

(1) 建立岗位评价委员会。

岗位评价委员会的人员组成有以下四种方式:

A. 由公司领导班子成员组成。

B. 由中层部门负责人组成。

C. 由公司领导班子成员、中层部门负责人组成。

D. 由公司领导班子成员、中层部门负责人、工会(职工)代表组成。

岗位评价委员会主任,一般由分配改革常务副组长担任。

岗位评价委员会的职责是:

A. 制订、讨论、通过《岗位评价标准体系》。

B. 依据《岗位评价标准体系》,实施岗位评价。

C. 讨论通过《公司岗位等级序列表》。

D. 今后遇到组织机构调整和岗位设置的变化,对《岗位等级序列表》进行维护和复评。

(2) 编印岗位评价文件资料,包括:

A.《岗位清单》。

B.《部门职能说明书》、《岗位说明书》。

C.《岗位评价标准体系》。

D.《岗位评价记录表》(手工版;电子版评价软件)。

E.《部门及所属岗位信息交流资料》。

2. 印发召开岗位评价会议的通知

应在会议召开之前,提前2—3周下发《关于召开岗位评价会议的通知》,通知内容包括会议时间、地点、参会人员、会议发言人员名单和顺序、准备《部门及所属岗位信息交流资料》的主要内容和发言时限、需要携带的办公用具和具体会议议程等项。

3. 召开岗位评价会议,实施岗位评价基本流程

岗位评价会议按照下列顺序进行:

(1) 岗位评价委员报到,发给岗位评价文件资料。

(2) 岗位评价会议开始,由会议主持人宣布开会,公司领导做岗位评价会议动员。

(3) 顾问(或岗位评价委员会主任)对岗位评价委员进行岗位评价专业培训;宣讲《岗位评价体系》。

(4) 由各部门负责人代表本部门发言,交流部门及所属岗位信息。按照会议通知的发言顺序,由各部门负责人代表本部门介绍本部门及所属岗位的信息,并解答其他评价委员提出的询问或问题。

(5) 典型岗位试评,达到岗位评价练兵目的。程序是:

首先,发给每位评价委员一张《典型岗位评价试评记录表》(8—10个典型岗位),要求对照《岗位评价标准体系》,依据《岗位说明书》、《部门及所属岗位信息交流资料》和日常积累的岗位信息,对典型岗位进行试评,并填写《典型岗位评价试评记录表》,时间50分钟。

其次，口头或书面汇总交流岗位试评信息。

再次，顾问(或岗位评价委员会主任)对试评结果评析，进一步提出实施岗位评价注意事项、评价方法和技巧。

(6) 各评价委员独立实施岗位评价。时间要给足，平均每个岗位 3—5 分钟。评价方法，以子因素为单位评价，突出每个子因素的横向比较。提倡使用电子版评价软件实施评价，效果好。

(7) 各评价委员对自己的评价结果检查无误，且对排序结果满意后，提交书面评价记录表；使用电子版岗位评价的，就地打印，经本人签字后提交岗位评价办公室。

(8) 岗位评价工作会议结束。

3.2.4 岗位评价数据处理与岗位等级划分

岗位评价会议结束之后，需要对岗位评价数据进行处理，并划岗归级。

1. 岗位评价数据处理工作程序

第一步：收集每位评价委员的评价数据。在岗位评价委员提交填写完的岗位评价记录表时，应先整体上检查评价数据的完整性，也就是检查有没有遗漏忘记评价的因素和岗位。

第二步：录入、导入、汇总每位评价委员的岗位评价点数。

第三步：计算每个岗位的平均评价点数。做法是：根据评价委员的数量，决定去掉若干个最高点数、最低点数，计算其余岗位评价委员评价点数的算术平均数，即为本岗位所评价点数。

第四步：岗位评价点数排序。根据评价点数的多少，按升值顺序对岗位进行排序。由低到高，即可依次观察到由最低点数到最高点数的岗位排序得到岗位的自然等级。自然等级可能有数十个或更多。同时可以计算最高点数与最低点数的差值。

按照以上的步骤，可以很迅速地对评价结果进行数据处理，为有效地划分岗位等级提供数据依据。

2. 岗位等级划分

岗位等级的划分分为两种形式：一种是采用等差点数进行划分；另一种是根据实际评价的点数，采用差值点数的办法划分等级。

这两种方法在实际操作中都会用到，并且在实际划分岗位等级时，往往同时采用两种方法划分后进行比较，选择更符合实际的划分结果。

(1) 等差点数划分法。

第一步：确定岗位等级数及划分岗位等级的点数幅度。点数幅度确定的步骤是先确定岗级数，再确定点数幅度。

$$点数幅度=\frac{最高点数-最低点数}{岗级数-1}$$

例如：某公司岗位评价，最高点数为 610 点，最低为 100 点及以下，分为 18 个等级，则点数幅度为：

$$(610-100)\div(18-1)=30$$

第二步：确定岗位等级划分点数幅度表。根据岗位评价的最高点数、最低点数，以及点数幅度或岗位等级数等确定岗位等级划分点数幅度表。如表3－26所示。

表3－26 岗位等级划分点数幅度表

点数范围	岗位等级	点数范围	岗位等级
100及以下	1	341—370	10
101—130	2	371—400	11
131—160	3	401—431	12
161—190	4	431—460	13
191—220	5	461—490	14
221—250	6	491—520	15
251—280	7	521—550	16
281—310	8	551—580	17
311—340	9	581—610	18

第三步：划分岗位等级。根据岗位等级划分点数幅度表，将所有岗位根据其所评价点数“对号入座”（等级），归入每一岗级的点数幅度内，形成《岗位等级表》（初评结果）。

（2）差值点数法。

差值点数法，是指划分岗位等级的点数幅度不同。差值点数法，是在等差点数的基础上演变出来的一种在实际操作中常会变通使用到的岗位等级划分方法。

低等级之间，点数幅度小，如30点一个等级；高等级之间，点数幅度大，如40点或45点一级。也可以是：低等级之间点数幅度大，如40点或45点一个等级；而高等级之间点数幅度小，如30点一个等级。

3. 岗位等级表的调整、确定

《岗位等级表》（初评结果）出来以后，有两种情况需要调整：一是由于评价委员对所评价岗位的信息盲点而造成的有的岗位等级明显偏高或明显偏低的情况；二是处于临界点的岗位，是归入上一等级还是归入下一等级？

岗位等级的调整有以下两种方法。

（1）直接进行岗位复评。

将《岗位等级表》（初评结果）直接提交岗位评价委员进行复评，将复评结果汇总并提交岗位评价领导小组讨论、调整，最后，由岗位评价委员会讨论通过《岗位等级表》。

（2）以部门为单位向各部门负责人征求意见。

按照《岗位等级表》（初评结果），将所有岗位以部门为单位进行整理打印，形成《××部门内部岗位排序征求意见表》，向本部门负责人征求意见，然后将征求意见汇总，并提交岗位评价领导小组讨论、调整，最后由岗位评价委员会讨论通过《岗位等级表》。

《岗位等级表》为岗位评价的最终成果，《岗位等级表》确定之时，标志着岗位相对价值的确定，岗位评价结束。

业务演练

任务3-2：计算法确定评价要素配点

练习2：某岗位评价要素分为决策、知识、解决问题、创造性四个要素，重要程度依次占100%、85%、60%、50%，请按照计算法的要求，将总点数1 000点分配给每个要素，并填入表3-27中。

表3-27 计算法确定评价要素配点

评价要素	重要程度	转化过程	权重	点数
决策				
知识				
解决问题				
创造性				
合计	295%	1.000 0	100%	1 000

练习3：某岗位评价要素分为劳动复杂程度、劳动责任、劳动强度、劳动环境四个要素，权重分别是45%、35%、15%、5%，请按照计算法的要求，将总点数500点分配给每个要素当中去，填入表3-28中。

表3-28 计算法确定评价要素配点

评价要素	重要程度	点数
劳动复杂程度		
劳动责任		
劳动强度		
劳动环境		
合计	100%	500

任务3-3：对评价子因素配点

练习4：按照等差点数分配法，将每个子因素的配点分配到每个等级中，填入表3-29中。

表3-29 对评价子因素配点

评价要素	配点	权重	评价子因素	一级	二级	三级	四级	五级
劳动责任	300	30%	技术经济责任					100
			指导监督责任					65
			协调沟通责任					45
			安全生产责任					50
			精神文明建设责任				40	—

练习5：将表3－30空白处填入恰当的数据。

表3－30 岗位评价要素、因素及因素分级、配点表

要素	配点	权重	因素	一级副	一级	二级副	二级	三级副	三级	四级副	四级	五级副	五级
劳动复杂程度			1. 学历						90	—	—	—	—
			2. 经验										100
			3. 专业技术等级/技能等级										80
			4. 创造性								60	—	—
			5. 岗位空缺替代难度										50
劳动责任			6. 经济效益责任										90
			7. 企业建设与发展责任								100	—	—
			8. 安全生产责任										90
			9. 指导监督责任								60	—	—
			10. 协调沟通责任										50
			11. 精神文明建设与稳定责任										50
劳动强度			12. 脑力强度										60
			13. 体力强度								40	—	—
			14. 工作量										40
			15. 心理压力										40
合计	1 000	100%	—	—	—	—	—	—	—	—	—	—	—

任务3－4：全真案例岗位评价模拟演练

练习6：ZHK公司基本信息：ZHK公司成立于1980年5月，注册资金为人民币6 000万元。企业主要经营城市房地产开发、商品房出售、出租房屋、销售建筑材料等业务。公司现有资产总额为18亿元。目前机关在职职工66人，离退休人员34人。公司成立至今已开发建设众多住宅小区和商业项目，累计开发土地196公顷，建成各级各类建筑526万平米。2005年以来，区政府先后授权该公司开发建设经济适用房项目及土地一级开发资质。该公司在房地产业信誉良好，其开发建设的某住宅小区曾荣获建设部颁发的最高荣誉“鲁班奖”，曾数次荣获“××市文明建设标兵”光荣称号，多次被评为全国房地产行业精神文明建设先进单位，被政府评为资质一级、资信一等开发企业，在国家建设部、统计局全国房地产开发综合效益百强企业评比中名列前茅。

在公司业务不断壮大、人员扩充、各项建设项目稳步有序推进的形势下，2010年公司经上级主管部门批准，决定进行薪酬调整，制定与公司发展战略相适应的薪酬制度。为此，该公司聘请了专业咨询机构。在审核、确定组织机构、岗位设置、人员编制后，人力资源部在专业咨询机构的指导下重新组织各部门编写了《部门职能说明书》及《岗位说明书》等各项岗位评价资料。

任务：请根据专业咨询机构为该公司设计的岗位评价标准体系，仔细阅读《部门职能说明书》、《岗位清单》、《岗位说明书》及《ZHK公司岗位评价标准体系》（略，详见下发的实训材料），利用岗位评价电子版软件，以小组和个人相结合的方式对该公司全部岗位实施岗位评价，处理岗位评价数据并形成中层管理岗位及中层以下岗位两张岗位等级表。

ZHK公司岗位评价要素、因素及因素分级、配点表见表3-31。

表3-31 ZHK公司岗位评价要素、因素及因素分级、配点表

要素	配点	权重	因　素	一级	二级	三级	四级	五级
劳动复杂程度	410	41%	1. 学历	30	60	90	—	—
			2. 经验	30	60	90	120	—
			3. 专业技术等级	25	50	75	100	—
			4. 岗位空缺替代难度	12	24	36	48	60
			5. 创造性	10	20	30	40	—
劳动责任	340	34%	6. 经济效益责任	16	32	48	64	80
			7. 安全生产责任	12	24	36	48	60
			8. 精神文明建设与稳定责任	12	24	36	48	60
			9. 指导监督责任	20	40	60	80	—
			10. 协调沟通责任	12	24	36	48	60
劳动强度	200	20%	11. 脑力强度	12	24	36	48	60
			12. 体力强度	10	20	30	40	—
			13. 工作负荷率	12	24	36	50	—
			14. 心理压力	10	20	30	40	50
劳动环境	50	5%	15. 工作环境	6	12	18	24	30
			16. 危险性	4	8	12	16	20
合计	1 000	100%	—	—	—	—	—	—

附录3-1

××公司财务审计部部室职能说明书

一、部门基本信息			
部门名称	财务审计部	部门负责人职位名称	财务审计部经理
直接上级职位	总经理	部门人员编制	6
编写部门	财务审计部	编写日期	2010年3月20日

（续表）

二、部门职能概述	
负责公司及所属单位的全面的财务管理，组织公司财务管理及内部审计；完善财务管理制度、内部审计制度；编制、审核公司及各单位的财务预算及决算；组织公司财务收支、会计核算、资产管理、内部审计，完成国资委、税务、财政、统计、审计等局委办的报表及各项工作任务。	
三、部门职责	
1	编制、审核各单位年度财务收支计划及财务决算。
2	制定完善财务管理制度、内部审计制度。
3	编制公司财务、会计计划。
4	国有产权登记年检。
5	资金调度，满足各单位日常经营的资金需要，保证各单位财务的正常运转。
6	协调解决各单位日常经营管理中出现的涉及财务方面的问题，协调各单位与税务、外部审计、国资委等各有关方面的关系，协助各单位创造和谐的外部经营环境。
7	会签公司、控股及有实质控制力的单位的大额经济合同。
8	组织公司财务收支、会计核算、资产管理。
9	正确计算缴纳公司及各子(分)公司各项税金。
10	出具、审核公司财务会计、审计报告。
11	汇总各单位报表。
12	完成国资委、财政局、税务部门、统计局、审计局的月度、季度、年度报表及报告。
13	财产保险。
14	负责对各子(分)公司年度财务预决算及执行情况的审计。
15	负责制定公司年度审计计划并组织落实。
16	负责对所属各子(分)公司经济责任、资产负债和损益(财务收支)、经济合同、经济效益、基建项目、内部控制制度的事前、事中和事后的审计。
17	负责收集、整理各子(分)公司内部审计工作信息、情况，编制审计项目的审计报告。
18	负责检查、指导、监督公司系统的内部审计工作。
19	承担公司领导和上级审计机构交办的审计事项。
20	围绕重要经营活动开展专项审计调查。

四、部门岗位设置

序　号	岗　位　名　称	定　　员
1	财务总监、财务审计部经理	1
2	外派财务经理	1
3	会计	2
4	出纳	2

附录 3-2

××公司法律事务岗位说明书

<table>
<tr><td>岗位名称</td><td>法律事务</td><td>岗位编号</td><td>GX1502</td></tr>
<tr><td>所在部门</td><td>法律事务部</td><td>岗位定员</td><td>4</td></tr>
<tr><td>直接上级</td><td>法律事务部总经理</td><td>职　系</td><td>职能职系</td></tr>
<tr><td>直接下级</td><td></td><td>岗位分析日期</td><td>2009 年 6 月</td></tr>
<tr><td colspan="4">本职：负责公司法律事务工作。</td></tr>
<tr><td colspan="4">职责与工作任务：</td></tr>
</table>

<table>
<tr><td rowspan="4">职责一</td><td colspan="2">职责表述：参与合同的法律审查</td><td>工作时间百分比：30%</td></tr>
<tr><td rowspan="3">工作任务</td><td>参与合同签约前谈判</td><td>频次：日常</td></tr>
<tr><td>审查重大项目合同草稿</td><td>频次：日常</td></tr>
<tr><td>参与项目的投标评审、合同评审及招标采购工作</td><td>频次：日常</td></tr>
<tr><td rowspan="8">职责二</td><td colspan="2">职责表述：参与日常法律事务</td><td>工作时间百分比：60%</td></tr>
<tr><td rowspan="7">工作任务</td><td>负责收购、投资、资产转让、债权债务处理的法律事务</td><td>频次：日常</td></tr>
<tr><td>解答各部门及子公司的法律咨询</td><td>频次：日常</td></tr>
<tr><td>掌握、收集与公司经营有关的政策、法律、法规</td><td>频次：日常</td></tr>
<tr><td>代理公司进行诉讼或仲裁</td><td>频次：日常</td></tr>
<tr><td>负责统一办理公证</td><td>频次：日常</td></tr>
<tr><td>负责公司内部法律宣传工作</td><td>频次：日常</td></tr>
<tr><td>处理其他法律工作</td><td>频次：日常</td></tr>
<tr><td>职责三</td><td colspan="2">职责表述：完成上级交办的其他工作</td><td>工作时间百分比：10%</td></tr>
</table>

<table>
<tr><td colspan="2">权力：</td></tr>
<tr><td colspan="2">对法律事务的管理权</td></tr>
<tr><td colspan="2">工作协作关系：</td></tr>
<tr><td>内部协调关系</td><td>各业务部、计财部、综合管理部、人力资源部、党群办</td></tr>
<tr><td>外部协调关系</td><td>上级集团、各级法院、仲裁委员会</td></tr>
<tr><td colspan="2">任职资格：</td></tr>
<tr><td>教育水平</td><td>大学本科及以上学历</td></tr>
<tr><td>专业</td><td>法律及相关专业</td></tr>
<tr><td>培训经历</td><td>项目管理、合同管理、国际贸易、外语等</td></tr>
<tr><td>经验</td><td>五年以上工作经验</td></tr>
<tr><td>知识</td><td>法律、财务、外贸、工程管理等</td></tr>
<tr><td>技能技巧</td><td>熟练使用办公软件、外语六级以上、内部协调能力、分析判断能力、较好的语言表达能力</td></tr>
</table>

（续表）

其他：	
使用工具设备	计算机、传真机、打印机及其他办公设备
工作环境	一般工作环境
工作时间特征	能随时出差、加班
所需记录文档	会议纪要、总结、汇报

附录 3－3

××厂计划与市场营销部工程管理兼预决算岗位说明书

岗位名称	工程管理兼预决算	岗位编号	TJ－0005
岗位性质	一般管理	所属部门	计划与市场营销部
直接上级	部门副经理	直接下级	无
岗位定员	1	编 制 人	×××
岗位职责概述			
负责全厂更改工程及小型基建工程的年度计划编制、全厂工程管理、小型基建工程管理、非生产建筑物大修项目的议标、市场化交易合同的月度决算工作、历年工程质保金结算、全厂总平面管理等工作。			
工作内容			
1. 在主管经理的领导下，负责厂内大、小修、技改等工程全过程费用管理工作。 2. 全面审批更改工程和小型基建工程费用发生情况，及时为主管领导提供数据。 3. 设计规划全厂非生产及小型基建工程年计划及滚动规划。 4. 负责非生产及小型基建工程立项、方案选择、施工图设计、施工过程管理至竣工验收的全过程管理工作。 5. 负责签发设计变更、工程签证。 6. 参加工程的验收工作。 7. 参加大修、技改工程的招议标工作。 8. 负责全厂生产及非生产招议标项目的标底编制及审核工作。 9. 组织并负责非生产大修项目的议标工作，负责签订合同汇签单。 10. 负责重大工程合同商务条款的审核工作。 11. 负责全厂工程项目的决算审核工作。 12. 负责市场化交易合同的费用审批及决算工作。 13. 负责重大工程的预付款及进度款的签发工作。 14. 负责历年工程项目的质保金结算工作，并制作台账。 15. 负责完成各项工程的决算资料，配合财务完成年底工程进账工作。 16. 对已审批结算的资料，认真保管备全年管理。 17. 提供全厂新建工程位置选址方案，负责签发新建工程总平面管理审批单。 18. 完成领导交办的其他工作。			
权责范围			
权利	1. 对违反工程施工的行为有权加以制止。 2. 有权对工程质量进行检查。 3. 有权检查工程计划的执行情况。		

（续表）

权责范围	
权利	4. 有权对工程造价进行全过程跟踪管理。 5. 有权审核各项工程技术要求和工程量清单。 6. 有权对合同约定的预算工程量及价格进行核实。 7. 有权对大修、小修、技改、小型基建等工程的实际工程量进行核实。 8. 有权对施工单位提交的预决算不合理部分进行削减。 9. 有权对施工单位的错误施工令其返工、停工。 10. 有权对违反总平面管理规定，私自进行施工的单位进行考核并令其停工。
责任	1. 对全厂的更改和小型基建工程的年度计划执行情况负责。 2. 对主管的单位工程中出现的技术、质量问题负责。 3. 对工程决算审核负责。 4. 对工程招议标标底保密负责。 5. 对签发的开工报告、施工方案、设计变更及工程签证负责。 6. 对工程预付款和进度款的签发负责。 7. 对厂区外平面规划的审批及协调负责。 8. 对工程质保金的结算负责。
任职条件	
学历背景	本科及以上学历
培训经历	接受过工程设计、工程管理、工程造价管理、计算机操作、注册造价工程师等内容的培训。
工作经验	本专业 3 年以上工作经历
技能和素质	1. 熟练掌握国家颁布的各种施工规范、设计规范及有关的各项法律法规。 2. 熟练掌握国家地方及本系统定额计价标准，掌握财务管理规章制度。 3. 熟悉《中华人民共和国公司法》、《中华人民共和国经济法》、《中华人民共和国合同法》等相关的法律法规。 4. 具备工程设计、审核施工图纸、方案、设计变更、工程签证的能力。 5. 精通工程造价管理知识，具备编制审核工程概算、预算、决算的能力。 6. 具备编制工程招议标标底的能力，具有造价师资格证书。 7. 具备较强的组织协调能力和分析判断能力。 8. 具有较强的计算机操作能力，能熟练运用 AutoCAD 软件、地下管网信息系统管理软件进行绘图、预决算管理和总平面管理。 9. 熟悉工程热力学、流体力学、理论力学、结构力学、电工基础、电力系统、汽轮机原理、锅炉原理等知识。 10. 了解相关法律知识及相关专业国标、部标、企业标准。
资格证书	助理级及以上职称
健康状况	身体健康，适应本岗位工作
政治面貌	无要求
工作关系	
内部协作	安生部、总经理工作部、财务部
外部协作	实业公司、设计院、建设工程造价管理站及建设行政主管部门
工作条件与工作环境	
办公室、施工现场	

附录3-4

DLWZ公司岗位评价标准体系

简要说明

一、岗位评价的核心是划分岗位级别，其目标是为了建立合理的薪酬结构

岗位评价，是对不同岗位的工作进行研究和分级的方法。岗位评价关心的是岗位的分级，而不去注意谁去做这项工作或谁在做这项工作。

岗位评价作为一种解决薪酬分配问题的公正方法，是确定合理薪酬结构的基础。岗位评价的核心，是给各种不同的工作确定级别。岗位评价的目标是按照内部一致性的原则建立合理的薪酬等级结构，以实现组织内部的分配平等，即同工同酬，高岗高酬、低岗低酬。

二、岗位评价的实质，是把生产不同使用价值的产品或服务的具体劳动还原为抽象劳动，进而使各种具体劳动之间可以相互比较，以确定各个岗位在组织中的相对地位和相对价值

岗位评价提供了这样一种技术，它把生产不同使用价值的产品或提供不同具体服务的各种不同形式的、不可以拿来直接相互比较的具体劳动，通过还原为抽象劳动，使它们可以相互比较。具体办法是把各种劳动统统分解为劳动的四个基本要素，再把四个基本要素分解为若干子因素；之后用统一的衡量标准，对各个子因素分级、配点。再后，用事先确定的衡量标准，评定每一岗位各个子因素的级数，并得出相应的点数。最后把每个岗位所有的子因素的评定点数加和，得出每一岗位的总点数。

当所有岗位的评价点数得出以后，就可以根据每一岗位点数的多少划分岗位等级，从而确定出每一岗位在一个组织中的相对地位和相对价值。

三、计点法是岗位评价诸方法中科学性最高的一种方法

岗位评价可以采取不同的方法。目前，岗位评价有四种方法可以采用：排列法、分类法、因素比较法和要素分级计点法。其中，要素分级计点法是数量化的评价方法，在诸多评价方法中，是公认的科学性、可靠性最高的一种。

四、"DLWZ公司岗位评价标准体系"的框架

DLWZ公司岗位评价标准体系把岗位劳动对人的要求划分为四大要素，在四大要素的基础上，又进一步分解为16个子因素，每个子因素再细分为4—5个等级，并分别给予定义和配点。

具体评价要素、子因素、分级、分级定义及配点，请详见前文表3-20及下表《岗位评价要素、因素、因素分级、分级定义及配点》。

岗位评价要素、因素、因素分级、分级定义及配点

一、劳动复杂程度

1. 学历

本因素衡量岗位任职人员顺利履行工作职责应具有的最低学历。最低学历应在从事本岗位工作之前通过学历教育获得，在从事本岗位工作后所获得的学业水平除外。

分 级	分 级 定 义	副 点	点 数
一级	初中及以下	10	20
二级	高中(职业高中、中专、技校)	30	40
三级	大学专科	50	60
四级	大学本科	70	80

注：在本因素评价中，如认为某岗位处于两个等级之间，可按副点给予点数。下同。

2. 经验

本因素衡量岗位任职人员在具备岗位任职的基本要求可以上岗从事本岗位工作，到掌握工作的技巧而完全胜任本岗位工作之间，一般所需要经历的最低实际工作时间。

提示：对于高等级岗位，是指从事担任本岗位之前应经历的实际工作时间，即经历阶梯岗位一般所必需的累计最低工作时间。

分 级	分 级 定 义	副 点	点 数
一级	1年以下	11	22
二级	1—2年	33	44
三级	3—4年	55	66
四级	5—6年	77	88
五级	7年及以上	99	110

注：在本因素评价中，如果认为某岗位达到区间上限或接近区间上限，则打正点；如认为处于区间之间或接近区间下限，则打副点。下同。

3-1 专业技术水平(管理、技术岗位)

本因素衡量岗位对任职人员在生产经营管理、技术管理及相关业务活动方面的能力要求和业务水平要求。

分 级	分 级 定 义	副 点	点 数
一级	了解工作内容，照章办事，完成例行的、重复性工作，具有一般的辅助性工作能力。 专业技术水平要求：无。	9	18
二级	了解和初步掌握本专业工作内容及本专业有关政策规定，具有简单的分析判断能力，能完成一般性技术或管理工作。 专业技术水平要求：员级。	27	36
三级	熟悉本专业工作内容和政策规定，有一定分析判断能力，能够独立解决处理本专业范围内的问题，能独立承担本专业中一般专业技术工作，能完成一般性的工作总结、报告。 专业技术水平要求：助理级。	45	54

（续表）

分级	分级定义	副点	点数
四级	熟练掌握本专业工作内容和政策规定，具有一定的综合分析和独立判断及解决本专业、本部门较为复杂问题的能力，有一定的工作经验和开拓能力，能独立承担本部门或本专业较复杂的专业技术工作及经营管理工作，能撰写一定水平的总结、报告。 专业技术水平要求：中级。	63	72
五级	有较高的业务水平和综合、独立判断和解决处理多专业和多部门复杂问题的能力，有较丰富的工作经验，具有较强的开拓能力，能独立主持或组织本部门、本专业内重大经营管理项目，能撰写较高水平的总结、报告。 专业技术水平要求：高级。	81	90

3-2 技能水平（生产岗位）

本因素衡量生产岗位任职人员在从事本岗位生产、服务工作中，任职人员应达到的技能要求。

分级	分级定义	副点	点数
一级	使用较为简单的工具，从事基本是纯体力的劳动。 技能水平要求：初级工及以下。	8	16
二级	使用一般工具，从事某种精度的劳动或一般性加工。 技能水平要求：中级工。	24	32
三级	在日常工作中使用大多数的工具，并能应用普通量规进行精度较高的劳动或精度较高的加工，能够处理一般性技术难题。 技能水平要求：高级工。	40	48
四级	使用工具从事高技术的劳动，能够处理非常规的技术难题。 技能水平要求：技师。	56	64
五级	具有本专业（工种）的系统的技术理论知识，以及高超、精湛的技艺和综合操作技能。 技能水平要求：高级技师。	72	80

4. 创造性

本因素衡量岗位任职人员在运用新知识、新方法、新技术改进工作需要等方面所要求的创造程度。

分级	分级定义	副点	点数
一级	简单常规性工作，几乎不需要创造和改进。	6	12
二级	常规性工作，按照若干具体规程行事，需要较低的创造性。	18	24
三级	较常规性工作，基于本专业现有的经验和技术，需要对工作过程中具体的程序、方法进行调整和改进，要求具有中等水平的创造性。	30	36

（续表）

分级	分级定义	副点	点数
四级	非常规性工作，需要解决各种复杂的问题；需要基于跨专业的先进经验，创造新方法和新技术。要求具有较高水平的创造性。	42	48
五级	开拓性工作，需要解决某一领域的重大课题；基本没有可借鉴的经验，需要进行科学性的新发明。要求具有高水平的创造性。	54	60

5. 岗位空缺替代难度

本因素衡量岗位出现人员空缺以后，在公司内部或外部寻找合适人员填补岗位空缺的难易程度、成本高低及时间长短。

分级	分级定义	副点	点数
一级	市场供给过剩，岗位出现空缺后，在公司内部或外部市场寻找替代人员很容易，几乎不需要成本和时间。	5	10
二级	市场供给基本过剩，岗位出现空缺后，在公司内部或外部市场寻找替代人员容易，只需较小成本和较短的时间。	15	20
三级	市场供求基本平衡。岗位出现空缺后，在公司内部或外部市场寻找或培养替代人员较困难，需要付出一定的成本。	25	30
四级	市场紧缺，岗位出现空缺后，在公司内部或外部市场寻找或培养替代人员困难，需要付出较高的成本。	35	40
五级	市场稀缺，岗位出现空缺后，在公司内部或外部市场寻找或培养替代人员非常困难，需要付出很高的成本。	45	50

二、劳动责任

6. 经济效益责任

本因素衡量岗位任职人员圆满地完成本职工作，在实现公司经济效益目标过程中贡献的大小。或者岗位任职人员工作发生失误，对本公司收入、利润等经济效益指标造成的直接和间接损失的大小。

分级	分级定义	副点	点数
一级	工作失误对本部门工作影响很小，对本公司经济效益的损失影响几乎没有。	10	20
二级	工作失误仅对本部门的工作有所影响，但对本公司经济效益的损失影响很小；或者圆满地完成本职工作，对实现公司经济效益目标的贡献很小。	30	40

（续表）

分级	分级定义	副点	点数
三级	工作失误对本部门或其他部门的相关工作有影响，但对本公司经济效益的损失影响较小；或者圆满地完成本职工作，对实现公司经济效益的目标贡献较小。	50	60
四级	工作失误对公司内某些部门活动的主要行为有影响，但对本公司经济效益的损失影响一般；或者圆满地完成本职工作，对实现公司经济效益的目标贡献一般。	70	80
五级	工作失误对公司内大多数部门的重要行为有影响，并对本公司经济效益的损失影响较大；或者圆满地完成本职工作，对实现公司经济效益的目标贡献较大。	90	100

7. 服务责任

本因素衡量岗位任职人员落实“服务是生产力”、“诚信服务、优质服务是公司生命线”的精神，对提升公司服务质量，提高客户（供应商、厂家、内部）服务满意度，保障内部和外部工作正常的、和谐的、顺畅的运行所应负有的责任的大小。

分级	分级定义	副点	点数
一级	负有很小的责任	8	16
二级	负有较小的责任	24	32
三级	负有一定的责任	40	48
四级	负有较大的责任	56	64
五级	负有重大的责任	72	80

8. 安全生产责任

本因素衡量岗位要求任职人员对实现安全生产目标的影响大小，以及在落实公司安全生产方针上所负责任的大小。

分级	分级定义	副点	点数
一级	岗位任职人员对落实公司安全生产目标责任几乎无关。	7	14
二级	岗位任职人员对落实公司安全生产目标负有较小责任。	21	28
三级	岗位任职人员对落实公司安全生产目标负有一定的直接或间接的管理责任。	35	42
四级	岗位任职人员对实现安全生产目标负有直接管理责任，对落实公司安全生产方针负有较大的责任。	49	56
五级	岗位任职人员对落实公司安全生产目标负有直接的重大责任。	63	70

9. 精神文明建设责任

本因素衡量岗位对任职人员在企业形象宣传、党风廉政建设、员工思想政治教育、企业文化建设及公司内部稳定等方面所应承担的责任。

分 级	分 级 定 义	副 点	点 数
一级	岗位要求对公司精神文明建设、党风廉政建设与公司内部稳定等承担较小责任。	7	15
二级	岗位要求对公司精神文明建设、党风廉政建设与公司内部稳定等承担一般责任。	22	30
三级	岗位要求对公司精神文明建设、党风廉政建设与公司内部稳定等承担较大的责任。	37	45
四级	岗位要求对公司精神文明建设、党风廉政建设与公司内部稳定等承担重大的责任。	52	60

10. 指导监督、协调沟通责任

本因素衡量岗位任职人员在正常权限范围内，对工作进行指导、监督和帮助的责任。其责任的大小，根据所监督、指导人员的范围、层次和数量进行判断；或者为了保证公司赋予本岗位所承担职责的完成，需要在公司内部和外部协调沟通的层次、范围、难度的大小和频度。

分 级	分 级 定 义	副 点	点 数
一级	在别人指导监督下工作，基本上只对本人工作负责。	5	10
二级	担任班组长或相当。 仅与本部门、本班组人员进行工作的协调沟通，偶尔与其他部门进行一些个人协调，协调沟通不利，基本不会影响双方正常工作。	15	20
三级	担任部门科长或相当。 工作内容涉及面较宽，需要与本部门和公司其他部门的工作人员经常协调沟通。	25	30
四级	担任部门副职或相当。 工作内容涉及面宽，与公司内外多个部门有工作协调、沟通的必要。	35	40
五级	担任部门正职或相当。 工作内容涉及面广泛，管理业务复杂且具有多样性，难度大，与公司内多个部门及社会单位频繁协调、沟通。	45	50

三、劳动强度

11. 脑力强度

本因素指工作时所需要的脑力，即在进行本岗位工作时需要的思考深度、广度和强度。

分 级	分 级 定 义	副 点	点 数
一级	需要较低的脑力：在从事本岗位工作时，工作节奏可以自由调节和掌握，需要较少的脑力。	6	12
二级	需要初等强度的脑力：在从事本岗位工作时需要集中脑力。	18	24
三级	需要中等强度的脑力：在从事本岗位工作时需要经常保持思想集中和运用脑力。	30	36
四级	需要较高强度的脑力：在从事本岗位工作时，需要持续地保持思想集中和使用脑力。	42	48
五级	需要高强度的脑力：在从事本岗位工作时，需要高强度的脑力思考，并具有深远性和战略性。	54	60

12. 体力强度

本因素衡量工作中所需要的体力强度，强度大小的衡量，以固定坐姿、站立或其他非自由姿势时间的比率，体力搬运物件的重量、工作用力、负重的重量和频率等因素综合确定。

分 级	分 级 定 义	副 点	点 数
一级	较轻强度的体力支出。	5	10
二级	中等以下强度的体力支出。	15	20
三级	中等强度的体力支出。	25	30
四级	中等以上强度的体力支出。	35	40

13. 工作负荷率

本因素衡量岗位任职人员，在完成本岗位工作的日常确定性工作和非确定性工作所需要的纯劳动时间占制度工作时间的比率。

分 级	分 级 定 义	副 点	点 数
一级	工作负荷率较低，即每天一般纯劳动时间在 4 小时以下。	5	10
二级	工作负荷率一般，即每天一般纯劳动时间在 4—6 小时，可以准时下班。	15	20
三级	工作负荷率基本满负荷，纯劳动时间在 6—7 小时，基本可以准时下班。	25	30
四级	工作满负荷，纯劳动时间达 7 个小时以上，难以保证准时下班。	35	40
五级	工作超负荷，经常需要加班加点。	45	50

14. 心理压力

本因素衡量在完成本岗位所承担的任务时，由于工作范围、工作节奏、责任大小、风险程度和不可预见性等方面的综合因素对岗位任职人员所造成的精神紧张程度。

分级	分级定义	副点	点数
一级	几乎无心理压力：工作单一、轻松，工作时几乎不被打断或干扰，不需要或很少做出决定，工作常规化。	5	10
二级	较小的心理压力：工作较为轻松，手头工作偶尔被打断，很少做决定，工作节奏有一定要求。	15	20
三级	中等程度的心理压力：工作有较快节奏的要求，手头工作有时被打断，并需要做出一些决定，需要处理一些应急性的事宜。	25	30
四级	较大的心理压力：工作任务多样化，较为繁重、紧迫，手头工作经常被打断，经常要求迅速做出决定。	35	40
五级	很大的心理压力：工作任务多样化、繁杂，很繁重、很紧张，经常要求迅速做出决定，甚至在工作时间之外才能考虑某些更深入的问题。	45	50

四、劳动环境

15. 工作场所

本因素衡量履行岗位职责是否需要下生产、建设现场以及接触不良环境的频度，是否需要夜间进行现场管理作为不良环境的因素之一考虑。

分级	分级定义	副点	点数
一级	几乎不需要下生产、建设现场，接触不良环境的机会极少。	2	5
二级	偶尔下生产、建设现场，接触不良环境的机会较少。	7	10
三级	有时下生产、建设现场，有一定接触不良环境的机会。	12	15
四级	经常下生产、建设现场，接触不良环境的机会较多。	17	20
五级	住勤在外埠生产、建设现场，生产建设环境很差，经常接触不良环境。	22	25

16. 危险性

本因素指岗位任职人员在工作中可能出现的涉及自身的工伤事故及其轻重程度。

分级	分级定义	副点	点数
一级	工作中工伤事故发生可能性较低。	2	5
二级	工作中偶然会发生轻微的皮伤事故。	7	10
三级	工作中可能发生工伤停工事故，因而必须遵守安全操作规程。	12	15
四级	工作中必须高度注意，防止较为严重的伤残事故。	17	20
五级	工作中必须极大地注意，严格遵守操作要求，严防伤亡重大事故发生。	22	25

附录 3－5

××公司部分岗位试评价表

序号	所属部门	岗位名称	岗位编码	级点数	岗位评价因素																
					1	2	3—1	3—2	4	5	6	7	8	9	10	11	12	13	14	15	16
					学历	经验	专业技术水平	技能水平	创造性	岗位空缺替代难度	经济效益责任	服务责任	安全生产责任	精神文明建设责任	指导监督、协调沟通责任	脑力强度	体力强度	工作负荷率	心理压力	工作场所	危险性
1	经理办公室	经理办公室主任	0201	级数																	
				点数																	
5	经理办公室	档案管理初级岗	0205	级数																	
				点数																	
10	政治工作办公室	党务管理中级岗	0302	级数																	
				点数																	
34	招标处	招标处处长	0901	级数																	
				点数																	
50	采购处	采购处副处长	1002	级数																	
				点数																	
66	采购二处	生产计划（配送计划）	1102	级数																	
				点数																	
76	仓储配送中心	库工	1207	级数																	
				点数																	
83	行政处	司机	1304	级数																	
				点数																	
88	行政处	物业服务组组长	1309	级数																	
				点数																	

附录 3 - 6

××公司岗位评价点数汇总表(摘录)

序号	所属部门	岗位名称	岗位代码	评委一	评委二	评委三	评委四	评委五	评委六	评委七	评委八	评委九	评委十	评委十一	评价点数之和	平均点数
34	生产部	生产部保洁员	SCB - 22	145	161.5	215.5	220	216.5	231.5	240	220.5	220.5	217.5	220.5	2 309	214
50	综合办公室	服务员	ZHB - 06	154	151.5	229	221	219	219	276	276	250	176.5	250	2 422	222
54	综合办公室	厨工	ZHB - 10	261	194	259	270	275	275	309	309	304	239.5	304	3 000	277
55	综合办公室	绿化养护工	ZHB - 11	276	181.5	289	254	303	275	300	333	308	282	308	3 110	288
26	生产部	磅员	SCB - 14	254	241	325	292	322	332	300	300	277	258	277	3 178	289
30	生产部	打包工	SCB - 18	315	325	379	267	357	352	281	289	275	245	275	3 360	304
39	技术部	试验工	JSB - 05	300	285	340	311	331	331	330	292	321	283	321	3 445	314
51	综合办公室	食堂采购员	ZHB - 07	296	239	334	295	325	325	350	350	340	250	340	3 444	317
27	生产部	生产工	SCB - 15	324	275.5	339	321	359	339	339	339	331	286	331	3 584	328
33	生产部	库管员	SCB - 21	266	301	438.5	322	435.5	410.5	344.5	334.5	324.5	286.5	324.5	3 788	343
52	综合办公室	厨师	ZHB - 08	337	296	324	335	350	350	374	374	374	307	374	3 795	347
44	安保部	公务车司机	ABB - 02	295	345	379	352	395.5	395.5	352	352	366	282	366	3 880	356
10	营销部	调度员	YXB - 06	339	381	429	327	384	464	341.5	323.5	346.5	295	341.5	3 972	357
29	生产部	铲车操作工	SCB - 17	378	357	385.5	326	442	412	338.5	331	349.5	315	349.5	3 984	359
28	生产部	叉车操作工	SCB - 16	388	367	385.5	326	468.5	420.5	333.5	326	349.5	317	349.5	4 031	361
11	营销部	核算管理员	YXB - 07	331	350	424	345	379	459	359	340	369	285	364	4 005	362
24	生产部	生产部司机	SCB - 12	351	345	398.5	352	400.5	395.5	352	347	368	266.5	368	3 944	364
25	生产部	司炉工	SCB - 13	336	359	434	348	435.5	439	356	356	370	326.5	370	4 130	374
7	营销部	统计员	YXB - 03	366	340	429	389	354	344	430	379.5	399	399	379	4 209	382

注：表中“平均点数”为去掉一个最高点数、一个最低点数后，其余 9 个评价委员评价点数的算术平均数。

附录3－7

某公司岗位等级序列表(摘录,升值顺序)

岗位等级	所属部门	岗位名称
一级	项目经理部	施工员
	材料站	设备操作员
	工程部	技术管理员
	合同管理部	合同管理部计划技术员
二级	财务部	财务部核算员
	合同管理部	合同管理部预算员
三级	物业公司	物业公司副经理
四级	党群工作部	党群工作部副部长
	汽修部	修理厂副厂长
五级	汽修部	修理厂支部书记
	物业公司	物业公司经理
	工程部	工程部副部长
	合同管理部	合同管理部副部长
六级	党群工作部	党群工作部部长
	综合办公室	综合办主任
	项目经理部	项目常务副经理
七级	项目经理部	项目部副经理
	财务部	财务部部长
	材料站	材料站站长
	项目经理部	项目技术副经理
	汽修部	修理厂厂长
八级	工程部	工程部部长
	合同管理部	合同管理部部长
九级	项目经理部	项目部经理

【课后巩固】

1. 工作评价的核心是(　　),工作评价的目标是(　　)。
A. 为每个级别的工作规定工资标准
B. 为每个工作规定工资标准
C. 为每项工作规定工资级别

D. 保证同工同酬的实现

2. 在“012”比较排列法中，有甲、乙两种工作，下面关于甲、乙两种工作的比较判断结果中，只有（　　）是正确的。

A. 甲不如乙难，对甲记“1”　　B. 甲不如乙难，对甲记“0”

C. 甲比乙难，对甲记“1”　　D. 甲与乙难度相同，记“0”

3. 不同的工作评价方法，各自的优缺点是什么？各自适用什么企业？

4. 工作评价与工资等级有哪两种对应关系？

5. 对岗位评价的成果如何维护？

6. 什么是分类法？分类法工作评价的步骤是什么？

7. 对某种熟悉的工作，试编写一个5—6级的工作分类说明。

8. 因素比较法，其工作评价一般包括哪五个因素？

9. 什么是计点法岗位评价？

10.《部门职能说明书》一般包括哪些方面的内容？

11. 实施计点法岗位评价的基础是：________________；________________；________________。

12.《岗位清单》一般包括哪些方面的内容？

13. 编制《部门职能说明书》、《岗位说明书》的流程是什么？

14. 设计岗位评价标准体系，需要经过哪些步骤的工作？

15. 1950年国际劳工组织在________会议上把各种劳动对人的要求归纳为劳动的四个要素，即________、________、________和________。这一归纳被称为________。

16. 按照我国的习惯，岗位评价要素包括________、________、________和________。

17. 简述选择岗位评价因素的原则？

18. 简述在岗位评价标准体系中，子因素“经验”的定义是什么？

19. 在岗位评价标准体系设计中，确定各评价要素权重和配点的方法有：________和________。

20. 使用计算法确定岗位评价要素配点的步骤是什么？

21. 确定岗位评价标准体系中各子因素的分级点数采用________形式。各级点数等于________÷________。

22. 简述岗位评价委员的人员组成，有哪几种方式？

23. 简述岗位评价委员的职责。

24. 岗位评价会议的资料一般包括哪些？

25. 简述岗位评价会议的基本流程。

26. 简述岗位等级划分的两种形式。

27. 请列出确定点数幅度的计算公式。

28. 简述岗位等级调整的两种方法。

29.《________》为岗位评价的最终成果，《________》确定之时，标志着岗位相对价值的确定，岗位评价结束。

30. 案例分析题：某公司现有岗位为54个，岗位评价委员的岗位评价平均点数排序情况见下表，根据平均点数划分岗位等级。

某公司岗位评价点数排序表

序号	所属部门	岗位名称	岗位编码	平均点数
1	管理部	装卸工	0408	281
2	生产部	初级操作工	0509	295
3	生产部	机电管理	0512	301
4	安全保卫科	安全员	0902	316
5	管理部	原材料仓库保管员	0407	330
6	管理部	产成品仓库保管员	0405	332
7	生产部	操作工	0508	334
8	技术中心	实验工	0706	334
9	营销部	销售内勤	0203	370
10	生产部	维修工	0514	374
11	生产部	高级操作工	0507	381
12	生产部	电工	0513	384
13	生产部	调色	0510	391
14	管理部	产成品仓库组长	0404	391
15	管理部	驾驶员	0410	397
16	检验科	原材料检验员	0803	401
17	生产部	叉车	0511	401
18	生产部	生产班副班长	0506	402
19	检验科	成品检验员	0802	405
20	办公室	办公室内勤主管	0102	412
21	管理部	原材料仓库组长	0406	419
22	生产部	生产班班长	0505	421
23	生产部	工段长	0504	446
24	管理部	运输调度主管	0409	449
25	技术中心	助理研发师	0705	461
26	管理部	固定资产主管	0403	463
27	生产部	现场技术管理	0503	497
28	财务部	出纳及综合会计	0303	501
29	财务部	成本税务会计	0302	511
30	营销部	销售内勤主管	0202	514
31	管理部	采购主管	0402	521

（续表）

序号	所属部门	岗位名称	岗位编码	平均点数
32	技术服务部	技术服务代表	0604	527
33	营销部	业务员	0206	531
34	技术中心	研发师	0704	541
35	技术服务部	技术服务区域经理	0603	546
36	安全保卫科	安全保卫科科长	0901	577
37	检验科	检验科科长	0801	592
38	营销部	办事处主任	0205	598
39	生产部	生产部副主任	0502	603
40	办公室	办公室主任	0101	617
41	技术中心	高级研发师	0703	635
42	营销部	业务科科长	0204	638
43	技术中心	项目组组长	0702	642
44	管理部	管理部副部长	0401	650
45	技术服务部	技术服务部副部长	0602	652
46	技术服务部	技术服务部部长	0601	657
47	生产部	生产部主任	0501	657
48	财务部	财务部部长	0301	695
49	技术中心	实验室主任	0701	708
50	营销部	营销部部长	0201	742
51	经理层	行政副总经理	0004	808
52	经理层	技术副总经理	0003	829
53	经理层	生产副总经理	0002	832
54	经理层	总经理	0001	908

要求：300点以下为一级，按照等差点数35个点划分岗位等级，形成《岗位等级划分点数幅度表》。

岗位等级划分点数幅度表

岗位等级	点数幅度	所属部门	岗位名称
一	300点以下	管理部	装卸工
		生产部	初级操作工
二	301—335点	生产部	机电管理
		安全保卫科	安全员

（续表）

岗位等级	点数幅度	所属部门	岗位名称
二	301—335点	管理部	原材料仓库保管员
		管理部	产成品仓库保管员
		生产部	操作工
		技术中心	实验工
三		营销部	销售内勤
四		生产部	维修工
		生产部	高级操作工
		生产部	电工
		生产部	调色
		管理部	产成品仓库组长
		管理部	驾驶员
		检验科	原材料检验员
		生产部	叉车
		生产部	生产班副班长
		检验科	成品检验员
五		办公室	办公室内勤主管
		管理部	原材料仓库组长
		生产部	生产班班长
六		生产部	工段长
		管理部	运输调度主管
		技术中心	助理研发师
		管理部	固定资产主管
七		生产部	现场技术管理
		财务部	出纳及综合会计
八		财务部	成本税务会计
		营销部	销售内勤主管
		管理部	采购主管
		技术服务部	技术服务代表
		营销部	业务员
		技术中心	研发师
九		技术服务部	技术服务区域经理
		安全保卫科	安全保卫科科长

（续表）

岗位等级	点数幅度	所属部门	岗位名称
十		检验科	检验科科长
		营销部	办事处主任
		生产部	生产部副主任
十一		办公室	办公室主任
		技术中心	高级研发师
		营销部	业务科科长
		技术中心	项目组组长
		管理部	管理部副部长
十二		技术服务部	技术服务部副部长
		技术服务部	技术服务部部长
		生产部	生产部主任
十三		财务部	财务部部长
		技术中心	实验室主任
十四		营销部	营销部部长
十五			
十六		经理层	行政副总经理
十七		经理层	技术副总经理
十八		经理层	生产副总经理
十九		经理层	总经理

【总结与评价】

学习效果评价表

班级________ 学生姓名________ 学号________ 教师________

项目	评价要素点	学生评价（30%）	组长评价（30%）	教师评价（40%）
态度（30%）	出勤情况			
	课堂纪律			
	团队合作			
	积极主动			
技能（50%）	任务1：			
	任务2：			

（续表）

项　目	评价要素点	学生评价（30%）	组长评价（30%）	教师评价（40%）
技能（50%）	任务3：			
	任务4：			
知识（20%）	课后巩固题			
综合评价：				

注：每个教学项目的学习效果评价从态度、技能和知识三个维度来进行，每个维度分值满分100分，视评价要素点的数目及重要程度来确定各个评价要素点的分值（也可简单地采取平均分配分值，比如态度评价维度，四个要素评价点各占25分）；技能评价要素点要求学生自行填写完整（这是一个学生学习后回顾的过程）；三个评价维度分值所占总评成绩的权重分别为30%、50%和20%；评价主体包括学生本人、所在的小组组长和任课教师，其权重分别为30%、30%和40%。

项目 4

工资结构调整与工资标准测算

【学习目标】

1. 熟悉工资测算的内容和程序；
2. 了解工资结构调整的内容和要求；
3. 掌握数学测算法确定工资中线标准的办法；
4. 理解薪酬调查法确定工资中线标准的办法；
5. 掌握确定一岗多薪工资标准的办法；
6. 理解并熟练运用纳入一岗多薪工资标准的几种办法；
7. 掌握薪酬调整的内容和办法。

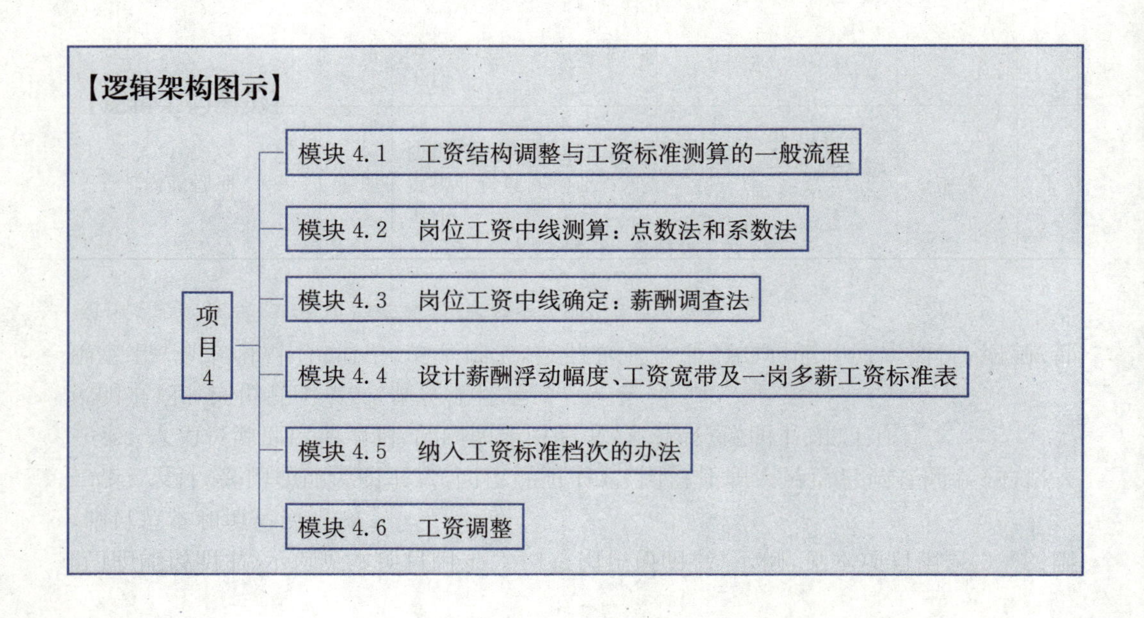

【引导案例】

空军某装备修理厂属于空军下属事业单位，主要承担军用装备及部附件的修理与检修任务。2010年8月新领导上任后，为逐步实行企业化管理、全面提升组织绩效，实施了薪酬优化与绩效管理优化。该工厂下设12个部门、5个分厂、2个实体单位，事业单位编制人员716人。对于此次改革事关重大，而该厂人手紧张，又缺乏经验，决定聘请一家专业薪酬咨询机构完成此项目工作。

该单位在改革前实行的是事业单位工资制度，实行企业化管理，需要将事业单位的工资制度转变为企业单位的工资制度，职工的事业单位工资标准在退休时以“档案工资”予以保留。受聘的咨询机构自进驻该厂起，进行了为期一个多月的调查研究，对已经形成的工资数据进行统计和分析。之后，重新确定了工资构成，将原事业单位12项工资设计为新的工资结构，在工资总额增量15%的预算下，结合评定的岗位等级，确定每一岗位等级工资中线标准……这样经过数轮工资测算与推敲、平衡，最终确定了工厂各部门领导岗位及非领导岗位一岗多薪的岗位资质绩效工资标准表。

上述案例引起了我们对于工资结构调整和工资标准测算的思考。那么，如何调整工资结构、测算工资中线标准呢？通过这一项目的学习，我们将了解工资测算的流程、内容和办法。

模块4.1　工资结构调整与工资标准测算的一般流程

核心知识要点

工资结构调整与工资标准测算，是在岗位等级表形成之后，在工资存量统计调查、市场薪酬调查的基础上，确定工资水平、调整工资组成和工资标准的过程。其成果表现为工资方案中的工资组成项目和工资标准表。完成工资结构调整与工资标准测算全过程，一般需要经过8个步骤的工作，如图4-1所示。

下面，我们将以某发电公司工资结构调整和工资标准测算为例来系统介绍各个步骤。

4.1.1　工资存量统计调查

进行工资测算，首先要从工资存量调查开始。工资存量调查的做法是：在岗位等级表形成之后，将列入工资改革范围的员工，根据每人任职的实际工作岗位分别放进各个岗位等级。之后，将改革之前能够说明工资存量实际发生的月工资支付表、奖金支付表等进行统计调查。

统计调查的重点是：工资总额存量；岗位等级之间形成的工资水平及其差距；同一岗位等级内部不同员工之间的差距。

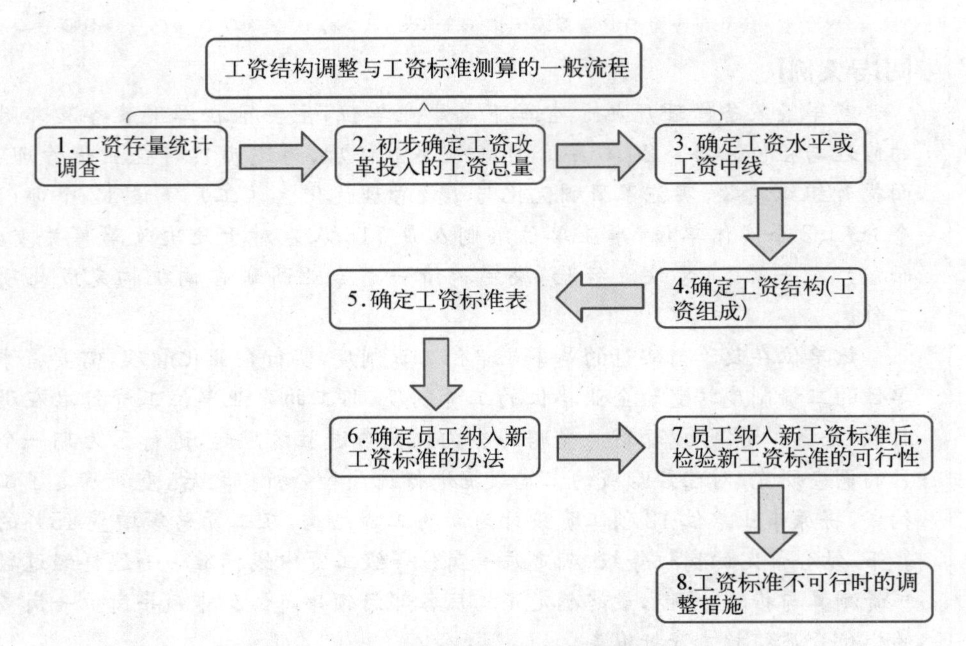

图 4－1 工资结构调整与工资标准测算流程图

1. 工资总额存量的统计调查

以某发电公司为例,对该公司统计调查的 2005 年工资总额存量如表 4－1 所示。

表 4－1 某发电公司工资存量统计表 单位:元

一、月初工资	年总额	年平均	月平均	占月初工资百分比	占总收入百分比
1. 技能工资	3 245 100	3 210	267	19.80%	7.48%
2. 岗位工资	8 142 370	8 054	671	49.69%	18.78%
3. 岗差工资	1 811 295	1 792	149	11.05%	4.18%
4. 副食补贴	291 331	288	24	1.78%	0.67%
5. 内浮工资	282 735	280	23	1.73%	0.65%
6. 工龄工资	776 927	768	64	4.74%	1.79%
7. 能源补贴	181 425	179	15	1.11%	0.42%
8. 书报费	197 054	195	16	1.20%	0.45%
9. 洗理费	226 590	224	19	1.38%	0.52%
10. 交通费	120 950	120	10	0.74%	0.28%
11. 误餐费	1 088 550	1 077	90	6.64%	2.51%
12. 补发	3 525	3	0	0.02%	0.01%
13. 其他	18 889	19	2	0.12%	0.04%

（续表）

一、月初工资	年总额	年平均	月平均	占月初工资百分比	占总收入百分比
月初工资小计	16 386 741	16 208	1 351	100.00%	37.79%
二、月末工资					
1. 奖金、津贴	10 782 808	10 665	889	—	24.86%
2. 一次性奖金	15 426 832	15 259	1 272	—	35.57%
3. 奖福	64 686	64	5	—	0.15%
4. 月末其他	705 090	697	58	—	1.63%
月末工资小计	26 979 416	26 686	2 224	—	62.21%
总收入合计	43 366 156	42 894	3 575	—	100.00%

2. 岗位等级之间形成的工资水平及其差距

仍以该公司为例，统计调查的2005年各等级员工年总收入如表4-2所示。

表4-2 2005年各等级员工年总收入统计表

单位：元

岗 级	人 数	平均总收入	工资系数	最高工资	最低工资	最高最低差	幅度
1	35	31 834	1.00	39 822	20 437	19 385	95%
2	20	34 885	1.10	51 343	27 672	23 671	86%
3	86	34 966	1.10	48 054	27 972	20 082	72%
4	67	37 172	1.17	48 347	29 620	18 728	63%
5	324	37 077	1.16	59 384	17 866	41 518	232%
6	158	38 208	1.20	62 766	18 779	43 988	234%
7	93	45 161	1.42	70 045	18 300	51 745	283%
8	35	49 538	1.56	71 970	33 451	38 519	115%
9	115	49 327	1.55	79 922	25 296	54 626	216%
10	36	70 969	2.23	132 470	41 572	90 899	219%
11	20	78 763	2.47	94 175	60 208	33 967	56%
12	11	93 076	2.92	122 103	56 458	65 645	116%
13	9	109 337	3.43	132 467	85 866	46 601	54%
14	2	131 211	4.12	132 464	129 959	2 506	2%
合计	1 011	42 894	—	—	—	—	—

再如某机械制造公司,各岗位等级员工工资差距如表 4－3 所示。

表 4－3 按岗位等级 2012 年员工工资情况统计表 单位:元

岗　级	岗级人数	岗级平均工资	最高工资	最低工资
一级	—	—	—	—
二级	3	695	838	500
三级	16	1 009	1 652	857
四级	44	1 228	1851	594
五级	26	1 296	2 016	780
六级	15	1 707	2 155	1 338
七级	8	1 798	2 785	1 160
八级	16	2 052	2 553	1 363
九级	2	1 877	2 217	1 536
十级	5	2 650	3 080	2 330
十一级	2	2 700	3 000	2 401
十二级	3	3 566	3 997	3 333
十三级	2	3 267	3 499	3 035
十四级	—	—	—	—
十五级	2	4 303	4 614	3 992
十六级	1	5 679	—	—

3. 同一岗位等级内部不同员工之间的差距

某工厂工人岗位,岗位等级划为七级,每一岗位等级内部按技术等级差异分别统计的工资差距如表 4－4 所示。

表 4－4 某工厂同等级工人内部工资差别统计表 单位:元

岗位等级	工资区别	普　工	初级工	中级工	高级工	技　师	高级技师
一	平均工资	695	—	—	—	—	—
	最低—最高	500—748	—	—	—	—	—
二	平均工资	865	1 231	—	1 358	—	—
	最低—最高	600—1 060	1 041—1 407	—	1 196—1 652	—	—
三	平均工资	790	1 241	1 379	1 289	—	—
	最低—最高	594—943	1 407—1 941	896—1 623	971—1 547	—	—
四	平均工资	892	857	1 628	1 420	—	—
	最低—最高	850—964	780—931	1 269—1 988	971—1 820	—	—

（续表）

岗位等级	工资区别	普　工	初级工	中级工	高级工	技　师	高级技师
五	平均工资	—	1 484	1 486	1 947	1 851	—
	最低—最高	—	1 338—1 562	1 346—1 612	1 708—2 155	1 851	—
六	平均工资	1 160	—	—	1 665	2 067	—
	最低—最高	1 160	—	—	1 665	1 397—2 785	—
七	平均工资	—	—	—	2 033	—	2 077
	最低—最高	—	—	—	1 720—2 048	—	1 835—2 320

4.1.2　初步确定工资改革投入的工资总量

工资总额投入量由两部分组成：一是 2005 年的工资存量为 4 336.615 6 万元；二是 2006 年工资总额增量为 10%，即工资增量为 433.661 6 万元。存量和增量合计，本次工资改革，投入工资总额为 4 770.277 2 万元，年人均工资 4.718 4 万元，月人均工资 3 932 元。

4.1.3　确定工资水平或工资中线

确定工资水平或工资中线的办法主要有数学测算法、薪酬调查法，还可以把这两种方法结合起来使用。

例如，此发电公司，根据本次工资改革的目标，在年薪水平调查的基础上确定最高工资为最低工资的 5.56 倍，即最低岗级员工年薪中线确定为 2.7 万元，最高岗级年薪中线为 15 万元，见表 4－5。

表 4－5　2006 年各岗级拟定年薪标准表

岗位等级	代表性岗位	岗级人数	原平均年薪(元)	原年薪系数	拟定年薪(元)			
					年薪级差	拟定年薪标准	月薪标准	年薪系数
一	收发传达；体育馆管理组长	22	29 222	1.00	—	27 000	2 250	1.00
二	商务安全员；煤制样工	22	35 224	1.21	2 000	29 000	2 417	1.07
三	出纳；扳道员；内退干事	18	34 932	1.20	2 000	31 000	2 583	1.15
四	综合班长；燃油站长	146	36 047	1.23	6 000	37 000	3 083	1.37
五	软件工程师；接待秘书；薪酬统计(工资)	321	36 995	1.27	3 000	40 000	3 333	1.48
六	审计岗；值班员；保卫班长	161	38 351	1.31	2 000	42 000	3 500	1.56
七	化学运行班长；轨道班长；车务班长；输煤专工	97	44 995	1.54	5 000	47 000	3 917	1.74
八	法律事务；成本管理；教育培训	31	50 622	1.73	8 000	55 000	4 583	2.04

（续表）

岗位等级	代表性岗位	岗级人数	原平均年薪(元)	原年薪系数	拟定年薪(元)			
					年薪级差	拟定年薪标准	月薪标准	年薪系数
九	安全监督工程师；机长；副单元长；控制员	115	49 327	1.69	8 000	63 000	5 250	2.33
十	综合副主任；主任工程师；电力市场营销主管；电气运行管理工程师	36	70 969	2.43	17 000	80 000	6 667	2.96
十一	运行值长；输煤副主任	20	78 763	2.70	10 000	90 000	7 500	3.33
十二	综合主任；运行管理主任工程师	11	93 076	3.19	10 000	100 000	8 333	3.70
十三	商务主任；运行管理副主任；生产副主任	9	109 337	3.74	20 000	120 000	10 000	4.44
十四	安生部主任；发电主任；副总师	2	131 211	4.49	30 000	150 000	12 500	5.56
合　计		1 011	42 894	—	—	46 947	—	—

关于工资中线的测算方法，将在后面的内容中详细介绍。

4.1.4 确定工资结构(工资组成)

对工资结构的概念，有三种不同的理解和用法。

1. 工资差距

如各工资等级之间的工资差距，最高工资与最低工资的差距。

2. 工资组成

对工资的组成也有多种解释和多种用法：从统计的角度，将工资总额分为 6 个组成部分，即计时工资、计件工资、奖金、津贴和补贴、加班加点工资、特殊情况下支付的工资；从工资是否固定支付的角度，分为固定支付的基本工资和浮动支付的绩效工资或计件工资。

3. 新型薪酬结构(短期激励与长期激励相结合)

新型薪酬结构的特点是短期激励与长期激励相结合。为了更好地激励高级管理人员和技术骨干人员，在其薪酬结构中，除了有固定薪酬部分和当期激励薪酬外，还有股票期权、股票增值权、虚拟股票等长期激励的薪酬部分。

一般情况是：高级管理人员的薪酬结构中长期激励部分比重大，而中级管理人员的薪酬结构中长期激励部分比重小，一般员工的中长期激励部分比例更小。

企业不同人员薪酬结构，如图 4－2 所示。

接上例，该发电公司，在初步确定理顺工资关系的基础上，确定了新的工资组成为：

(1) 第一单元，岗位基本工资。岗位等级由低到高，岗位工资分别约占该岗位与绩效工资水平的 70%—40%。

(2) 第二单元，岗位绩效工资。岗位等级由低到高，绩效工资分别约占该岗位与绩效工资水平的 30%—60%。

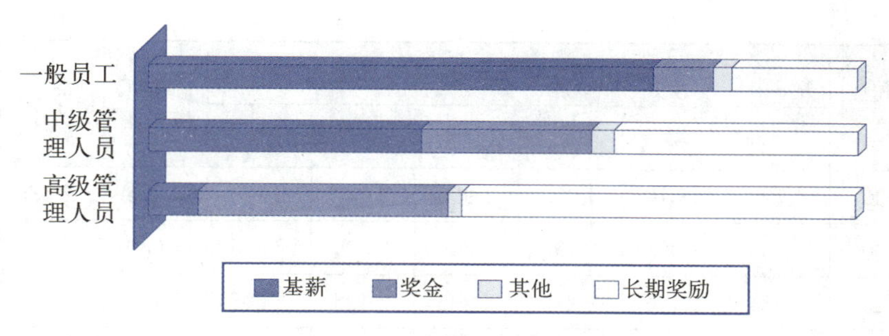

图4－2　不同人员的薪酬结构

第一单元工资与第二单元工资各自占月薪的比例，如表4－6所示。

表4－6　岗位基本工资与岗位绩效工资占月薪比例

岗位等级	岗位基本工资占月薪%	岗位绩效工资占月薪%	合计%
1—3	70	30	100
4—6	65	35	100
7—8	60	40	100
9	55	45	100
10—13	45	55	100
14	40	60	100

(3) 第三单元，特殊工资。这包括加班加点工资、技术专家/专业带头人/技术能手津贴、保留工资。

(4) 第四单元，公司经理基金，也称经理年度工资调节基金。

- 公司经理基金用于：作为特殊贡献奖，奖励在生产、技术、经营管理创新和增收节支等方面做出重大贡献的公司员工；作为分配调节金，用于解决收入分配中的特殊问题。用作特殊贡献奖和分配调节金之后还有剩余的，可作为年终奖计发。
- 公司经理基金的额度，为当年工资总额（董事会批准的工资总额＋与利润挂钩的效益奖金），减去日常实际发生的岗位工资、绩效工资和特殊工资后的余额。
- 公司经理基金的额度及其占工资总额的比例是个变数，随公司发电量、利润以及年度工资总额内日常工资支付的数额等因素变动。

4.1.5　确定工资标准表

接上例，某发电公司确定的岗位工资标准，如表4－7所示。

表4－7　某发电公司岗位工资标准表　　单位：元

等级	岗位工资档差	岗位工资标准档次						绩效工资标准	月薪	年　薪
		1	2	3	4	5	6			
一	80	1 495	1 575	1 655	1 735	1 815	1 895	675	2 250	27 000
二	85	1 605	1 690	1 775	1 860	1 945	2 030	725	2 415	28 980

（续表）

等级	岗位工资档差	岗位工资标准档次						绩效工资标准	月薪	年　薪
		1	2	3	4	5	6			
三	90	1 720	1 810	1 900	1 990	2 080	2 170	775	2 585	31 020
四	100	1 905	2 005	2 105	2 205	2 305	2 405	1 080	3 085	37 020
五	110	2 055	2 165	2 275	2 385	2 495	2 605	1 165	3 330	39 960
六	115	2 160	2 275	2 390	2 505	2 620	2 735	1 225	3 500	42 000
七	120	2 230	2 350	2 470	2 590	2 710	2 830	1 565	3 915	46 980
八	140	2 610	2 750	2 890	3 030	3 170	3 310	1 835	4 585	55 020
九	145	2 745	2 890	3 035	3 180	3 325	3 470	2 365	5 255	63 060
十	150	2 850	3 000	3 150	3 300	3 450	3 600	3 665	6 665	79 980
十一	170	3 205	3 375	3 545	3 715	3 885	4 055	4 125	7 500	90 000
十二	190	3 560	3 750	3 940	4 130	4 320	4 510	4 585	8 335	100 020
十三	225	4 275	4 500	4 725	4 950	5 175	5 400	5 500	10 000	120 000
十四	250	4 750	5 000	5 250	5 500	5 750	6 000	7 500	12 500	150 000

注：1. 月薪＝月岗位工资标准（二档）＋月绩效工资标准；
　　2. 年薪＝月薪×12，不含特殊工资和公司经理基金。

4.1.6　确定员工纳入新工资标准的办法

工资标准表确定后，还要将员工纳入新的工资标准。接上例，该发电公司确定的纳入新工资标准的办法如下。

1. 纳入岗位工资等级的办法

所有人员首先按照现任岗位的所属岗位等级，直接进入与本岗位等级相对应的工资等级。

主持部门工作的中层副职人员，在进入与本岗位等级相对应的工资等级的基础上，高定一个工资等级。

2. 纳入岗位工资档次的办法

所有员工，以截至 2005 年的本人专业技术资格或技术等级，按照表 4－8 纳入工资档次。

表 4－8　岗位工资档次纳入表

专业技术资格/技术等级	无专业技术资格/员级/中级工及以下	助理级/高级工	中级/技师	高级/高级技师
纳入岗位工资档次	1	2	3	4

3. 纳入绩效工资的办法

所有员工，按照任职的岗位等级，直接纳入“一岗一薪”的绩效工资标准。

4.1.7　员工纳入新工资标准后，检验新工资标准的可行性

该发电公司各岗级员工纳入新工资标准后的员工收入情况统计，如表4－9、表4－10、表4－11、表4－12、表4－13所示。

表4－9　员工纳入新岗位工资标准后员工月岗位基本工资情况统计表　单位：元/月

岗级	人数	平均工资	工资系数	最高工资	最低工资	最高最低差	本岗级工资幅度
1	22	1 513	1.00	1 655	1 495	160	11%
2	22	1 659	1.10	1 775	1 605	170	11%
3	18	1 740	1.15	1 810	1 720	90	5%
4	146	1 924	1.27	2 105	1 905	200	10%
5	321	2 076	1.37	2 275	2 055	220	11%
6	161	2 215	1.46	2 505	2 160	345	16%
7	97	2 301	1.52	2 590	2 230	360	16%
8	31	2 741	1.81	2 890	2 610	280	11%
9	115	2 864	1.89	3 035	2 745	290	11%
10	36	3 092	2.04	3 300	2 850	450	16%
11	20	3 452	2.28	3 545	3 205	340	11%
12	11	3 871	2.56	4 130	3 560	570	16%
13	9	4 700	3.11	4 950	4 275	675	16%
14	2	5 000	3.30	5 250	4 750	500	11%
合计	1 011	2 293	—	—	—	—	—

表4－10　员工纳入新工资标准后员工月岗位工资(含绩效工资)情况统计表　单位：元/月

岗级	人数	平均工资	工资系数	最高工资	最低工资	最高最低差	本岗级工资幅度
1	22	2 188	1.00	2 330	2 170	160	7%
2	22	2 384	1.09	2 500	2 330	170	7%
3	18	2 515	1.15	2 585	2 495	90	4%
4	146	3 004	1.37	3 185	2 985	200	7%
5	321	3 241	1.48	3 440	3 220	220	7%
6	161	3 440	1.57	3 730	3 385	345	10%
7	97	3 866	1.77	4 155	3 795	360	9%
8	31	4 576	2.09	4 725	4 445	280	6%
9	115	5 229	2.39	5 400	5 110	290	6%
10	36	6 757	3.09	6 965	6 515	450	7%
11	20	7 577	3.46	7 670	7 330	340	5%

（续表）

岗级	人数	平均工资	工资系数	最高工资	最低工资	最高最低差	本岗级工资幅度
12	11	8 456	3.86	8 715	8 145	570	7%
13	9	10 200	4.66	10 450	9 775	675	7%
14	2	12 500	5.71	12 750	12 250	500	4%
合计	1 011	3 859	—	—	—	—	—

表 4-11　工资改革前后各等级员工平均年度收入增减情况　　单位：元

岗　级	人　数	2005 年平均总收入	2006 年平均总收入	2006 年比 2005 年平均年收入增减	2006 年比 2005 年平均增减%
1	22	29 222	26 258	−2 964	−10%
2	22	35 224	28 609	−6 615	−19%
3	18	34 932	30 180	−4 752	−14%
4	146	36 047	36 050	3	0%
5	321	36 995	38 895	1 900	5%
6	161	38 351	41 280	2 929	8%
7	97	44 995	46 386	1 391	3%
8	31	50 622	54 912	4 290	8%
9	115	49 327	62 742	13 415	27%
10	36	70 969	81 080	10 111	14%
11	20	78 763	90 918	12 155	15%
12	11	93 076	101 471	8 395	9%
13	9	109 337	122 400	13 063	12%
14	2	131 211	150 000	18 789	14%
合计	1 011	42 894	46 308	3 414	8%

表 4-12　工资改革前后各等级员工收入平均增资、减资情况　　单位：元

岗级	人数	增资人数	年平均增资	月平均增资	减资人数	年平均减资	月平均减资
1	22	2	2 975	248	20	−3 558	−297
2	22	1	1 309	109	21	−6 992	−583
3	18	2	799	67	16	−5 446	−454
4	146	86	2 123	177	60	−3 035	−253
5	321	257	2 923	244	64	−2 208	−184
6	161	119	5 281	440	42	−3 733	−311
7	97	55	4 930	411	42	−3 243	−270

（续表）

岗级	人数	增资人数	年平均增资	月平均增资	减资人数	年平均减资	月平均减资
8	31	22	9 359	780	9	−8 102	−675
9	115	108	14 749	1 229	7	−7 172	−598
10	36	31	17 194	1 433	5	−33 807	−2 817
11	20	18	13 732	1 144	2	−2 037	−170
12	11	7	19 936	1 661	4	−11 802	−984
13	9	6	24 028	2 002	3	−8 866	−739
14	2	2	18 789	1 566	0	0	0
合计	1 011	716	6 624	552	295	−4 378	−365

注：1. 本表不含特殊工资、公司经理基金。
2. 由于2005年的工资支付极不规范，以及特殊工资的一些项目不能计算到人，因此，本增减表的增减人数可能与2006年的实际收入相比有一定的出入。

表4-13 2006年工资总额、平均工资构成表

工资构成	工资总额(元)	占工资总额百分比	平均工资(元)	占平均工资百分比
岗位工资	27 813 180	59.41%	27 511	59.41%
绩效工资	19 003 920	40.59%	18 797	40.59%
合　计	46 817 100	100%	46 308	100%

注：此表不含特殊工资及公司经理基金。

根据纳入新工资标准后的统计结果，管理方认为，新工资标准是可行的，达到了改革的目标。

纳入新工资标准后，总收入增加人数为716人，占总人数的70.8%，年增资总额为474.278 4万元，年人均增资6 624元，月人均增资552元；总收入减少人数为295人，占总人数的29.2%，年减少总额为129.151万元，年人均减少4 378元，月人均减少365元。

4.1.8 工资标准不可行时的调整措施

如果将员工纳入新的工资标准后，统计出来的结果不合适，则可以通过“五调”进行调整，即调整岗位等级、调整工资中线标准、调整档差、调整工资档次数目和调整纳入工资档次的办法，直到认为工资标准合适为止。

业务演练

任务4-1：统计工资存量

练习1：某科研单位2009年进行薪酬调整，职工总数88人，个人工资分配资料见表4-14。该单位的工资构成为四项：基本工资(含职级工资、职级津贴、福利津贴、职务补贴、效益津贴、住房补贴)、年功工资、岗级工资、奖金。根据表4-14所示该单位全部人员工资及奖金分配的基础数据，请完成如下3个问题。

表 4-14 某科研单位职工工资、奖金基础数据表

部门编号	序号	部门名称	岗位名称	岗位类别	姓名(略)	职级工资(元/月)	职级津贴(元/月)	福利津贴(元/月)	职务补贴(元/月)	效益津贴(元/月)	住房补贴(元/月)	年功工资(元/月)	岗级工资(元/月)	年基本工资六项合计(元/年)	年年功工资合计(元/年)	年岗级工资合计(元/年)	年加班工资合计	年度奖金合计	年收入总计(元/年)
1	1	院领导	院长、党委副书记	院领导		767.0	329.0	280.0	450.0	354.0	964.6	396.0	4 800.0				0	49 658	
1	2	院领导	党委书记、副院长、工会主席	院领导		879.0	377.0	280.0	454.0	354.0	964.6	492.0	4 800.0				0	49 658	
1	3	院领导	常务副院长、纪委书记	院领导		785.0	337.0	280.0	454.0	314.0	964.6	486.0	4 800.0				0	49 658	
1	4	院领导	副院长	院领导		785.0	337.0	280.0	454.0	314.0	964.6	450.0	2 580.0				0	26 692	
1	5	院领导	副院长	院领导		705.0	303.0	280.0	397.0	314.0	964.6	450.0	2 400.0				0	24 829	
2	6	院办	院办主任、质检处长	部门正职		662.0	284.0	280.0	388.0	304.0	901.6	396.0	2 250.0				0	23 278	
2	7	院办	副主任	部门副职		478.0	205.0	280.0	253.0	250.0	700.0	462.0	1 530.0				2 160	15 829	
2	8	院办	文书	一般管理人员		432.0	186.0	280.0	253.0	220.0	568.3	396.0	990.0				60	9 932	
2	9	院办	资料及档案管理	一般管理人员		432.0	186.0	280.0	253.0	220.0	578.3	414.0	930.0				0	9 622	
2	10	院办	办公室内勤	一般管理人员		432.0	186.0	280.0	253.0	220.0	582.5	414.0	930.0				2 160	9 622	
3	11	党办	处长、组织部负责人、纪检监察室主任	部门正职		622.0	267.0	280.0	357.0	272.0	889.4	468.0	2 250.0				1 200	23 278	
3	12	党办	人力资源管理和社会保险	一般管理人员		492.0	211.0	280.0	313.0	220.0	658.6	216.0	1 200.0				1 200	12 415	
4	13	财务处	处长、审计负责人	部门正职		662.0	284.0	280.0	388.0	304.0	891.0	306.0	2 250.0				0	22 657	
4	14	财务处	会计	一般管理人员		438.0	188.0	280.0	309.0	220.0	596.4	234.0	1 020.0				60	10 553	
4	15	财务处	出纳	一般管理人员		424.0	182.0	280.0	229.0	206.0	591.8	396.0	1 080.0				144	11 174	
5	16	计划处	院助理兼处长	部门正职		496.0	213.0	280.0	349.0	272.0	757.2	198.0	1 920.0				0	19 864	
5	17	计划处	项目管理	一般管理人员		1 100.0	0.0	0.0	0.0	0.0	385.3	72.0	930.0				0	9 622	
5	18	计划处	成果管理	一般管理人员		1 000.0	0.0	0.0	0.0	0.0	336.7	36.0	930.0				60	9 622	
5	19	计划处	驻京办办事员	一般管理人员		1 100.0	0.0	0.0	0.0	0.0	281.9	18.0	930.0				0	9 622	
6	20	企管处	处长	部门正职		576.0	274.0	280.0	388.0	304.0	819.9	252.0	1 920.0				0	19 864	
6	21	企管处	副处长	部门副职		546.0	234.0	280.0	313.0	220.0	703.9	402.0	1 530.0				0	15 829	

（续表）

部门编号	序号	部门名称	岗位名称	岗位类别	姓名（略）	职级工资（元/月）	职级津贴（元/月）	福利津贴（元/月）	职务补贴（元/月）	效益津贴（元/月）	住房补贴（元/月）	年功工资（元/月）	岗级工资（元/月）	年基本工资六项合计（元/年）	年年功工资合计（元/年）	年岗级工资合计（元/年）	年加班工资合计	年度奖金合计	年收入总计（元/年）
7	22	供应处	固定资产管理	一般管理人员		546.0	234.0	220.0	317.0	237.0	387.6	318.0	1 200.0				0	12 415	
7	23	供应处	仓库保管	一般管理人员		381.0	164.0	280.0	248.0	211.0	346.7	390.0	1 080.0				0	11 173	
7	24	供应处	仓库保管	一般管理人员		524.0	225.0	280.0	257.0	220.0	622.3	498.0	1 080.0				0	11 173	
7	25	供应处	仓库保管	一般管理人员		478.0	205.0	280.0	253.0	220.0	607.3	414.0	1 080.0				1 560	11 173	
7	26	供应处	采购员	一般管理人员		432.0	186.0	280.0	253.0	220.0	577.9	414.0	930.0				0	9 622	
7	27	供应处	计划员	一般管理人员		432.0	186.0	280.0	253.0	220.0	570.5	414.0	990.0				60	10 242	
8	28	基础信息中心	副主任	部门副职		438.0	188.0	280.0	244.0	204.0	604.9	144.0	1 530.0				0	15 829	
8	29	基础信息中心	刊物编辑、情报翻译	一般管理人员		662.0	284.0	280.0	388.0	294.0	770.4	432.0	1 320.0				0	13 656	
8	30	基础信息中心	刊物编辑、情报翻译	一般管理人员		576.0	247.0	280.0	388.0	274.0	703.6	342.0	1 230.0				60	12 725	
8	31	基础信息中心	档案管理	一般管理人员		465.0	200.0	280.0	313.0	220.0	624.5	408.0	1 110.0				720	11 484	
8	32	基础信息中心	培训管理	一般管理人员		1 100.0	0.0	0.0	0.0	0.0	399.6	102.0	990.0				0	10 242	
8	33	基础信息中心	书刊管理	一般管理人员		1 200.0	0.0	0.0	0.0	0.0	345.1	156.0	1 200.0				0	12 415	
8	34	基础信息中心	信息推广	一般管理人员		1 200.0	0.0	0.0	0.0	0.0	310.5	18.0	930.0				0	9 622	
9	35	研发中心	主任兼副总工程师、院长助理	部门正职		785.0	337.0	280.0	454.0	304.0	892.3	378.0	2 070.0				38 400	21 415	
9	36	研发中心	副总工程师兼副主任	部门副职		619.0	266.0	280.0	388.0	304.0	695.5	396.0	2 250.0				15 600	23 278	
9	37	研发中心	专题组长	专题组长		785.0	337.0	280.0	454.0	294.0	847.5	354.0	1 800.0				31 200	18 622	
9	38	研发中心	专题组长	专题组长		662.0	284.0	280.0	388.0	294.0	829.6	378.0	1 800.0				28 080	18 622	
9	39	研发中心	专题组长	专题组长		662.0	284.0	280.0	388.0	274.0	769.1	378.0	1 800.0				38 400	18 181	
9	40	研发中心	专题组长	专题组长		576.0	247.0	280.0	388.0	274.0	763.4	288.0	1 800.0				31 200	18 622	
9	41	研发中心	课题组长	课题组长		619.0	266.0	280.0	388.0	274.0	794.6	360.0	1 290.0				14 040	15 984	
9	42	研发中心	高级研发师	高级研发师		619.0	266.0	280.0	388.0	274.0	883.1	378.0	1 290.0				15 360	13 346	
9	43	研发中心	高级研发师	高级研发师		662.0	284.0	280.0	388.0	274.0	751.8	378.0	1 290.0				15 360	13 346	
9	44	研发中心	高级研发师	高级研发师		619.0	266.0	280.0	388.0	274.0	722.8	396.0	1 290.0				12 480	13 346	

（续表）

部门编号	序号	部门名称	岗位名称	岗位类别	姓名（略）	职级工资（元/月）	职级津贴（元/月）	福利津贴（元/月）	职务补贴（元/月）	效益津贴（元/月）	住房补贴（元/月）	年功工资（元/月）	岗级工资（元/月）	年基本工资六项合计（元/年）	年年功工资合计（元/年）	年岗级工资合计（元/年）	年加班工资合计	年度奖金合计	年收入总计（元/年）
9	45	研发中心	高级研发师	高级研发师		576.0	247.0	280.0	388.0	274.0	728.4	252.0	1 200.0				10 800	18 622	
9	46	研发中心	课题组长	课题组长		576.0	247.0	280.0	388.0	274.0	662.2	216.0	1 200.0				19 200	12 415	
9	47	研发中心	高级研发师	高级研发师		1 400.0	0.0	0.0	0.0	0.0	527.3	204.0	1 380.0				15 360	14 277	
9	48	研发中心	研发师	研发师		465.0	200.0	280.0	309.0	220.0	608.2	198.0	1 170.0				15 360	12 105	
9	49	研发中心	研发师	研发师		465.0	200.0	280.0	309.0	220.0	607.7	204.0	1 170.0				12 480	12 105	
9	50	研发中心	课题组长	课题组长		438.0	188.0	280.0	309.0	220.0	577.5	198.0	1 080.0				19 200	11 174	
9	51	研发中心	研发师	研发师		2 000.0	0.0	0.0	0.0	0.0	625.1	108.0	1 260.0				15 360	13 240	
9	52	研发中心	研发师	研发师		1 200.0	0.0	0.0	0.0	0.0	429.2	90.0	1 080.0				4 680	11 174	
9	53	研发中心	助理研发师	助理研发师		1 100.0	0.0	0.0	0.0	0.0	397.3	72.0	960.0				5 760	9 932	
9	54	研发中心	助理研发师	助理研发师		1 100.0	0.0	0.0	0.0	0.0	397.3	72.0	960.0				4 680	9 518	
9	55	研发中心	助理研发师	助理研发师		1 200.0	0.0	0.0	0.0	0.0	382.9	36.0	960.0				1 920	9 932	
9	56	研发中心	助理研发师	助理研发师		1 200.0	0.0	0.0	0.0	0.0	371.3	42.0	960.0				4 680	9 932	
9	57	研发中心	助理研发师	助理研发师		1 200.0	0.0	0.0	0.0	0.0	352.0	36.0	960.0				1 404	9 932	
9	58	研发中心	助理研发师	助理研发师		1 100.0	0.0	0.0	0.0	0.0	311.6	36.0	960.0				1 404	9 932	
9	59	研发中心	助理研发师	助理研发师		1 100.0	0.0	0.0	0.0	0.0	311.6	36.0	960.0				1 404	9 932	
9	60	研发中心	研发师	研发师		1 100.0	0.0	0.0	0.0	0.0	371.9	54.0	960.0				4 680	9 932	
9	61	研发中心	助理研发师	助理研发师		1 100.0	0.0	0.0	0.0	0.0	385.4	66.0	1 050.0				7 800	10 863	
9	62	研发中心	助理研发师	助理研发师		1 100.0	0.0	0.0	0.0	0.0	371.8	60.0	1 050.0				7 800	10 863	
9	63	研发中心	助理研发师	助理研发师		1 200.0	0.0	0.0	0.0	0.0	309.5	18.0	960.0				1 404	9 932	
9	64	研发中心	助理研发师	助理研发师		1 200.0	0.0	0.0	0.0	0.0	298.2	18.0	960.0				1 080	9 932	
9	65	研发中心	助理研发师	助理研发师		1 100.0	0.0	0.0	0.0	0.0	266.5	36.0	960.0				5 760	9 932	
9	66	研发中心	助理研发师	助理研发师		1 100.0	0.0	0.0	0.0	0.0	313.7	36.0	960.0				1 920	9 932	
9	67	研发中心	助理研发师	助理研发师		1 200.0	0.0	0.0	0.0	0.0	283.3	18.0	960.0				1 560	9 932	

（续表）

部门编号	序号	部门名称	岗位名称	岗位类别	姓名（略）	职级工资（元/月）	职级津贴（元/月）	福利津贴（元/月）	职务补贴（元/月）	效益津贴（元/月）	住房补贴（元/月）	年功工资（元/月）	岗级工资（元/月）	年基本工资六项合计（元/年）	年年功工资合计（元/年）	年岗级工资合计（元/年）	年加班工资合计	年度奖金合计	年收入总计（元/年）
9	68	研发中心	助理研发师	助理研发师		1 200.0	0.0	0.0	0.0	0.0	285.0	18.0	960.0				1 560	9 932	
9	69	研发中心	助理研发师	助理研发师		1 200.0	0.0	0.0	0.0	0.0	285.0	18.0	960.0				1 560	9 932	
9	70	研发中心	助理研发师	助理研发师		1 200.0	0.0	0.0	0.0	0.0	280.4	18.0	960.0				1 920	9 932	
9	71	研发中心	试验员	试验员		477.0	205.0	280.0	252.0	211.0	614.9	414.0	1 080.0				4 680	3 725	
9	72	研发中心	试验员	试验员		432.0	186.0	280.0	253.0	220.0	568.1	414.0	930.0				5 760	9 622	
9	73	研发中心	试验员	试验员		600.0	0.0	0.0	0.0	0.0	197.0	90.0	300.0				1 560	1 552	
10	74	质检处	副主任	部门副职		576.0	247.0	280.0	388.0	304.0	828.2	288.0	1 770.0				0	9 544	
10	75	质检处	副主任	部门副职		662.0	284.0	280.0	388.0	294.0	774.0	378.0	1 530.0				0	7 294	
10	76	质检处	质检员	一般管理人员		619.0	266.0	280.0	388.0	274.0	744.1	396.0	1 290.0				0	6 673	
10	77	质检处	质检员	一般管理人员		576.0	247.0	280.0	388.0	294.0	701.3	270.0	1 200.0				0	6 207	
10	78	质检处	质检员	一般管理人员		546.0	234.0	280.0	313.0	240.0	693.5	396.0	1 260.0				0	6 518	
10	79	质检处	质检员	一般管理人员		519.0	223.0	280.0	313.0	219.0	678.7	396.0	1 260.0				0	6 518	
10	80	质检处	质检员	一般管理人员		438.0	188.0	280.0	309.0	220.0	567.5	180.0	1 080.0				0	5 587	
10	81	质检处	质检员	一般管理人员		1 200.0	0.0	0.0	0.0	0.0	280.4	18.0	960.0				0	4 966	
10	82	质检处	分析员	一般管理人员		432.0	186.0	280.0	253.0	220.0	572.1	450.0	930.0				0	4 811	
11	83	分厂	副主任	部门副职		576.0	247.0	280.0	388.0	304.0	722.2	378.0	1 650.0				0	0	
11	84	分厂	产品开发	一般管理人员		576.0	247.0	280.0	388.0	294.0	719.4	342.0	1 290.0				0	0	
11	85	分厂	产品开发	一般管理人员		546.0	234.0	280.0	313.0	220.0	686.8	396.0	1 260.0				0	0	
11	86	分厂	销售人员	一般管理人员		1 100.0	0.0	0.0	0.0	0.0	357.3	54.0	960.0				0	0	
11	87	分厂	综合管理	一般管理人员		1 100.0	0.0	0.0	0.0	0.0	249.9	36.0	960.0				0	0	
11	88	分厂	质检员	一般管理人员		1 100.0	0.0	0.0	0.0	0.0	266.3	48.0	960.0				0	0	

1. 上机完成表中空白处的填写计算(提交电子版计算成果)。

2. 根据前表的计算结果统计工资存量,将统计结果填入表 4-15、表 4-16、表 4-17、表 4-18。

3. 对现行分配制度形成的分配格局中存在的问题进行初步诊断分析。

表 4-15 月度、年度基本工资 6 项明细表

单位:元

序号	工资项目	月度总额	月度平均	年度总额	年度平均
1	职级工资				
2	职级津贴				
3	福利津贴				
4	职务补贴				
5	效益津贴				
6	住房补贴				
合计	—				

表 4-16 基本工资、年功工资、岗级工资总览

单位:元

序号	工资项目	月度总额	月度平均	年度总额	年度平均	占三项工资总额的比例%
1	基本工资					
2	年功工资					
3	岗级工资					
合计	—					

表 4-17 全部职工工资总额、平均工资及其工资奖金构成

单位:元/年

序号	员工人数(人)	项目	总额	每人每年平均	占工资奖金总额比重
1	88(全部人员)	工资奖金总额			
		工资总额			
		奖金总额			
2	83(不含五位领导)	工资奖金总额			
		工资总额			
		奖金总额			
3	5(五位领导)	工资奖金总额			
		工资总额			
		奖金总额			

表4-18 不同层级人员工资总额、平均工资及其工资奖金构成

单位：元/年

序号	岗位名称	人数	工资总额	奖金总额	工资奖金合计	平均每人每年
1	院领导					
2	部门正职					
3	部门副职					
4	一般管理人员					
5	专题组长					
6	课题组长					
7	高级研发师					
8	研发师					
9	助理研发师					
10	试验员					
合计	—					

模块4.2 岗位工资中线测算：点数法和系数法

核心知识要点

使用系数法测算“一岗一薪”标准，其适用范围一般是运行多年的企业，在工作评价的基础上对整合的工资总额进行重新分配，并立足于建立起符合企业自身内部一致性的工资结构。使用系数法测算工资标准的理念是：建立起企业内部一致的、规范的工资标准体系，不被市场工资所左右。在整体工资水平上与社会工资水平一致，但不保证每种职业工资标准与市场一致。

以某公司工资标准测算的实例来说明一岗一薪工资标准的测算过程和结果。工资测算是在1999年进行的，调查使用的基础数据以1998年实际发生数为基础，测算的工资标准于2000年投入使用。

测算2000年岗位工资标准按以下步骤和方法进行。

4.2.1 确定测算2000年岗位工资标准总额

以上一年度统计的工资总额为基础，再加上报告年度和新的方案实行之年的工资总额增量，作为测算工资标准的工资总额基数。之后，确定标准工资在工资总额中的比例为70%（预留10%津贴、补贴，20%奖金），则：测算新的方案工资标准总额和月度的工资标准总额是：

$$年度岗位工资标准总额=年度工资总额\times 70\%$$

$$月度岗位工资标准总额=年度工资标准总额\div 12$$

例如：某公司的工资标准总额核定见表 4－19。

表 4－19　测算 2000 年工资标准的工资总额基数核定表　　单位：万元

项目 下属单位	工资总额	1	2	3	4	5
		中央全民	地方全民	临时工	中央集体	全民工资总额
	—	—	—	—	—	1+2
一　厂	4 244.37	4 097.28	—	—	147.10	4 097.28
二　厂	7 331.33	5 138.95	1 923.98	0.56	267.84	7 062.93
三　厂	4 003.11	3 700.99	—	101.35	200.77	3 700.99
四　厂	2 957.05	2 807.37	—	23.61	126.07	2 807.37
机　关	192.56	192.560	—	—	—	192.560
合　计	18 728.42	15 937.15	1 923.98	125.52	741.78	17 861.13

资料来源：根据《全口径从业人员劳动报酬情况(累计)》(表二)(1998 年 12 月)汇总计算。

按照表 4－19，1998 年，某公司全民职工工资总额为 17 861.13 万元。考虑 1999 年和 2000 年工资总额 8%的增长幅度，预计 2000 年工资总额应为：

预计 2000 年工资总额＝17 861.13×108%×108%＝20 833.22 万元

按照该公司人事部的意见，岗位工资标准总额按工资总额的 70%确定，工龄工资占 6%；奖金占 22%强；津贴、补贴占 2%弱。2000 年岗位工资标准总额应为：

2000 年岗位工资标准总额＝20 833.22×70%＝14 583.25 万元

4.2.2　确定岗位工资标准的倍数(工资幅度)

这是测算工资标准的前提和基础。确定工资倍数，应考虑以下情况和依据。

(1) 上一年度已经形成的最高岗级年均收入为最低岗级收入的倍数。

① 某公司下属的四家生产单位的工资倍数如表 4－20，四家的高低收入倍数高低悬殊，平均为 3.78 倍。

表 4－20　1998 年四家生产单位最高收入为最低收入倍数　　单位：元

单　　位	最低收入 (4 级或 5 级及以下)	最高收入 (20 或 21 级)	最高为 最低倍数
一　厂	14 276	43 352(20 级)	3.04
二　厂	17 041	43 494(21 级)	2.55
三　厂	4 600	63 786(21 级)	13.83
四　厂	13 369	36 089(20 级)	2.70
平　均	12 797	48 394	3.78

资料来源：某公司“四位一体”统计报表。

② 某公司最高岗级 23 级 1998 年收入为 59 580 元，为实际最低岗级 4 岗级年均收入

12 797 元的 4.66 倍。

(2) 国家和行业主管部门的政策性意见或指导性意见。

(3) 政府部门发布的劳动力市场指导价位和最低工资标准。

(4) 企业所有制的性质和参与市场竞争的程度。

4.2.3　确定岗位工资等级系数

这是工资标准测算中的难点问题，是能否正确处理好岗级之间、各类人员之间工资关系的关键。

可以选择的方法基本有两类，一类是点数法，另一类是系数法。实际上，这两种方法测算的结果——工资标准是相同的。

1. 点数法

点数法有两种，一是等差点数法，二是等比递增点数法。

(1) 等差点数法。

例如，某公司在测算工资标准中，直接参照了行业主管部门《咨询建议》中提出的工资幅度(6.5 倍)及列出的各岗级的点数计算了 21 个岗级的工资标准。具体见表 4－21。

表 4－21　某公司月岗位工资标准测算表

等差点数法，等差点数＝(650－100)÷(21－1)＝27.5　　单位：元/月

1	2	3	4	5	6	7	8	9
岗级	岗级人数	等差点数	每一岗级点数	每一岗级点数之和	点值	每一岗级工资标准	个位四舍五入简化	级差
—	—	—	—	2×4	—	4×6	—	—
一	151	—	100.00	15 100	5.18	518	520	—
二	159	27.5	127.50	20 272.5	5.18	660	660	140
三	371	27.5	155.00	57 505	5.18	803	800	140
四	1 024	27.5	182.50	186 880	5.18	945	950	150
五	1 770	27.5	210.00	371 700	5.18	1 088	1 090	140
六	1 657	27.5	237.50	393 537.5	5.18	1 230	1 230	140
七	1 507	27.5	265.00	399 355	5.18	1 373	1 370	140
八	939	27.5	292.50	274 657.5	5.18	1 515	1 520	150
九	819	27.5	320.00	262 080	5.18	1 658	1 660	140
十	326	27.5	347.50	113 285	5.18	1 800	1 800	140
十一	198	27.5	375.00	74 250	5.18	1 943	1 940	140
十二	143	27.5	402.50	57 557.5	5.18	2 085	2 090	150
十三	103	27.5	430.00	44 290	5.18	2 227	2 230	140
十四	60	27.5	457.50	27 450	5.18	2 370	2 370	140
十五	41	27.5	485.00	19 885	5.18	2 512	2 510	140
十六	27	27.5	512.50	13 838	5.18	2 655	2 660	140

（续表）

1	2	3	4	5	6	7	8	9
岗级	岗级人数	等差点数	每一岗级点数	每一岗级点数之和	点值	每一岗级工资标准	个位四舍五入简化	级差
十七	19	27.5	540.00	10 260	5.18	2 797	2 800	140
十八	7	27.5	567.50	3 973	5.18	2 940	2 940	140
十九	2	27.5	595.00	1 190	5.18	3 082	3 080	140
二十	1	27.5	622.50	623	5.18	3 225	3 230	150
二十一	—	27.5	650.00	0	5.18	3 367	3 370	140
合计	9 324	—	—	2 347 690	—	—	—	—

注：1. 测算2000年工资标准的总额为：14 583.25万元；

2. 点值(每点工资率)＝工资标准总额÷12月÷全部岗级点数之和

＝14 583.25万元÷12÷2 347 690≈5.18元；

3. 标准级差＝27.5×5.18＝142.45元。

对等差点数法的分析：点数法的级差是等差的，其测算的工资标准，低等级之间的级差和高等级之间的级差都是相同的，与多年来形成的现实工资差距相比，缩小了岗级之间实际形成的工资差距，同时不能反映市场工资差距。因此，等差点数法特别不适用于技术差别大、责任差别大的大中型企业。一些单位在使用薪点法时，只把其作为划分工资等级的依据，而工资级差则采用另外的方法确定。

(2) 等比递增点数法。

等比递增点数法，即把工资倍数开方，确定等比系数。开多少次方，以岗位等级数目减去1为准。如岗位等级为21级，则开21—1＝20次方。

例如：某公司在采用等差点数法测算工资标准的同时，还使用了等比递增系数薪点法，如表4-22所示。

表4-22 某公司月岗位工资标准测算表

等比系数点数法，等比系数＝6.5倍开(21—1)次方＝1.098 1　　单位：元/月

1	2	3	4	5	6	7	8	9
岗级	岗级人数	等比系数	每一岗级点数	每一岗级点数之和	点值	每一岗级工资标准	个位四舍五入简化	级差
—	—	—	—	2×4	—	4×6	—	—
一	151	1.000 0	100.00	15 100	7.55	755	760	—
二	159	1.098 1	109.81	17 460	7.55	829	830	70
三	371	1.098 1	120.58	44 736	7.55	910	910	80
四	1 024	1.098 1	132.41	135 589	7.55	1 000	1 000	90
五	1 770	1.098 1	145.40	257 360	7.55	1 098	1 100	100
六	1 657	1.098 1	159.66	264 565	7.55	1 205	1 210	110

（续表）

1	2	3	4	5	6	7	8	9
岗级	岗级人数	等比系数	每一岗级点数	每一岗级点数之和	点值	每一岗级工资标准	个位四舍五入简化	级差
七	1 507	1.098 1	175.33	264 219	7.55	1 324	1 320	110
八	939	1.098 1	192.53	180 784	7.55	1 454	1 450	130
九	819	1.098 1	211.41	173 149	7.55	1 596	1 600	150
十	326	1.098 1	232.15	75 682	7.55	1 753	1 750	150
十一	198	1.098 1	254.93	50 476	7.55	1 925	1 930	180
十二	143	1.098 1	279.94	40 031	7.55	2 114	2 110	180
十三	103	1.098 1	307.40	31 662	7.55	2 321	2 320	210
十四	60	1.098 1	337.56	20 253	7.55	2 549	2 550	230
十五	41	1.098 1	370.67	15 197	7.55	2 799	2 800	250
十六	27	1.098 1	407.03	10 990	7.55	3 073	3 070	270
十七	19	1.098 1	446.96	8 492	7.55	3 375	3 380	310
十八	7	1.098 1	490.81	3 436	7.55	3 706	3 710	330
十九	2	1.098 1	538.96	1 078	7.55	4 069	4 070	360
二十	1	1.098 1	591.83	592	7.55	4 468	4 470	400
二十一	0	1.098 1	650.00	0	7.55	4 908	4 910	440
合计	9 324	—	—	1 610 851	—	—	—	—

注：1. 测算2000年工资标准的总额为14 583.25万元；
　　2. 点值（每点工资率）＝工资标准总额÷12月÷全部岗级点数之和
　　　　＝14 583.25万元÷12月÷1 610 851≈7.55元。

2. 系数法

系数法有二种：一是等差系数法；二是等比递增系数法。

（1）等差系数法。

确定等差系数的方法是：用工资倍数减1，再除以岗位等级数减去1。工资倍数是6.5倍，岗位等级是21级，则（6.5－1）÷（21－1）＝0.275。

测算过程见表4－23。

表4－23　某公司月岗位工资标准测算表

等差系数法，（6.5－1）÷（21－1）＝0.275　　单位：元/月

1	2	3	4	5	6	7	8	9
岗级	岗级人数	等差系数	岗级系数	每一岗级系数之和	第一岗级工资标准	每一岗级工资标准	个位四舍五入简化	级差
—	—	—	—	2×4	—	4×6	—	—
一	151	0	1.000	151.00	518	518	520	—

(续表)

1	2	3	4	5	6	7	8	9
岗级	岗级人数	等差系数	岗级系数	每一岗级系数之和	第一岗级工资标准	每一岗级工资标准	个位四舍五入简化	级差
二	159	0.275	1.275	202.725	518	660	660	140
三	371	0.275	1.550	575.05	518	803	800	140
四	1 024	0.275	1.825	1 868.80	518	945	950	150
五	1 770	0.275	2.100	3 717.00	518	1 088	1 090	140
六	1 657	0.275	2.375	3 935.375	518	1 230	1 230	140
七	1 507	0.275	2.650	3 993.55	518	1 373	1 370	140
八	939	0.275	2.925	2 746.575	518	1 515	1 520	150
九	819	0.275	3.200	2 620.80	518	1 658	1 660	140
十	326	0.275	3.475	1 132.85	518	1 800	1 800	140
十一	198	0.275	3.750	742.50	518	1 943	1 940	140
十二	143	0.275	4.025	575.575	518	2 085	2 090	150
十三	103	0.275	4.300	442.90	518	2 227	2 230	140
十四	60	0.275	4.575	274.50	518	2 370	2 370	140
十五	41	0.275	4.850	198.85	518	2 512	2 510	140
十六	27	0.275	5.125	138.38	518	2 655	2 660	140
十七	19	0.275	5.400	102.60	518	2 797	2 800	140
十八	7	0.275	5.675	39.73	518	2 940	2 940	140
十九	2	0.275	5.950	11.90	518	3 082	3 080	140
二十	1	0.275	6.225	6.23	518	3 225	3 230	150
二十一	—	0.275	6.500	0	518	3 367	3 370	140
合计	9 324	—	—	23 476.90	—	—	—	

注：1. 测算 2000 年工资标准的总额为：14 583.25 万元；

2. 第一(最低)岗级工资标准＝工资标准总额÷12 月÷全部岗级系数之和
＝14 583.25 万元÷12÷23 476.90≈518 元；

3. 标准级差＝0.275×518＝142.45 元。

(2) 等比递增系数法。

等比递增系数的确定方法是：用工资倍数开 n 次方(n＝工资等级数目－1)。用等比递增系数测算工资标准的过程见表 4－24。

表 4 - 24　某公司月岗位工资标准测算表

等比递增系数法，等比系数＝6.5 倍开 20 次方＝1.098 1　　单位：元/月

1	2	3	4	5	6	7	8	9
岗级	岗级人数	等比递增系数	每一岗级系数	每一岗级系数之和	第一岗级工资标准	每一岗级工资标准	个位四舍五入简化	级差
—	—	—	—	2×4	—	4×6	—	—
一	151	1.000 0	1.000 0	151.00	755	755	760	—
二	159	1.098 1	1.098 1	174.60	755	829	830	70
三	371	1.098 1	1.205 8	447.36	755	910	910	80
四	1 024	1.098 1	1.324 1	1 355.89	755	1 000	1 000	90
五	1 770	1.098 1	1.454 0	2 573.60	755	1 098	1 100	100
六	1 657	1.098 1	1.5966	2 645.65	755	1 205	1 210	110
七	1 507	1.098 1	1.753 3	2 642.19	755	1 324	1 320	110
八	939	1.098 1	1.925 3	1 807.84	755	1 454	1 450	130
九	819	1.098 1	2.114 1	1 731.49	755	1 596	1 600	150
十	326	1.098 1	2.321 5	756.82	755	1 753	1 750	150
十一	198	1.098 1	2.549 3	504.76	755	1 925	1 930	180
十二	143	1.098 1	2.799 4	400.31	755	2 114	2 110	180
十三	103	1.098 1	3.074 0	316.62	755	2 321	2 320	210
十四	60	1.098 1	3.375 6	202.53	755	2 549	2 550	230
十五	41	1.098 1	3.706 7	151.97	755	2 799	2 800	250
十六	27	1.098 1	4.070 3	109.90	755	3 073	3 070	270
十七	19	1.098 1	4.469 6	84.92	755	3 375	3 380	310
十八	7	1.098 1	4.908 1	34.36	755	3 706	3 710	330
十九	2	1.098 1	5.389 6	10.78	755	4 069	4 070	360
二十	1	1.098 1	5.918 3	5.92	755	4 468	4 470	400
二十一		1.098 1	6.500 0	0.00	755	4 908	4 910	440
合计	9 324	—	—	16 108.51	—	—	—	—

注：1. 测算 2000 年工资标准的总额为 14 583.25 万元；
2. 第一岗级，即最低岗级工资标准＝工资标准总额÷12 月÷全部岗级系数之和＝14 583.25 万元÷12 月÷16 108.51≈755 元。

从点数法和系数法计算的结果来看，等差点数法与等差系数法的计算结果完全相同，而等比系数点数法则与等比递增系数法完全相同。

4.2.4　计算公司岗位(工资)等级系数(点数)总和及计算岗位工资标准

1. 计算公司岗位(工资)等级系数(点数)总和

方法及步骤如下。

(1) 逐岗级计算每一岗级工资等级系数(点数)之和。

公式：

每一岗级系数(点数)之和＝每一岗级系数(点数)×该岗级人数

(2) 计算某公司所有岗位工资等级系数(点数)总和。

公式：

公司所有岗位工资系数(点数)总和＝一级岗位系数(点数)之和
＋二级岗位系数(点数)之和
＋…＋二十一级岗位系数(点数)之和

2. 计算岗位工资标准

方法及步骤如下。

(1) 点数法按下列公式进行。

点值＝工资总额÷所有岗级的点数之和

每一岗级工资标准＝点值×该岗级评价点数

(2) 系数法按下列步骤进行。

① 按照确定的工资等级系数分别计算最低岗级的月岗位工资标准。

公式：

最低等级月岗位工资标准＝2000 年月工资标准总额÷所有岗位工资等级系数之和

② 计算所有岗级的月岗位工资标准。

公式：

各岗级工资标准＝各岗级系数×最低等级岗位工资标准

③ 按照个位数“四舍五入”简化工资标准。

以上步骤按四种方法的计算过程和结果，见表 4-21、表 4-22、表 4-23、表 4-24。

4.2.5 测算标准的可行性，选择确定拟实行的工资标准

计算完岗位工资标准后，根据计算结果，分别进行测算标准的可行性研究，选择确定拟实行的工资标准。测算工资标准的可行性研究，见表 4-25 和表 4-26。

表 4-25 等差法测算工资标准的可行性比较 单位：元

1	2	3	4	5	6	7	8
岗级	98 岗级年均收入	98 岗级年均收入校正	推算 2 000 年年收入	推算 2 000 年月工资标准	测算 2 000 年月工资标准	2 000 年测算标准比推算标准增加	2 000 年测算标准比 2 000 年推算标准增加%
—	汇总数	—	3 栏×1.166 4	4 栏÷12×70%	表 3—14 转来	6 栏－5 栏	6 栏÷5 栏－100%
一	12 797.27	12 797	14 927	871	520	－351	－40
二	13 905.18	13 905	16 219	946	660	－286	－30
三	15 012.79	15 013	17 511	1 021	800	－221	－21

（续表）

1	2	3	4	5	6	7	8
岗级	98岗级年均收入	98岗级年均收入校正	推算2 000年年收入	推算2 000年月工资标准	测算2 000年月工资标准	2 000年测算标准比推算标准增加	2 000年测算标准比2 000年推算标准增加%
四	17 237.65	17 238	20 106	1 173	950	—223	—19
五	18 173.57	18 174	21 198	1 237	1 090	—147	—12
六	19 419.07	19 419	22 650	1 321	1 230	—91	—7
七	19 823.81	19 824	23 122	1 349	1 370	—21	1.6
八	21 688.01	21 688	25 297	1 476	1 520	44	3
九	24 696.15	24 696	28 806	1 680	1 660	—20	—1
十	27 528.82	27 529	32 110	1 873	1 800	73	3.9
十一	27 644.03	27 644	32 244	1 881	1 940	59	3.1
十二	27 758.42	27 758	32 377	1 889	2 090	201	10.7
十三	30 013.94	30 014	35 008	2 042	2 230	189	9.2
十四	32 675.35	32 675	38 113	2 223	2 370	146	6.6
十五	33 890.10	33 890	39 529	2 306	2 510	204	8.9
十六	37 910.07	37 910	44 218	2 579	2 660	81	3.1
十七	42 262.16	42 262	49 295	2 876	2 800	—76	—2.6
十八	48 394.14	48 394	56 447	3 293	2 940	—352	—10.7
十九	51 000.00	51 000	59 486	3 470	3 080	—390	—11.2
二十	59 580.00	59 580	69 494	4 054	3 230	—823	—20.3
二十一	—	—	—	—	3 370	—	—

注：1. 1664为1999年和2000年预计工资总额指数的乘积，即1.08×1.08。

分析：1—6级、9级和17—20级存在收入下降问题，特别是低等级和高等级，即“两头”收入下降较多，违反了工资改革“存量不动”的原则，因此，此测算方法及按照此法测算的工资标准不宜采用。

表4-26　等比递增法测算工资标准的可行性比较　单位：元/月

1	2	3	4	5	6	7	8
岗级	98岗级年均收入	98岗级年均收入校正	推算2 000年年收入	推算2 000年月工资标准	测算2 000年月工资标准	2 000年测算标准比推算标准增加	2 000年测算收入比2 000年推算收入增加%
—	汇总数	—	3栏×1.166 4	4栏÷12×70%	表3-14转来	6栏—5栏	6栏÷5栏—100%
一	12 797.27	12 797	14 927	871	760	—111	—12.72
二	13 905.18	13 905	16 219	946	830	—116	—12.27

（续表）

1	2	3	4	5	6	7	8
岗级	98岗级年均收入	98岗级年均收入校正	推算2 000年年收入	推算2 000年月工资标准	测算2 000年月工资标准	2 000年测算标准比推算标准增加	2 000年测算收入比2 000年推算收入增加%
三	15 012.79	15 013	17 511	1 021	910	−111	−10.91
四	17 237.65	17 238	20 106	1 173	1 000	−173	−14.74
五	18 173.57	18 174	21 198	1 237	1 100	−137	−11.04
六	19 419.07	19 419	22 650	1 321	1 210	−111	−8.42
七	19 823.81	19 824	23 122	1 349	1 320	−29	−2.14
八	21 688.01	21 688	25 297	1 476	1 450	−26	−1.74
九	24 696.15	24 696	28 806	1 680	1 600	−80	−4.78
十	27 528.82	27 529	32 110	1 873	1 750	−123	−6.57
十一	27 644.03	27 644	32 244	1 881	1 930	49	2.61
十二	27 758.42	27 758	32 377	1 889	2 110	221	11.72
十三	30 013.94	30 014	35 008	2 042	2 320	278	13.61
十四	32 675.35	32 675	38 113	2 223	2 550	327	14.70
十五	33 890.10	33 890	39 529	2 306	2 800	494	21.43
十六	37 910.07	37 910	44 218	2 579	3 070	491	19.02
十七	42 262.16	42 262	49 295	2 876	3 380	504	17.54
十八	48 394.14	48 394	56 447	3 293	3 710	417	12.67
十九	51 000.00	51 000	59 486	3 470	4 070	600	17.29
二十	59 580.00	59 580	69 494	4 054	4 470	416	10.27
二十一	—	—	—	—	4 910	—	—
合计	—	—	—	—	—	—	—

分析：从1级开始按等比递增系数计算的工资标准，同推算的工资标准相比，1—10级有降低，但仍高于市场工资率；11—20级有增加，满足了中高级职位较多增加工资的要求。因此，此法和此法测算的工资标准，在“纳入”中只要适当变通就是可行的。

本着“存量不动”的原则，对老职工采取“级对级”纳入新工资标准之后如有降低收入的，可在推算工资标准的基础上，就近就高纳入新工资标准。对于新工资标准实施后的新职工，则直接采取“级对级”的纳入方法。

通过对等差法和等比递增法两类共四种工资标准测算结果的比较，证明等差法测算的工资标准可行性差，其计算的工资标准“两头小、中间大”，低等级的职工难以保证“存量不变”，而高等级职工也达不到“增量调整”的目标。因此，等差法及等差法测算的工资标准只能舍弃。最后选定等比递增法测算的工资标准。

要提示的是：在工作评价基础上，按照等差或等比系数法测算的工资标准，其适用范围是外部市场上供求基本平衡或供大于求的人员，而对市场上供给紧缺的人员，则不适用。确定这些人员的工资标准，一般是参照市场价格直接使用协商工资制的办法。还有一个做法是：在与其他员工一起执行统一工资标准的基础上，另外确定技术津贴或其他形式的待遇，以保持同外部市场的一致。

业务演练

任务4-2：等差点数法测算工资标准

练习2： 工资标准总额为360万元，一级岗位评价点数为100点，十六级岗位评价点数为500点，按照等差点数法测算工资标准，完成表4-27。

表4-27　某公司月岗位工资标准测算表

[等差点数法，等差点数=(　　—　　)÷(　—1)=　　]

1	2	3	4	5=2×4	6	7=4×6	8	9
岗级	岗级人数	等差点数	每一岗级点数	每一岗级点数之和	点值	每一岗级工资标准	个位四舍五入简化	级差
一	2	—	100					—
二	6							
三	12							
四	5							
五	3							
六	5							
七	9							
八	10							
九	12							
十	4							
十一	8							
十二	6							
十三	4							
十四	2							
十五	1							
十六	1							
合计	90	—	—		—	—	—	—

注：点值=工资总额÷各岗级点数之和=3 600 000÷　　　　=　　　　(元)。

任务 4-3：等比递增点数法测算工资标准

练习 3： 工资总额为 360 万元，第十六级岗位评价点数为 500 点，一级评价点数为 100 点。按照等比递增点数法测算工资标准，完成表 4-28。

表 4-28 某公司月岗位工资标准测算表

［等比递增点数法，等比系数＝$\sqrt[16-1]{5}$＝ ］

1	2	3	4	5=2×4	6	7=4×6	8	9
岗级	岗级人数	等比系数	每一岗级点数	每一岗级点数之和	点值	每一岗级工资标准	个位四舍五入简化	级差
一	2	1	100					
二	6							
三	12							
四	5							
五	3							
六	5							
七	9							
八	10							
九	12							
十	4							
十一	8							
十二	6							
十三	4							
十四	2							
十五	1							
十六	1							
合计	90	—	—		—	—	—	—

注：点值＝工资总额÷各岗级点数之和＝3 600 000÷ ＝ （元）。

模块 4.3 岗位工资中线确定：薪酬调查法

核心知识要点

使用数学测算法测算一岗一薪的工资标准，有助于建立企业内部一致性的薪酬结构。薪酬调查，重在解决薪酬的外部竞争力问题。薪酬调查，是指企业通过收集外部薪酬信息来判断其他企业所支付的薪酬水平的系统过程。薪酬调查的结果，是组织或个人衡量自身报酬水平外部公平性的重要参考依据。进行薪酬调查，企业可以根据调查结果来确定自身当前的薪酬水平相对于竞争对手在既定劳动力市场上的位置，从而根据自身战略来确定薪酬水平甚至是薪酬结构。

使用市场薪酬调查法确定工资标准，其适用范围一般为新建企业、事业改企业单位，以及企图借用市场力量和市场价位改造或调整目前不合理的工资结构的单位。

4.3.1 薪酬水平与外部竞争力

1. 薪酬外部竞争力

薪酬外部竞争力，是指雇主如何参照市场竞争对手的薪酬水平给自己的薪酬水平定位而由此产生的企业在人才市场上的竞争能力的大小。它强调的是薪酬支付与外部组织的薪酬之间的关系。它具有市场相对性，即与其他竞争对手薪酬水平的对比性。

尽管决定与竞争对手相对的薪酬水平是一个基本决策，但竞争也包括选择多种薪酬形式，如红利、持股、灵活的福利、职业机会、具有挑战性的工作等。保证具有外部竞争力的薪酬水平，是通过参照同行的薪酬水平，给类似职位确定薪酬而建立起来的。在组织内，不同职位平均薪酬的排列就是该组织的薪酬水平。确定薪酬水平要经过薪酬调查。利用调查信息和企业的决策确定一个薪酬框架，即薪酬政策线，以最终建立起企业的薪酬结构。

2. 外部薪酬策略的选择

(1) 领先型薪酬策略。

领先型薪酬策略是对所有员工支付市场工资75%点之上的工资。其优势在于：能够保证高质量劳动力的供应；能够增加“偷懒”被辞退的机会成本，因此促使员工自我监督，节约监督成本；能够给员工带来公平感，通过回报观念提高员工的工作努力程度，进而提高生产率。选择领先型的企业往往是企业经济效益好的国有企业、有规模的外商投资企业。领先型薪酬策略能最大限度地发挥组织吸纳和留住员工的能力，同时把员工对薪酬的不满减少至最低。

(2) 跟随型薪酬策略。

跟随型薪酬策略是对所有的员工支付大体相当于市场工资50%点的工资。跟随型的薪酬策略力图使本组织的薪酬成本接近产品竞争对手的薪酬成本；同时使本组织吸纳员工的能力接近产品竞争对手吸纳员工的能力。此种选择能够保证一定质量劳动力的供应，又不致提高人工成本，但也存在优质劳动力流失的风险。选择跟随型的企业往往是企业经济效益一般的企业。

(3) 滞后型薪酬策略。

滞后型薪酬策略是对绝大多数员工支付大体等于市场工资25%点的工资。滞后型薪酬策略也许会影响企业吸纳潜在员工的能力。但是，如果采用滞后型策略的企业能保证员工将来可以得到更高的收入，那么员工的责任感会提高，团队精神也会增强，从而企业的劳动生产率也会提高。此种选择虽然保证了低水平的人工成本，尽管劳动力流动率很高，但也能基本保证劳动力的供应。选择滞后型的企业往往是企业技术含量不高、经济一般或较差、处于原始积累期的企业。

(4) 混合型薪酬策略。

混合型薪酬策略的一种策略是根据不同的职业类别制定不同的薪酬策略。如目前许多企业给不同的技能制定不同的薪酬策略：对组织成功至关重要的技能，他们采取领先型策略;对组织成功不很重要的技能,他们采取跟随型策略;对在当地劳动力市场上很容易招聘到人员的职位,他们采取滞后策略。另一种策略是根据不同的薪酬形式制定不同的薪酬策略,如总薪酬高于市场价值,但基本工资略低于市场平均水平,而激励工资远远高于市场平均水平。

4.3.2 薪酬调查的目标

薪酬调查是采集、分析竞争对手所支付薪酬水平的过程。薪酬调查能提供设计与竞争对手相关的薪酬策略所需要的数据,并把策略变成实际操作中的薪酬水平和薪酬结构。

薪酬调查关注的两个目标如下。

1. 控制劳动力成本

通过控制劳动力成本,特别是发生职位空缺以后从市场容易寻找人员填补的岗位的人工成本,达到控制并降低产品成本或服务成本,从而实现产品市场或服务市场扩张的目标。

2. 吸纳和保留员工

对难以填补职位空缺的职位,必须按照竞争对手的薪酬状况正确决定自己的薪酬水平,从而保持企业薪酬分配的对外竞争力,以取得吸纳保留优秀员工,有效参与劳动力市场竞争的优势。

4.3.3 市场薪酬调查工作的程序

不论企业的规模大小,在确定一个或更多岗位的工资时实际上都需要进行薪酬调查。国外绝大多数企业多利用薪酬市场调查来确定员工的薪酬水平。薪酬市场调查的过程如图4-3所示。

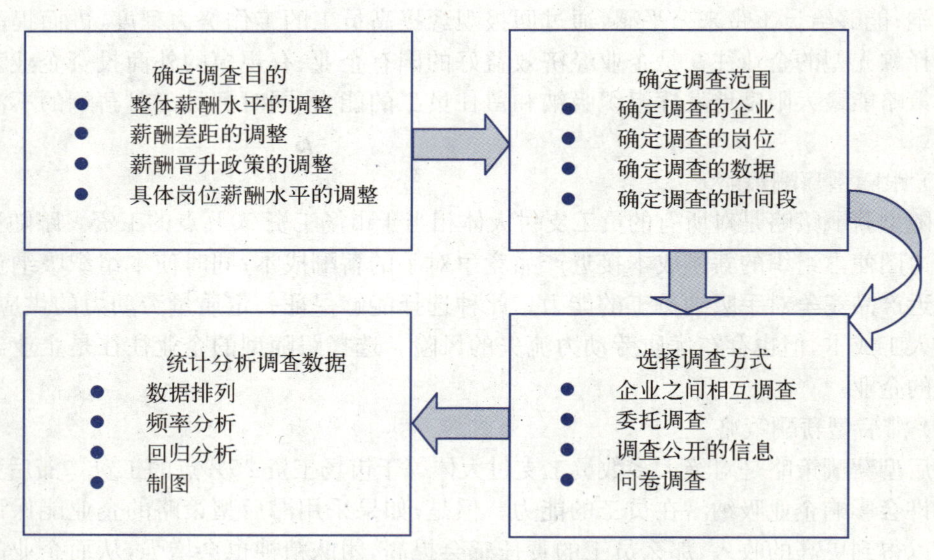

图4-3 薪酬市场调查过程

1. 确定调查目的

在薪酬调查时,首先应清楚调查目的和调查结果的用途,再开始组织薪酬调查。一般而言,调查的结果可以为以下工作提供参考和依据:确定整体薪酬水平或薪酬水平的调整,薪酬差距的调整,薪酬晋升政策的调整,具体岗位薪酬水平的调整,评价竞争对手的劳动力成本、了解其他企业薪酬管理实践的最新发展和变化趋势等。根据调查的目的和用途,再确定调查范围、调查方法和统计分析调查数据方法。

2. 确定调查范围

(1) 确定调查的企业,即界定相关劳动力市场。

在选择要调查的企业时,应本着与企业薪酬有可比性的原则,即选择调查企业时要选择其雇佣的劳动力与本企业具有可比性的企业。一般地说,可供选择的调查企业有五类,见表4-29。

表4-29　可供选择的薪酬调查对象

第一类	同行业中同类型的其他企业(与本企业竞争,提供同类产品或服务的企业)
第二类	其他行业中有相似岗位或工作的企业
第三类	与本企业雇佣同一类型的劳动力,可构成人力资源竞争对象的企业
第四类	与本企业在同一地域范围内竞争员工的企业
第五类	经营策略、信誉、报酬水平和工作环境均合乎一般标准的企业

调查企业的数目没有一个统一的规定。采取领先型薪酬策略的企业一般仅与几个支付高薪酬的竞争对手交换数据。一般企业可根据自身的人力、物力、财力、时间及目的有所不同,但通常调查10家以上企业。

(2) 确定调查的岗位。

确定调查岗位时,也应遵循可比性原则,即在当选择调查的岗位时应选择其工作责权、重要程度、复杂程度与本企业须调查岗位的责权具有可比性的岗位。因为我国还没有建立规范的岗位名称,因此,即使是岗位名称相同,在不同的企业有可能有不同的工作责权和重要程度、复杂程度。所以,在薪酬调查时首先要确认要调查岗位的工作责权、重要程度与复杂程度,然后再调查其薪酬状况。

调查时可以选择企业中的主要岗位,差不多占企业所有岗位的20%或更多,这样可以根据市场价格确定至少20%或更多的岗位的薪酬,其他岗位可以根据与那些主要岗位在企业中的相对价值的比较,确定其薪酬水平。

(3) 确定调查的数据。

薪酬调查的数据要全面,要调查薪酬结构的所有项目。既要调查货币性薪酬,如工资、奖金、津贴、补贴、劳动分红等,也要调查非货币性薪酬,如为员工提供的住房、培训、社会保险和商业保险等。

(4) 确定调查的时间段。

要明确收集的薪酬数据的开始和截止时间。

3. 选择调查方式

当企业确定由人力资源部来完成薪酬调查工作时,就要确定调查的目的、被调查的对象、所需的信息和使用的方法。目标不同、对象不同,那么所需的信息、选择使用的方法是有差异的。通常,一些较明确、简单、规范的岗位只需简单的信息就可以实现目标,因此可选择使用简单的调查方法,如企业之间相互调查、委托调查、调查公开的信息;反之,则需要使用较为复杂的方法才能实现薪酬调查的目的,如调查问卷。

常用的调查方法有以下4种。

(1) 企业之间相互调查。

通过不同员工之间的联系进行调查。那些有着良好的对外关系的企业比较适合采用这种方式,因为他们与同行之间有着较为紧密的合作关系,能够较为轻松地获得所需的薪酬信息。

(2) 委托调查。

委托调查是指委托商业性、专业性的咨询公司进行调查。尤其是当企业需要确定薪酬水平的岗位,难以在类似企业中找到对等的岗位时,或者该企业属于新兴时,例如当首次设立"网络编辑"这个岗位时,企业将面临确定其薪酬水平的困难,这时可考虑选择咨询公司搜集所需的信息。但是,所花的费用将比企业之间相互调查方式多得多。

(3) 调查公开的信息。

调查公开的信息是指调查政府公布的信息,如:每年定期公布的劳动力市场指导价位;有关的专业协会或学术团体提供的数据;报纸、杂志、网络上的数据(仅作为参考)等。但是,这些数据的特点是针对性不强,比如政府所做的薪酬调查侧重于对宏观信息的收集和调查,侧重于面而不是点;专业协会或学术团体对薪酬的调查,也不可能面面俱到完全满足企业的需要,只能用于对宏观的把握和参考。另外,企业也不可能免费使用政府或协会、团体薪酬调查的数据,只是这些数据相对于委托调查的数据更为便宜。

(4) 调查问卷。

前三种方式是简单的用于薪酬调查的方法,对于少数的、规范的岗位薪酬调查是切实可行的,但是对于大量的、复杂的岗位做薪酬调查则是不可行的。事实上,20%—25%的企业是通过正式的问卷调查来实现薪酬调查目标的。

相关链接 4-1:

薪酬调查问卷

(1) 基本情况

您的姓名	年龄	性别	本专业/领域工作年限
您所在部门	职务	学历	来企业的时间

(2) 您现在的年总薪酬收入为________元。

在您的年总薪酬收入中,由哪几部分组成,它们各占总薪酬收入的比例是多少?

总薪酬的组成部分	占总薪酬的比例(%)

(3) 目前的薪酬水平和您的付出是成正比的吗?

差不多	付出更多	薪酬更多

(4) 非货币化收入占您年总收入的比例约是(　　)?

60%	50%	40%	30%	20%	10%	其他(请说明)

(5) 您享受企业提供的哪些福利?(多选,知道具体数额的请在最后一列填写大约数额)

1. 社会养老保险	每月　　　　　元
2. 社会医疗保险	每月　　　　　元
3. 社会失业保险	每月　　　　　元
4. 商业医疗保险	每月　　　　　元
5. 商业养老保险	每月　　　　　元
6. 住房公积金	企业负担　　　%,个人负担　　　%
7. 报销通讯费	每月　　　　　元
8. 免费用车	车辆的牌子/购买年限
9. 车辆补贴	每月　　　　　元
10. 报销交通费	每月　　　　　元
11. 在职培训	每年　　　　　元
12. 带薪休假	每年　　　　　元
13. 劳保物品	每年　　　　　元
14. 俱乐部会员费	每年　　　　　元
15. 加班补贴	每小时　　　　元
16. 企业组织活动	每年　　　　　天
17. 住房	居室/无补助
18. 其他(请说明)	

(6) 您上次提薪的时间是(　　)?

两年以前	一年半前	半年前	三个月前	一个月前	其他(请说明)

(7) 您认为贵企业的薪酬在同行业中属于何种水平?

上　　等	中　　等	下　　等

4.3.4 统计分析调查数据

薪酬调查的数据一定要真实、可靠。在统计分析时应选用那些可靠的数据进行统计、分析。统计分析的方法有以下三种。

1. 数据排列

先将调查的同一类数据由高至低排列,再计算出数据排列的中间数据,即 25%点处、中点或 50%点处和 75%点处。薪酬水平高的企业应注意 75%点处甚至是 90%点处的薪酬水平;薪酬水平低的企业应注意 25%点处的薪酬水平;一般的企业应注意中点处薪酬水平。表 4-30 所示是调查的会计岗位的数据。

表 4-30 会计岗位薪酬调查数据

企业名称	平均工资(元)	排　　列
A	2 500	1
B	2 200	2　90%点处=2 200 元
C	2 200	3
D	1 900	4　75%点处=1 900 元
E	1 700	5
F	1 650	6
G	1 650	7
H	1 650	8　中点或 50%点处=1 650 元
I	1 600	9
J	1 600	10
K	1 550	11
L	1 500	12　25%点处=1 500 元
M	1 500	13
N	1 500	14
O	1 300	15

2. 频率分析

如果被调查企业没有给出准确的薪酬水平数据，只能了解到该企业的平均薪酬情况时，可以采取频率分析法，记录在各薪酬额度内各企业平均薪酬水平出现的频率，从而了解这些企业薪酬的一般水平。表4-31分析的是会计岗位的薪酬频率。为了便于直观分析比较，还可以根据调查数据绘制柱形图，见图4-4。

表4-31 会计岗位的薪酬频率分析

薪酬额度	出现频率
2 400—2 599	1
2 200—2 399	2
2 000—2 199	1
1 800—1 999	3
1 600—1 799	4
1 400—1 599	1

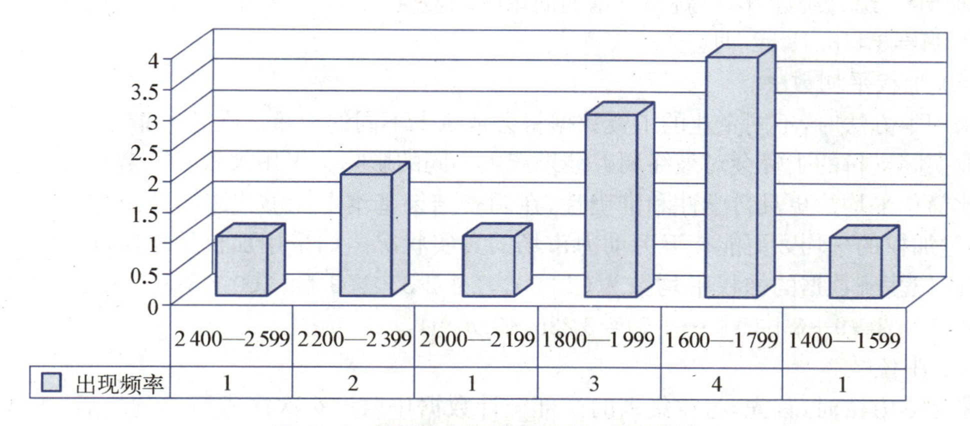

图4-4 薪酬数据的频率分析：会计岗位

3. 趋中趋势分析

趋中趋势分析是统计数据处理分析的重要方法之一，具体又包括以下几种方法，下面举例来进行说明。表4-32假定是对制造业120家企业"综合统计"岗位的薪酬调查数据，将这些数据由高到低进行排列。

表4-32 "综合统计"岗位薪酬调查数据分析

序号	薪酬(元/月)	企业数量
1	2 200	2
2	2 350	9
3	2 700	8
4	2 890	10

（续表）

序　　号	薪酬(元/月)	企　业　数　量
5	3 010	25
6	3 300	35
7	3 500	18
8	3 890	1
9	4 220	4
10	4 650	6
11	4 890	2

(1) 简单平均数法。

简单平均数法通常是将与特定职位对应的所有数据简单相加，再除以参与调查的企业数目，从而求出平均值。这种方法使用起来比较简单，但是极端值可能会破坏结果的准确性，因此采用这种方法时，可以首先用频率分布将极端值剔除掉，然后再做出计算。如表4－32所示，“综合统计”岗位薪酬数据的简单平均数为(2 200＋2 350＋2 700＋2 890＋…＋4 890)/11＝3 418.18元/月。

(2) 加权平均数法。

采用本方法时，不同企业的工资数据将会被赋予不同的权重。在这种情况下，规模不同的企业实际支付的工资会对最终调查结果产生不同的影响。采用加权平均数法处理分析数据要比简单平均法更具科学性和准确性，在调查结果基本上能够代表行业总体状况的情况下，经过加权的平均数更能接近劳动力市场的真实状况。如采用加权平均法，则上例“综合统计”岗位薪酬数据的加权平均数为(2 200×2＋2 350×9＋2 700×8＋2 890×10＋…＋4 890×2)/(2＋9＋8＋10＋…＋2)＝3 235.42元/月。

(3) 中位数。

采用本方法时，首先，将收集到的全部统计数据按照大小次序进行排列之后，再找出居于中间位置的数值，即中位数作为确定某类岗位人员工资水平的依据。该方法的最大特点是可以剔除出异常值即最大值和最小值对于平均工资值的影响，但准确性明显低于上述方法，它只能显示当前劳动力市场平均薪酬水平的概况。表4－32中，“综合统计”岗位薪酬数据的中位数为3 300元/月。

(4) 回归分析。

回归分析是来测试两个或多个变量之间的相关关系(变量之间的相关系数越接近1，则变量之间的相关性就越强)，然后利用可以得到的其中一个变量的值来预测另外一个变量的值。可以利用一些数据统计软件如SPSS等所提供的回归分析功能，分析两种或多种数据之间的关系，从而找出影响薪酬水平或者薪酬差距的主要因素以及影响程度，进而对薪酬水平或者薪酬差距的发展趋势进行预测。

下面我们举例来说明一下如何运用回归分析的方法来利用收集的薪酬调查数据对组织内岗位的薪酬水平做出决策。关于薪酬水平的确定，不同的企业有不同的方法，一般而言，有以下两种方法。

A. 将工资水平完全建立在市场工资调查数据的基础上。

具体做法是：根据表 4－33 所列出的企业工资水平的调查数据，将企业的岗位评价数据与工资调查数据结合，以岗位评价数据为横轴，以市场调查数据为纵轴建立平面直角坐标系，在坐标系中标出各个岗位的岗位评价与市场调查数据。接下来，我们可以运用最小二乘法对两列数据进行拟合，我们以 X 为岗位评价点数，以 Y 为市场调查的薪酬数据，从而得到一条能够体现不同职位等级的薪酬趋势的直线，该回归直线的方程为 $Y=a+bX$。岗位评价点数与市场薪酬水平组合而成的散点图，如图 4－5 所示。

表 4－33　职位评价点数与市场薪酬水平

序　号	岗 位 名 称	点　数　值	市场调查(千元/月)
1	司机	350	2.000
2	办事员	376	2.236
3	资料管理及内勤	405	3.126
4	档案员	429	3.917
5	劳资专员	453	3.338
6	成本核算	478	3.271
7	招投标管理	496	3.584
8	项目工程师	535	4.313
9	外派财务经理	569	6.146
10	项目部副经理	595	6.667
11	经理办公室主任	645	7.222
12	项目部经理	680	7.639

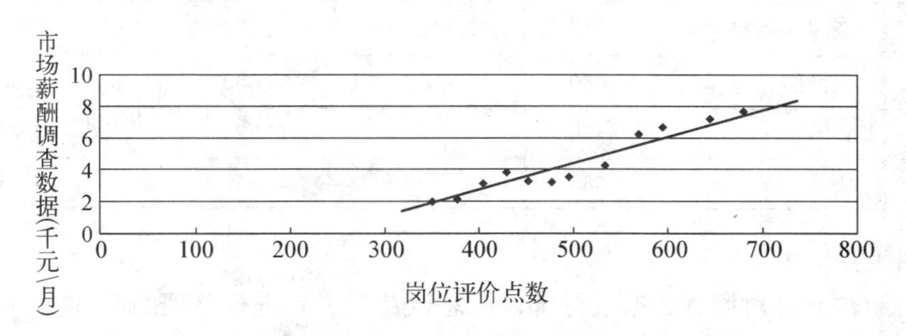

图 4－5　岗位评价点数与市场薪酬水平组合而成的散点图

企业的工作岗位可以分为一般岗位和特殊岗位：企业一般岗位的工资水平可以通过工资调查数据得到；而特殊岗位的工资水平可以通过工资曲线得到，即将特殊岗位的岗位评价数据代入工资曲线的方程即可得出。

例如，我们根据表 4－33 提供的数据，得出回归直线的方程为 $Y=0.0178X-4.442$。这样，我们就可以根据此方程，将特殊岗位的岗位评价数据代入该方程中的 X，从而得出特殊岗位的工资数据Y。而企业的一般岗位，将工资水平完全建立在市场工资调查数据的基础上(如表4-34中的第五列)。

B. 根据工资曲线确定工资水平。此种方法的一个重要特点是，将所用岗位的工资水平完全按照工资曲线确定，这样就将市场调查的外部信息与岗位评价的内部信息结合起来，充分考虑了工资制度的内部公平性。具体做法是，在得出了工资曲线后，将所有岗位(包括一般岗位和特殊岗位)的岗位评价得分代入工资曲线，得出各个岗位的工资水平(如表4-34中的第六列)。

表4-34 工资水平的确定

序号		岗位名称	点数值	市场调查(千元/月)	直接采用市场调查的工资水平(千元/月)	利用工资曲线得出的工资水平(千元/月)
第一列		第二列	第三列	第四列	第五列	第六列
一般岗位	1	司机	350	2.000	2.000	1.788
	2	办事员	376	2.236	2.236	2.250 8
	3	资料管理及内勤	405	3.126	3.126	2.767
	4	档案员	429	3.917	3.917	3.194 2
	5	劳资专员	453	3.338	3.338	3.621 4
	6	成本核算	478	3.271	3.271	4.066 4
	7	招投标管理	496	3.584	3.584	4.386 8
	8	项目工程师	535	4.313	4.313	5.081
	9	外派财务经理	569	6.146	6.146	5.686 2
	10	项目部副经理	595	6.667	6.667	6.149
	11	经理办公室主任	645	7.222	7.222	7.039
	12	项目部经理	680	7.639	7.639	7.662
特殊岗位	13	M	575	—	5.793	5.793
	14	N	663	—	7.359 4	7.359 4

(5) 图表分析法。

图表分析法是在对调查数据进行统计汇总以及对资料进行整理的基础上，首先按照一定的格式编制统计表，然后制成各种统计图如直线图、柱状图、机构图等，对薪酬调查结果进行对比分析的一种方法，图表分析法具有直观、形象、突出和简洁的特点。

相关链接4-2:

以下是某单位结合薪酬调查确定的各等级工资价位，如表4-35所示。

表 4-35 2013 年年薪标准确定表 单位：万元/年

岗位等级	人数	典型岗位	调查适正年薪			2011 年工资存量			拟定2013年年薪	拟定年薪级差
			最高	平均	最低	最高	平均	最低		
1	2	3	4	5	6	7	8	9	10	11
十六	7	运销公司经理……	15.00	10.98	5.80	10.47	10.01	9.53	10.00	0.40
十五	11	财务、人劳、党群部、服务公司经理……	18.00	10.64	5.60	10.50	9.95	8.96	9.60	0.40
十四	7	运销公司副经理……	12.00	9.41	5.00	8.78	8.36	7.51	9.20	0.40
十三	5	服务公司、财务副经理……	12.00	9.19	5.40	9.11	8.60	8.35	8.80	1.00
十二	7	安全生产主管……	10.00	7.05	4.00	5.51	5.18	5.00	6.00	0.20
十一	6	服务、收费中心主管……	10.00	6.79	4.50	5.46	5.19	4.69	5.80	0.20
十	11	财务综合会计……	9.50	6.34	3.80	5.50	4.78	4.38	5.60	0.20
九	15	人劳培训专工；生产保洁班长……	9.00	5.64	3.00	5.27	4.62	4.09	5.40	0.20
八	23	总经文书档案、财务出纳	9.00	5.33	3.00	4.96	4.29	3.89	5.20	0.20
七	36	保卫消防管理员……	8.00	5.04	3.00	4.68	4.07	3.23	5.00	0.20
六	84	核算兼事务……	8.60	4.56	2.20	4.72	3.82	3.07	4.80	0.20
五	18	检修工……	6.00	4.40	2.20	4.03	3.58	3.25	4.60	0.20
四	16	值班员……	6.00	4.15	2.00	3.87	3.31	3.02	4.40	0.20
三	17	保管员、采购员……	5.50	3.88	2.00	3.29	3.15	3.00	4.20	0.40
二	6	物业保洁工……	7.00	3.65	2.00	3.71	3.29	2.64	3.60	0.20
一	2	运销公司更值……	4.50	3.40	1.70	3.09	3.06	3.03	3.20	—
工资倍数			—	3.23	—	—	3.27	—	3.13	—

4.3.5 工作分析、岗位评价、薪酬调查及个人之间的关系

一般来说，大多数企业在设计新的薪酬制度之前，为保证内部公平首先需要进行工作分析，明确岗位职责和任职人员的资格条件；在此基础上进行岗位评价，划分岗位等级。有了岗位等级，才能确定与之对应的薪酬等级。可见，岗位分析与岗位评价的目的是为了得到岗位等级或薪酬等级。

同时，为了达到控制成本和保留吸引员工的目的，保证薪酬支付的外部公平，还要在岗位分析和岗位等级形成的基础上进行薪酬市场调查，根据可比性数据，对岗位评价结果的合

理性进行验证，并最终确定每一岗位等级的工资标准。如图 4－6 所示。

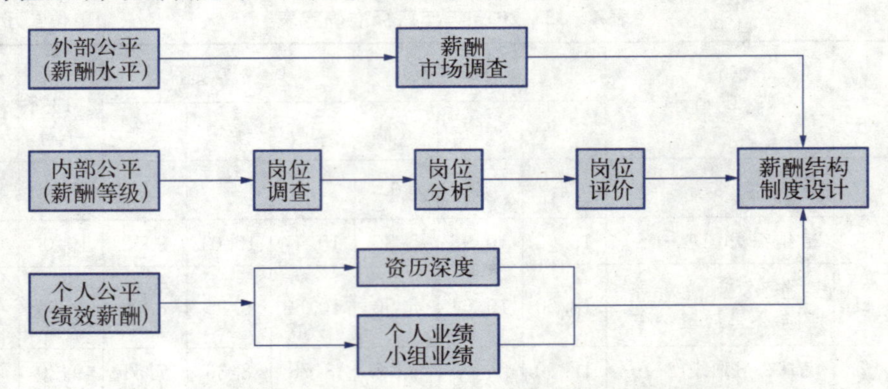

图 4－6 岗位评价、薪酬调查、个人资历业绩的关系

业务演练

任务 4－4：计算找出 90%、75%、50%、25%点处工资标准

练习 4：薪酬主管岗位薪酬调查数据，见表 4－36。要求：计算 25%、50%、75%和 90%点处的数据，填入表第四列中。

表 4－36 薪酬主管岗位薪酬调查数据 单位：元/月

企业名称	平均工资	排　列	计算找出 90%、75%、50%、25%点处工资标准
A	4 450	1	
B	4 300	2	
C	4 000	3	
D	4 000	4	
E	3 800	5	
F	3 800	6	
G	3 650	7	
H	3 400	8	
I	3 400	9	
J	3 200	10	
K	3 000	11	
L	2 800	12	
M	2 500	13	
N	2 500	14	
O	2 500	15	
P	2 500	16	

（续表）

企业名称	平均工资	排　列	计算找出90%、75%、50%、25%点处工资标准
Q	2 300	17	
R	2 100	18	
S	2 100	19	
T	2 000	20	
U	1 800	21	

任务4-5：薪酬调查数据频率分析

练习5：对上题调查的薪酬数据进行频率分析，并填写表4-37。

表4-37　薪酬主管岗位的薪酬频率分析

薪酬幅度(元)	出　现　频　率
1 800—2 099	2
2 100—2 399	3

任务4-6：薪酬调查

练习6：为加深对工资实训课程的理解和体会，布置在校学习的每个学生必须调查一个工资劳动者的个人信息、个人收入信息，并基本了解该人员工作单位的基本信息和工资分配情况。在此基础上，对该单位的现行工资分配方案进行分析诊断，并设计解决方案。

本调查样本提前2—3个月印发。提前书面作答，经班级演讲整理后交卷，满分为100分。

一、开展访谈调查的基本情况（目的、时间、地点、访谈次数、访谈方法等）（10分）

二、被访谈人个人信息及个人收入信息（10分）

1. 姓名：　　2. 性别：　　3. 年龄：　　4. 学历：
5. 连续工龄(年)：　　6. 专业技术等级/技术等级：
7. 任职岗位名称：　　8. 岗位性质：
9. 上年每月缴纳“三险一金”(或“三险二金”)和个税之前，大约工资合计：　　元。
10. 上年每月缴纳“三险一金”(或“三险二金”)和个税之后，大约工资合计：　　元。
11. 上年全年缴纳“三险一金”(或“三险二金”)和个税之前，大约工资收入：　　万元。

12. 上年全年缴纳“三险一金”(或“三险二金”)和个税之后,大约工资收入:　　万元。

(注:“三险”指个人缴存的基本养老保险金、基本医疗保险金、失业保险金;“一金”指个人缴存的住房公积金;“二金”指个人缴存的住房公积金和企业年金)。

补充说明:

三、被访谈人工作单位相关信息(10 分)

1. 工作单位名称:
2. 工作单位地址:
3. 邮政编码:
4. 工作单位人事部门名称:
5. 工作单位员工数量:
6. 工作单位生产的主要产品或服务:
7. 单位性质:□国有企业　□国有控股企业　□国有事业单位
　□股份合作制企业　□三资企业　□私营企业　□个体工商户　□其他

四、编制被访谈人岗位说明书(10 分)

表 4-38　被调查人岗位说明书(访谈中填写或访谈后整理填写)

<table>
<tr><td colspan="6">一、岗位基本信息</td></tr>
<tr><td>岗位名称</td><td></td><td>所属部门</td><td></td><td>岗位编码</td><td></td></tr>
<tr><td>直接上级</td><td></td><td>岗位性质</td><td></td><td>编写日期</td><td></td></tr>
<tr><td colspan="6">二、职责概述</td></tr>
<tr><td colspan="6"></td></tr>
</table>

<table>
<tr><td colspan="3">三、岗位职责详述</td></tr>
<tr><td>序号</td><td>工作职责内容(按重要程度次序)</td><td>占制度工作时间%</td></tr>
<tr><td></td><td></td><td></td></tr>
<tr><td></td><td></td><td></td></tr>
<tr><td></td><td></td><td></td></tr>
<tr><td></td><td></td><td></td></tr>
<tr><td></td><td></td><td></td></tr>
<tr><td></td><td></td><td></td></tr>
<tr><td></td><td></td><td></td></tr>
</table>

<table>
<tr><td colspan="2">四、任职资格要求</td></tr>
<tr><td>最低学历要求</td><td></td></tr>
<tr><td>最低经验要求</td><td></td></tr>
<tr><td>最低专业技术等级/技能等级要求</td><td></td></tr>
</table>

（续表）

综合能力要求	
应具有的岗位/职业/执业资格证书	

五、被访谈人工作单位工资分配办法描述(10分)

1. 工资由哪几个部分组成？各占工资收入的大致百分比？填写表4-39(按月或按年统计)。

表4-39　被访谈人工资描述

工资项目	工资额	占工资总额%	说　　明
合　　计			

2. 工资制度的类型属于：□职位工资型　□职能工资型　□多元型

补充说明：

3. 该单位职工的上年平均工资约为：　　万元。

4. 一般员工的上年平均工资估计为　　　万元；中层正职年工资估计为　　　万元。

5. 工资支付形式有：□计时工资　□计件工资　□提成工资　□奖金

□年终奖　□股份分红　□津贴　□补贴

6. 过节费或发实物：

7. 其他工资收入的形式还有：

补充说明：

8. 被访谈人对现行分配制度：□满意　□基本满意　□不满意

9. 不满意的原因是：□工资水平低　□收入差距大　□收入差距小

□干部收入高　□与业绩联系不大　□不能调动积极性

补充说明：

六、对被访谈人单位分配制度存在主要问题的分析诊断(20分)

七、针对被访谈人单位分配存在的问题，应用所学知识和技能，提出该单位工资改革的任务及内容，并相应提出解决问题程序和办法(30分)

模块 4.4　设计薪酬浮动幅度、工资宽带及一岗多薪工资标准表

核心知识要点

在前三个模块中，使用数学测算法、市场薪酬调查法或两者结合构建了一条一岗一薪的工资结构线，反映了薪酬内部一致性和外部竞争性的组织策略。下一步要做的就是设计薪酬浮动范围和工资宽带，并具体举例说明一岗多薪工资标准表设计的常用方法。

4.4.1　设计薪酬浮动幅度

1. 为什么要设计薪酬幅度

相似的职位或技术的市场薪酬率不同，反映了以下两个方面的外部压力：

(1) 外部劳动力市场上个人的素质（技术、能力、经验）存在差异。例如，尽管 A、B 两企业对采购员职位描述相同，但公司 A 比公司 B 对此职位的要求更高。

(2) 承认不同素质的员工对企业劳动生产率的贡献不同。例如，Nordstrom 公司的采购员比沃尔玛公司采购员负有更大的责任。

除了外部压力需要薪酬有差异外，组织内部的薪酬策略有时也要求支付给同一职位员工不同的薪酬率。只要支付给同一职位的员工两个或更多的薪酬率，就存在薪酬浮动幅度。内部薪酬幅度反映了如下内部压力：

(1) 用薪酬的变化来承认员工绩效的变化。例如，尽管采购员 A、B 的职位相同，职责一致，但采购员 A 比 B 做决策更及时、更好。

(2) 员工总是希望自己的薪酬呈不断上升趋势。

从内部一致性的角度来看，浮动幅度反映了企业针对某一特定职位愿意对具有不同绩效或技术、经验的员工支付不同的工资。从外部竞争性角度来看，浮动幅度也可作为一种控制薪酬的工具。浮动的最高点是企业愿意支付给某职位的最高薪酬；最低点是企业愿意支付给某职位的最低薪酬。

并非所有的企业都使用薪酬浮动幅度。以技能为基础的薪酬制度可能不考虑绩效和资历因素，为同一等级的技术等级制定了相同的薪酬率。许多集体谈判合同也是为同样职位确定了同一的薪酬率。这些同一的薪酬率常常是根据该职位薪酬调查的中位值来确定的。

2. 确定薪酬浮动幅度

设计薪酬浮动幅度通常包括以下三步。

(1) 第一步，划分等级。

把薪酬基本相同的不同职位归在一起称为一个等级。图 4-7 中横轴是划分了等级的职位结构。如，第一个工资等级涵盖 A 和 B 两个职位，第二个工资等级涵盖 C、D、E、F 四个职位，第三个工资等级涵盖 G、H、I、J、K 五个职位，以此类推。

(2) 第二步，确定薪酬浮动幅度（中点、最低点和最高点）。

浮动幅度的中点常根据前面确定的具有竞争力的薪酬水平设定。薪酬政策线穿过每一等级上的这个点就成为这一等级薪酬浮动幅度的中点。浮动幅度的中点通常被称为控

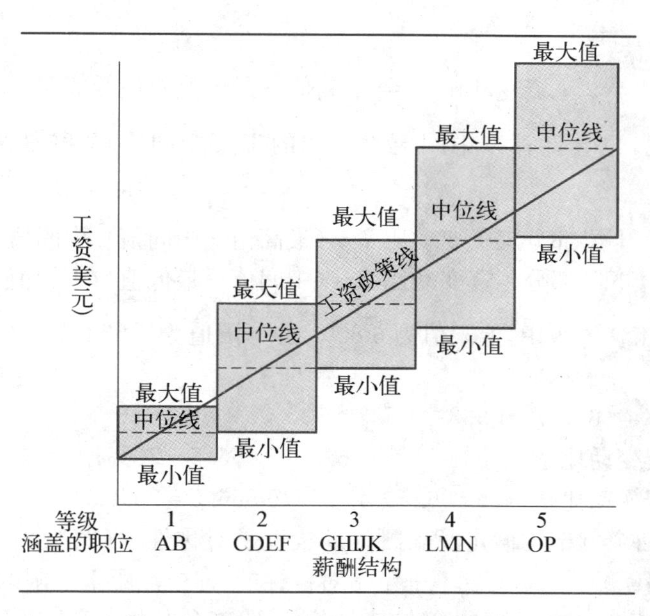

图 4-7 确定薪酬等级

制点。

这一点符合受到良好培训员工所需要的薪酬，而且员工对在此等级上工作感到满意。这一点也反映了企业在相关市场上的竞争力。理想的职级幅度取决于对它如何支持职业生涯、晋级和其他组织制度的实施。等级薪酬浮动的幅度，一般在10%—120%；高级管理职位等级浮动幅度通常为60%—120%；中级专业和管理职位浮动幅度为35%—60%；办公室文员和生产职位，浮动幅度为10%—25%。上述的逻辑是，管理职位浮动幅度比较大，反映了个人在自由决策和绩效方面有更多的机会。

另一方面，也许理想的薪酬浮动幅度更取决于对某一特定企业雇主的意愿。薪酬调查通常提供实际最高和最低薪酬值。同时，还要根据薪酬策略确定浮动幅度。一些薪酬部门经理通常使用实际上支付的薪酬，特别是以调查中75%和25%薪酬水平点作为最高和最低薪酬线。也有些薪酬经理分别确定最低和最高幅度。最低值与中点之间的值往往代表一位新员工成为一名称职员工的时间。能很快掌握的职位其薪酬下限与中点之间的差就小。薪酬浮动幅度超过中点直到最高额是企业愿意支付其所认可绩效的薪酬。最终，浮动幅度取决于权衡各种因素后的判断。

一旦中点(取决于薪酬策略线)和浮动幅度(取决于判断)确定后，就可计算浮动的上限和下限了：

下限＝中点÷[100%＋(1/2 浮动幅度)]
上限＝下限＋[浮动幅度×下限]

例如，浮动幅度为30%，中点值为3 000元。

下限＝3 000 美元÷[100%＋0.15]＝2 608 元；

上限＝2 608 美元＋(0.3×2 608 美元)＝2 608＋783＝3 390 元。

薪酬浮动幅度，也就是工资变动比率，通常是指同一工资等级内部的最高值与最低值之差和最低值之间的比率。

工资变动比率＝(最高值－最低值)/最低值

为了使用方便，也会计算以中间值为基础的工资变动比率，往往采用以下两种计算公式：

上半部分工资变动比率＝(最高值－中间值)/中间值

下半部分工资变动比率＝(中间值－最低值)/中间值

例如，在某个工资等级中，上限值为 6 800 元，下限值为 4 533 元，中点值为 5 666.5 元，因此：

工资变动比率＝(6 800－4 533)/4 533＝50％；

上半部分工资变动比率＝(6 800－5 666.5)/5 666.5＝20％；

下半部分工资变动比率＝(5 666.5－4 533)/5 666.5＝20％。

当然，前面的两个例子均假定了薪酬浮动幅度是对称性的(例如，中点距上下限的值相等)。在实际应用中，薪酬浮动幅度不一定是对称性的，即中点距上下限的值不一定相等。薪酬浮动幅度应准确反映组织的薪酬策略、市场价位、职工个人发展情况以及工资与业绩之间的相关程度。在实际设计中，不同的工资带的浮动幅度也可以不一致，在通常情况下薪酬浮动幅度的大小取决于特定职位所需的技能水平等综合因素，所需技能水平较低的岗位所在的工资等级变动比率较小，而所需技能水平较高的岗位所在的工资等级变动比率要大一些。

(3) 第三步，工资等级交叉。

如果 A 和 B 是两个相邻的薪酬等级，B 在较高的等级中，交叉程度为：

$$\frac{\text{A所在等级的上限}-\text{B所在等级的下限}}{\text{A所在等级的上限}-\text{A所在等级的下限}}\times 100\%$$

例如，A 等级的上限 4 050 元，下限 2 950 元；B 等级的上限 4 470 元，下限 3 260 元；则(4 050－3 260)/(4 050－2 950)×100％＝790/1 100×100％＝71.82％

交叉造成什么差别呢？看一下图 4－8 所示的两个极端的例子。图 4－8A 中等级交叉的幅度较大，中点之间的差距比较小，这表明相邻两个等级中职位的差别较小。这种结构中，晋职(职位名称改变)不会引起薪酬发生大的变化。

另一方面，图 4－8B 中，等级较少和浮动幅度较小，不同等级中点的差距较大，相邻等级之间的交叉较小，这有利于管理人员强调晋职(晋职到一个新的等级)，从而使薪酬大幅度提

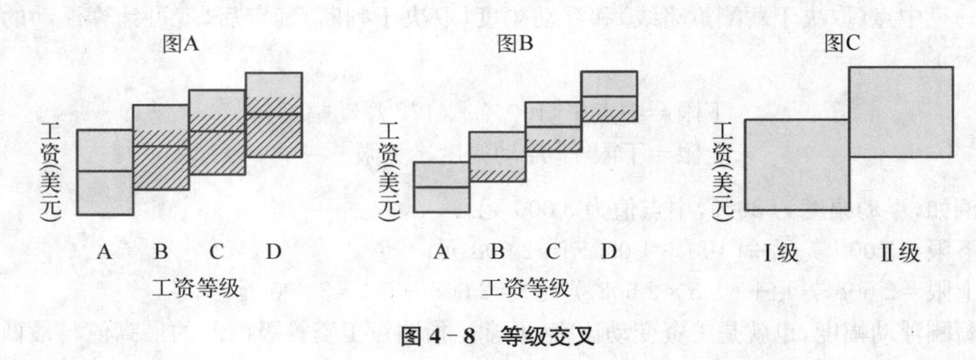

图 4－8 等级交叉

高。有时，差距必须足够大，以引导员工去寻求、接受提升或接受所需的必要培训。

4.4.2　扩展工资带(工资宽带)

图4－8C把薪酬结构中的几个等级重新划分为几个跨度范围更大的等级，这称作扩展工资带，即把4—5个传统的等级合并为只有一个上下限的等级。因为一个等级包含许多不同价值的职位，各个工资等级的中点则不再有用。

扩展工资带的支持者认为，扩展工资带有几个优越于多等级的特点。首先，有利于提高更广泛地界定职责的灵活性。这有利于已经削减了管理类职位层次组织的重新设计，缩小了规模的或者是无边界的组织。有助于培育那些新组织的跨职能成长和开发。员工为了获得更广泛的经历，可以在一个跨度较宽的等级中流动。强调横向流动，弱化了薪酬调整，有利于很少有晋升的扁平化组织的管理。

设计工资带包括下面三步[①]。

(1) 第一步，确定工资带的数目。

调查数据显示，许多公司正在使用4—8个工资带来确定薪酬。这些工资带之间通常有一个分界点，或者说，职位、技能或能力需求有不同的要求。典型的职位名称被用在每一工资带来反映主要的区分，如助理(新进入该职位的个人)、专家(有经验的、有知识的团队成员)、领导(项目或部门主管)、总监。

图4－9A中包括四个工资带(助理、专家、专家组长、资深专家)，每个工资带中包含不同职能部门的职位，或者不同职类，如财务、采购、软件工程师。挑战在于：支付在同一工资带却在不同部门从事不同工作的职位的员工多少薪酬。

像通用电气公司之类公司中的助理和专家层的采购员(有工商学位)能与软件工程师(有计算机学位)得到同样的薪酬吗？不可能。因为在外部市场上存在差异，所以，同一工资带内不同职能或部门的职位必有不同的价位。

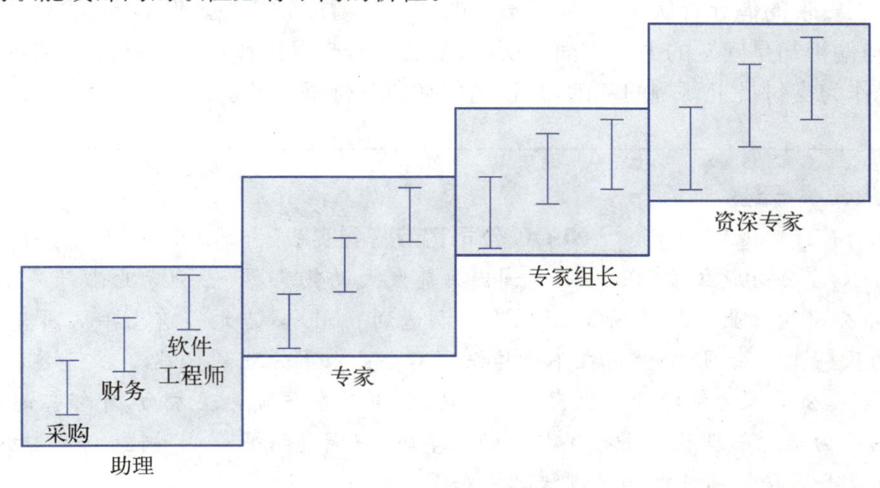

图4－9A　四个工资带

(2) 第二步，确定工资带的价位。

根据市场薪酬率和区域，如图4－9B所示，在每一工资带中每个职能部门有不同的市场

① 〔美〕George T. Milkovich，Jerry M. Newman著，董克用等译，《薪酬管理》，中国人民大学出版社，2002年。

薪酬率。助理工资带中，三个不同的职能部门(采购、财务和软件工程师)参照的市场薪酬率不同。因此，下一步就是确定每一工资带中每个职能部门的市场薪酬率参照标准(与确定市场上的标杆工资率相似)。参照的薪酬率是根据市场数据来确定的，反映了竞争对手支付的薪酬情况。

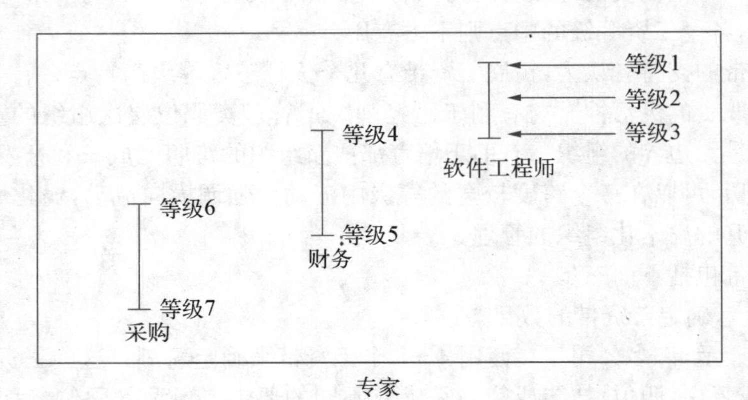

专家

注：1—7级是竞争对手支付的市场薪酬率。

图4-9B　每个工资带中每个部门所参照的薪酬率

(3) 第三步，工资带内横向职位轮换。

同一工资带中薪酬的增加与不同等级薪酬增加相似，在同一工资带中鼓励不同职能部门的员工跨部门(如从采购到财务，研发和系统设计之间)流动以增强组织的适应性，提高多角度思考问题的能力。因此，职业的变化更可能的是跨职能部门，而从低工资带到高工资带跨部门流动(如从A工资带到B工资带的流动)则很少。

扩展工资带的倡导者认为，扩展工资带的特点是增加灵活性。但是，灵活只是问题的一面，混乱与偏袒却是问题的另一方面。所以，扩展工资带发挥作用的前提是管理者能以实现组织目标作为支付员工薪酬的基础，并且能公平地对待每一员工。

相关链接4-3：

GUOG公司宽带薪酬实践

GUOG公司成立于1956年，是国内目前最大的扬声器、音响专业生产厂家之一，2004年公司的营业额超过3.7亿元，净利润达到5 000多万元。前几年从国有企业转制成为民营上市公司，公司存在不少传统国有企业人事管理的弊端。为有效了解和解决GUOG公司人力资源管理上存在的不足，特别是在薪酬管理方面，外部咨询专家对公司的人力资源管理状况进行了相应的调查，根据调查结果，制定相应的解决方案。

步骤一：薪酬满意度和薪酬状况调查

GUOG公司虽然现在已成为一家民营上市公司，但公司的薪酬体系仍保留着传统国有企业等级薪酬体系，薪酬等级多达40多级，薪酬等级之间的级差很小，薪酬对员工的激励作用不明显。另外，通过对员工薪酬满意度调查，发现员工对薪酬的不满意主要表现在：一是对自己岗位的薪酬等级方面不清楚，不了解自己从事的岗位最高能拿到多少；二是原来薪酬体系的级差太小，升一级工资只有一百多块钱，对员工形成不了多大的激励作用；三是组织内部对岗位的价值判断出现不一致；四是缺乏薪酬调整的标准，没有形成以业绩、能力为导向的薪酬调整标准。另外，外部的薪酬调查结果表明公司核心技术、管理岗位的员工工资与市场水平相比偏低，导致这部分员工流失率过大，所以这部分员工的薪酬也应做调整。针对以上调查结果，在与公司领导充分沟通的基础上，外部专家建议GUOG公司引入宽带薪酬体系，并在此基础上建立完善的绩效管理体系。

步骤二：对公司岗位进行岗位分析并编写岗位说明书

根据GUOG公司内部推行项目管理，组织架构比较扁平化的特点，再结合公司实际管理情况和业务运作流程模式，对公司所有岗位的设置进行评价和分析，然后根据实际需要对某些岗位进行合并，调整岗位的职责和权限，最后把公司原来的160多个岗位调整为130个左右，岗位数量减少近30个。在完成岗位设置调整的基础上，对每个岗位进行了重新的岗位分析，编制统一格式的岗位说明书，目的是为人力资源管理和岗位评估提供基础资料。

步骤三：编定岗位评价表、进行岗位评价

进行岗位评价，虽然目前可借用很多现成的岗位评价表，但由于每个企业的实际情况不一样，所以岗位评价表应当根据公司的实际情况做出修订，评价合适后再用于正式的岗位评价。GUOG公司的岗位评价表在参考了现有的岗位评价表的基础上，结合GUOG公司岗位分析的有关内容，收集足够的要素条目后编制成问卷，然后提取公司员工广泛认可的价值要素条目，修订出符合公司实际情况的岗位评价表。GUOG公司在岗位评价中安排了18名评分者，对公司130多个岗位进行了封闭式评价打分，然后得到每个岗位的价值系数。

步骤四：对全部岗位进行分类、分级

通过岗位评价，得到了每个岗位可以比较的岗位价值系数，为了提高分类、分级的合理性，减少人为因素，在分类的过程中引入了多元统计方法——聚类分析。因为分类的合理性将直接影响薪酬体系的内部公平性，而薪酬的内部公平性是薪酬设计中的核心原则，通过GUOG公司的实践，聚类分析方法可以大大提高岗位分类过程中的客观公平性。最后GUOG公司的135个岗位被聚类成8大类。

步骤五：完成宽带薪酬体系的设计

根据岗位分类的结果，专家们对GUOG公司的原来薪酬体系进行重新设计，薪酬等级由原来的48个级别缩减到目前的25个，级差从原来的7%左右提高到10%左右，每一类别岗位的薪酬等级基本保持在5个级别。

通过以上五个步骤，基本上完成了GUOG公司的宽带薪酬设计，GUOG公司的宽带薪酬是以岗位价值为基础进行工资的支付，但不同的员工在从事相同的岗位时，其工资则可以完全不同，因为每一类别的岗位中都有5个左右的薪酬等级可供调整，管理者完全可以通过这个薪酬空间来激励工作能力和业绩优秀的员工，并使薪酬调整的空间和灵活性比原来的薪酬体系大为提高，使公司在薪酬管理上拥有更大的主动性。

资料来源：中华薪酬网，www.xinchou.com.cn，日期：2010-6-4。

4.4.3　一岗多薪工资标准的设计方法

在一岗一薪的基础上，形成一岗多薪、上下等级交叉的工资标准，通常的办法是按照岗位工资中线的百分比确定档差。档差百分比的大小取决于横向工资幅度的大小和档次的多少两个因素。

以某工程公司一岗十二薪的工资标准为例，如表 4－40 所示，首先把岗位工资中线作为基本标准；之后使用基本标准×3%，经个位四舍五入计算出档差，并在基本标准的基础上，按照档差增减延伸出其他档次的工资标准。

表 4－40　某工程公司一岗十二薪工资标准表　　单位：元/月

岗级＼标准＼档次	基本标准	档差	岗位工资档次											
			1	2	3	4	5	6	7	8	9	10	11	12
一	**990**	30	840	870	900	930	960	**990**	1 020	1 050	1 080	1 110	1 140	1 170
二	**1 090**	30	940	970	1 000	1 030	1 060	**1 090**	1 120	1 150	1 180	1 210	1 240	1 270
三	**1 190**	30	1 040	1 070	1 100	1 130	1 160	**1 190**	1 220	1 250	1 280	1 310	1 340	1 370
四	**1 310**	40	1 110	1 150	1 190	1 230	1 270	**1 310**	1 350	1 390	1 430	1 470	1 510	1 550
五	**1 430**	40	1 230	1 270	1 310	1 350	1 390	**1 430**	1 470	1 510	1 550	1 590	1 630	1 670
六	**1 570**	50	1 320	1 370	1 420	1 470	1 520	**1 570**	1 620	1 670	1 720	1 770	1 820	1 870
七	**1 710**	50	1 460	1 510	1 560	1 610	1 660	**1 710**	1 760	1 810	1 860	1 910	1 960	2 010
八	**1 870**	60	1 570	1 630	1 690	1 750	1 810	**1 870**	1 930	1 990	2 050	2 110	2 170	2 230
九	**2 060**	60	1 760	1 820	1 880	1 940	2 000	**2 060**	2 120	2 180	2 240	2 300	2 360	2 420
十	**2 280**	70	1 930	2 000	2 070	2 140	2 210	**2 280**	2 350	2 420	2 490	2 560	2 630	2 700
十一	**2 530**	80	2 130	2 210	2 290	2 370	2 450	**2 530**	2 610	2 690	2 770	2 850	2 930	3 010
十二	**2 780**	80	2 380	2 460	2 540	2 620	2 700	**2 780**	2 860	2 940	3 020	3 100	3 180	3 260
十三	**3 050**	90	2 600	2 690	2 780	2 870	2 960	**3 050**	3 140	3 230	3 320	3 410	3 500	3 590
十四	**3 350**	100	2 850	2 950	3 050	3 150	3 250	**3 350**	3 450	3 550	3 650	3 750	3 850	3 950
十五	**3 700**	110	3 150	3 260	3 370	3 480	3 590	**3 700**	3 810	3 920	4 030	4 140	4 250	4 360
十六	**4 050**	120	3 450	3 570	3 690	3 810	3 930	**4 050**	4 170	4 290	4 410	4 530	4 650	4 770
十七	**4 450**	150	3 700	3 850	4 000	4 150	4 300	**4 450**	4 600	4 750	4 900	5 050	5 200	5 350

业务演练

任务 4－7：制定一岗多薪工资标准表

练习 7：按照工资中线的 3%（个位四舍五入）确定档差，形成一岗多薪工资标准表，填入表 4－41。

表 4-41 某公司一岗多薪工资标准表(档差3%) 单位:元/月

岗位等级	基本标准	档差	工资档次(3%)											
			1	2	3	4	5	6	7	8	9	10	11	12
一	**760**	20	660	680	700	720	740	**760**	780	800	820	840	860	880
二	**830**							**830**						
三	**910**							**910**						
四	**1 000**							**1 000**						
五	**1 100**							**1 100**						
六	**1 210**							**1 210**						
七	**1 320**							**1 320**						
八	**1 450**							**1 450**						
九	**1 600**							**1 600**						
十	**1 750**							**1 750**						
十一	**1 930**							**1 930**						
十二	**2 110**							**2 110**						
十三	**2 320**							**2 320**						
十四	**2 550**							**2 550**						
十五	**2 800**							**2 800**						
十六	**3 070**							**3 070**						

练习8: 按照工资中线的5%(个位四舍五入)确定档差,形成一岗多薪工资标准表,填入表4-42。

表 4-42 某公司一岗多薪工资标准表(档差5%) 单位:元/月

岗位等级	基本标准	档差	工资档次(5%)											
			1	2	3	4	5	6	7	8	9	10	11	12
一	**760**	40	560	600	640	680	720	**760**	800	840	880	920	960	1 000
二	**830**							**830**						
三	**910**							**910**						
四	**1 000**							**1 000**						
五	**1 100**							**1100**						
六	**1 210**							**1 210**						

（续表）

岗位等级	基本标准	档差	工资档次(3%)											
			1	2	3	4	5	6	7	8	9	10	11	12
七	1 320							1 320						
八	1 450							1 450						
九	1 600							1 600						
十	1 750							1 750						
十一	1 930							1 930						
十二	2 110							2 110						
十三	2 320							2 320						
十四	2 550							2 550						
十五	2 800							2 800						
十六	3 070							3 070						

模块 4.5　纳入工资标准档次的办法

核心知识要点

在实行一岗多薪的岗位工资制下，即在多个工资等级和每个岗位等级内多个工资档次组成的纵横结合的工资标准下，把每一员工纳入新的工资等级的办法很简单：所有人员按照现任岗位（职务）的所属岗位（职务）等级，直接进入与本岗位（职务）等级相对应的工资等级。但是，如何把员工纳入一岗多薪的工资档次中，就没有那么简单了，它取决于企业的工资战略，即通过不同的工资档次的确定办法，向员工发出不同的导向信息，并影响员工的行为，从而达到保证实现企业战略目标或生产经营目标，并促进员工提高和开发技能的目的。

本模块将主要介绍实际工作中 3 种常用的工资档次纳入办法。

4.5.1　“硬件”纳入法（也称岗位职能纳入法或岗位资质纳入法）

1. “硬件”纳入法

(1) 主要根据技术水平和技术年限纳入。

这是某路桥建设公司的做法，即管理人员、专业技术人员，主要根据个人专业技术水平和专业技术年限（连续工龄）确定，如表 4－43 所示；工人主要根据个人的技术水平和技术年限（连续工龄）确定，如表 4－44 所示。

专业技术年限或技术年限，是指管理人员、专业技术人员、技术工人获得现行的专业技术资格或技术等级的年限，专业技术年限或技术年限从取得的当年算起。

此种确定办法，其核心理念是：

A. 取得专业技术资格证书或技术等级证书的，比没有取得的，工资档次要高；

B. 取得高一等级专业技术资格证书或技术等级证书的，比取得低一等级专业技术资格证书或技术等级证书的，工资档次要高；

C. 取得具有同等级专业技术资格或技术等级的，取得技术年限长的比短的，工资档次要高。

总之，就是必须明确一个导向，传递一个信息，即从提高人力资源的素质上提高企业的核心竞争力，并从工资制度上促进和保证人力资源素质的提高。

表4-43　管理人员工资档次纳入表

普通管理人员	连续工龄	5年以下	6—10年	11—15年	16—20年	21年以上
	工资档次	1	2	3	4	5
员级	专业技术年限	4年以下	5—8年	9—12年	13—16年	17年以上
	工资档次	2	3	4	5	6
助理级	专业技术年限	4年以下	5—8年	9—12年	13—16年	17年以上
	工资档次	3	4	5	6	7
中级	专业技术年限	4年以下	5—8年	9—12年	13—16年	17年以上
	工资档次	5	6	7	8	9
副高级	专业技术年限	4年以下	5—8年	9—12年	13—16年	17年以上
	工资档次	7	8	9	10	11
正高级	专业技术年限	4年以下	5—8年	9—12年	13—16年	17年以上
	工资档次	8	9	10	11	12

注：专业技术系列包括：经济系列、工程技术系列、政工系列及其他系列。

表4-44　工人工资档次纳入表

普通工人	连续工龄	5年以下	6—10年	11—15年	16—20年	21年以上
	工资档次	1	2	3	4	5
初级工	技术年限	4年以下	5—8年	9—12年	13—16年	17年以上
	工资档次	2	3	4	5	6
中级工	技术年限	4年以下	5—8年	9—12年	13—16年	17年以上
	工资档次	3	4	5	6	7
高级工	技术年限	4年以下	5—8年	9—12年	13—16年	17年以上
	工资档次	5	6	7	8	9
技师	技术年限	4年以下	5—8年	9—12年	13—16年	17年以上
	工资档次	6	7	8	9	10
高级技师	技术年限	4年以下	5—8年	9—12年	13—16年	17年以上
	工资档次	8	9	10	11	12

(2) 主要根据技术水平(或学历)和连续工龄纳入。

这是某工贸集团公司的做法,即管理人员根据个人的专业技术资格等级(或学历)和连续工龄确定,如表 4-45 所示;生产服务岗位人员根据技术等级(或学历),结合个人的连续工龄确定,如表 4-46 所示。

此种确定办法中,把学历视同专业技术水平或技术水平,照顾了没有专业技术或技术水平的员工,同时所有员工考虑的是连续工龄,显得更现实、更灵活。

表 4-45 管理岗位人员工资档次套改表

普通工作人员	连续工龄	4 年以下	5—9 年	10—14 年	15—19 年	20—24 年	25—29 年	30 年以上
	工资档次	1	2	3	4	5	6	7
员级;大专	连续工龄	4 年以下	5—9 年	10—14 年	15—19 年	20—24 年	25—29 年	30 年以上
	工资档次	2	3	4	5	6	7	8
助理级;本科	连续工龄	4 年以下	5—9 年	10—14 年	15—19 年	20—24 年	25—29 年	30 年以上
	工资档次	3	4	5	6	7	8	9
中级;硕士	连续工龄	4 年以下	5—9 年	10—14 年	15—19 年	20—24 年	25—29 年	30 年以上
	工资档次	4	5	6	7	8	9	10
副高级;博士	连续工龄	4 年以下	5—9 年	10—14 年	15—19 年	20—24 年	25—29 年	30 年以上
	工资档次	5	6	7	8	9	10	11
正高级	连续工龄	—	—	10—14 年	15—19 年	20—24 年	25—29 年	30 年以上
	工资档次	—	—	8	9	10	11	12

注:专业技术资格等级包括:工程技术系列、经济系列、政工系列。

表 4-46 生产服务岗位人员工资档次套改表

普通工作	连续工龄	4 年以下	5—9 年	10—14 年	15—19 年	20—24 年	25—29 年	30 年以上
	工资档次	1	2	3	4	5	6	7
初级工	连续工龄	4 年以下	5—9 年	10—14 年	15—19 年	20—24 年	25—29 年	30 年以上
	工资档次	2	3	4	5	6	7	8
中级工;高中、中专、技校	连续工龄	4 年以下	5—9 年	10—14 年	15—19 年	20—24 年	25—29 年	30 年以上
	工资档次	3	4	5	6	7	8	9
高级工;大专	连续工龄	4 年以下	5—9 年	10—14 年	15—19 年	20—24 年	25—29 年	30 年以上
	工资档次	4	5	6	7	8	9	10
技师;本科	连续工龄	4 年以下	5—9 年	10—14 年	15—19 年	20—24 年	25—29 年	30 年以上
	工资档次	5	6	7	8	9	10	11
高级技师	连续工龄	—	5—9 年	10—14 年	15—19 年	20—24 年	25—29 年	30 年以上
	工资档次	—	7	8	9	10	11	12

(3) 根据本人“硬件”与岗位要求的符合度纳入。

例如,某研究所实行一岗十四薪工资标准,其工资档次纳入表如表4-47所示。

表4-47 某研究所科研、生产、一般管理人员工资档次纳入表

岗位等级	任职专业技术资格要求	任职人员实际具备资格等级	技术年限				
			4年以下	5—8年	9—12年	13—16年	17年以上
一级 二级 三级	初级工及以下	初级工及以下	4	5	6	7	8
		中级工	6	7	8	9	10
		高级工	8	9	10	11	12
		技师及以上	10	11	12	13	14
四级 五级	中级工;员级	初级工及以下	2	3	4	5	6
		中级工;员级	4	5	6	7	8
		高级工;助理级	6	7	8	9	10
		技师;中级	8	9	10	11	12
		高级技师;副高级	10	11	12	13	14
六级 七级	高级工;助理级	中级工;员级	2	3	4	5	6
		高级工;助理级	4	5	6	7	8
		技师;中级	6	7	8	9	10
		高级技师;副高级	8	9	10	11	12
八级	中级;技师	高级工;助理级	2	3	4	5	6
		中级;技师	4	5	6	7	8
		高级技师;副高级	6	7	8	9	10
		特级技师;正高级	8	9	10	11	12
九级	中级;技师	高级工;助理级	2	3	4	5	6
		中级;技师	4	5	6	7	8
		高级技师;副高级	6	7	8	9	10
		特级技师;正高级	8	9	10	11	12

表4-47的核心是:本人专业技术资格符合岗位要求,一律从四档起,按技术年限长短纳入;低于岗位要求的,每低一个层次,起点档次低两档;每高出一个层次,起点档次高两档。

2. 使用“硬件”纳入法的配套措施

由于有的人有“证书”,没水平,而也有的人没“证书”,有水平。还有一个问题,即技术水平和学历使用哪个纳入工资档次。为了解决这两个问题,可结合使用以下配套措施。

(1) 纳入新的工资标准所依据的专业技术资格等级或技术等级,是指在实际工作中表现出来的专业技术水平或技术水平确定,并以实际聘任的专业技术职务或技术等级认定。

(2) 对于本次工资改革之前认定的专业技术资格或技术资格与实际水平不符的,可以采取"高职低聘"的办法。原专业技术资格或技术资格作为"档案资格"予以保存。

(3) 对于职工公认的在实际工作中确实表现出较高的专业技术水平或技术水平,并在工作中成为业务技术骨干的职工,包括中短期合同制工人,由于多种原因并不具有与实际水平相应等级的专业技术资格证书或技术等级证书,经本人申请、职工评议、部门或独立核算单位上报,公司经理办公会批准,可以破格高定1—3工资档次。

(4) 在纳入工资档次使用的专业技术等级(技术等级)和学历两个条件中,选择能够纳入较高工资档次的专业技术等级(技术等级)条件或学历条件纳入。

另外,有的单位多年来没有重视员工专业技术资格的评定或技术等级鉴定工作,多数员工没有专业技术资格或技术等级,硬按工资档次纳入表执行,会遭到一些员工的不满,于是某集团公司采取了"视同"的过渡性办法。以管理人员、专业技术人员为例,列举如下。

对于暂不具有专业技术资格证书的管理人员、专业技术人员,作为过渡性的办法,暂按以下条件由人力资源部认定视同的专业技术资格,纳入工资档次。

(1) 高中、中专、技校毕业生,从工作的第四年(含在其他单位工作的年限,下同)起,视同员级专业技术资格,并从工作的第四年起计算员级技术年限。

(2) 大专毕业生,从参加工作的当年起,视同员级专业技术资格,并从工作的当年起计算员级技术年限;从参加工作的第四年起,视同助理级专业技术资格,并从参加工作的第四年起计算助理级技术年限。

(3) 本科毕业生,从参加工作的当年起,视同员级专业技术资格;从工作的13个月起,视同助理级专业技术资格,并从第13个月起计算助理级技术年限。

(4) 硕士研究生,从参加工作的当年起,视同助理级专业技术资格,从工作的当年起计算助理级技术年限;从参加工作的第三年起,视同中级专业技术资格,并从参加工作的第三年起计算中级技术年限。

(5) 博士研究生,从参加工作的当年起,视同中级专业技术资格,并从工作的当年起计算中级技术年限。

以上视同的专业技术资格,从视同的当年算起,给予三年的过渡期。在三年的过渡期内,不能取得相应的专业技术资格的,从第四年起,可以保留视同的专业技术资格,但专业技术资格的晋升必须通过参加专业技术资格考试或专业技术资格鉴定取得。视同的专业技术资格,由公司人力资源部认定。

4.5.2 考核等级纳入法

某网通研究院的做法是:员工本年度的绩效考核档次,决定下一年度的工资档次,即"秋后算账"。考核结果为A、B、C三个等级的,纳入相应的A、B、C三个工资档次,如表4-48所示。

表4-48 员工工资档次纳入表

本年度绩效考核等级	A	B	C
下一年度本等级工资档次	A	B	C

考核等级为 D 等级的，按照该院《员工绩效考核管理办法（试行）》的规定，下调职位等级，并按照下调后的职位等级重新确定工资等级，工资档次按照新调整等级的三档工资标准确定。

考核为 E 等级的或连续两年考核为 D 等级的，不再执行本方案的工资标准，只发给最低生活保障费。

4.5.3　职能等级评价纳入法

这是某集团公司总部试行的办法，如表 4－49 所示。纳入哪个工资档次，取决于对个人职能评价分数及其决定的职能等级的高低。

表 4－49　执行操作层管理人员个人职能评价标准

指标	分级标准	A 10 分	B 6 分	C 3 分	D 1 分
潜在工作能力	学历	硕士生以上	大学本科	大学专科	高中(中专)
	工龄	16 年以上	11—15 年	6—10 年	5 年以下
	专业技术资格水平	本专业正高级专业技术资格	本专业副高级专业技术资格	本专业中级专业技术资格	本专业初级专业技术资格
	本岗级任职年限	9 年及 9 年以上	6—8 年	3—5 年	1—2 年
实际工作能力	专业能力	具有担当本职务岗位所要求的各种能力资格，能熟练掌握、运用专业技术、技巧，工作经验丰富，能根据客观情况变化，灵活有效地处理专业技术问题。	具有担当本职务岗位所要求的各种能力资格，工作经验较丰富，能运用和处理有关专业技术问题。	具有担当本职务岗位所要求的相当专业水平，工作经验较少，运用和处理有关专业技术问题不熟练。	无本专业的知识和经验，不会运用和处理有关专业技术问题。
	独立工作能力	能独立承担和完成本职工作范围内的重要业务工作。	能独立承担和完成本职工作范围内的一般业务工作。	有时需要在上级指导和同事的帮助下才能完成。	经常需要上级指导和同事帮助才能完成。
	动手操作能力	动手能力和实际操作能力强，办事干净利索，非常优秀。	有较好的动手能力和实际操作能力，办事能满足要求。	有一定的动手能力和实际操作能力，办事能基本满足要求。	动手能力和实际操作能力较差，办事不能满足要求。
	体力和心理承受能力	身体健康，精力充沛，能出全勤，能持续紧张地工作，对工作中的压力与困难具有很强的心理承受能力。	身体健康，精力较充沛，很少请病假，尚能紧张地工作，对工作中的压力与困难具有较强的心理承受能力。	身体不够健康，有慢性疾病，常缺勤，不能适应紧张工作，承受工作中的压力与困难，心有余，力不足。	身体有多种慢性病，不能坚持正常工作，对于工作中的压力与困难没有承受能力。

（续表）

指标	分级标准	A 10分	B 6分	C 3分	D 1分
实际工作能力	适应能力	能在一个领域、一个部门中，完成多种任务或活动。	能较快地适应新任务的要求，完成新任务。	尚能适应新任务的要求，基本能完成新任务。	不能适应新任务的要求，不能承担新任务。
	创新能力	善于根据本职工作情况，提出新的工作方案，有效地改进工作，善于开发利用新方法、新手段，富有创新成果。	乐于接受新的工作任务，改进工作方法和手段，效果良好。	努力学习掌握新知识、新技术，不断钻研新业务，提高自身创新能力。	墨守成规，不求进取。

业务演练

任务 4－8：工资标准测算

练习 9： 全真工资标准测算实训综合作业——关于某工程公司工资标准测算的说明

提示：完成本实训作业，须根据下发的某工程公司 254 名员工基本信息及工资原始数据的基础上，按下列步骤操作(共 13 个步骤，逐步完成)。

1. 填写《某公司某工程处改革前后员工工资增减对比表》(见表 4－53)第 14 列每人“工资等级”。

填写办法：将表 4－53 中的第 2 列“所属部门”、第 3 列“岗位名称”，对照表 4－56《某公司分部门岗位等级序列表》，查找出 254 人中每人的岗位等级。之后，按照“每人岗位等级＝每人工资等级”，将每人岗位等级数填入表 4－53 第 14 列每人“工资等级”。

2. 第 14 列每人“工资等级”全部填完后，分别统计第一岗位等级到第二十一岗位等级每一岗位等级的人数。将统计的每一岗位等级的人数填入表 4－57《某工程公司月岗位工资标准测算表》中的第 2 列。

3. 使用计算器或上机：将表 4－57 的所有数据计算填入。

4. 将表 4－58《某工程公司岗位工资标准表》全部计算填入。

5. 计算表 4－53 中第 10 列“技术年限”并填入。

技术年限按“虚年”计算，计算到 2013 年。技术年限＝2013－取证年份＋1。

6. 计算表 4－53 中第 6 列“连续工龄”并填入。

连续工龄按“虚年”计算，计算到 2013 年。连续工龄＝2013－参加工作年份＋1。

7. 填入表 4－53 中的第 15 列“工资档次”。

确定每人档次办法：根据表 4－53 中第 8 列每人的“专业技术或专业技术等级”和第 10 列“技术年限”两个因素，按照表 4－53 第 11 列标明的“岗位性质”，本人任职岗位为管理岗、技术岗的，对照表 4－59《管理人员、专业技术人员工资档次纳入表》确定工资档次（员工专业技术等级为“高级”的，按副高认定工资档次）；本人任职岗位为工人岗的，对照表 4－60《工人工资档次纳入表》确定工资档次。

本人没有专业技术或技术等级的，按照每人连续工龄纳入工资档次。

8. 根据表 4－53 中第 14 列“工资等级”、第 15 列“套入档次”，在表 4－58 中查找相应的工资档次标准，并填入第 16 列“套入工资标准”中。

9. 计算表 4－53 中第 17 列—第 20 列。

10. 上机：计算填写第四题表 4－50。

11. 上机：计算填写第四题表 4－51。

12. 上机：计算填写第四题表 4－52。

13. 填写其他题目（第三题、第五题）应填写的数字。

题　目

一、2002 年职工实际发放工资总额

在岗职工与不在岗职工合计支付工资总额 966.151 4 万元。

（一）在岗职工

2012 年在岗职工实际支付工资总额 818.208 万元，平均每人每年 3.221 3 万元；平均每人每月 2 684 元。构成如下：

1. 基本工资——143.656 1 万元；
2. 职级津贴——104.346 3 万元；
3. 补贴——136.089 5 万元；
4. 目标奖——26.525 3 万元；
5. 书报——10.808 0 万元；
6. 洗理——21.084 0 万元；
7. 交补——6.318 6 万元；
8. 房补——20.131 0 万元；
9. 补款——53.382 0 万元；
10. 浮动——136.362 6 万元；
11. 综合津贴——57.486 0 万元；
12. 奖励——19.402 2 万元；
13. 加班——42.744 6 万元；
14. 托补——2.176 8 万元；
15. 一次性奖励——6.108 0 万元；
16. 补发补贴——20.385 0 万元；
17. 外单位发班长——1.46 万元；
18. 补贴——9.49 万元；
19. 技术补贴——0.252 0 万元。

(二) 不在岗职工

2012年不在岗人员支付各种工资性待遇147.943 4万元。

二、员工实行原事业工资分配办法中，九项工资存量总额、平均工资情况

2013年254名在岗职工，原9项工资标准包括基本工资、职级津贴、补贴、目标奖、书报费、补款、洗理、交通费、房补，共计年工资总额5 223 408元；年人均工资20 565元；月工资总额435 284元，月人均工资1 714元。

三、参加工资改革在岗职工人数、投入工资测算工资总额及测算结果(就地填写)

本次参加工资政策改革的员工共计________人。投入测算的岗位工资标准总额为700万元，测算中按照5倍开20次方得等比系数________。

根据工资标准测算结果，岗位等级第一级工资中线基准为________元，最高二十一级工资中线基准为________元。

四、工资改革前后工资对比和工资增减情况

(提示：将所有人员纳入新工资标准后，才能统计填写下面的数据)

(一) 按照新的工资标准纳入后，任职人员增资、减资情况统计表(就地填写)

按照工资等级统计各等级人员的平均工资、工资增减人数及增减总额，见表4-50。

表4-50 按照工资等级统计各等级人员的新、老平均工资及增减情况 单位：元

工资等级	等级人数	月平均老工资	月平均新工资	月平均增资	月平均增长%	增资人数	年增资总额	减少人数	年减少总额	年净增加额
一										
二										
三										
四										
五										
六										
七										
八										
九										
十										
十一										
十二										
十三										
十四										
十五										

（续表）

工资等级	等级人数	月平均老工资	月平均新工资	月平均增资	月平均增长%	增资人数	年增资总额	减少人数	年减少总额	年净增加额
十六										
十七										
十八										
十九										
二十										
二十一										
合计		—	—	—	—					

（二）按照新的工资标准纳入后，新工资与老工资对比情况（就地填写）

按照新的工资标准纳入后，新的工资总额、平均工资以及新工资与老工资的增减对比情况，见表4－51。

表4－51　按照新的工资标准纳入后新老工资对比情况表　单位：元

项　　目	年岗位工资总额	月岗位工资总额	年人均工资	月人均工资
实行原事业9项工资				
实行新工资标准之后				
增加额				
增长%				

（三）按照新工资标准统计，工资增减人数及增减额，见表4－52（就地填写）

表4－52　按照新工资标准统计工资增减人数及增减额　单位：元

项　目	人数	年工资总额	月工资总额	年人均工资	月人均工资
增　加					
减　少					
净增加					

五、工资总额可用于支付津贴补贴、“第十三个月工资”或阶段性奖金或年终奖的余额（就地填写）

与2012年在岗职工实际支付的工资总额818.208万元相比，新测算的岗位工资标准总额为________万元，还留有________万元的余地，可用于支付津贴补贴、“第十三个月工资”或阶段性奖金或年终奖。

六、工资改革前后职工工资增减对比表(注：教师下发电子表格模板，学生在模板上计算完毕后提交电子版计算成果)

表 4－53　某公司某工程处改革前后员工工资增减对比表

1	2	3	4	5	6	7	8	9	10	11	12	13	14	15	16	17	18	19	20
岗位编码	所属部门	岗位名称	姓名	参加工作时间	连续工龄	学历	专业技术或技术等级	取证时间	技术年限	岗位性质	全年九项工资收入	月平均工资	工资等级	套人档次	套人标准	月增加	月减少	年增加	年减少
0422	综合办公室	前门勤杂工		1978		高中	中级工	1993		工人	21 456	1 788							
0423	综合办公室	家属院门卫		1979		高中	高级工	2000		工人	21 456	1 788							
0423	综合办公室	家属院门卫		1978		高中	中级工	1993		工人	19 908	1 659							
0420	综合办公室	保洁员		1978		高中	中级工	1993		工人	21 456	1 788							
0415	综合办公室	收发员		1978		高中	中级工	1993		工人	21 456	1 788							
0415	综合办公室	收发员		1978		高中	高级工	2000		工人	22 392	1 866							
0416	综合办公室	机关警卫		1978		高中	中级工	1993		工人	20 976	1 748							
0416	综合办公室	机关警卫		1978		高中	高级工	2000		工人	21 300	1 775							
0418	综合办公室	材料库工		1975		高中	中级工	1999		工人	28 788	2 399							
0418	综合办公室	材料库工		1977		高中	中级工	1993		工人	20 976	1 748							
0418	综合办公室	材料库工		1979		初中	中级工	1993		工人	20 448	1 704							
0418	综合办公室	材料库工		1978		高中	高级工	2000		工人	20 688	1 724							
0419	综合办公室	行政库库工		1978		高中	中级工	1993		工人	21 456	1 788							
0609	修理厂	修理厂警卫		1977		高中	中级工	1993		工人	20 976	1 748							
0417	综合办公室	材料库工班长		1974		专科	高级工	1999		工人	21 300	1 775							
0411	综合办公室	采购炊事员		1978		高中	中级工	1993		工人	20 976	1 748							
0412	综合办公室	库管炊事员		1978		高中	中级工	1993		工人	21 456	1 788							
0413	综合办公室	电话员		1981		高中	高级工	1999		工人	21 228	1 769							

（续表）

1	2	3	4	5	6	7	8	9	10	11	12	13	14	15	16	17	18	19	20
岗位编码	所属部门	岗位名称	姓名	参加工作时间	连续工龄	学历	专业技术或技术等级	取证时间	技术年限	岗位性质	全年九项工资收入	月平均工资	工资等级	套入档次	套入标准	月增加	月减少	年增加	年减少
0414	综合办公室	机关电工		1978		高中	高级工	2000		工人	21 912	1 826							
0421	综合办公室	班车司机		1978		高中	中级工	1993		工人	20 976	1 748							
0409	综合办公室	机关司机		1978		高中	高级工	2000		工人	21 816	1 818							
0409	综合办公室	机关司机		1983		高中	中级工	1999		工人	19 368	1 614							
0409	综合办公室	机关司机		1980		初中	中级工	1996		工人	19 884	1 657							
0523	工程队	工程队库工		1991		中专	助理级	1996		工人	21 804	1 817							
0523	工程队	工程队库工		1978		高中	高级工	2000		工人	22 392	1 866							
0523	工程队	工程队库工		1980		高中	高级工	2001		工人	20 688	1 724							
0523	工程队	工程队库工		1978		中专	中级工	1994		工人	21 456	1 788							
0524	工程队	工程队炊事员		1973		初中	中级工	1993		工人	21 504	1 792							
0524	工程队	工程队炊事员		1977		高中	中级工	1993		工人	20 976	1 748							
0524	工程队	工程队炊事员		1977		高中	高级工	2000		工人	22 392	1 866							
0524	工程队	工程队炊事员		1969		初中	高级工	1995		工人	23 136	1 928							
0524	工程队	工程队炊事员		1978		高中	中级工	1993		工人	21 456	1 788							
0524	工程队	工程队炊事员		1978		高中	中级工	1994		工人	20 928	1 744							
0410	综合办公室	食堂管理员		1980		高中	中级工	1992		管理	20 928	1 744							
0520	工程队	工程队电工		1983		高中	中级工	1999		工人	19 908	1 659							
0608	修理厂	基地管理员		1978		高中	高级工	2000		管理	21 912	1 826							
0522	工程队	安全员		1977		高中	高级工	2000		管理	20 340	1 695							
0522	工程队	安全员		1993		专科	中级工	2001		工人	18 840	1 570							

（续表）

1	2	3	4	5	6	7	8	9	10	11	12	13	14	15	16	17	18	19	20
岗位编码	所属部门	岗位名称	姓名	参加工作时间	连续工龄	学历	专业技术或技术等级	取证时间	技术年限	岗位性质	全年九项工资收入	月平均工资	工资等级	套入档次	套入标准	月增加	月减少	年增加	年减少
0520	工程队	工程队电工		1983		高中	中级工	1999		工人	26 928	2 244							
0517	工程队	工程队司机		1978		高中	高级工	2000		工人	21 912	1 826							
0517	工程队	工程队司机		1980		技校	高级工	2001		工人	21 300	1 775							
0517	工程队	工程队司机		1977		高中	中级工	1993		工人	18 312	1 526							
0517	工程队	工程队司机		1978		高中	高级工	2000		工人	21 912	1 826							
0517	工程队	工程队司机		1969		初中	高级工	1995		工人	23 136	1 928							
0517	工程队	工程队司机		1990		初中	初级工	1999		工人	18 948	1 579							
0517	工程队	工程队司机		1992		初中	初级工	1995		工人	18 468	1 539							
0517	工程队	工程队司机		1994		技校	中级工	2001		工人	18 312	1 526							
0517	工程队	工程队司机		1993		专科	中级工	2001		工人	18 840	1 570							
0517	工程队	工程队司机		1996		技校	初级工	1996		工人	17 508	1 459							
0517	工程队	工程队司机		1978		高中	中级工	1993		工人	20 976	1 748							
0517	工程队	工程队司机		1977		高中	中级工	1993		工人	20 976	1 748							
0517	工程队	工程队司机		1995		专科	中级工	2001		工人	18 312	1 526							
0517	工程队	工程队司机		1977		高中	高级工	2000		工人	21 300	1 775							
0517	工程队	工程队司机		1987		技校	中级工	2001		工人	19 380	1 615							
0517	工程队	工程队司机		1978		高中	高级工	2000		工人	21 912	1 826							
0517	工程队	工程队司机		1977		高中	高级工	2000		工人	21 912	1 826							
0517	工程队	工程队司机		1983		中专	初级工	1996		工人	18 468	1 539							
0517	工程队	工程队司机		1992		初中	初级工	1999		工人	18 468	1 539							

（续表）

1	2	3	4	5	6	7	8	9	10	11	12	13	14	15	16	17	18	19	20
岗位编码	所属部门	岗位名称	姓名	参加工作时间	连续工龄	学历	专业技术或技术等级	取证时间	技术年限	岗位性质	全年九项工资收入	月平均工资	工资等级	套入档次	套入标准	月增加	月减少	年增加	年减少
0517	工程队	工程队司机		1993		技校	中级工	2001		工人	18 840	1 570							
0517	工程队	工程队司机		1993		技校	初级工	1995		工人	18 468	1 539							
0517	工程队	工程队司机		1977		高中	高级工	2000		工人	21 912	1 826							
0517	工程队	工程队司机		1977		高中	高级工	2000		工人	21 912	1 826							
0517	工程队	工程队司机		1978		高中	中级工	1993		工人	20 976	1 748							
0517	工程队	工程队司机		1978		高中	高级工	2000		工人	21 912	1 826							
0517	工程队	工程队司机		1978		高中	高级工	2000		工人	21 912	1 826							
0517	工程队	工程队司机		1978		高中	高级工	2000		工人	21 912	1 826							
0517	工程队	工程队司机		1982		高中	高级工	2001		工人	21 300	1 775							
0517	工程队	工程队司机		1992		技校	中级工	1999		工人	18 840	1 570							
0517	工程队	工程队司机		1978		高中	高级工	2000		工人	21 912	1 826							
0517	工程队	工程队司机		1982		高中	高级工	2001		工人	21 300	1 775							
0517	工程队	工程队司机		1978		高中	高级工	2000		工人	21 912	1 826							
0517	工程队	工程队司机		1978		高中	高级工	2000		工人	21 912	1 826							
0517	工程队	工程队司机		1978		高中	高级工	2000		工人	21 300	1 775							
0517	工程队	工程队司机		1977		高中	高级工	2000		工人	22 032	1 836							
0517	工程队	工程队司机		1991		技校	中级工	2000		工人	18 840	1 570							
0517	工程队	工程队司机		1990		初中	中级工	2001		工人	18 840	1 570							
0517	工程队	工程队司机		1992		初中	中级工	2001		工人	18 312	1 526							
0517	工程队	工程队司机		1996		技校	初级工	1996		工人	17 508	1 459							

（续表）

1	2	3	4	5	6	7	8	9	10	11	12	13	14	15	16	17	18	19	20
岗位编码	所属部门	岗位名称	姓名	参加工作时间	连续工龄	学历	专业技术或技术等级	取证时间	技术年限	岗位性质	全年九项工资收入	月平均工资	工资等级	套入档次	套入标准	月增加	月减少	年增加	年减少
0521	工程队	修理工		1992		专科	中级工	1999		工人	18 840	1 570							
0521	工程队	修理工		1976		初中	中级工	1993		工人	20 976	1 748							
0521	工程队	修理工		1996		技校	初级工	1996		工人	17 508	1 459							
0521	工程队	修理工		1987		专科	助理级	1992		工人	22 020	1 835							
0615	修理厂	压路机驾驶员		1984		技校	中级工	1999		工人	19 524	1 627							
0615	修理厂	压路机驾驶员		1998		技校	初级工	1999		工人	16 884	1 407							
0615	修理厂	压路机驾驶员		2002		技校	初级工	2000		工人	16 464	1 372							
0615	修理厂	压路机驾驶员		1998		技校	初级工	1999		工人	16 884	1 407							
0615	修理厂	压路机驾驶员		2002		技校	初级工	2000		工人	16 464	1 372							
0615	修理厂	压路机驾驶员		1996		技校	初级工	1996		工人	17 580	1 465							
0615	修理厂	压路机驾驶员		1996		技校	初级工	1996		工人	17 580	1 465							
0615	修理厂	压路机驾驶员		2002		技校	初级工	2000		工人	16 464	1 372							
0611	修理厂	电工		1992		技校	中级工	1999		工人	18 984	1 582							
0611	修理厂	电工		1978		高中	高级工	2000		管理	21 912	1 826							
0518	工程队	机手		1977		高中	高级工	2000		工人	21 912	1 826							
0518	工程队	机手		1978		高中	高级工	2000		工人	21 912	1 826							
0518	工程队	机手		1978		高中	高级工	2000		工人	21 912	1 826							
0518	工程队	机手		1978		高中	高级工	2000		工人	21 912	1 826							
0518	工程队	机手		1978		高中	中级工	1993		工人	21 912	1 826							
0518	工程队	机手		1978		高中	中级工	1993		工人	20 976	1 748							

（续表）

1	2	3	4	5	6	7	8	9	10	11	12	13	14	15	16	17	18	19	20
岗位编码	所属部门	岗位名称	姓名	参加工作时间	连续工龄	学历	专业技术或技术等级	取证时间	技术年限	岗位性质	全年九项工资收入	月平均工资	工资等级	套入档次	套入标准	月增加	月减少	年增加	年减少
0518	工程队	机手		1978		高中	高级工	2000		工人	21 912	1 826							
0518	工程队	机手		1978		高中	高级工	2000		工人	21 912	1 826							
0518	工程队	机手		1978		高中	高级工	2000		工人	21 912	1 826							
0518	工程队	机手		1976		高中	中级工	1993		工人	20 976	1 748							
0518	工程队	机手		1969		初中	高级工	1995		工人	23 136	1 928							
0518	工程队	机手		1978		高中	高级工	2000		工人	22 392	1 866							
0518	工程队	机手		1992		高中	初级工	1999		工人	18 468	1 539							
0518	工程队	机手		1978		高中	中级工	1993		工人	20 976	1 748							
0518	工程队	机手		1978		高中	高级工	2000		工人	21 912	1 826							
0518	工程队	机手		1995		技校	中级工	2001		工人	18 312	1 526							
0518	工程队	机手		1978		高中	高级工	2000		工人	21 912	1 826							
0518	工程队	机手		1977		高中	高级工	2000		工人	21 912	1 826							
0518	工程队	机手		1978		高中	高级工	2000		工人	21 912	1 826							
0518	工程队	机手		1978		高中	高级工	2000		工人	21 300	1 775							
0518	工程队	机手		1980		高中	中级工	1993		工人	20 448	1 704							
0518	工程队	机手		1977		高中	高级工	2000		工人	21 912	1 826							
0518	工程队	机手		1978		高中	高级工	2000		工人	21 912	1 826							
0518	工程队	机手		1972		高中	未评聘	1981		工人	21 456	1 788							
0612	修理厂	钣金工		1977		高中	中级工	1993		工人	21 084	1 757							
0613	修理厂	机动车驾驶员		1978		高中	高级工	2000		工人	22 020	1 835							

（续表）

1	2	3	4	5	6	7	8	9	10	11	12	13	14	15	16	17	18	19	20
岗位编码	所属部门	岗位名称	姓名	参加工作时间	连续工龄	学历	专业技术或技术等级	取证时间	技术年限	岗位性质	全年九项工资收入	月平均工资	工资等级	套入档次	套入标准	月增加	月减少	年增加	年减少
0613	修理厂	机动车驾驶员		1978		高中	高级工	2000		工人	22 020	1 835							
0613	修理厂	机动车驾驶员		1978		高中	高级工	2000		工人	22 020	1 835							
0011	修理厂	摊铺机驾驶员		1994		技校	中级工	2001		工人	18 384	1 532							
0011	修理厂	摊铺机驾驶员		2002		技校	初级工	2000		工人	16 464	1 372							
0011	修理厂	摊铺机驾驶员		1995		专科	中级工	2001		工人	18 384	1 532							
0011	修理厂	摊铺机驾驶员		1995		技校	中级工	2001		工人	18 384	1 532							
0011	修理厂	摊铺机驾驶员		1997		技校	初级工	1997		工人	17 580	1 465							
0011	修理厂	摊铺机驾驶员		1998		技校	初级工	1999		工人	16 884	1 407							
0011	修理厂	摊铺机驾驶员		1996		技校	初级工	1996		工人	17 580	1 465							
0011	修理厂	摊铺机驾驶员		2002		技校	初级工	2000		工人	16 464	1 372							
0011	修理厂	摊铺机驾驶员		2002		技校	初级工	2000		工人	16 464	1 372							
0610	修理厂	修理工		1987		中专	助理级	1992		工人	22 164	1 847							
0610	修理厂	修理工		1992		技校	中级工	1999		工人	18 984	1 582							
0610	修理厂	修理工		1992		技校	中级工	1999		工人	18 984	1 582							
0610	修理厂	修理工		1992		技校	中级工	1999		工人	18 984	1 582							
0610	修理厂	修理工		1992		技校	中级工	1999		工人	18 984	1 582							
0516	工程队	后勤管理员		1970		初中	中级工	1993		管理	21 504	1 792							
0516	工程队	后勤管理员		1994		技校	中级工	2001		管理	18 312	1 526							
0516	工程队	后勤管理员		1977		高中	中级工	1993		管理	21 096	1 758							
0510	工程队	材料会计		1982		中专	助理级	1992		管理	22 140	1 845							

(续表)

1	2	3	4	5	6	7	8	9	10	11	12	13	14	15	16	17	18	19	20
岗位编码	所属部门	岗位名称	姓名	参加工作时间	连续工龄	学历	专业技术或技术等级	取证时间	技术年限	岗位性质	全年九项工资收入	月平均工资	工资等级	套入档次	套入标准	月增加	月减少	年增加	年减少
0510	工程队	材料会计		1992		中专	员级	1993		管理	19 512	1 626							
0511	工程队	施工员		1980		高中	高级工	2001		技术	21 300	1 775							
0511	工程队	施工员		1992		初中	初级工	1999		技术	18 468	1 539							
0511	工程队	施工员		1978		技校	助理级	1992		技术	22 272	1 856							
0511	工程队	施工员		1974		初中	中级工	1993		技术	20 976	1 748							
0511	工程队	施工员		1978		高中	高级工	2000		技术	21 912	1 826							
0511	工程队	施工员		1993		专科	中级工	2001		技术	18 840	1 570							
0511	工程队	施工员		1977		高中	高级工	2000		技术	21 912	1 826							
0511	工程队	施工员		1978		高中	中级工	1993		技术	20 976	1 748							
0605	修理厂	行政管理员		1978		高中	高级工	1993		管理	21 936	1 828							
0514	工程队	技术资料员		2001		技校	初级工	2000		技术	16 464	1 372							
0514	工程队	技术资料员		1998		专科	助理级	2001		技术	18 888	1 574							
0514	工程队	技术资料员		1999		中专	员级	2000		技术	17 232	1 436							
0514	工程队	技术资料员		1995		技校	中级工	2001		技术	18 432	1 536							
0514	工程队	技术资料员		1992		专科	中级工	2000		技术	18 960	1 580							
0514	工程队	技术资料员		2001		专科	未评聘	2001		技术	17 352	1 446							
0514	工程队	技术资料员		1995		技校	中级工	2001		技术	18 312	1 526							
0514	工程队	技术资料员		2002		专科	未评聘	2001		技术	11 460	955							
0519	工程队	测工		1995		技校	中级工	2001		工人	18 312	1 526							
0519	工程队	测工		2000		技校	初级工	2000		工人	16 464	1 372							

（续表）

1	2	3	4	5	6	7	8	9	10	11	12	13	14	15	16	17	18	19	20
岗位编码	所属部门	岗位名称	姓名	参加工作时间	连续工龄	学历	专业技术或技术等级	取证时间	技术年限	岗位性质	全年九项工资收入	月平均工资	工资等级	套入档次	套入标准	月增加	月减少	年增加	年减少
0519	工程队	测工		2002		技校	初级工	2000		工人	15 948	1 329							
0519	工程队	测工		2002		技校	初级工	2000		工人	15 948	1 329							
0519	工程队	测工		1971		初中	高级工	2001		工人	22 524	1 877							
0519	工程队	测工		1996		技校	初级工	1996		工人	17 508	1 459							
0519	工程队	测工		1997		技校	初级工	1997		工人	17 508	1 459							
0519	工程队	测工		2001		技校	初级工	2000		工人	16 464	1 372							
0519	工程队	测工		2001		技校	初级工	2000		工人	16 464	1 372							
0519	工程队	测工		2001		技校	初级工	2000		工人	16 464	1 372							
0519	工程队	测工		2002		技校	初级工	2000		工人	16 464	1 372							
0519	工程队	测工		2002		技校	初级工	2000		工人	16 464	1 372							
0519	工程队	测工		2002		技校	初级工	2000		工人	16 464	1 372							
0508	工程队	机务员		1981		中专	中级	1998		技术	25 296	2 108							
0508	工程队	机务员		1978		高中	高级工	2000		技术	22 032	1 836							
0508	工程队	机务员		1978		高中	高级工	2000		技术	22 032	1 836							
0508	工程队	机务员		1987		中专	助理级	1992		技术	22 140	1 845							
0506	工程队	劳资员		1992		技校	中级工	2000		管理	18 840	1 570							
0506	工程队	劳资员		1978		高中	高级工	2000		管理	22 512	1 876							
0506	工程队	劳资员		1991		中专	助理级	2000		管理	21 444	1 787							
0507	工程队	核算员		1992		专科	助理级	1999		技术	21 240	1 770							
0507	工程队	核算员		1994		专科	助理级	1997		技术	21 240	1 770							

（续表）

1	2	3	4	5	6	7	8	9	10	11	12	13	14	15	16	17	18	19	20
岗位编码	所属部门	岗位名称	姓名	参加工作时间	连续工龄	学历	专业技术或技术等级	取证时间	技术年限	岗位性质	全年九项工资收入	月平均工资	工资等级	套入档次	套入标准	月增加	月减少	年增加	年减少
0507	工程队	核算员		1997		专科	助理级	2000		技术	19 368	1 614							
0507	工程队	核算员		1978		专科	助理级	1992		技术	22 140	1 845							
0507	工程队	核算员		1994		中专	助理级	2001		技术	19 848	1 654							
0507	工程队	核算员		1982		高中	高级工	2001		技术	21 900	1 825							
0507	工程队	核算员		1992		中专	员级	1993		技术	19 512	1 626							
0509	工程队	材料员		1993		技校	中级工	2001		技术	18 840	1 570							
0509	工程队	材料员		1978		高中	中级工	1993		技术	21 096	1 758							
0509	工程队	材料员		1978		高中	高级工	2000		技术	21 912	1 826							
0509	工程队	材料员		1978		专科	高级工	2000		技术	21 420	1 785							
0603	修理厂	核算员		1980		专科	高级工	2001		技术	21 168	1 764							
0604	修理厂	材料员		1993		技校	中级工	2001		技术	18 504	1 542							
0607	修理厂	修理调度员		1974		技校	高级工	1993		管理	22 128	1 844							
0606	修理厂	机械调度员		1992		专科	中级工	1999		管理	18 984	1 582							
0209	工程部	试验员		1990		中专	助理级	1995		技术	21 384	1 782							
0209	工程部	试验员		1978		高中	高级工	2000		技术	21 816	1 818							
0209	工程部	试验员		1987		专科	助理级	1992		技术	22 044	1 837							
0209	工程部	试验员		1991		专科	助理级	1996		技术	21 384	1 782							
0408	综合办公室	行政管理员		1990		中专	中级工	2001		管理	19 488	1 624							
0512	工程队	计划统计员		1992		专科	助理级	1997		技术	20 760	1 730							
0512	工程队	计划统计员		1978		高中	助理级	1992		技术	22 272	1 856							

（续表）

1	2	3	4	5	6	7	8	9	10	11	12	13	14	15	16	17	18	19	20
岗位编码	所属部门	岗位名称	姓名	参加工作时间	连续工龄	学历	专业技术或技术等级	取证时间	技术年限	岗位性质	全年九项工资收入	月平均工资	工资等级	套入档次	套入标准	月增加	月减少	年增加	年减少
0512	工程队	计划统计员		1981		中专	助理级	1989		技术	22 836	1 903							
0513	工程队	预算计量员		2001		专科	未评聘	2000		技术	17 832	1 486							
0513	工程队	预算计量员		1999		专科	助理级	2002		技术	18 408	1 534							
0513	工程队	预算计量员		2002		大学	未评聘	2000		技术	12 720	1 060							
0515	工程队	质检实验员		1971		初中	中级工	1993		技术	21 744	1 812							
0515	工程队	质检实验员		1996		技校	初级工	1996		技术	17 508	1 459							
0515	工程队	质检实验员		2001		专科	未评聘	2000		技术	17 832	1 486							
0515	工程队	质检实验员		2001		技校	初级工	1998		技术	16 464	1 372							
0515	工程队	质检实验员		1995		技校	中级工	2001		技术	18 432	1 536							
0515	工程队	质检实验员		1995		技校	中级工	2001		技术	18 432	1 536							
0515	工程队	质检实验员		2001		技校	初级工	2000		技术	16 464	1 372							
0515	工程队	质检实验员		2001		技校	初级工	2000		技术	16 464	1 372							
0515	工程队	质检实验员		2001		技校	初级工	2000		技术	16 464	1 372							
0305	管理部	出纳		1995		专科	员级	1996		管理	18 468	1 539							
0406	综合办公室	档案管理员		1990		高中	中级工	2000		管理	18 984	1 582							
0404	综合办公室	工会干事		1980		专科	助理级	1999		管理	20 064	1 672							
0405	综合办公室	组织干事		1976		专科	员级	1982		管理	26 088	2 174							
0407	综合办公室	文书		2000		大学	助理级	2001		管理	18 936	1 578							
0306	管理部	劳动统计干事		1995		本科	助理级	2000		管理	20 724	1 727							

(续表)

1	2	3	4	5	6	7	8	9	10	11	12	13	14	15	16	17	18	19	20
岗位编码	所属部门	岗位名称	姓名	参加工作时间	连续工龄	学历	专业技术或技术等级	取证时间	技术年限	岗位性质	全年九项工资收入	月平均工资	工资等级	套入档次	套入标准	月增加	月减少	年增加	年减少
0307	管理部	教育干事		2001		专科	中级	1989		管理	21 264	1 772							
0204	工程部	物资管理员		1984		专科	助理级	2000		管理	19 164	1 597							
0205	工程部	设备管理员		1984		大学	副高级	2001		管理	28 752	2 396							
0206	工程部	质检工程师		1978		专科	高级工	2000		管理	21 936	1 828							
0207	工程部	合约工程师		1996		大学	中级	2001		管理	22 632	1 886							
0207	工程部	合约工程师		1994		技校	中级工	2000		管理	17 988	1 499							
0208	工程部	综合统计员		1996		专科	助理级	1999		管理	19 572	1 631							
0304	管理部	会计		1992		专科	中级	2001		管理	22 104	1 842							
0403	综合办公室	行政副主任		1979		专科	助理级	1999		管理	23 580	1 965							
0402	综合办公室	党群副主任		1973		初中	中级工	1993		管理	24 468	2 039							
0302	管理部	财务副部长		1990		专科	员级	1988		管理	19 728	1 644							
0303	管理部	人劳副部长		1978		专科	中级	1992		管理	25 572	2 131							
0602	修理厂	厂长助理		1984		技校	中级工	1999		管理	19 008	1 584							
0602	修理厂	厂长助理		1984		技校	中级工	1999		管理	19 008	1 584							
0202	工程部	生产副部长		1991		大学	副高级	2001		管理	28 272	2 356							
0203	工程部	技术副部长		1995		大学	中级	2000		管理	22 308	1 859							
0505	工程队	机务材料副队长		1978		专科	高级工	2000		管理	22 032	1 836							
0505	工程队	机务材料副队长		1992		专科	中级工	1999		管理	18 960	1 580							
0505	工程队	机务材料副队长		1990		专科	助理级	1995		管理	21 444	1 787							

（续表）

1	2	3	4	5	6	7	8	9	10	11	12	13	14	15	16	17	18	19	20
岗位编码	所属部门	岗位名称	姓名	参加工作时间	连续工龄	学历	专业技术或技术等级	取证时间	技术年限	岗位性质	全年九项工资收入	月平均工资	工资等级	套入档次	套入标准	月增加	月减少	年增加	年减少
0503	工程队	常务副队长		1991		专科	助理级	1996		管理	21 444	1 787							
0503	工程队	常务副队长		1990		中专	助理级	1995		管理	21 444	1 787							
0503	工程队	常务副队长		1992		中专	助理级	1997		管理	20 760	1 730							
0504	工程队	技术副队长		1996		大学	中级	2001		管理	22 152	1 846							
0504	工程队	技术副队长		1995		专科	中级	2002		管理	22 152	1 846							
0504	工程队	技术副队长		1978		技校	助理级	1992		管理	22 272	1 856							
0502	工程队	工程队支部书记		1978		中专	高级工	2000		管理	22 032	1 836							
0502	工程队	工程队支部书记		1978		高中	高级工	2000		管理	22 032	1 836							
0601	修理厂	修理厂厂长		1978		大学	中级	1992		管理	26 088	2 174							
0501	工程队	工程队队长		1991		专科	助理级	1996		管理	20 760	1 730							
0501	工程队	工程队队长		1992		大学	中级	1997		管理	24 312	2 026							
0501	工程队	工程队队长		1978		专科	助理级	1993		管理	22 392	1 866							
0106	领导班子	总工程师		1983		大学	副高级	1994		管理	31 860	2 655							
0105	领导班子	党总支副书记		1978		专科	中级	1994		管理	25 116	2 093							
0104	领导班子	机务副处长		1977		大学	中级	2000		管理	25 308	2 109							
0103	领导班子	生产副处长		1983		大学	副高级	1996		管理	31 860	2 655							
0102	领导班子	党总支书记		1969		大学	副高级	2000		管理	29 364	2 447							
0101	领导班子	处长		1976		大学	副高级	2000		管理	29 844	2 487							
合计																			

七、选做题

将 254 名职工套入新工资标准后，分别计算完成不同性质岗位任职人员新工资与老工资增减对比及按部门划分的员工新老工资增减对比。上机计算后提交电子版计算成果。

表 4－54　不同性质岗位任职人员新工资与老工资增减对比　单位：元

岗位性质	岗位人数	老九项工资标准			新工资标准			年平均增资	增资%
		平均月薪	平均年薪	工资系数（保留 2 位小数）	平均月薪	平均年薪	工资系数（保留 2 位小数）		
管理人员				1.00			1.00		
专业技术人员									
工人									

表 4－55　各部门人员新工资与老工资增减对比　单位：元

部门名称	部门人数	老九项工资标准					新工资标准					平均增减额	平均增减%
		平均月薪	最高工资	最低工资	高低之差	高低幅度%（保留 2 位小数）	平均月薪	最高工资	最低工资	高低之差	高低幅度%（保留 2 位小数）		
领导班子													
工程部													
管理部													
综合办公室													
工程队													
修理厂													

表 4－56　某工程公司分部门岗位等级序列表

岗位等级	领导层	工程部	管理部	综合办公室	工程队	修理厂	基地管委会
一				前门勤杂工； 家属院门卫； 保洁员			
二				收发员； 机关警卫； 行政库库工； 材料库工			
三				材料库工班长； 采购炊事员； 库管炊事员		修理厂警卫	

（续表）

岗位等级	领导层	工程部	管理部	综合办公室	工程队	修理厂	基地管委会
四				电话员； 机关电工			
五				机关司机； 班车司机		配件库库工	基地管委会库工
六					养路工；工程队库工； 工程队炊事员		
七				食堂管理员	拆迁员；安全员； 工程队电工	基地管理员	
八					工程队司机； 工程队修理工	压路机驾驶员	物资管理员； 后勤管理员； 库管理员
九					机手	钣金工； 修理厂电工； 机动车驾驶员；摊铺机驾驶员	
十					后勤管理员； 技术资料员； 施工员； 材料会计	修理工； 行政管理员	
十一					机务员；材料员；测工 劳资员；核算员	核算员； 材料员	
十二		试验员	出纳	行政管理员	预算计量员； 质检实验员； 计划统计员	机械调度员； 修理调度员	
十三		物资管理员； 设备管理员； 合约工程师； 质检工程师	教育干事； 劳动统计干事	文书； 档案管理员； 组织干事； 工会干事	工程技术员		
十四		综合统计员	会计				
十五			人劳副部长； 财务副部长	党群副主任； 行政副主任		厂长助理	基地管委主任

（续表）

岗位等级	领导层	工程部	管理部	综合办公室	工程队	修理厂	基地管委会
十六		生产副部长；技术副部长	管理部部长	综合办主任	常务副队长；工程队支部书记 技术副队长；机务材料副队长		
十七		工程部部长				修理厂厂长	
十八					工程队队长		
十九	生产副处长；总工程师； 党总支副书记； 机务副处长						
二十	党总支书记						
二十一	处长						

表 4－57　某工程公司月岗位工资标准测算表（上机完成，提交电子版 EXCEL 表格）

（等比递增点数法，等比系数＝5 倍开 20 次方＝________）

（提示：

1. 先计算等比系数，将计算出的等比系数填入下表第 3 列。

2. 计算点值，将点值填入下表第 6 列。）

测算 2013 年工资标准的总额为 700 万元。点值（每点工资率）＝700 万元÷12÷所有岗级点数之和的点数（　　　　）＝________元。

1	2	3	4	5	6	7	8	9
岗级	岗级人数	等比系数	每一岗级点数	每一岗级点数之和	点值	每一岗级工资标准	个位四舍五入简化	级差
—	—	—		2×4	—	4×6	—	—
一								
二								
三								
四								
五								
六								
七								
八								

（续表）

1	2	3	4	5	6	7	8	9
岗级	岗级人数	等比系数	每一岗级点数	每一岗级点数之和	点值	每一岗级工资标准	个位四舍五入简化	级差
九								
十								
十一								
十二								
十三								
十四								
十五								
十六								
十七								
十八								
十九								
二十								
二十一								
合计		—	—		—	—	—	—

表 4-58　某工程公司岗位工资标准表(提交 EXCEL 表格)

(提示：请先将前表测算的一岗一薪工资标准放在第七档，之后按照一岗一薪工资标准的 3% 计算档差，档差取整。档差确定后，在第七档工资标准的基础上分别计算并填入 1—6 档和 8—12 档的工资标准。)

标准 岗级	级差	档差	工资档次											
			1	2	3	4	5	6	7	8	9	10	11	12
一														
二														
三														
四														
五														
六														
七														
八														

（续表）

岗级 \ 标准	级差	档差	工资档次											
			1	2	3	4	5	6	7	8	9	10	11	12
九														
十														
十一														
十二														
十三														
十四														
十五														
十六														
十七														
十八														
十九														
二十														
二十一														

表4-59 管理人员、专业技术人员工资档次纳入表

普通管理人员（初级工）	连续工龄	5年以下	6—10年	11—15年	16—20年	21年以上
	工资档次	1	2	3	4	5
员级（中级工）	专业技术年限	4年以下	5—8年	9—12年	13—16年	17年以上
	工资档次	2	3	4	5	6
助理级（高级工）	专业技术年限	4年以下	5—8年	9—12年	13—16年	17年以上
	工资档次	3	4	5	6	7
中级（技师）	专业技术年限	4年以下	5—8年	9—12年	13—16年	17年以上
	工资档次	5	6	7	8	9
副高级（高级技师）	专业技术年限	4年以下	5—8年	9—12年	13—16年	17年以上
	工资档次	7	8	9	10	11
正高级	专业技术年限	4年以下	5—8年	9—12年	13—16年	17年以上
	工资档次	8	9	10	11	12

说明：1. 连续工龄，按虚年计算，从参加工作的当年起计算到2013年。
2. 技术年限，按虚年计算，从取得专业技术等级的当年起计算到2013年。

表 4-60 工人工资档次纳入表

普通工人	连续工龄	5 年以下	6—10 年	11—15 年	16—20 年	21 年以上
	工资档次	1	2	3	4	5
初级工（普通管理）	技术年限	4 年以下	5—8 年	9—12 年	13—16 年	17 年以上
	工资档次	2	3	4	5	6
中级工（员级）	技术年限	4 年以下	5—8 年	9—12 年	13—16 年	17 年以上
	工资档次	3	4	5	6	7
高级工（助理级）	技术年限	4 年以下	5—8 年	9—12 年	13—16 年	17 年以上
	工资档次	5	6	7	8	9
技师（中级）	技术年限	4 年以下	5—8 年	9—12 年	13—16 年	17 年以上
	工资档次	6	7	8	9	10
高级技师（副高级）	技术年限	4 年以下	5—8 年	9—12 年	13—16 年	17 年以上
	工资档次	8	9	10	11	12

说明：1. 连续工龄，按虚年计算，从参加工作的当年起计算到 2013 年。
2. 技术年限，按虚年计算，从取得专业技术等级的当年起计算到 2013 年。

模块 4.6 工 资 调 整

工资调整，主要是指工资标准的调整。工资标准调整，大致又可分为三类：第一类是个体工资标准的调整，包括工资等级的调整、工资档次的调整；第二类是整体工资标准的调整，如全部岗位或全部员工工资标准的调整；第三类是结合内部分配改革对工资结构的调整。工资调整是保证工资正常运行的一个重要组成部分，也是工资能增能减机制的体现之一。在工资方案中，工资调整是必不可少的内容。

核心知识要点

4.6.1 个体工资标准的调整

1. 工资等级调整

管理人员提升职务等级，工人调整到高于现任等级的岗位上工作，按照新的岗位（职务）等级确定相应的工资等级。当职工需要调整到比现任岗位等级较低等级的岗位时，也按低调后的岗位等级确定相应的工资等级。由于岗位调整，晋升工资等级或下调工资等级，一律从新任岗位（职务）的次月起执行。

2. 工资标准档次的调整

工资标准档次的调整，包括以下情况。

(1)“技变”晋档。

员工取得较高一级的专业技术资格或技术等级，如果出现按高一等级的专业技术资格

(或高一等级的技术等级)调整的工资档次,低于按原专业技术等级(或原技术等级)确定的工资档次时,按照"就高"确定工资档次。专业技术等级、技术等级提高,应当调整工资档次的,一般从取得有效证书之月起调整。

(2)"学变"晋档。

职工取得比现有等级高一等级的有效学历证书,一般从取得高一等级证书的之月起晋升工资档次。

(3)"龄变"晋档。

专业技术年限、技术年限或工作年限增长,需要调整工资档次的,一般从当年的1月1日起调整。

(4)考核变档。

考核变档是指在按照本人条件纳入或调整工资档次的基础上,连续两年或三年考核优秀、业绩突出的,可以晋升一个工资档次;如果考核结果较差,可以降低工资档次。考核变档的时间一般从变档年度的1月1日起。

4.6.2 整体调整工资标准

1. 定期普遍调整工资标准

根据上年度企业所在本地区社会平均工资的增长、同行业、同类人员的平均工资增长,在企业生产经营基本正常、具备支付能力的前提下,参照当地政府劳动部门公布的工资指导线,每年或每两年调整一次工资标准。整体调整工资标准,综合了居民消费价格增长、社会和本企业劳动生产率增长、职工生活水准的提高等多种因素。它是"阳光普照"式地调整。整体调整工资标准的幅度每年多少,应仔细测算。一般来说,按照政府颁布的工资指导线的基准线计算的工资增量,其中30%—40%用于个别职工工资标准的调整,其余的60%—70%用于职工整体工资标准的调整。

整体调整工资标准,要注意可以采取普加(所有岗位等级增加一个同等的工资额)和(或)普调(所有岗位等级按照同样的一个百分比提高工资标准)相结合的形式。这样做的趋势和好处是:在压缩相对工资差距的同时,继续扩大了绝对差距,但可以防止绝对差距不合理地扩大。

2. 根据业绩决定加薪幅度

这是美国一些企业采取的办法,被称为"绩效工资"。如表4-61所示。

表4-61 绩效等级与加薪幅度

绩效定义	远高于平均水平	高于平均水平	平均水平	低于平均水平	远低于平均水平
绩效等级	1	2	3	4	5
基本工资增长(%)	6	5	4	3	0

基本做法是:在每个年度的年终,通常由员工的直接主管对其进行评价,并根据绩效等级决定基本工资的加薪幅度。其核心是,只要员工和雇主保持雇佣关系,那么,你每年的工作就会得到相应的有效回报。这样,计入基本工资的金额就会持续地增加。

4.6.3 工资结构调整

工资结构调整即工资构成调整。伴随着每一次工资改革,都要进行一次工资结构的调整。

如何确定工资结构，取决于工资调整的指导思想和要达到的目标。如果强调实行岗位工资制，则要求工资标准简单明了，改革中就会把能合并的多种工资合并，包括奖金、津贴、补贴等。如果强调提高效率，将会降低岗位基本工资在岗位工资中的比例，相对提高岗位绩效工资在岗位工资中的比例。

相关链接 4-4:

某发电公司工资结构调整实例

例如，某发电有限公司在2006年底进行的薪酬改革中，将工资构成做了较大调整。

在改革前，该单位现行的工资构成项目，归纳起来至少有28项：(1) 技能工资；(2) 岗位工资；(3) 加班工资；(4) 其他工资；(5) 岗位目标奖；(6) 工龄工资；(7) 运龄工资；(8) 提租补贴；(9) 基础补贴；(10) 洗理费；(11) 书报费；(12) 远郊津贴；(13) 夜班津贴；(14) 伙食补助；(15) 回补；(16) 其他收入；(17) 企业为个人缴纳的所得税；(18) 奖金；(19) 进山补助；(20) 财务补助；(21) 通讯补助；(22) 出车补助；(23) 卫生粉尘；(24) 奶费；(25) 煤火费；(26) 独生子女费；(27) 托儿补助费；(28) 住房补贴。

改革后，将工资结构调整为以下4项，整合简化了工资结构，职工新的工资构成为：

1. 职位职能工资

职位职能工资，是工资构成中的相对固定部分。在工资构成中占60%左右。职位职能工资标准实行"一岗九薪制"。

2. 职位绩效工资

职位绩效工资是工资构成中的全浮动部分。在工资构成中占30%左右。职位绩效工资标准，实行"一岗一薪"制。

3. 特殊工资(工资性津贴)

特殊工资包括：(1) 工龄工资；(2) 运龄工资；(3) 提租补助；(4) 加班工资；(5) 夜班津贴；(6) 通讯补助；(7) 保健津贴。特殊工资总额，在工资构成中占9%左右。

4. 福利补贴

福利补贴包括：(1) 冬季取暖补贴；(2) 独生子女补贴；(3) 少数民族伙食补贴；(4) 奶费；(5) 托儿补助费。福利补贴总额，在工资构成中占1%左右。

案例分析

SHX公司工资调整试行方案

一、目的

公司现有薪资体制运行了若干年，随着企业生产经营工作对人力资源要求的提高和劳动力市场的变化，工资体制实现制度化、规范化已迫在眉睫，为此，经相关部门提交方案并多次讨论，特制定本方案。

二、适用范围

适用于彩印厂、制罐二厂、品管部班长及以下生产人员、部门所属非生产人员。工程部、仓管部及行政部门的基层员工以本方案为框架，另行补充制定。

三、总则

3.1　本方案实行工资定等定级，根据员工工作岗位、工作技能、工作成绩、工作表现、工作年限，经岗位考评后确定工资等级，分季度和年度进行考评，考评结果对工资等级可能的影响为：升级、等级保持、降级。

3.2　公司仍实行定时发放月薪制。新进员工按实际出勤天数计算，员工转正或岗位调动原则上以其转正或调动生效日期为界分段计算。

3.3　在员工达到公司标准出勤的前提下，公司支付给员工的月薪总额不低于本地政府规定的最低薪资标准。当低于本地政府规定的最低薪资标准时，由公司补足其差额部分。

四、调整方案

4.1　薪资结构及其计算办法

4.1.1　薪资结构构成：员工薪资＝基本薪资(底薪＋技能工资＋岗位工资)＋绩效工资＋福利工资(餐费补贴＋医疗补贴＋中夜班津贴＋工种补贴＋夏季高温补贴)＋满勤奖＋特别津贴＋加班工资/补贴。

4.1.2　各工资单元的定义及计算方法：

A. 底薪：以所在的岗位或职务而定出相应等级的基础薪资，作为加班费计算基数，根据员工考勤计发。标准详见各单位(彩印厂、制罐二厂、品管部)《岗位核薪表》。

B. 技能工资：为表示生产岗位技能差异而设立，适用于制罐二厂直接生产岗位和彩印厂班长以下生产岗位，技能工资根据员工考勤计发(达到标准出勤日)。

C. 岗位工资/补贴：对岗位核薪或薪资调整时因岗位不同而加给，作为工资调整的活动单元，根据员工考勤计发(达到标准出勤日)。品管部岗位工资考虑员工文化基础因素以高中/中专学历为基准进行上下调整，初中学历下调 30 元，大专及以上学历上调 30 元。

D. 绩效工资：为表示员工及其所在班组生产绩效而计发的工资单元，根据员工出勤计算标准额，按分部门的绩效工资考核办法进行考核后计发。绩效工资的考核详见“4.2　绩效工资考核办法”。

E. 餐费补贴：公司福利工资的一部分，满勤人员按 60 元/月计算，缺勤人员按缺勤天数核算：餐费补贴＝60－60/20.92×缺勤天数。新进员工自入司起享受餐费补贴。

F. 医疗补贴：公司福利工资的一部分，满勤人员按 12 元/月计算，缺勤人员按缺勤天数核算：医疗补贴＝12－12/20.92×缺勤天数。新进员工自入司次月起享受医疗补贴。

G. 中夜班补贴：公司福利工资的一部分，白班工作时间达 10 小时以上且 24:00 之前下班以及上班时间为 16:30—24:30 的中班运转人员，补贴 1.5 元/天；工作时间达 10 小时以上且在 24:00 之后下班和夜班人员，补贴 3 元/天。

H. 工种补贴(营养费)：公司福利工资的一部分，适用工作在彩印厂区域的员工(包括品检员、机修、叉车工等岗位)，按全月标准工作日每日 5.5 元计算，缺勤人员按出勤的标准日(不含周六、周日)天数计发：工种补贴＝标准工作日出勤天数×5.5 元。

I. 夏季高温补贴：公司福利工资的一部分，适用于公司全体员工，每年 6—9 月份按 45

元/月计发，当月缺勤人员按缺勤天数核算：高温补贴＝45－45/20.92×缺勤天数。

J. 满勤奖：公司为鼓励员工按规定的时间出勤，设立30元/月的满勤奖励，员工无请假、迟到、早退、旷工等缺勤记录者可享有满勤奖，反之取消满勤奖。新进员工自入公司次月起享受满勤奖。

K. 特别津贴：适用个别特殊岗位，由总经理批准加给。

L. 加班工资/补贴：正常上班时间之外或周末及法定休息日申请上班而被批准的，并有出勤刷卡记录，视为加班；未经批准、无刷卡记录不得支付加班费。

a) 加班工资以“底薪/20.92/8”为每小时加班费计算基数，平时工作日加班给付底薪150%的薪资，周六周日加班给付底薪200%的薪资，法定假日加班给付底薪300%的薪资。员工当月调休，调休时间将在员工周末加班时间中抵扣。

b) 加班工资按月计发，当月计至月末最后一个星期五，余下天数计入次月。

c) 对固定值班岗位，公司给付定额的加班补贴，不再重复计算加班工资。

4.2 绩效工资考核办法

4.2.1 彩印厂绩效工资考核

4.2.1.1 彩印厂绩效工资接受生产效率考核，目前暂时按《彩印厂综合管理制度》的考核办法(与底薪合计作为考核基数)，公司将适时调整绩效工资单独受生产效率的考核关联度，将绩效工资与产量密切挂钩，至时具体下达考核办法。效率绩效的考核指标来源于员工所在班组。

4.2.1.2 彩印厂绩效工资接受批量质量事故考核，一次性出现1 000张以上不合格品为一次批量事故，当月出现一次扣除绩效工资25%，两次扣除50%，出现三次及以上则取消当月绩效工资。

4.2.1.3 彩印厂生产员工接受节约奖考核，具体按《彩印厂综合管理制度》执行，新进员工自次月起接受节约奖考核，试用期内承担所在班组5%以下的考核比例(奖/罚)，班组其他人员的考核承担比例调整为：

彩印班组：班长50%，助手30%，三手10%，其他人员合计10%。

涂布班组：班长60%，进料20%，收料20%。

4.2.1.4 彩印厂非生产人员接受彩印厂总效率绩效(彩印60%＋涂布40%)的考核，效率折扣比例为：

制版晒版人员、调墨员、打包工、全检员：40%。

厂部职能人员、清洁工、捡料工：20%。

4.2.2 制罐二厂绩效工资考核

4.2.2.1 制罐二厂绩效工资接受生产效率和质量事故考核，替代原浮动工资和固定奖作为考核基数，具体按《制罐二厂综合管理制度》第一章第四节、第二章第三节相关条款执行。

4.2.2.2 开平机生产效率指标核定为：

1线(慢线)：3—6吨卷22 000张/12小时，6—9吨卷23 500张/12小时。

2线(快线)：3—6吨卷27 500张/12小时，6—9吨卷29 500张/12小时。

开平生产线绩效工资考核办法根据以上效率指标参照《制罐二厂综合管理制度》执行。

4.2.2.3 制罐二厂生产员工接受节约奖考核，具体按《制罐二厂综合管理制度》执行，新进员工次月起接受节约奖考核，试用期内的考核由厂部视所在岗位酌情分配。

4.2.2.4　制罐二厂非生产人员接受本厂总生产效率（罐身60%＋底盖40%）的考核，效率折扣比例为：厂部职能人员、搬运工、清洁工：20%。

4.2.3　品管部绩效工资考核

4.2.3.1　品管部绩效工资主要接受批量质量事故（包括生产过程事故和客户投诉事故）和履行岗位工作质量的考核，按员工所承担的质量责任区域划分责任，质量事故和岗位工作错误界定为：

A. 彩印理化检验员：出现一次性10 000张以上理化异常或一次出现5 000张外观质量待处理产品（按检验周期确定）；有异常质量状况的材料投入使用未及时发现。

B. 制罐理化检验员：出现一次性40 000罐彩印外观质量，20 000罐制罐外观、导电值异常，50 000罐三率异常的待处理产品；有异常质量状况的材料投入使用未及时发现。

C. 在线检验员：一次性出现2 000罐（巡检时5 000罐）以上内外涂异常、彩印面同批色差、焊机刮伤等外观异常、长短脚等质量异常的待处理品，其他工序一次性出现15 000罐质量异常的待处理产品。

D. 底盖检验员：一次性出现90 000片理化异常，15 000片胶量或外观异常，50 000片底盖尺寸异常的待处理品；有异常质量状况的材料投入使用未及时发现。

E. 班长：以上B项考核外，承担在线检验员绩效考核的管理责任（1/班组数）。

F. 原材料检验员：整批材料（纸箱、打包带、自粘膜、铜线、栈板）、各批号材料（易拉盖、涂料、密封胶、自检马口铁）规定的检测项目内对异常质量未检出或检出错误，流入生产造成损失。

G. 统计员考核标准为：品管部各检验员绩效工资的综合考核值（比例）。

4.2.3.2　以上质量事故或工作错误出现一次扣绩效工资25%，两次扣除50%，出现三次及以上则取消当月绩效工资；同一事故属多方责任的，考核由品管部主管负责责任分解，除质量事故考核外，部门主管根据品检员工作表现和工作绩效，对绩效工资拥有二级分配和考核权。

4.2.4　考核实施：员工绩效工资的考核由企管部收集核算考核数据并实施，各相关部门予以密切配合，确保考核及时、公开、公正。

4.3　生产岗位的定编定制

4.3.1　彩印厂生产员工定编定制：

彩印生产班组：班长、助手、三手、进料、收料共5人；四个班组2名备用工。

涂布生产班组：班长、进料、收料共3人；三个班组1名备用工。

非生产人员：打包工每班2人（外发期间3人），全检员2人，调墨员、捡料工（搬运）各1人，卫生工2人，制版晒版4人，厂部职能人员2人。

4.3.2　制罐二厂生产员工定编定制：

罐身生产班组：裁剪、焊机、缩颈、封口、加盖、收罐8人（三线、新三线增加焊机上料1人，王老吉生产增加挑罐2人），四个班组配工序班长4人、热缩2人、备工2人。

底盖生产班组：波剪、冲床、注胶、收盖6人，四个班组配底盖师傅2人、备工1人。

开平生产班组：生产人员4人（含班长1人）。

非生产人员：搬运1人，卫生工2人，厂部职能人员2人。

4.3.3 品管部员工定编定制：

检验运转班组：罐身理化、底盖理化兼外观检验各1人（3班2运转）、在线检验4人（每线1人）、彩印理化兼外观检验2人，班长1人。

非运转人员：材料检验员2人，统计员1人，备员1人。

4.4 员工岗位工资等级的考核

4.4.1 人力成本的核算及控制原则

4.4.1.1 人力成本的控制原则

人力成本的控制以对各生产岗位实行等级限定为办法，由生产厂根据不同等级的岗位进行生产班组的合理组织和综合调配，随着企业的经营发展，员工的进步和技术员工的引进是必然趋势，这就涉及岗位工资的等级核定、考核和晋升，设立综合工资上限的目的就是为了确立在保持和提升生产绩效的同时对人力成本进行适当控制。

4.4.1.2 人力成本上限标准的计算

A：彩印厂（四条彩印线、三条涂布线、不含打包工），见表4-62。

表4-62 彩印厂人力成本上限标准的计算

岗位	等级	人数	等级	人数	等级	人数	等级	人数	标准工资（元/月）					
									底薪	绩效	技能	福利	职务	合计
彩印班长（8人）	24级	2	22级	2	20级	2	18级	2	11 200	6 800	0	1 784	1 200	20 984
涂布班长（6人）	17级	2	15级	2	13级	2	/	/	5 600	2 820	0	1 338	900	10 658
二手（8人）	14级	2	12级	2	10级	2	8级	2	5 680	3 360	460	1 784	0	11 284
三手（8人）	5级	2	4级	2	3级	2	2级	2	3 760	2 040	340	1 784	0	7 924
进料员（14人）	5级	4	4级	4	3级	3	2级	3	5 070	2 280	360	3 122	0	10 832
卸料员（14人）	5级	4	4级	4	3级	3	2级	3	5 070	2 280	360	3 122	0	10 832
备工（6人）	5级	3	4级	3					2 250	1 080	180	1 338	0	4 848
合计（64人）		19		19		14		12	38 630	20 660	1 700	14 272	2 100	77 362

彩印厂生产线员工工资上限为：底薪38 630元，标准薪资77 362元。

B：制罐二厂（四条罐身线、四条底盖线、二条开平线、含热缩/挑罐人员）见表4-63。

表 4－63　制罐二厂人力成本上限标准的计算

岗位	等级	人数	等级	人数	等级	人数	等级	人数	标准工资(元/月)					
									底薪	绩效	技能	福利	职务/岗位	合计
裁剪班长(2 人)	7 级	1	6 级	1					1 250	960	240	204	300	2 954
焊机班长(2 人)	16 级	1	14 级	1					1 800	1 200	380	204	300	3 884
封口班长(2 人)	13 级	1	11 级	1					1 750	980	320	204	300	3 554
收罐班长(2 人)	6 级	1	5 级	1					1 170	940	240	204	300	2 854
开平班长(2 人)	6 级	1	5 级	1					1 170	940	240	204	300	2 854
焊机/封口技工(4 人)	10 级	2	8 级	2					3 000	1 440	680	408	0	5 528
冲床/注胶技工(4 人)	12 级	2	10 级	2					3 400	1 560	760	408	0	6 128
焊机作业(6 人)	12 级	3	10 级	3					2 880	1 740	480	612	180	5 892
封口作业(6 人)	8 级	3	6 级	3					2 430	1 380	300	612	300	5 022
缩颈/底盖/开平(38 人)	6 级	12	4 级	14	2 级	12			13 680	6 720	1 640	3 876	1 900	27 816
裁剪/收罐/收盖(72 人)	4 级	18	3 级	18	2 级	18	1 级	18	24 840	9 720	1 440	7 344	3 600	46 944
加盖(8 人)	2 级	4	1 级	4					2 640	920	160	816	400	4 936
备工(6 人)	4 级	3	2 级	3					2 070	930	120	612	300	4 032
合计(154 人)		52		54		30		18	62 080	29 430	7 000	15 708	8 180	122 398

制罐二厂生产线员工工资上限为：底薪 62 080 元，标准薪资 122 398 元。

4.4.2　员工岗位等级的考评

4.4.2.1　考评时间：员工岗位等级考评分为年度考评、绩效保持考评和新进员工转正或在职员工转岗考评：

A. 年度岗位考评每年进行一次，6 月份着手资料的收集和准备，7 月份内完成考评，年度考评主要用于员工岗位工资等级的晋升。

B. 绩效保持考评每季度进行一次，于每年 1、4、7(年度考评)、10 月对上季度进行考评，考评的目的是评价员工及班组上季度工作绩效，以决定班组员工保持现有工资等级或降级，降级的班组在次季度考评中能达到正常绩效要求，则恢复到原有工资等级。

C. 新进员工试用期结束后 10 个工作日内完成转正考评工作，转岗/升职员工在转岗生效日前后 10 个工作日内完成新岗位的考评，转正考评和转岗考评不受周期考核限制。

4.4.2.2 考评的逐级原则：员工岗位等级的升降原则上实行逐级升降，对工作表现优异、技术进步快、满足拟晋升之新岗位等级要求者，由部门申报，经规定程序后报公司总经理批准可越级或跳级晋升。

4.4.2.3 考评的升降原则：员工岗位等级的考评结果包括升级或者降级，根据考评标准该升则升、该降则降，考评过程及结果确保公开、公平、公正。

4.4.2.4 封顶原则：员工达到本岗位的最高等级时，不再晋升(除非转至等级更高的岗位)，对其考评的结果用于确定其保持现有等级或降级；员工晋级程度的控制由各厂在 4.4.1.2款所核算的工资上限标准内综合控制。

4.4.2.5 岗位考评的程序如下。

A. 行政部收集绩效数据、制作考评表单(被考评人姓名、岗位、现岗位等级、所在班组绩效、考评内容及表单传递流程等)、下达考评通知及要求。

B. 对按季度开展的绩效保持考评，由考评部门主管与行政部直接考评，考评结果向被考评班组通告。

C. 年度考评由考评部门根据考评内容按表单传递流程自“班长→领班→厂长(经理)”逐一对被考评人进行考评打分，并由厂长(经理)签署评语及建议，汇总后上报行政部。

D. 行政部对考评表单进行绩效复核，并对被考评人的工作年限、出勤情况、行政奖罚情况、部门工资总额进行审查，对升降级满足的基本条件进行把关，同时根据行政部对被考评人的考查情况进行考评打分，汇总后送分管副总审批。

E. 分管副总对班长级被考评人考评打分，并综合考评部门和行政部意见作出考评结果的审定，对越级或跳级晋升的考评送总经理批定，交由行政部拟定新的岗位等级，对升级或降级的人员拟定工资调整表单，送财会部进行工资核算。

F. 新近员工转正和在职员工转岗参照上述程序进行。

4.4.2.6 岗位考评的内容(A、B、C 三项总分 100 分，分数分配详见表 3)

A. 工作成绩考核 50 分：

a) 关键绩效指标：生产厂——班组生产效率、生产制成率(损耗)、批量质量事故；品管部——批量质量事故(待处理批次)、错检率/漏检率、工作错误。关键绩效指标的定义与月度绩效考评的标准一致。

b) 设备停机率：除计划性维修、电气故障、正常磨损维修以外的故障停机率。

c) 现场清整洁：按现场检查结果作为考评依据。

B. 工作能力考核 30 分：

a) 知识技能 20 分：考评员工的岗位操作技能、调整设备经验、质量判定意识，可以采用理论考试和实际操作考试(行政部参与)的方式作为技能考核的依据。

b) 学习能力 5 分：对知识、技能、作业文件的学习、领会能力，重点依据员工在本岗位工作的进步程度。

c）协作能力 5 分：与班组成员、本部门员工、外部门员工之间沟通协作能力。

C. 工作态度考核 20 分：

a）遵章守纪 10 分：出勤情况、违纪情况、服从意识。

b）工作责任心 5 分：对质量、效率、成本等核心要求落实到实际工作中的表现。

c）工作积极性 5 分：完成工作任务的积极性、主动性。

D. 奖惩考核：作为附加考核内容，以行政奖励或行政处分为依据，获得记大功、记功、嘉奖、通报表扬的分别加 10 分、7 分、4 分、2 分；被处留厂察看、记大过、记过、警告的分别扣 10 分、7 分、4 分、2 分。

岗位考评内容及参与考核者的权重分配详见表 4 - 64，表中非生产班组及品管部人员，无班长或领班的，其相应考核权重逐级收归上一级考核，班长级人员 20%由分管副总考评。

表 4 - 64　岗位考评内容及考核者权重分配表

考核指标		标准分	部门考评			行政部	分管副总（对班长级）	备注
			班长	领班	厂长/经理			
A. 工作成绩考核	关键绩效	40 分	0	0	0	100%	0	季度考核的主要内容
	设备停机率	5 分	0	40%	60%	0	0	
	现场清整洁	5 分	0	40%	40%	20%	0	
B. 能力考核	工作技能	20 分	20%	30%	30%	20%	20%	年度考核
	学习能力	5 分	20%	30%	30%	20%	20%	
	协作能力	5 分	20%	30%	30%	20%	20%	
C. 态度考核	遵章守纪	10 分	20%	30%	30%	20%	20%	
	责任心	5 分	20%	30%	30%	20%	20%	
	积极性	5 分	20%	30%	30%	20%	20%	

4.4.2.7　岗位考评的实施

A. 依据"4.4.2.6　岗位考评"的内容及权重分配，由各生产厂、部门拟定《岗位考评细则》，由行政部汇总修订，作为本方案的关联文件，自 2007 年度开始实施。

B. 季度开展的绩效考核主要针对工作成绩考核，尽量简化考核的流程，对考评结果由被考评人所在部门主管与被考评人进行绩效面谈，以促进次季度的绩效提升。

C. 年度岗位考评避开了年终忙碌时段，因此，考评应充分细致，各级考评者均应做到公平、公正，对考评结果由被考评人所在部门主管和行政部共同与被考评人进行考评面谈，指出问题所在，帮助员工改进次年度工作成绩和工作表现。

D. 岗位考评的成绩按优、良、中、差排序。

E. 每年年度绩效考评工作与岗位考评工作合并实施，除用于员工岗位等级的考评外，也作为岗位职务升迁、年终奖励、模范员工评选等考评的主要依据。

F. 季度考评以自然季度三个月考评一次，其中 7 月份考评与年度考评合并进行，年度岗位考评的绩效周期为上年 7 月 1 日至本年 6 月 30 日，要求各考评部门必须做好日常绩效数据的记录和员工典型事例的记录，企管部汇总绩效数据，行政部制作考评表单，提前做好考评的实施准备工作。

G. 岗位考评工作于2006年10月份起进行,2007年1月为第一个考评时点。

H. 考评实施过程由行政部负责监督、协调和答疑。

五、表格

……

5.2.4 《新进员工转正考核表》

5.2.5 《薪资调整申请表》

5.2.6 《员工岗位等级考评计分表》(待拟定)

……

六、附则

6.1 本方案中生产厂普通作业员工按核薪表调整工资部分已经在7月份的工资发放中落实,品管部及生产厂其他员工在8月份工资发放中调整,行政部负责工资标准的核定和考勤计算,企管部负责绩效工资的考核并向财会部及时提供考核数据,财会部负责工资的计算及发放,各相关部门协同落实工资方案的落实,岗位考评工作自2007年1月起试行。

6.2 彩印厂晋升到三手以上岗位,以及制罐二厂的班长、技工、关键工序作业员,在调整岗位等级工资的同时,须与公司协商签订特别劳动合同;已与公司签订合同者,依据本方案的薪资调整部分按合同约定的条款执行。有关签订或更改合同的事宜,由各相关部门配合行政部及时落实。

6.3 原有规定中与本方案所述内容不符的以本方案为准执行,本方案未订明之条款另行补充完善,未补充完善前参照原订立规章制度中的相关条款执行。

6.4 对原有工资与本方案核薪表差异较大的员工,在不降低员工收入的前提下尽量按核薪表进行工资结构的调整,下年度(2007年)进行年度岗位等级考评后,按确定的新等级重新确定该部分员工工资。

6.5 本方案为公司一级保密文件,各级部门和人员未经允许不得对外传播或复制。

6.6 本方案由公司总经办、行政部负责解释。

分析讨论:

1. 本工资调整方案存在的问题是什么,请一一列出并做说明。

2. 针对本工资调整方案存在的问题,提出修改意见。

附:彩印厂员工岗位等级核薪表

级别	底薪	福利工资、全勤奖	岗位津贴	一等(辅助岗位)						二等(普通操作岗位)				
				技能工资	标准工资	清洁员	打包/捡铁员	调墨	制版/晒版	技能工资	标准工资	进料	卸料	检验
初级	300	223	100		623					0	623			
一级	330	223	100		653					0	653			
二级	330	223	140		693					20	713			
三级	360	223	140		723					20	743			

（续表）

级　别	底薪	福利工资、全勤奖	岗位津贴	一等（辅助岗位）						二等（普通操作岗位）				
				技能工资	标准工资	清洁员	打包/捡铁员	调墨	制版/晒版	技能工资	标准工资	进料	卸料	检验
四级	360	223	180		763					30	793			
五级	390	223	180		793					30	823			
六级	390	223	200	20	833									
七级	420	223	200	20	863									
八级	420	223	230	30	903									
九级	450	223	230	30	933									
十级	450	223	260	40	973									
十一级	480	223	260	40	1 003									
十二级	500	223	280	40	1 043									

级　别	底薪	福利工资、全勤奖	三等（技术操作岗位）					四等（班长及厂务职能人员岗位）						
			岗位津贴	技能工资	标准工资	助理	副手	绩效工资	标准工资	职能人员	职务补贴	标准工资	涂布班长	彩印班长
一级	420	223	180	40	863									
二级	440	223	210	40	913									
三级	460	223	240	40	963									
四级	480	223	270	40	1 013			150	853					
五级	500	223	300	50	1 073			180	903					
六级	530	223	320	50	1 123			200	953					
七级	560	223	340	50	1 173			220	1 003					
八级	590	223	360	50	1 223			240	1 053		150	1 203		
九级	620	223	380	50	1 273			260	1 103		150	1 253		
十级	650	223	400	60	1 333			280	1 153		150	1 303		
十一级	700	223	420	60	1 403			310			150	1 383		
十二级	750	223	440	60	1 473			340			150	1 463		
十三级	800	223	460	60	1 543			380			150	1 553		
十四级	850	223	480	60	1 613			420			150	1 643		
十五级	900	223						480			150	1 753		
十六级	1 000	223						500			150	1 873		
十七级	1 100	223						550			150	2 023		
十八级	1 200	223						600			150	2 173		

（续表）

级　别	底薪	福利工资、全勤奖	三等（技术操作岗位）					四等（班长及厂务职能人员岗位）						
			岗位津贴	技能工资	标准工资	助理	副手	绩效工资	标准工资	职能人员	职务补贴	标准工资	涂布班长	彩印班长
十九级	1 300	223						650			150	2 323		
二十级	1 400	223						700			150	2 473		
二十一级	1 500	223						750			150	2 623		
二十二级	1 500	223						900			150	2 773		
二十三级	1 500	223						1 050			150	2 923		
二十四级	1 500	223						1 200			150	3 073		

【课后巩固】

1. 工资测算，是在岗位等级表形成之后，在__________、________的基础上，确定________、调整________和________的过程。其成果表现为工资方案中的________和________。

2. 简述工资结构调整与工资标准测算的一般程序。

3. 简述工资存量统计调查的重点是什么。

4. 工资改革工资投入总量由两部分组成，一部分来自____________；另一部分为____________。

5. 某公司2008年计划实行工资改革，2007年已经形成的工资总额为340万元，2008年工资改革，工资增量为工资存量的15%，那么，2008年工资改革投入的工资总额为____万元。

6. 确定岗位工资水平或工资中线的常用方法有，__________、__________。

7. 简述对工资结构的三种理解与用法？

8. 新型薪酬结构的特点是________与________相结合。

9. 比较等差系数法和等比递增系数法两种数学测算岗位工资标准的方法，其结果有什么不同（特点）？

10. 确定岗位工资等级系数的方法基本有两类：一类是________；另一类是________。其中，第一类方法有________和________两种方法；第二类方法又有________和________两种方法。

11. 使用薪酬调查法确定工资标准，其适用范围一般为________，________，以及企图借用改造或调整目前不合理的工资结构的单位。

12. ________是采集、分析竞争对手所支付薪酬水平的过程。

13. 薪酬调查关注的两个目标是：________、________。

14. 简述市场薪酬调查工作的流程。

15. 在薪酬调查时，首先确定________和______________，再开始组织薪酬调查。

16. 确定薪酬调查范围是指确定调查的________、________、________和________。

17. 常用的薪酬调查方法有________、________、________、________等。

18. 在选择调查企业时，要选择其雇佣的劳动力与本企业具有________的企业。

19. 简述可供选择的薪酬调查对象有哪几类企业？

20. 对薪酬调查数据统计分析的方法有哪些？

21. 判断：薪酬调查后，根据数据排列法统计分析，一般企业在是将其所调查企业岗位薪酬的平均数，作为其岗位的薪酬水平。（　　）

22. 为什么设计薪酬浮动幅度？

23. 薪酬政策线穿过每一等级上的这个点就成为这一等级薪酬幅度的________，通常又被称为________。

24. 薪酬浮动的幅度一般在____%—____%；高级管理职位等级浮动幅度通常为____%—____%；中级专业和管理职位浮动幅度为____%—____%；办公室文员和生产职位，浮动幅度为____%—____%。

25. 某等级工资下限为 2 000 元，浮动幅度为 30%；中点值为______元；上限为______元。

26. 某等级工资中点值为 5 000 元，浮动幅度为 20%，上限为______元，下限为______元。

27. 确定一岗多薪的工资标准可以采用什么方法？

28. 纳入工资标准档次有哪些办法？

29. 工资调整包括哪些实质性内容？

【总结与评价】

学习效果评价表

班级________　学生姓名________　学号________　教师________

项　目	评价要素点	学生评价（30%）	组长评价（30%）	教师评价（40%）
态度（30%）	出勤情况			
	课堂纪律			
	团队合作			
	积极主动			
技能（50%）	任务 1：			
	任务 2：			
	任务 3：			
	任务 4：			
知识（20%）	课后巩固题			
综合评价：				

注：每个教学项目的学习效果评价从态度、技能和知识三个维度来进行，每个维度分值满分 100 分，视评价要素点的数目及重要程度来确定各个评价要素点的分值（也可简单地采取平均分配分值，比如态度评价维度，四个要素评价点各占 25 分）；技能评价要素点要求学生自行填写完整（这是一个学生学习后回顾的过程）；三个评价维度分值所占总评成绩的权重分别为 30%、50%和 20%；评价主体包括学生本人、所在的小组组长和任课教师，其权重分别为 30%、30%和 40%。

项目 5

日常薪资计发

【学习目标】

1. 了解薪资发放的基本流程；
2. 了解薪资发放前应收集哪些资料；
3. 能准确计算薪资各个组成部分；
4. 掌握薪酬业务档案管理基本知识。

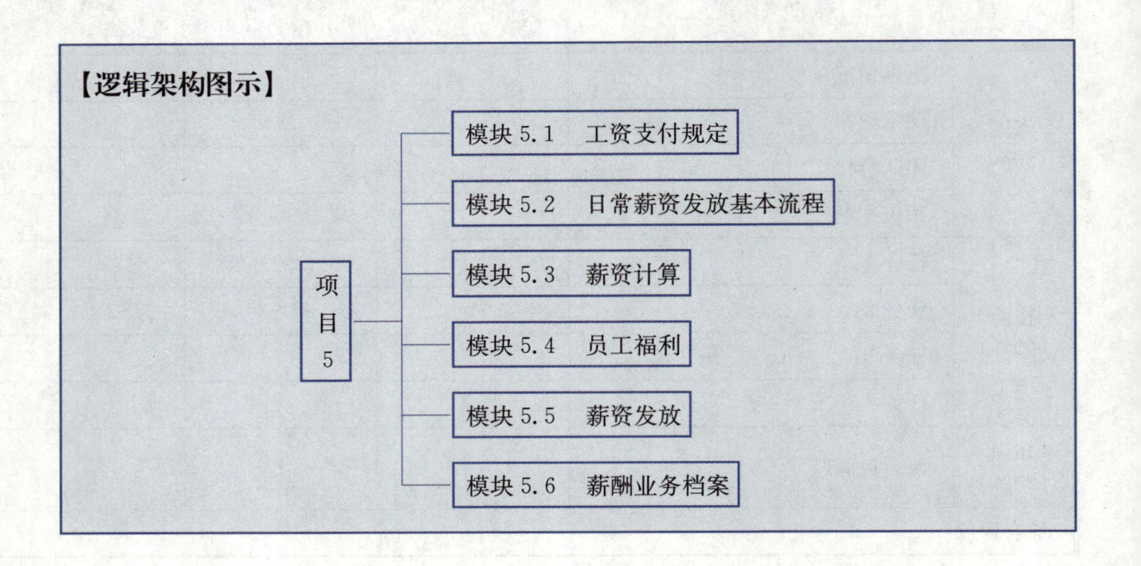

【引导案例】

小王是北京某高校人力资源管理专业的应届毕业生，经过网络招聘、毕业生就业双选会、学校推荐等途径，于2012年6月20日终于找到了一份在某物业管理公司人力资源部做薪酬专员的工作。初到公司的前两天，小王一直在办理各种入职手续和熟悉公司，比较轻松。但6月26日一上班，部门领导就交给了他一项任务——马上着手算公司每名员工的工资，为7月10日工资发放做准备。原来，小王所在公司是每月10号将员工工资打到员工工资银行卡上，发放的是上上月25号至上月25号的工资。也就是说，7月10日发的是员工5月25号至6月25号期间的工资。这个任务一下子让小王感受到了压力，看似简单的薪资计发实际干起来不像教科书上讲的那么简单！通过前两天小王对公司的大致了解，发现该公司：人员流动很频繁；管理人员按出勤计薪，而项目部工人则是计件工资；有人在休产假，目前生育津贴还没有批下来……小王一下子不知道从何下手，可这是小王新工作的第一项任务，他必须做好！小王决定静下心来，理清思路……

日常薪资计发流程很长、头绪繁多。薪资发放的流程到底是怎样的？在薪资计算前需要收集哪些资料？如何计算薪资？薪资发放中有哪些问题需要注意？日常薪酬业务档案如何做好归档？带着上述问题，请你开始第五个项目的学习。

模块5.1 工资支付规定

核心知识要点

为规范工资支付行为，国家制定了若干法律法规来维护劳动者的合法权益。《劳动法》第50条规定："工资应当以货币形式按月支付给劳动者本人。不得克扣或者无故拖欠劳动者的工资。"为实施这一规定，劳部发[1994]489号文印发了《工资支付暂行规定》，劳部发[1995]226号文印发了《对〈工资支付暂行规定〉有关问题的补充规定》。2007年6月29日，全国人大十届二十八次会议通过的自2008年1月1日起施行的《劳动合同法》，根据近些年新出现的情况和问题对工资支付补充了新的规定。

2003年12月22日，北京市人民政府以政府令的形式颁布了《北京市工资支付规定》(北京市政府令第142号)。2008年2月15日，北京市人力资源和社会保障局又颁布了《转发北京市人民政府修改北京市工资支付规定的通知》(京劳社法发[2008]30号)。

本模块将围绕上述规定，主要以《北京市工资支付规定》为主来介绍一些基本的工资支付规定。

5.1.1 工资支付的一般规定

1. 工资支付形式

用人单位应当以货币形式支付工资，不得以实物、有价证券等代替货币支付。用人单位应当将工资直接支付给劳动者本人。鼓励和逐步推行用人单位为劳动者在银行开立个人账户，通过银行按月支付给劳动者工资。用人单位支付劳动者工资应当向其提供一份其本人的工资支付清单。

2. 工资支付时间

用人单位应当自用工之日起计算劳动者工资。用人单位可以按照小时、日、周、月为周期支付工资。以完成一定工作任务计发工资的，应当在工作任务完成后及时支付劳动者工资。但用人单位应当至少每月向劳动者支付一次工资。用人单位向劳动者支付工资应当按照规定日期足额支付，不得克扣或者无故拖欠。工资支付日期遇法定休假日或者休息日的，应当提前在最近的工作日支付。

3. 工资标准下限

用人单位应当遵守本地区最低工资的规定，支付劳动者工资不得低于最低工资标准。

4. 扣除工资规定

用人单位不得随意扣除劳动者工资。除法律、法规、规章规定的事项外，用人单位扣除劳动者工资应当符合集体合同、劳动合同的约定或者本单位规章制度的规定。因劳动者本人原因给用人单位造成经济损失，用人单位按照规定扣除劳动者工资的，扣除后的余额不得低于本地区最低工资标准。

5. 工资支付记录

用人单位应当按照工资支付周期编制工资支付记录表，并至少保存两年备查。工资支付记录表应当主要包括用人单位名称、劳动者姓名、支付时间以及支付项目和金额、加班工资金额、应发金额、扣除项目和金额、实发金额等事项。劳动者有权查询本人的工资支付记录。

6. 非全日制劳动者工资

从事非全日制工作的劳动者，实行小时工资制。小时工资由用人单位与劳动者协商确定，但不得低于本市规定的非全日制从业人员小时最低工资标准。用人单位招用非全日制工作的劳动者，安排其在法定休假日工作的，其小时工资不得低于本市规定的非全日制从业人员法定休假日小时最低工资标准。

非全日制从业人员小时最低工资标准和法定休假日小时最低工资标准由市劳动保障部门确定、调整和公布。非全日制用工劳动报酬结算支付周期最长不超过15天。

相关链接5-1：

关于调整北京市2012年最低工资标准的通知

（京人社劳发[2011]375号）

各区县人力资源和社会保障局，各人民团体，中央、部队在京有关单位及各类企、事业等用人单位：

为落实中央经济工作会议“合理增加城乡居民特别是低收入群众收入”的精神和国家人力社保部的有关要求，经市委、市政府批准，对我市最低工资标准进行调整。现将有关问题通知如下：

一、我市最低工资标准由每小时不低于6.7元、每月不低于1 160元，提高到每小时不低于7.2元、每月不低于1 260元。

下列项目不作为最低工资标准的组成部分，用人单位应按规定另行支付：

（一）劳动者在中班、夜班、高温、低温、井下、有毒有害等特殊工作环境、条件下的津贴；

（二）劳动者应得的加班、加点工资；

（三）劳动者个人应缴纳的各项社会保险费和住房公积金；

（四）根据国家和本市规定不计入最低工资标准的其他收入。

二、非全日制从业人员小时最低工资标准由13元/小时提高到14元/小时；非全日制从业人员法定节假日小时最低工资标准由30元/小时提高到33元/小时。

以上标准包括用人单位及劳动者本人应缴纳的养老、医疗、失业保险费。

三、实行计件工资形式的企业，要通过平等协商合理确定劳动定额和计件单价，保证劳动者在法定工作时间内提供正常劳动的前提下，应得工资不低于我市最低工资标准。

四、生产经营正常、经济效益持续增长的企业，原则上应高于最低工资标准支付劳动者在法定工作时间内提供劳动的工资；因生产经营困难确需以最低工资标准支付全体劳动者或部分岗位劳动者工资的，应当通过工资集体协商确定或经职工代表大会（或职工大会）讨论通过。

五、在劳动合同中约定的劳动者在未完成劳动定额或承包任务的情况下，用人单位可低于最低工资标准支付劳动者工资的条款不具有法律效力。

六、上述各项标准适用于本市各类企、事业等用人单位。

七、本通知自2012年1月1日起执行。

北京市人力资源和社会保障局

二〇一一年十二月二十九日

7. 特殊人员的工资支付

(1) 劳动者受处分后的工资支付：劳动者受行政处分后仍在原单位工作（如留用察看、降级等）或受刑事处分后重新就业的，应主要由用人单位根据个人情况自主确定其工资报酬。

(2) 学徒工、熟练工、大中专毕业生在学徒期、熟练期、见习期、试用期及转正定级后的工资待遇，由用人单位自主确定。

(3) 新就业复员军人的工资待遇，由用人单位自主确定。2006年度及以后计划分配军队转业干部工资待遇，按国务院国发[2008]8号文的规定执行。

(4) 劳动者试用期的工资支付。《劳动合同法》第二十条规定：劳动者在试用期的工资不得低于本单位相同岗位最低档工资或者劳动合同约定工资的80%，并不得低于用人单位所在地的最低工资标准。

(5) 被派遣工的工资支付。《劳动合同法》第五十八条规定：被派遣劳动者在无工作期间，劳务派遣单位应当按照所在地人民政府规定的最低工资标准，向其按月支付报酬。第六十三条规定：被派遣劳动者享有与用工单位的劳动者同工同酬的权利。用工单位无同类岗位劳动者的，参照用工单位所在地相同或者相近岗位劳动者的劳动报酬确定。

8. 保障与救济

《北京市工资支付规定》第三十一条规定：用人单位有下列情形之一的，劳动者有权向劳动保障部门举报，也可以依法申请调解、仲裁和提起诉讼：

(1) 未按照约定支付工资的；

(2) 低于本市最低工资标准支付工资的；

(3) 克扣或者无故拖欠工资的；

(4) 拒不支付或者不按规定支付加班工资的；

(5) 违反工资支付规定的其他情形。

本市国家机关、事业单位和社会团体与劳动者发生有关工资支付争议申请仲裁的，由人事争议仲裁机构受理并依法裁决；对其裁决不服的，可以依法向人民法院提起诉讼。

9. 法律责任

《北京市工资支付规定》第三十五条规定：用人单位违反本规定有下列侵害劳动者合法权益情形之一的，由劳动保障部门责令用人单位全额支付劳动者应得工资；逾期不支付的，责令用人单位按照应付金额50%以上100%以下的标准向劳动者加付赔偿金。

(1) 克扣或者无故拖欠劳动者工资的；

(2) 拒不支付劳动者加班工资的；

(3) 低于本市规定的非全日制从业人员小时最低工资标准和法定休假日小时最低工资标准支付工资的。

5.1.2 加班加点工资

劳动者根据企业、事业、机关行政方面的命令和要求，在法定节日和公休假日内进行工作，称为加班；在标准工作日以外进行工作称为加点。加班加点工资是指因加班加点而支付的工资。

相关链接 5-2：

全国年节及纪念日放假办法

国务院关于修改《全国年节及纪念日放假办法》的决定，由2007年12月7日国务院第198次常务会议通过，将从2008年1月1日起施行。国务院决定对《全国年节及纪念日放假办法》作如下修改：将第二条修改为："全体公民放假的节日：

(一) 新年，放假1天(1月1日)；

(二) 春节，放假3天(农历除夕、正月初一、初二)；

(三) 清明节，放假1天(农历清明当日)；

(四) 劳动节，放假1天(5月1日)；

(五) 端午节，放假1天(农历端午当日)；

(六) 中秋节，放假1天(农历中秋当日)；

(七) 国庆节，放假3天(10月1日、2日、3日)。"

1. 加班加点的条件

1995年3月25日《国务院关于修改〈国务院关于职工工作时间的规定〉的决定》规定，自

1995年5月1日起实施“职工每日工作8小时,每周工作40小时”的工时制度。

《劳动法》规定下述条件或情形下为加班加点:

(1) 用人单位由于生产经营需要,经与工会和劳动者协商后可延长工作时间,一般每日不得超过1小时;因特殊原因需要延长工作时间的,在保障劳动者身体健康的条件下延长工作时间每日不得超过3小时,但是每月不得超过36小时(《劳动法》第四十一条)。

(2) 有下列情形之一的,延长工作时间不受《劳动法》第四十一条规定限制:发生自然灾害、事故或者因其他原因,威胁劳动者生命健康和财产安全,需要紧急处理的;生产设备、交通运输线路、公共设施发生故障,影响生产和公众利益,必须及时抢修的;法律、行政法规规定的其他情形。

2. 加班加点工资支付

《北京市工资支付》第十四条规定:用人单位依法安排劳动者在标准工作时间以外工作的,应当按照下列标准支付劳动者加班工资:

(1) 在日标准工作时间以外延长工作时间的,按照不低于小时工资基数的150%支付加班工资;

(2) 在休息日工作的,应当安排其同等时间的补休,不能安排补休的,按照不低于日或者小时工资基数的200%支付加班工资;

(3) 在法定休假日工作的,应当按照不低于日或者小时工资基数的300%支付加班工资。

《北京市工资支付》第十五条规定:实行计件工资制的,劳动者在完成计件定额任务后,用人单位安排其在标准工作时间以外工作的,应当根据本规定第十四条的原则,分别按照不低于计件单价的150%、200%、300%支付加班工资。

《北京市工资支付》第十六条规定:用人单位经批准实行综合计算工时工作制的,在综合计算工时周期内,用人单位应当按照劳动者实际工作时间计算其工资;劳动者总实际工作时间超过总标准工作时间的部分,视为延长工作时间,应当按照不低于小时工资基数的150%支付加班工资;安排劳动者在法定休假日工作的,应当按照不低于日或者小时工资基数的300%支付加班工资。

用人单位经批准实行不定时工作制度的,不适用上述规定。要说明的是,通常对于实行不定时工时制员工,一般是没有加班费的。但对于不定时工时制员工在周末、在法定节假日工作是否支付加班费,各地的操作有差异的,多数地方不另行支付加班费,比如北京。但在上海,对于实行不定时工时制的员工法定节假日工作,按照日或者小时工资基数的300%支付加班工资。

5.1.3 特殊情况下的工资支付

特殊情况下的工资支付,是指劳动者在因病、工伤、产假、计划生育假、婚丧嫁、事假、探亲假、定期休假、停工学习、执行国家或社会义务等条件下,用人单位按规定支付的工资。

1. 病假工资

(1) 企业单位。

企业单位,按照1953年《劳动保险条例实施细则》的规定,工人、职员因疾病或非因工负伤停止工作连续医疗期间(从1995年1月1日《劳动法》实施之日起,应为“医疗期内”)在6个月以内者,应由企业行政方面或资方按下列标准支付病伤假期工资:本企业工龄(连续工龄)不满2年者,为本人工资60%;已满2年不满4年者,为本人工资70%;已满4年不满6年者,为本人工资80%;已满6年不满8年者,为本人工资90%;已满8年及8年以上者,为本人工资100%。超过6个月时,病伤假期工资停发,改由劳动保险项下按月付给疾病或非因工负伤救济费:本企业工龄不满1年者,为本人工资40%;已满1年不满3年者,为本人工资50%;3年及3年以上者,为本人工资60%。

按劳部发[1995]309号《关于贯彻执行〈中华人民共和国劳动法〉若干问题的意见》第59条的规定:"在规定的医疗期内由企业按有关规定支付其病假工资或疾病救济金,病假工资或疾病救济金可以低于当地最低工资标准支付,但不能低于最低工资标准的80%。"

上述规定,整理成表格如表5-1所示。

表5-1 企业职工病假工资规定

医疗期	本单位工作年限	病假工资
6个月以下	2年以下	病假日工资=日标准工资×60%
	2—4年(不含)	病假日工资=日标准工资×70%
	4—6年(不含)	病假日工资=日标准工资×80%
	6—8年(不含)	病假日工资=日标准工资×90%
	≥8年	病假日工资=日标准工资×100%
6个月以上	1年以下	病假日工资=日标准工资×40%
	1—3年(不含)	病假日工资=日标准工资×50%
	≥3年	病假日工资=日标准工资×60%

注:病假工资的下限为当地最低工资标准的80%。

医疗期,指企业职工在患病或非因工负伤停止工作治病休息不得解除劳动合同的时限。医疗期的规定整理如表5-2所示。

表5-2 医疗期规定

实际工作年限	本单位工作年限	医疗期	医疗期的累计计算期
10年以下	5年以下	3个月	6个月
	5—10年	6个月	12个月
10年以上	5年以下	6个月	12个月
	5—10年	9个月	15个月
	10—15年	12个月	18个月
	15—20年	18个月	24个月
	20年以上	24个月	30个月

资料来源:根据《企业职工患病或非因工负伤医疗期规定》(劳部发[1994]479号)整理。

(2) 机关事业单位。

机关、事业单位,按国发[1981]52号文的规定:工作人员病假在两个月以内的,发给原工资。超过两个月的，从第三个月起按下列标准发给病假期间工资：工作年限不满10年的，发给本人工资的90%；满10年的工资照发。病假超过6个月的，从第7个月起按下列标准发给病假期间工资：工作年限不满10年的，发给本人工资的70%；满10年或10年以上的，发给本人工资的80%；1945年9月2日以前参加革命工作的人员，发给本人工资的90%。省、市、自治区和国务院各部门授予劳动英雄、劳动模范称号的，病假期间的工资，经批准，可以适当提高。1949年底以前参加革命工作的行政公署副专员及相当职务或行政十四级以上的干部，1945年9月2日以前参加革命工作的县人民政府正副县长及相当职务或行政十八级以上的干部，1937年7月6日以前参加革命工作的工作人员在病假期间的工资照发。整理如表5-3所示。

表5-3　机关事业单位职工病假工资规定

病假时间	工作年限	病假工资
3个月以下		原工资
3—6个月	10年以下	本人工资的90%(第3个月起)
	10年以上	原工资
6个月以上	10年以下	本人工资的70%(第7个月起)
	10年以上	本人工资的80%(第7个月起)
	1945年9月2日以前参加工作	本人工资的90%(第7个月起)

2. 工伤待遇

(1) 停工留薪期。

《工伤保险条例》(2011年)规定，职工因工作遭受事故伤害或者患职业病需要暂停工作接受工伤医疗的，在停工留薪期内，原工资福利待遇不变，由所在单位按月支付。停工留薪期一般不超过12个月。伤情严重或者情况特殊，经设区的市级劳动能力鉴定委员会确认，可以适当延长，但延长不得超过12个月。

北京市制定了专门《北京市停工留薪期分类目录(试行)》，表5-4是其节选部分。

表5-4　北京市停工留薪期分类目录(试行)

(节选)

伤害部位			停工留薪期
头部损伤(S00—S09)	头部浅表损伤S00		1个月
	头部开放性伤口S01		1个月
	颅骨和面骨骨折S02	颅骨穹隆骨折S02.0	3个月
		颅底骨折S02.1	6个月
		鼻骨骨折S02.0	3个月
		眶底骨折S02.3	4个月
		颧骨和上颌骨骨折S02.4	4个月

（续表）

伤害部位			停工留薪期
头部损伤（S00—S09）	颅骨和面骨骨折 S02	牙折断 S02.5	4 个月
		下颌骨骨折 S02.6	4 个月
		累及颅骨和面骨的多发性骨折 S02.7	6 个月
		其他颅骨和面骨骨折 S02.8	4 个月
	头部的关节和韧带脱位、扭伤 S03	颌关节脱位 S03.0	4 个月
		鼻中隔软骨脱位 S03.1	4 个月
		牙脱位 S03.2	4 个月
	颅神经损伤 S04	视神经和视路损伤 S04.0	6 个月
		动眼神经损伤 S04.1	6 个月
		滑车神经损伤 S04.2	6 个月
		三叉神经损伤 S04.3	6 个月
		展神经损伤 S04.4	6 个月

生活不能自理的工伤职工在停工留薪期需要护理的，由所在单位负责。

（2）职工因工致残劳动能力鉴定后。

《工伤保险条例》（2011 年）第三十五条至第三十七条规定了职工因工致残一至十级应由工伤保险基金或用人单位给予支付的待遇［具体参见《工伤保险条例》（2011 年）］。表 5－5 是将这些条款的归纳和整理。

表 5－5 职工因工伤残待遇表

伤残鉴定结果		因工伤残待遇				备注
		伤残津贴（按月）	一次性伤残补助金	一次性工伤医疗补助金	一次性伤残就业补助金	
完全丧失劳动能力	一级	本人工资×90%	本人工资×27 个月			1. 保留劳动关系，退出工作岗位，工伤保险基金支付一次性伤残补助金和伤残津贴（不得低于当地最低工资标准）。2. 用人单位和职工个人以伤残津贴为基数，缴纳基本医疗保险费。
	二级	本人工资×85%	本人工资×25 个月			
	三级	本人工资×80%	本人工资×23 个月			
	四级	本人工资×75%	本人工资×21 个月			

（续表）

伤残鉴定结果		因工伤残待遇				备　注
		伤残津贴（按月）	一次性伤残补助金	一次性工伤医疗补助金	一次性伤残就业补助金	
大部分丧失劳动能力	五级	本人工资×70%	本人工资×18个月	社平工资×18个月	社平工资×18个月	1. 工伤保险基金支付一次性伤残补助金。2. 保留与用人单位的劳动关系。难以安排工作的，由用人单位按月发给伤残津贴。3. 工伤职工本人提出与用人单位解除或者终止劳动关系，由工伤保险基金支付一次性工伤医疗补助金，由用人单位支付一次性伤残就业补助金。
	六级	本人工资×60%	本人工资×16个月	社平工资×15个月	社平工资×15个月	
部分丧失劳动能力	七级	—	本人工资×13个月	社平工资×12个月	社平工资×12个月	1. 工伤保险基金支付一次性伤残补助金。2. 劳动、聘用合同期满终止，或职工本人提出解除合同的，工伤保险基金支付一次性工伤医疗补助金，用人单位支付一次性伤残就业补助金。
	八级		本人工资×11个月	社平工资×9个月	社平工资×9个月	
	九级		本人工资×9个月	社平工资×6个月	社平工资×6个月	
	十级		本人工资×7个月	社平工资×3个月	社平工资×3个月	

注：表中涂色部分为工伤保险基金支付，未涂色部分为企业承担部分。

3. 计划生育手术假、保胎假、产检假与产假等期间工资

(1) 计划生育手术假期工资。

《北京市人口与计划生育条例》规定：接受节育手术的，机关、社会团体、企业事业组织的职工凭医疗单位证明，享受国家规定的休假，休假期间视为劳动时间。

根据国家计生委和国家卫生部的规定：

A. 放置宫内节育器：自手术日起休息2天，重体力劳动者在术后一周内不作重劳动。

B. 取宫内节育器：当日休息1天(包括有尾丝节育器)。

C. 输精管结扎：休息7天。

D. 单纯输卵管结扎：休息21天。

E. 人工流产休息14天；同时放置宫内节育器，休息16天；同时结扎输卵管，休息1个月；

F. 中期终止妊娠：休息1个月；中期终止妊娠同时结扎输卵管，休息40天。

G. 产后结扎输卵管：按产假另加14天。

(2) 保胎假期工资。

国家劳动总局保险福利司关于女职工保胎休息和病假超过6个月后生育时的问题给上海市劳动局的复函(劳险字[1982]2号)指出：女职工按计划生育怀孕，经过医师开具证明，

需要保胎休息的，其保胎休息的时间按照本单位实行的疾病待遇的规定办理。

(3) 产检假工资。

女职工按计划生育怀孕，其产检期间视同正常出勤，正常发工资。

(4) 产假工资。

《关于调整本市职工生育保险相关政策的通知》(京人社医发[2012]176 号)规定："女职工正常生育的产假为 98 天。女职工妊娠不满 16 周(含)流产的，享受 15 天产假；妊娠 16 周以上流产的，享受产假 42 天。产假天数自 2012 年 4 月 28 日(含)起按上述规定执行。"

《女职工劳动保护规定》中规定：产假(包括流产产假)期间工资照发。不得在女职工怀孕期、产期、哺乳期降低基本工资。

女职工正常生育的产假为 98 天；难产的增加 15 天；多胞胎生育的每多生育 1 个婴儿增加 15 天；晚育的增加 30 天。

产假期间的待遇，《关于调整本市职工生育保险政策有关问题的通知》(京人社医发[2011]334 号)中规定：参加本市生育保险的职工，因生育或计划生育享受产假的，产假期间可享受生育津贴。生育津贴按照职工所在用人单位月缴费平均工资除以 30 天再乘以产假天数计发。生育津贴即为产假工资，生育津贴高于本人产假工资标准(产前 1 个月工资标准，编者注)的，用人单位不得克扣；生育津贴低于本人产假工资标准(产前 1 个月工资标准，编者注)的，差额部分由用人单位补足。

(5) 独生子女奖励假工资。

《北京市人口与计划生育条例》第二十条规定，女职工除享受上述规定的休假外，经所在单位批准，可以再增加产假 3 个月，但减免 3 年独生子女父母奖励费。在此，我们把这 3 月的奖励假称为独生子女假。

目前，关于女职工独生子女奖励假期间的待遇，政策上没有规定，各单位自行掌握。通常的做法是单位只发放基本工资，可不发绩效工资、奖金、岗位津贴类的工资。

4. 婚丧假工资

按照(80)劳总薪字 29 号《国家劳动总局、财政部关于国营企业职工轻婚丧假和路程假的通知》规定：职工本人结婚或职工的直系亲属(父母、配偶和子女)死亡，由本单位行政领导批准，酌情给予 1—3 天的婚丧假。如结婚双方不在一地工作，直系亲属死亡在外地需要本人前去料理的，可根据路程远近，另给予路程假。在批准的婚丧假和路程假期间，职工的工资照发。

《北京市人口与计划生育条例》第二十条规定：机关、社会团体、企业事业组织的职工晚婚的，除享受国家规定的婚假外，增加奖励假 7 天。即北京市法定婚龄(女 20 周岁，男 22 周岁)婚假 3 天，晚婚年龄(女 23 周岁，男 25 周岁)婚假 10 天。

实践中，休婚假的时间，经单位批准，员工可以自行安排。婚假必须一次休完，不可以分两次休，如遇上法定节假日和周休日，婚假应包含法定节假日和周休日。

北京市劳动局(87)市劳险字第 66 号文通知：女职工的公婆死亡时和男职工的岳父母死亡时，经本单位领导批准，可酌情给予 1—3 天的丧假。

5. 探亲假工资

按国发[1981]36 号《国务院关于职工探亲假的规定》第二条规定：凡在国家机关、人民团体和全民所有制企业、事业单位工作满一年的固定职工，与配偶不住在一起，又不能在公休假日团聚的，可以享受本规定探望配偶的待遇；与父亲、母亲都不住在一起，又不能在公休假日团聚的，可以享受本规定探望父母的待遇。但是，职工与父亲或与母亲一方能够在公休假日团聚的，不能享受本规定探望父母的待遇。

第三条规定：职工探亲假期：(1) 职工探望配偶的每年给予一方探亲假一次，假期为30天。(2) 未婚职工探望父母，原则上每年给假一次，假期为20天。如果因为工作需要，本单位当年不能给予假期，或者职工自愿两年探亲一次的，可以两年给假一次，假期为45天。(3) 已婚职工探望父母的，每四年给假一次，假期为20天。

第五条规定："职工在规定的探亲假期和路程假期内，按照本人的标准工资发给工资。"

第六条规定："职工探望配偶和未婚职工父母的往返路费，由所在单位负担。已婚职工探望父母的往返路费，在本人月标准工资30%以内的，由本人自理，超过部分由所在单位负担。"

要说明的是，实践中，关于探亲假的规定目前只在我国机关事业单位、固有企业、军队内部适用。我国多数的私企、外企并未严格执行上述规定。

6. 年休假工资

《职工带薪年休假条例》已于2007年12月7日国务院第198次常务会议通过，2007年12月14日中华人民共和国国务院令第514号公布，自2008年1月1日起施行。相关规定如下：

第二条规定："机关、团体、企业、事业单位、民办非企业单位、有雇工的个体工商户等单位的职工连续工作1年以上的，享受带薪年休假(以下简称"年休假")。单位应当保证职工享受年休假。职工在年休假期间享受与正常工作期间相同的工资收入。"

第三条规定："职工累计工作已满1年不满10年的，年休假5天；已满10年不满20年的，年休假10天；已满20年的，年休假15天。国家法定休假日、休息日不计入年休假的假期。"

第四条规定："职工有下列情形之一的，不享受当年的年休假：(1) 职工依法享受寒暑假，其休假天数多于年休假天数的；(2) 职工请事假累计20天以上且单位按照规定不扣工资的；(3) 累计工作满1年不满10年的职工，请病假累计2个月以上的；(4) 累计工作满10年不满20年的职工，请病假累计3个月以上的；(5) 累计工作满20年以上的职工，请病假累计4个月以上的。"

第五条规定："单位根据生产、工作的具体情况，并考虑职工本人意愿，统筹安排职工年休假。年休假在1个年度内可以集中安排，也可以分段安排，一般不跨年度安排。单位因生产、工作特点确有必要跨年度安排职工年休假的，可以跨1个年度安排。单位确因工作需要不能安排职工休年休假的，经职工本人同意，可以不安排职工休年休假。对职工应休未休的年休假天数，单位应当按照该职工日工资收入的300%支付年休假工资报酬。"

要说明的是，实践中，职工带薪年休假的天数绝不只是5天或10天或者15天这三种情况，往往需要结合具体情况计算得出。

我们把员工累计工作时间达到1年(12个月)或10年(120个月)或20年(240个月)的那一天称之为"临界点"。当本年度内遇到临界点日期，根据上述两个条例和办法的相关条款，我们采用分段安排年休假的方式计算当年度总的年休假天数，即分别计算临界点前可以享受的年休假和临界点后可以享受的年休假。在计算过程中，一般需要用到以下几个数值：累计工作时间(月)、入职之日距临界点日期的天数、临界点日期距年底的天数、全年天数等。对于入职前的累计工作时间，我们简称为"社会工龄"；对于入职后的累计工作时间，我们简称为“本企业工龄”。下面举例来说明：

例1：小李2008年5月20日入职，入职前社会工龄是10个月，请问该职工在2008年度内能否享受带薪年休假？如果能享受，能享受几天？

解：该职工到2008年7月20日就满足连续工作一年以上的条件，因此，他2008年度可以享受带薪年休假。我们把2008年7月20日称为临界点。从临界点到2008年12月31日，一共165天，占全年天数的比例为165/365，165/365×5=2.26天，则2008年度年休假为2天。

例2：小李2008年5月20日入职，入职前社会工龄是118个月，请问该职工在2008年度内有无带薪年休假？如果能享受，能享受几天？

解：很显然该职工的连续工作年限在一年以上，因此，他2008年度可以享受带薪年休假。因该职工2008年5月20日入职，入职前社会工龄是118个月，那么到临界点2008年7月20日就满足连续工作十年以上的条件。从临界点到2008年12月31日，一共165天；从入职当日到临界点的天数是62天，则2008年度年休假计算公式为62/365×5+165/365×10=5.36天，按照不满一天不算，即年休假为5天。

7. 事假工资

事假是否支付工资，企业可以自主决定。《北京市工资支付规定》第二十二条规定，劳动者在事假期间，用人单位可以不支付其工资。

机关事业单位的职工与企业不同，因不发加班加点工资，请事假的工资照发。1955年1月8日，北京市人民政府修正《北京市人民政府请假规则》规定：“全年事假合计，一般不得超过15天。超过15天的，可以酌情扣除其超出假期应领的工资、津贴。”

8. 参加社会活动时的工资

《北京市工资支付规定》第二十四条规定：劳动者在工作时间内依法参加社会活动，或者担任集体协商代表履行代表职责、参加集体协商活动期间，用人单位应当视同其正常劳动支付工资。

这里的依法参加社会活动包括：依法行使选举权或被选举权；当选代表出席乡（镇）、区以上政府、党派、工会、青年团、妇女联合会等组织召开的会议；出任人民法庭证明人；出席劳动模范、先进工作者大会；《工会法》规定的不脱产工会基层委员会委员因工会活动占用的生产或工作时间；其他依法参加的社会活动。

9. 停工停产期工资

《北京市工资支付规定》第二十七条规定：非因劳动者本人原因造成用人单位停工、停业的，在一个工资支付周期内，用人单位应当按照提供正常劳动支付劳动者工资；超过一个工资支付周期的，可以根据劳动者提供的劳动，按照双方新约定的标准支付工资，但不得低于本市最低工资标准；用人单位没有安排劳动者工作的，应当按照不低于本市最低工资标准的70%支付劳动者基本生活费。国家或者本市另有规定的从其规定。

5.1.4 经济补偿、经济赔偿与违约金规定

1. 经济补偿金

(1) 需经济补偿的情形。

关于用人单位在哪些情况下需要向劳动者支付经济补偿金，《劳动合同法》的相关条款已经做了明确的规定，归纳起来如表5-6所示。

表5-6 用人单位需向劳动者支付经济补偿金的情形

序号	补偿类别	具体情形
1	协商解除	单位与劳动者协商解除劳动合同
2	单位解除（劳动者非错情况下）	劳动者医疗期满不能恢复原工作
3		劳动者医疗期满不能胜任原工作，转岗后仍不胜任
4		劳动合同履行的客观情况发生重大变化
5	单位裁员解除合同	单位依法破产重组
6		单位经营严重困难
7		单位技术革新转产
8		单位客观经济情况发生重大变化
9	合同终止	合同期满，单位不续
10		单位破产
11		单位关闭、撤销、解散等
12	竞业限制	在竞业限制期内按月给予劳动者经济补偿

(2) 经济补偿标准。

《劳动合同法》第四十七条规定了用人单位向劳动者支付经济补偿金的标准：

经济补偿按劳动者在本单位工作的年限，每满1年支付1个月工资的标准向劳动者支付。6个月以上不满1年的，按1年计算；不满6个月的，向劳动者支付半个月工资的经济补偿。

劳动者月工资高于用人单位所在直辖市、设区的市级人民政府公布的本地区上年度职工月平均工资3倍的，向其支付经济补偿的标准按本地区上年度职工月平均工资3倍的数额支付，向其支付经济补偿的年限最高不超过12年。月工资是指劳动者在劳动合同解除或者终止前12个月的平均工资。

竞业限制的补偿标准按用人单位与劳动者双方约定的标准进行补偿。

2. 赔偿金

关于用人单位在哪些情况下需要向劳动者支付经济赔偿金，《劳动合同法》的相关条款已经做了明确的规定。归纳起来，就是在企业存在违法行为的前提下，员工提出解除劳动合同，用人单位应按经济补偿金2倍的标准向劳动者支付经济赔偿金。主要有以下7种情形：

(1) 用人单位劳动保护条件不足；

(2) 用人单位未向劳动者及时足额支付劳动报酬；

(3) 用人单位未依法缴纳社会保险；

(4) 用人单位违章违法损害劳动者权益；

(5) 用人单位与劳动者签订的劳动合同无效；

(6) 用人单位以暴力、威胁或者非法限制人身自由的手段强迫劳动；

(7) 用人单位强令劳动者冒险作业的。

3. 违约金

《劳动合同法》第二十二条规定：用人单位为劳动者提供专项培训费用，对其进行专业技术培训的，可以与该劳动者订立协议，约定服务期。

劳动者违反服务期约定的，应当按照约定向用人单位支付违约金。违约金的数额不得超过用人单位提供的培训费用。用人单位要求劳动者支付的违约金不得超过服务期尚未履行部分所应分摊的培训费用。

《劳动合同法》第二十三条规定：对负有保密义务的劳动者，用人单位可以在劳动合同或者保密协议中与劳动者约定竞业限制条款，并约定在解除或者终止劳动合同后，在竞业限制期限内按月给予劳动者经济补偿。劳动者违反竞业限制约定的，应当按照约定向用人单位支付违约金。

除《劳动合同法》第二十二条和第二十三条规定的情形外，用人单位不得与劳动者约定由劳动者承担违约金。

业务演练

任务 5-1：对医疗期概念的理解

练习 1： 分析下面的案例，结合你所学习的有关医疗期的概念来思考不同医疗期内的病假时间能否合并计算。

不同医疗期病假时间能否合并计算？

2005 年大学毕业后，赵某进入某公司工作，不久就患病。从 2006 年的 1 月 1 日到 6 月 30 日，赵某累计休息了 45 天。之后，赵某的病情加重，从同年 7 月 1 日到 12 月 31 日，赵某住院治疗和在家休养的时间累计为 60 天。之后，公司以旷工为由对赵某作出处理决定。赵某认为自己仍然在医疗期内，并没有旷工，公司不能以此为借口处罚他。而公司则认为，紧挨的两个医疗期的病假时间应该合并计算，赵某休假 3 个半月超过了其应享受的医疗期，超出的时间算旷工，应该受到处罚。

任务 5-2：综合计算工时制加班费的计算

练习 2： 小白是上海某地质勘探队的队员，月工资为 960 元，该勘探队 2009 年经劳动行政部门审批采用综合计算工时制，以年为单位。2009 年小白全年工作了 2 196 小时(其中 8 小时为法定节假日加班)。请帮小白算一算 2009 年可以领取多少加班费？

提示：小白小时标准工资＝960÷21.75÷8＝5.52 元。

任务 5-3：职工带薪年休假天数计算

练习 3： 李雷 2008 年 4 月 1 日进入某公司工作，入职前的社会工龄是 118 个月，请你计算一下 2008 年李雷能享受的带薪年休假天数。

练习 4： 韩梅梅 2008 年 5 月 20 日进入某公司工作，入职前的社会工龄是 238 个月。请你计算一下 2008 年韩梅梅在该公司能享受的带薪年休假天数。

任务 5-4：停工停产期工资计算

练习 5： 阅读下面的案例，思考下面两个问题：

1. 单位在 1999 年 3 月—2004 年 9 月期间支付给路某的 300 元/月的生活费是否符合北京市的有关规定？如不符合，单位应支付多少(补差)？

2. 单位在 2004 年 10 月—2007 年 9 月期间是否可以不给路某发工资(生活费)？如应发，请计算此期间应补发给路某的工资。

停工停产　可以停发工资吗?

路某于1983年10月进入国有企业北京某厂工作,双方签订了无固定期限劳动合同,1998年8月公司根据上级规定实行停产,并通过公司职代会确定了分流政策,1999年3月起,路某待岗在家,等待重新上岗通知,公司每月支付路某生活费300元,一直支付到2004年9月份。自2004年10月起,公司不再向路某支付生活费,只是继续为其缴纳社会保险。2007年9月中旬,路某接到公司要求清理劳动关系的通知,路某当天书面回复要求公司解决相关问题。2007年9月30日,公司单方面解除了与路某的劳动关系,并将退工单以快递和挂号信的方式送达,均被退回。

2007年10月底,路某至街道查寻档案时,发现其已被公司退工,社保也停缴。路某认为其合法权益受到侵害,向公司所在地劳动争议仲裁委员会提起仲裁,要求公司支付解除劳动合同的经济补偿金、停工停产期间的工资和未提前30天书面通知解除劳动合同的替代通知金等计30 000元。仲裁裁决后,公司不服,向法院起诉,在法院的组织下双方达成调解意见,一次性补偿路某25 000元,调解结案。

任务5-5:经济补偿金的计算

练习6: 阅读练习5的案例,根据你所学的有关知识,计算公司因解除劳动合同应支付给路某的经济补偿金。

任务5-6:生育津贴的计算

练习7: 下面是某公司员工的生育保险缴费基数及其工资(产前一个月工资)情况。员工张珊和李斯均在今年分娩(假设正常产),请根据有关政策规定计算一下她们两人应享受的生育津贴,完成表5-7。

表5-7　生育津贴的计算

职　工	缴费基数	产前工资	生育津贴	
			社保支付	单位支付
张　珊	12 000元	10 000		
李　斯	4 000元	4 000		
王　伟	8 000元	——		
杜　力	10 000元	——		
曹　睿	6 000元	——		

模块5.2　日常薪资发放基本流程

核心知识要点

5.2.1　日常薪资发放的基本流程

每个月都有薪资发放工作,一般薪酬专员(主管)可能每个月需要花一两个星期的时间来准备工资发放的各项工作。要把员工的考勤情况和加班情况收集起来，按照国家工资支付的有关规定和企业的薪酬管理制度来进行一些计算，制作工资报表，由财务转到员工的工资卡上或者直接发给员工。最后是工资台账整理归档。

日常薪资发放的流程如图 5-1 所示。

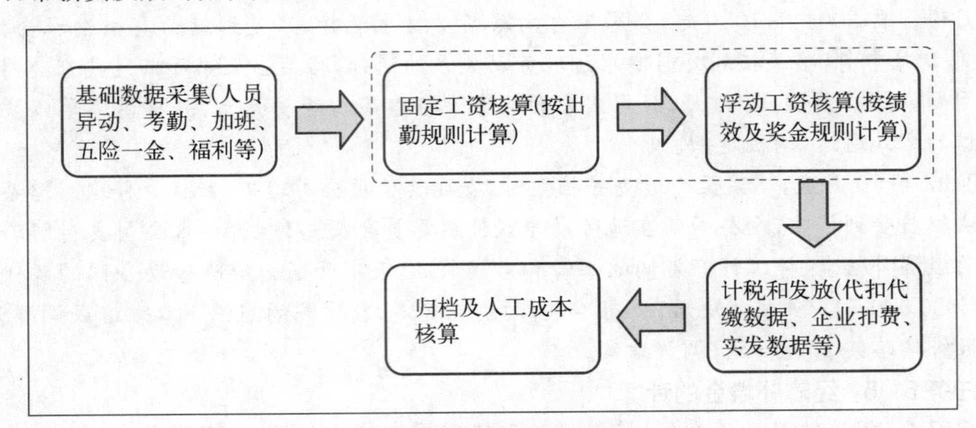

图 5-1　日常薪资发放流程

5.2.2　日常薪资发放各个阶段说明

1. 基础资料采集

计算薪资前，我们需要收集员工出勤统计、事假、病假、"五险一金"、福利、银行卡(如采用网银发放工资)等各方面的数据。这其中，还包括本月新员工的进入、员工离职、员工调走等人员异动数据。如果有租住企业内部宿舍的，还要涉及企业扣房租、水电费等数据。只有这些数据都收集齐全了，才能开始薪资的计算。

当然，在收集上述资料前，还有个前提条件：必须熟悉国家、地区有关劳动保障、工资支付等方面的法规政策(详见模块 5.1 工资支付规定)，对于公司的薪酬管理制度、绩效考核制度也要比较熟悉。

归纳起来，薪资计算前需要收集的基础资料如表 5-8 所示。

表 5-8　薪资计算前需收集资料一览表

序　号	类　　型	明　　　　细
1	单位规章制度类	考勤管理办法
2		薪酬管理办法
3		绩效考核与绩效工资计算办法
4		其他与工资有关的规定
5	基础数据类	员工花名册
6		人员异动表(入、离、调)
7		员工工资标准表
8		出勤统计表
9		加班统计表(含加班审批单)

(续表)

序号	类型	明细
10	基础数据类	休假统计表
11		绩效考核结果统计表
12		社会保险和公积金缴费明细表
13		企业补充保险(企业年金、医疗保险)缴费明细表
14		企业代扣代缴费用

2. 固定工资核算

根据收集上来的考勤统计,我们需要计算员工当月的固定工资,比如基本工资、各项津贴补贴、加班加点工资以及病假、事假、产假、工伤、探亲假等各种特殊情况下的工资。这些数据的计算需要薪酬专员对基础数据采集做到准确和细致,否则可能会带来差错。

3. 浮动工资核算

这一块主要是当月绩效工资、奖金等的发放。薪酬专员需要从绩效专员那里收集来当月员工的绩效考核结果,按照公司的绩效工资计算规则来计算。有时候,可能除了绩效工资外,还会涉及季度奖金、半年奖金、年终奖金的计算。

4. 计税和发放

在计算完当月的固定工资和浮动工资后,就可以得到了每位员工的应发工资了。但是,这并不是员工实际能到手的工资,还需要在此基础上扣除一些税费。这些税费包括企业代扣代缴的员工养老、失业、医疗、工伤、生育等五项社会保险的个人缴费部分,住房公积金个人缴费部分以及个人所得税。还可能会有一些企业扣除费用,比如水电费、房租等。扣除了上述费用后,才能得到员工当月的实发工资。薪酬专员要将结果转给财务,因为公司的现金或支付都是由财务来做的。财务需要把资金从公司的账上划到员工的账户里。

要说明的是,现在很多公司的工资发放基本上不用现金,而是通过银行代发。在规模不是很大的公司里,工资现金发放或是网银发放可能是薪酬专员的事情,因为小公司本身人手紧,"一个萝卜多个坑"。一般,公司把工资发放数据(员工姓名、账号和实发工资数据)传给银行后,银行将工资从公司账上打到员工账户上,银行发工资需要两三个工作日。在操作的过程中可能会碰上公休日或者周末的问题,也必须要把这个时间预先算在内。所以至少要给银行预备五天的时间。这样才能保证工资发放的时效性,使员工能及时收到工资。

5. 归档和人工成本核算

做完上述工作后,薪酬专员需要将一些薪酬业务档案进行归档。比如:考勤明细表及汇总表,员工加班、调休、调班、休假单等,工资明细表及汇总表,五险一金明细表及汇总表,各月五险一金增减员表,双薪、奖金、过节费等的现金工资签收表,等等。同时,还要详细地核算一下当月的人工成本,为年终的人工成本核算打下基础。

业务演练

任务 5-7：薪资计算前资料采集认知

练习 8：对照下面的一览表(也可不限于下表中所列，见表 5-9)，学生以小组为单位，试着去收集一下薪资计算前需收集资料的样式，越多越好。

表 5-9　薪资计算前需收集资料一览表

序　号	类　　型	明　　　　细
1	单位规章制度类	考勤管理办法
2		薪酬管理办法
3		绩效考核与绩效工资计算办法
4		其他与工资有关的规定
5	基础数据类	员工花名册
6		人员异动表(入、离、调)
7		员工工资标准表
8		出勤统计表
9		加班统计表(含加班审批单)
10		休假统计表
11		绩效考核结果统计表
12		社会保险和公积金缴费明细表
13		企业补充保险(企业年金、医疗保险)缴费明细表
14		企业代扣代缴费用

模块 5.3　薪 资 计 算

核心知识要点

5.3.1　计时工资

计时工资制是按照员工个人的工资标准和工作时间的长短来支付工资报酬的形式。员工的计时工资是用员工的工作时间乘以他的工资标准得出来的，计算公式为：

计时工资＝工资标准×实际工作时间

月计时工资＝日工资标准×实际出勤天数

日工资标准＝月工资标准÷21.75

计时工资是一种最常见的工资形式。大部分固定工资(如基本工资、岗位工资、技能工资、工龄工资等)都属于计时工资;一旦企业内部工资等级标准确定,双方合同约定后,部分工资项目将按照工时来计发。

职工的月计时工资直接与职工的当月出勤天数相联系。实践中计算月计时工资主要有正算法和扣减法两种方法。

1. 正算法

所谓正算法,也称加法,就是直接根据员工的日工资标准乘以员工当月的出勤天数(考勤统计结果)得到的工资。

例3:李雷月工资标准为4 350元,本月考勤统计其出勤20天,试用正算法计算其当月的应发工资。

解:李雷的日工资标准=4 350÷21.75=200(元/天)

李雷本月的应发工资=200×20=4 000(元)

2. 扣除法

所谓扣除法,也称减法,就是用员工的月工资标准减去员工当月事假或病假等缺勤应按规定扣除的工资之后得到的工资。

例4:韩梅梅月工资标准为4 350元,本月考勤统计其缺勤(事假)2天,试用扣除法计算其当月的应发工资。

解:韩梅梅的日工资标准=4 350÷21.75=200(元/天)

韩梅梅本月请事假2天应扣除的工资=200×2=400(元)

韩梅梅本月的应发工资=4 350－400=3 950(元)

相关链接5-3:

关于职工全年月平均工作时间和工资折算问题的通知

(劳社部发[2008]3号)

各省、自治区、直辖市劳动和社会保障厅(局):

根据《全国年节及纪念日放假办法》(国务院令第513号)的规定,全体公民的节日假期由原来的10天增设为11天。据此,职工全年月平均制度工作天数和工资折算办法分别调整如下:

一、制度工作时间的计算

年工作日:365天－104天(休息日)－11天(法定节假日)=250天

季工作日:250天÷4季=62.5天/季

月工作日:250天÷12月=20.83天/月

工作小时数的计算:以月、季、年的工作日乘以每日的8小时。

二、日工资、小时工资的折算

按照《劳动法》第五十一条的规定,法定节假日用人单位应当依法支付工资,即折算日工资、小时工资时不剔除国家规定的11天法定节假日。据此,日工资、小时工资的折算为:

日工资:月工资收入÷月计薪天数

小时工资:月工资收入÷(月计薪天数×8小时)

月计薪天数＝(365天－104天)÷12月＝21.75天

三、2000年3月17日劳动保障部发布的《关于职工全年月平均工作时间和工资折算问题的通知》(劳社部发[2000]8号)同时废止。

劳动和社会保障部

二〇〇八年一月三日

关于计时工资的计算说明几点如下：

(1) 日工资标准的计算是比较关键的。在实践中，有的单位将月计薪天数当作22天或者20.83天或者30天，严格上来讲都是不对的。计算日工资标准用到的月工资标准应该采用月固定工资来算比较合适(也就是严格按照出勤来给予的那部分工资)，不应该包括绩效工资(绩效工资的计算由绩效考核结果和绩效工资计发办法另行决定)。有的单位的工资标准中包括了津贴、补贴等项目，有的则将津补贴除外。具体如何，要看公司工资管理制度中的约定。日标准工资的计算结果还直接关系到加班加点工资的计算。

(2) 到底是采用正算法还是采用扣除法，由单位的约定而定。实践中，两种方法都比较普遍。但是，比较例3、例4的结果，我们发现正算法对职工有利，而扣除法则对单位有利。

(3) 注意出勤天数的统计。这里的出勤天数可能并非严格意义上的出勤(在单位工作)，因为通过模块5.1的学习，我们知道职工在一些特殊情况下，尽管未出勤但视同劳动时间，工资是照发的，比如参加社会劳动、计划生育假、婚丧假、年休假期间。这就需要我们在考勤统计时标注清楚，而且对特殊情况下的工资如何支付十分熟悉。一般来讲，采用正算法计算计时工资时，在考勤统计出勤天数时可将职工参加社会劳动、计划生育参加、婚丧假、年休假期间视同为出勤天数；反过来说，采用扣除法计算计时工资时，在考勤统计出勤天数时，扣除的应该是事假工资、病假工资等(事假工资可以直接扣除，但病假工资要按病假工资支付规定进行扣除)。

5.3.2 计件工资

计件工资是把一线员工生产的产量与收入直接挂钩的工资形式，适用于生产任务明确、产品数量和质量易于测量和统计的工种。其计算公式为：

$$\text{计件工资}=\text{合格产品数量}\times\text{计件单价}$$

计件工资与计时工资的区别在于：计件工资是间接地用劳动时间(即由一定时间的劳动所凝结的产品数量)来计量员工的劳动，而不是直接按劳动时间的长短来计量。因此，计件工资只是计时工资的转化形式。

1. 计件单价的计算方法

(1) 计件单价的计算公式一：

$$\text{计件单价}=\frac{\text{单位时间岗位工资标准}}{\text{该岗位单位时间的产量定额}}$$

例如：某岗位的小时工资为10元/小时，其小时产量定额为5件/小时，则其计件单价为2元/件。

(2) 计件单价的计算公式二：

计件单价=单位时间工资标准×单位产品的工时定额

例如：某岗位的小时工资为10元/小时，现生产一件产品的工时定额为2小时/件，则其计件单价为20元/件。

2. 计件工资的形式

计件工资按实行计件的劳动定额范围划分，可以分为按同一单价计件和不同单价计件(如累进单价计件或累退单价计件)；按照参加计件的人员划分，可以分为个人计件和集体计件；按照参与计件的方式划分，可以分为直接计件或间接计件，等等。

计件工资形式比较繁多，企业可以根据自身生产的特点与工作需要来灵活确定采取哪一种具体形式。下面的表5-10总结了计件工资的各种具体形式及其适用情况。

表5-10 计件工资的形式

类型	说明	适用情况
无限计件工资	1. 按照员工单位时间内所生产的合格品的数量和统一的计件单价计算劳动报酬的计件工资形式 2. 员工完成的合格产品，不论数量的多少，均用同一个计件单价计算 3. 上不封顶，下不保底	1. 生产的连续性、协作性要求不是很严格，个人产量定额或工时定额较容易制定，劳动成果可以单独统计 2. 在定额管理比较科学、合理的条件下实行，效果会更好
有限计件工资	1. 对工人个人在单位时间内所得计件工资收入总额加以一定的限制 2. 三种主要形式： (1) 对个人计件工资收入规定最高限额 (2) 采用超额累退计件单价，即计件工资超过规定数额后，计件工资按一定的比率递减 (3) 采用可变计件单价，即整个劳动集体(企业或生产单位)的计件工资总额固定，个人计件单价则随劳动集体计件产品产量的增减而降低或提高，对个人计件工资总收入不加限制	多适用于定额不够准确合理、管理制度不够健全或工资总额受到控制的企业
全额计件工资	1. 企业取消原来按基本工资、奖金、加班工资和生产津贴等分别核算和支付工资的办法，工人全部工资都随完成和超额完成劳动定额的多少，按统一的计件单价来计发 2. 非工资性津贴、物价补贴和劳保福利不得列入	适用于产品单一、劳动定额水平较先进、企业管理制度较健全、经济效益好且生产稳定的企业

（续表）

类型	说　　明	适 用 情 况
超额累进计件工资	1. 又称计时计件混合工资。它将员工完成的工作量分为定额以内和定额以外两部分 2. 员工完成产量定额的部分按计时工资标准和任务完成程度发给计时工资 3. 未完成定额的，按照本人的工资标准和完成的比例计发工资，超过定额部分按更高的计件单价和产量计发工资	计件单价的递增比例必须事先要有精确测算，以保证事先预期的经济效益目标
间接计件工资	这是指工人的工资不是直接由本人的产量或作业量确定，而是由他所服务的主要生产工人的生产（工作）成果来计算	适用于某些辅助工种，条件是本工种的生产成果无法直接计量，为直接计件工人所提供的服务是必不可少的，在一定程度上，还制约和影响着计件工人的劳动成效
集体计件工资	1. 以一个集体（车间、班组）为计件单位 2. 工人的工资是根据班组集体完成的合格产品数量或工作量来计算，然后按照每个工人贡献大小进行合理的分配	适用于机器设备和工艺过程要求员工集体完成某种产品或某项工程，而又不能直接计算个人的产品数量和质量的情况
提成工资	1. 按照班组或集体的销售收入或纯利润的一定比例提取工资总额 2. 员工个人的工资根据其技术水平和实际工作量状况予以计发	1. 适用于劳动成果难以用事先制定劳动定额方法计量、不易确定计件单价的工作 2. 餐饮业、服务业多采用这种工资形式

资料来源：孙宗虎、宗立娟编著，《薪酬体系设计实务手册》，人民邮电出版社，2006 年。

3. 集体计件工资分配到个人

集体计件工资的支付相对于个人计件工资比较复杂，主要是集体计件工资还需要在集体计件单位内部工人之间进行合理分配。分配办法大致有以下五种①。

(1) 按照每人工人的工资标准和实际工作日数分配。

按照每个工人的工资标准和实际工作日数分配，其计算方法如下。

A. 个人应得月标准工资＝个人日工资标准×个人本月实际工作日数

$$\text{式中：个人日工资标准}=\frac{\text{个人月工资标准}}{\text{月制度工作日数}}$$

$$\text{B. 标准工资分配率}=\frac{\text{集体计件工资总额}}{\text{集体工资标准总额}}$$

C. 个人当月应得工资＝个人应得月标准工资×标准工资分配率

(2) 按照每个工人的工资等级和实际工作日数分配。

按照每个工人的工资等级和实际工作日数分配，就是把每个工人的实际工作日数折为一级工人的工作日数，即个人工资分配系数，借以求出每一工人应实得计件工资。其计算方法如下。

A. 个人工资分配系数＝个人工资等级系数×个人当月工作日数

① 康士勇主编，《薪酬与福利管理实务》，中国人民大学出版社，2008 年。

式中：$个人工资等级系数=\frac{个人月工资标准}{一级工资标准}$

B. $每一工资分配系数应得计件工资=\frac{集体计件工资总额}{集体个人分配系数之和}$

（3）定额以内部分，按照工资标准和实际工作日数进行分配；超额部分，则按照工人在生产中所起作用大小，如，工时利用率、工作质量、劳动强度、团结协作等因素评分或打分，然后活分活值进行分配。其计算方法如下。

A. 定额内应得月标准工资＝个人日工资标准×个人当月实际工作日数

B. $定额外每一分数超额工资率=\frac{集体计件工资总额-集体应发标准工资总额}{集体当月个人分数之和}$

C. 定额外个人应得超额工资＝每一分数超额工资率×个人所得分数

注：式中个人所得分数是根据预定的考核指标、得分标准考核个人的工作任务完成情况计算评价出来的。

D. 个人当月应得计件工资＝定额内部分应得月标准工资＋超额部分应得超额工资

（4）定额以内部分，按照工资标准和实际工作日数分配，超额部分按实际工作日数分配。其计算方法如下。

A. 定额内应得月标准工资＝个人日工资标准×个人当月实际工作日数

B. $定额外每一工作日超额工资率=\frac{集体计件工资总额-集体标准工资总额}{集体个人工作日数之和}$

C. 定额外个人应得超额工资＝定额外每一工作日应得定额工资×个人实际工作日数

D. 个人当月应得计件工资＝定额内应得标准工资＋定额外应得超额工资

（5）按照工人实际工作日数平均分配。

不论定额部分或超额部分，一律按照工人的实际工作日数平均分配。这种分配办法较简单，一般在装卸、搬运等工资等级低、等级差别小的工作队中实行。其公式如下。

A. $每一工作日应得计件工资=\frac{集体计件工资总额}{集体个人工作日总数}$

B. 个人当月应得计件工资＝每一工作日应得计件工资×个人工作日数

5.3.3　绩效工资①

绩效工资是由计件工资演化而来的，但它不是简单意义上的工资与产品数量挂钩的工资形式，而是建立在科学的工资标准和管理程序基础上的工资体系。它的基本特征是将员工工资与个人业绩挂钩。这里所说的业绩是一个综合的概念，比产品的数量和质量内涵更为广泛，还包括员工对企业的其他贡献。

1. 绩效工资分配的基本思路

总体上，绩效工资的分配应本着“分级管理、分类管理”的思路进行。

（1）分级管理，是指绩效工资的分配要两级考核、两级分配。首先，单位要对部门一级进行考核，根据考核结果来确定部门月度、年度的应发绩效工资总额。其次，对部门内部任职人员进行考核，将部门应发绩效工资总额分配到部门内部每个人。

---

①　康锋编著，《薪酬设计全程指导》，中国劳动社会保障出版社，2011年。

(2) 分类管理，是指要对不同部门的性质(业务或职能)进行区分，不同的部门采取不同的绩效工资分配办法。具体来说，对业务部门(生产、研发、销售等)的绩效工资，直接以其部门绩效为依据分配，而对职能部门(办公室、财务等)，往往间接根据业务部门的实际平均绩效工资和本部门的绩效考核结果两挂钩分配。在分配次序上，首先要解决业务部门的绩效工资，之后再解决职能部门的绩效工资。

2. 部门绩效工资的分配

(1) 业务部门绩效工资。

A. 提成工资法。

其计算公式如下。

a) $提成工资\% = \frac{目标绩效工资(标准)}{目标增加值(内部利润)} \times 100\%$

b) $应发提成工资 = 实际增加值(内部利润等) \times 提成工资\% \times (百分绩效考核得分 \div 100)$

例 5：某设计院设计室考核期目标绩效工资为 120 万元，目标到账设计收入 1 200 万元，采取绩效工资提成办法。考核期末该设计室实现设计收入 1 500 万元，部门绩效考核得分 95 分。试计算该设计室应提取的绩效工资总额为多少？

解：该设计室绩效工资提取比例＝120÷1 200×100%＝10%

该设计室应提取的绩效工资总额＝1 500×10%×(95÷100)＝142.5(万元)

B. 计件工资法。

其计算公式如下。

a) $计件单价 = \frac{目标绩效工资(标准)}{目标产量定额}$

b) $应发计件工资 = 计件单价 \times 实际完成产量/工时 \times (百分绩效考核得分 \div 100)$

例 6：某制造企业生产部绩效工资计发的基本模式是确定“两个基数，一个单价”：确定目标绩效工资总额基数、目标产量总额基数以及绩效工资随目标产量挂钩浮动的计件单价，然后绩效工资总额随考核期目标产值的完成情况，按确定的单价增加或减少。生产部的计件单价核定如下表 5－11 所示。

表 5－11 生产部计件单价核定

产品	目标年度绩效工资基数	2008 年度核定目标产量(吨)	计件单价(元/吨)
(1)	(2)	(3)	(4)＝(2)/(3)
水泥	350 万元	70 000 吨	50 元/吨

已知该生产部 2008 年底实现产量 72 000 吨，绩效考核得分 98 分，试计算该生产部 2008 年应提取的绩效工资为多少？

解：该生产部应提取的绩效工资总额＝50×72 000×(98÷100)＝3 528 000(元)

(2) 职能部门绩效工资。

职能部门计提的绩效工资总额，可以参照下面的公式计算：

$$绩效工资=该部门人数\times\frac{该部门平均岗位工资系数}{业务部门平均岗位工资系数}$$
$$\times业务部门平均绩效工资\times与业务部门绩效工资挂钩浮动比例$$
$$\times该部门百分绩效考核得分\div100$$

式中，与业务部门绩效工资挂钩浮动比例一般在0.2—0.8的范围内。具体比例，各个单位自行决定。

3. 部门内部员工绩效工资的分配

关于部门内部绩效工资的分配，在实践中往往有很多方法，这会在每个单位的绩效工资计发办法中加以规定。其中，依据岗位系数、百分绩效考核得分来分配部门绩效工资总额的方法比较普遍，下面举例具体加以说明。

例7：某部门有职工9人，每个人的岗位绩效工资系数、月度绩效考核分数如表5-12所示。该部门月度绩效工资总额为13 950元。将应发绩效工资总额分配到部门内每个人。

解：该部门每人应发绩效工资计算过程及结果如下表5-12所示。

表5-12　某部门应发绩效工资计算表　单位：元/月

序号	姓名（略）	岗位绩效工资系数	月度考核分数	月度考核绩效工资系数	每一考核绩效工资系数应发绩效工资数	应发绩效工资
(1)	(2)	(3)	(4)	(5)=(3)×(4)	(6)=部门应发绩效工资总额÷部门月度考核绩效工资系数之和	(7)=(5)×(6)
1		2.64	80	211.20	10.89	2 300
2		2.64	85	224.40	10.89	2 444
3		1.62	90	145.80	10.89	1 588
4		1.48	100	148.00	10.89	1 612
5		1.42	100	142.00	10.89	1 546
6		1.28	80	102.40	10.89	1 115
7		1.28	90	115.20	10.89	1 255
8		1.00	102	102.00	10.89	1 111
9		1.00	90	90.00	10.89	980
合计		—	—	1 281.00	—	13 950

5.3.4　奖金

奖金是给予付出超额劳动的劳动者的现金奖励。作为劳动报酬的奖金，按照超额劳动对生产的作用是否直接可以分为两大类：一类是由于劳动者提供了超额的劳动、直接增加了社会财富给予的奖励，这一类被称为生产性奖金或工资性奖励；另一类是由于劳动者的劳动改变了生产条件，为提高社会劳动效率、增加社会财富创造了有利条件所给予的奖励，这一类被称为创造发明奖或合理化建议奖等。

1. 奖金的形式

奖金形式从不同的角度，可作以下划分。

(1) 按奖励的周期长短,可分为月奖、季度奖、年终奖和年度奖。按一年内奖金的发放次数,可以分为一次性奖金和经常性奖金。一次性奖金通常是对那些为了解决生产中的突出矛盾而设立的临时性的奖金。如,为攻克某种产品的质量问题,突击完成某项机器的大修任务,或其他刻不容缓的紧迫任务而设立的奖金。经常性的奖金是奖励那些在日常生产中提供了超额劳动的职工,一般可以是月奖或季度奖。

表 5 - 13 是某制造型企业生产车间季度奖金核算办法。

表 5 - 13 某制造企业生产车间季度奖金核算办法

生产任务完成情况	车间绩效奖金核算标准
完成规定的生产任务	不奖不罚
超额完成 5%—8%	所创造的超额利润×2%
超额完成 8%(不含)—10%	所创造的超额利润×4%
超额完成 10%(不含)—15%	所创造的超额利润×6%
超额完成生产任务>15%	所创造的超额利润×8%

(2) 从奖励条件的考核项目划分,可分为单项奖和综合奖。单项奖是以生产中的某一项指标作为计奖条件的奖励制度。它的特点是只对劳动成果中的某一方面进行专项考核,一事一奖。单项奖的名目繁多,概括起来大致有超产奖、质量奖、原材料燃料节约奖、劳动力节约奖,以及新产品试制奖等。

(3) 按奖金的支付对象,可分为个人奖和集体奖。个人奖适合于只需个人就能完成的工作;集体奖适合于工作性质需数人或集体全用才能完成的工作,如装配工作。集体奖可促使集体内的各成员互相监督鼓励,并可促使技术较差者努力提高水平,以免影响其他人员。

比如某公司设立"优秀员工奖"。将年度绩效考核连续 2 次达到优秀的,在绩效工资之外,给予奖励——颁发"优秀员工"奖状,一次性奖励 5 000 元。

2. 奖金设计的步骤

奖金是工资的重要补充,是激励员工的重要手段,是企业对员工超额劳动部分所支付的劳动报酬。奖金具有单一性、灵活、及时性等特点。

一般来说,奖金的设计包括以下步骤。

(1) 制定奖金的项目和奖励条件。

奖金的项目要根据本企业经营、工作的需要来确定。奖励条件是对奖励指标实现程度上的要求,如为产品质量指标而设立的奖励指标可以是产品合格率、优良率等。

表 5 - 14 是某企业生产部门和销售部门的奖励指标和奖励条件。

表 5 - 14 某企业生产部门和销售部门奖励指标与奖励条件一览

部　门	奖励指标	奖励条件
生产部门	产品产量	产品产量达到××××(单位)
	利润	利润额达到××××元
	产品质量	合格率在××%以上、次品率在×%以内

（续表）

部　门	奖励指标	奖励条件
生产部门	产品投入产出	产出量与投入量之比
	成本节约	单位产品物耗情况
	其他	劳动纪律遵守情况、出勤率
销售部门	销售额	销售额达到××××元
	货款回收	在一定时期内货款的回收率达到××%
	产品的市场占有率	产品的市场占有率达到××%

(2) 明确奖励范围、周期。

要明确奖金分配到的部门范围、人员范围和奖励幅度。一般来说，奖励部门主要有独立奖励部门、参照奖励部门和平均奖励部门。独立奖励部门是指企业中奖励项目和奖励条件非常明确，易于考核，从而给予独立奖励的部门。参照奖励部门是指企业中从事服务性质、辅助性质工作的部门，如后勤和维修部门。参照奖励部门的超额劳动难以独立计算，需要以被服务对象的业绩为基础，其奖金一般可以以服务部门的加权平均奖励水平为参照计算。平均奖励部门是指劳动成果不能准确计量，比如行政、办公室之类的职能部门，其奖金一般以平均奖作为参照来发。

奖金的支付周期应根据奖励项目性质和工作需要进行选择。比如，与企业整体经济效益和社会效益有关的奖励，可以采用年度奖金的形式；针对持续性、有规律的生产和工作而设职的奖励项目，可采用月度、季度奖等形式。

(3) 确定奖金总额。

奖金总额的确定一般有以下3种方法。

A. 按照产量、销售量、成本节约量来确定奖金总额。

a) 按企业实际经营效果和实际支付的人工成本两个因素确定奖金总额。

在这种方式中，将节约的人工成本以奖金的形式支付给员工，其计算公式如下：

奖金总额＝生产(销售)总量×标准人工成本－实际支付的工资总额

b) 按企业年度产量(销售量)的超额程度提取奖金总额。

在这种方式中，奖金根据目标产量(销售量)的超额程度等比例提取，或按累计比例提取。其计算公式如下：

奖金总额＝(年度实现销售额－年度实现销售额)×奖金提取比例

c) 按成本节约量的一定比率提取奖金总额。

其主要目的是奖励员工在企业生产和经营成本节约中作出的贡献，其计算公式如下：

奖金总额＝成本节约额×奖金提取比例

B. 按照企业超额利润的一定百分比提取奖金。

这种方式的计算公式如下：

奖金总额＝(本期实际利润－上期实际利润)×超额利润奖金系数

C. 以附加值(净产值)为基准计算奖金。

这是美国会计师 A·W·拉卡所提倡的计奖方法，也称为拉卡计划。拉卡对 1899—1957 年美国制造业的统计数据分析发现，在这 59 年中工资含量几乎始终保持为附加值的 39.395%，相关系数为 0.997。如果已发工资总额低于这一比例提取的工资总额，少发的部分应以奖金形式发给员工。其计算公式如下：

奖金总额=附加价值×超标准劳动生产率-实际支付的工资总额

(4) 制定奖金分配办法。

奖金总额分配到个人，一般有系数法和计分法两种分配办法。

A. 系数法。

系数法是在工作评价的基础上，先根据岗位贡献大小确定岗位奖金系数，最后根据个人完成任务情况按系数进行分配。其计算公式如下：

个人奖金额=[企业奖金总额/(岗位人数×岗位奖金系数)]×个人岗位奖金系数

B. 计分法。

计分法首先要对各项奖励条件规定最高分数；其次，根据制定的奖励条件标准对员工工作表现进行评分；最后，按照奖金总分求出每一分值的奖金数额，从而求出每位员工的奖金额。其计算公式如下：

个人奖金额=(企业奖金总额/考核总得分)×个人考核得分

5.3.5 津贴和补贴

根据《关于工资总额组成的规定》(国家统计局[1990]1 号令)，津贴是指为了补偿职工特殊或额外的劳动消耗和因其他特殊原因支付给职工的津贴，包括补偿职工特殊或额外劳动消耗的津贴、保健性津贴、技术性津贴、年功性津贴、其他津贴。补贴，是指为了保证职工工资水平不受物价影响支付给职工的物价补贴，包括为保证职工工资水平不受物价上涨或变动影响而支付的各种补贴，如肉类价格补贴、副食品价格补贴、粮价补贴、煤价补贴、房贴、水电贴等。

在习惯上，一般把属于生产性质的称作津贴，属于生活性质的称为补贴。在统计上又分为工资性津贴和非工资性津贴。工资性津贴是指列入工资总额的津贴项目；非工资性津贴是指不计入工资总额支付的津贴项目。是不是属于工资性津贴，其标志不是看开支来源如何，而是看它是不是属于工资总额的统计范围。

不同单位，其津贴补贴项目往往不一。津贴补贴名目繁多，按照不同的标准，可以有不同的分类。下面是其分类整理的结果，如表 5-15 所示。

表 5-15 津贴补贴的类型

划分标准	分类	说明
管理层次	国家或地区统一制定的津贴	如夜班津贴、特种作业津贴、高温津贴等
	企业自行规定的津贴补贴	如住房补助、交通补助等
性质和目的	补偿性津贴	如高空津贴、野外工作津贴、林区津贴、矿山井下津贴、高温临时津贴、特殊岗位津贴、夜班津贴等

（续表）

划分标准	分类	说明
性质和目的	保健性津贴	如卫生防疫津贴、医疗卫生津贴、科技保健津贴以及其他行业员工的特殊保健津贴等
	技术性津贴	如政府特殊津贴、特级教师津贴、科研津贴、技师津贴等
	年功性津贴	如工龄津贴、教龄津贴、护士工龄津贴等
	其他津贴补贴	如书报津贴、伙食补贴等
	物价性补贴	肉类价格补贴、副食品价格补贴、粮价补贴、煤价补贴、房贴、水电贴等

5.3.6　个人所得税

《中华人民共和国个人所得税法实施条例(2011)》已于2011年7月19日以国务院令第600号的形式颁布，自2011年9月1日起施行。下面我们来具体介绍一下其中的工资、薪金所得税、劳务所得税税收政策。

1. 工资薪金所得税

《中华人民共和国个人所得税法实施条例(2011)》中规定了工资、薪金所得采用7级累进税率，详见表5-16所示。

表5-16　工资、薪金7级累进税率表

级数	全月应纳税所得额	税率(%)	速算扣除数
1	不超过1 500元	3	0
2	超过1 500元至4 500元的部分	10	105
3	超过4 500元至9 000元的部分	20	555
4	超过9 000元至35 000元的部分	25	1 005
5	超过35 000元至55 000元的部分	30	2 755
6	超过55 000元至80 000元的部分	35	5 505
7	超过80 000元的部分	45	13 505

表5-16中应纳税所得额的计算，以每月工资薪金收入额减去国家税法所规定的准予税前扣除的费用，再减去个税免征额(目前为3 500元)而得到。一般情况下，每月工资薪金应纳税所得额计算公式如下：

每月工资薪金应纳税所得额＝工资薪金收入－社会保险及公积金个人缴费部分－个税免征额

职工每月工资薪金应缴纳的个人所得税计算公式如下：

每月工资薪金应纳税额＝每月工资薪金应纳税所得额×税率－速算扣除数

例8：某人每月工资扣除掉社保和公积金后的收入为4 200元，计算一下其每个月应缴纳的个人所得税。

解：此人应缴纳的个人所得税=(4 200-3 500)×3%=21(元)

2. 劳务所得税

《中华人民共和国个人所得税法实施条例(2011)》中规定了劳务报酬所得采用7级累进税率，详见表5-17所示。

表5-17 劳务报酬税率表

级 数	全月应纳税所得额	税率(%)	速算扣除数
1	不超过20 000元的	20	0
2	超过20 000元至50 000元的	30	2 000
3	超过50 000元的	40	7 000

表5-17中应纳税所得额按如下规定计算：劳务报酬所得，每次收入不超过4 000元的，减除费用800；4 000元以上的，减除20%的费用。劳务所得应纳个人所得税计算公式如下：

劳务所得应纳税额=劳务所得应纳税所得额×税率-速算扣除数

例9：某学院开展文化建设年活动，聘请了某顶级学者来校做讲座，学院支付其劳务费2万元整(税前)。请问该学者应交个人所得税多少？税后净劳务报酬为多少？

解：应纳税所得额=20 000-20 000×20%=16 000(元)

应缴纳的个人所得税=16 000×20%-0=3 200(元)

税后净劳务报酬=20 000-3 200=16 800(元)

3. 全年一次性奖金征收个人所得税的办法

根据国家税务总局2005年1月21日公布的《关于调整个人取得全年一次性奖金等计算征收个人所得税方法问题的通知》(国税发[2005]9号)，纳税人取得全年一次性奖金，单独作为一个月工资、薪金所得计算所得税，并按下列计税办法，由扣缴义务人发放时代扣代缴：

(1) 先将雇员当月内取得的全年一次性奖金，除以12个月，按其商数确定适用税率和速算扣除数。

如果在发放年终一次性奖金的当月，雇员当月工资薪金所得低于税法规定的费用扣除额(目前为3 500元)，应将全年一次性奖金减去“雇员当月工资薪金所得与费用扣除额的差额”后的余额，按上述办法确定全年一次性奖金的适用税率和速算扣除数。

(2) 将雇员个人当月内取得的全年一次性奖金，按上一条确定的适用税率和速算扣除数计算征税，计算公式如下：

A. 如果雇员当月工资薪金所得高于(或等于)税法规定的费用扣除额的，适用公式为：

应纳税额 =全年一次性奖金×适用税率-速算扣除数

例10：乔某2011年12月取得扣除“三险一金”后的工资收入7 000元，当月又一次性取得年终奖金60 000元，试计算其年终奖应纳税额。

解：乔某因当月工资高于3 500元，直接按年终奖金60 000元除以12个月，得出月均收入5 000元，其对应的税率和速算扣除数分别为20%和555元。

$$应纳税额=60\,000\times 20\%-555=11\,445(元)$$

B. 如果雇员当月工资薪金所得低于税法规定的费用扣除额的，适用公式为：

$$\begin{matrix}应纳\\税额\end{matrix}=\left(\begin{matrix}当月取得全年\\一次性奖金\end{matrix}-\begin{matrix}当月工资薪金所得与\\费用扣除额的差额\end{matrix}\right)\times 适用税率-速算扣除数$$

例 11：周某 2011 年 12 月取得扣除“三险一金”后的工资收入 3 400 元，当月又一次性取得年终奖金 24 100 元，试计算其年终奖应纳税额。

解：周某因当月工资不足 3 500 元，可用其取得的奖金收入 24 100 元补足其差额部分 100 元，剩余 24 000 元除以 12 个月，得出月均收入 2 000 元，其对应的税率和速算扣除数分别为 10%和 105 元。

$$应纳税额=(24\,100-100)\times 10\%-105=2\,295(元)$$

注意，在一个纳税年度，对每一个纳税人，上述计税办法只允许采用一次。

业务演练

任务 5－8：考勤管理办法的制定

练习 9： 必要的、严格的考勤管理是圆满完成各项工作的基础，也是计时工资计算的依据。有的企业为了严格考勤管理，也制定了相应的考勤管理办法。表 5－18 是某企业的考勤管理办法。请你分析一下其中存在哪些不合理的地方，并试着去完善。

表 5－18 某公司员工考勤管理办法

出勤状况		计算标准
全勤		奖励 100 元/月
迟到(早退)	≤10 分钟	扣除 5 元/次
	10(不含)—30 分钟	扣除 5 元/次
	>30 分钟	扣半天工资/次
事假	≤1 天	扣 1 天工资
	1(不含)—2 天	扣减的工资＝员工 2 天的工资×1.5
	3 天及以上	具体参照相关人事管理规定执行
病假	第 1 天	扣除日工资的 30%
	第 2 天	扣除日工资的 40%
	第 3 天	扣除日工资的 50%
	4 天及以上	具体参照相关人事管理规定执行
旷工	第 1 天	扣除日工资的 1.5 倍
	第 2 天	扣除日工资的 2 倍
	3 天及以上	视为自动离职

任务5-9：计时工资的核算

练习10：王春是某科技公司人事主管(连续工龄8.5年，本企业工龄3年)，其月工资标准为5 000元，本月她请病假1天，事假2天，出勤19天。请根据你所学的知识，核算一下王春当月的应发工资。

任务5-10：计件工资的核算

练习11：个人计件工资的核算

甲乙两种产品应由6级工人加工。甲产品单件工时定额为30分钟，乙产品单件工时定额为45分钟。6级工人的小时工资率为2元。某6级工人加工甲产品500件，乙产品400件。试计算其计件工资。

练习12：集体计件工资的分配

某生产小组月集体计件工资5 700元，其他资料如表5-19所示。

表5-19 某生产小组计件工资资料

工　　人	甲	乙	丙	丁
月工资标准	1 320	1 360	1 400	1 460
当月工作日数	18	19	20	22

要求：按照个人工资标准和实际工作日数分配集体计件工资(注：当月制度工作日按21天计算，不考虑加班加点因素)。

提示：先计算各人应得月标准工资；之后计算标准工资分配率；最后计算每人当月应分计件工资(以元为单位，保留小数点后两位小数)。

练习13：集体计件工资的分配

某生产小组月集体计件工资5 700元，其他资料如表5-20所示。

表5-20 某生产小组计件工资资料

工　　人	甲	乙	丙	丁
月工资标准	1 320	1 360	1 400	1 460
当月工作日数	18	19	20	22

要求：按照个人的工资等级系数和实际工作日数分配集体计件工资(注：一级工资标准为480元。当月制度工作日按21天计算，不考虑加班加点因素)。

提示：先计算各人工资等级系数；之后计算个人工资分配系数率；再计算每一工资等级系数应得计件工资数；最后计算每人当月应分计件工资(以元为单位，保留小数点后两位小数)。

任务5-11：绩效工资的核算

练习14：某公司人力资源部门有职工4人，每个人的岗位绩效工资系数、月度绩效考核分数如表5-21所示。该部门经公司薪酬委员会核发的月度绩效工资总额为10 000元。请完成下表，将应发绩效工资总额分配到部门内每个人(注：个人应发绩效工资结果四舍五入取整数)

表5-21　某公司绩效工资的核算

序号	姓名（略）	岗位绩效工资系数	月度考核分数	月度考核绩效工资系数	每一考核绩效工资系数应发绩效工资数	应发绩效工资
(1)	(2)	(3)	(4)	(5)＝(3)×(4)	(6)＝部门应发绩效工资总额÷部门月度考核绩效工资系数之和	(7)＝(5)×(6)
1		2.0	98			
2		1.8	95			
3		1.6	96			
4		1.5	100			
合计						

任务5-12：奖金分配

练习15： 假设你所在的班级团支部被评为2012年度北京市“先锋杯”优秀团支部，而得到学校现金奖励5 000元。请学生以小组为单位，为这笔奖金制定一个奖金分配，将5 000元的现金分配到班级每个人（注：分配方案中必须包括分配的依据）。

任务5-13：津贴补贴设置

练习16： 试着去收集一个单位的津贴补贴的项目和标准，将其整理出来。

任务5-14：个人所得税计算

练习17： 表5-22是某公司2012年6月的工资情况表，是根据所学的知识完成表中空白的部分（注：可以用EXCEL在机上完成）。

表5-22　某公司6月工资基本情况表

编号	基本工资	奖金	应发工资	三险一金缴费基数	养老保险缴费	失业保险缴费	公积金缴费	医疗保险缴费	计税工资（应纳税所得额）	工薪税	实发工资
001	3 000.00	1 800.00		2 803.00							
002	2 500.00	3 800.00		2 803.00							
003	4 000.00	1 400.00		2 803.00							
004	3 000.00	3 400.00		2 803.00							
005	1 700.00	1 400.00		2 803.00							
006	2 500.00	3 000.00		2 803.00							
007	2 200.00	2 500.00		2 803.00							
008	1 800.00	1 100.00		2 803.00							
009	4 000.00	3 200.00		2 803.00							

练习 18：全年一次性奖金征收个人所得税计算

2011 年 12 月 15 日，某职工当月应发工资为 3 000 元(税前)，并又取得全年一次性奖金 10 000 元(税前)。问 10 000 元全年一次性奖金应缴纳个人所得税多少？

模块 5.4 员工福利

核心知识要点

5.4.1 员工福利的分类

在员工的薪酬体系中，除了基本工资、绩效工资和激励工资外，还有比较重要的一部分内容就是员工福利。所谓员工福利，是指用人单位向所有员工提供的，用来创造良好工作环境和方便员工生活的间接薪酬。员工福利越来越成为用人单位吸引、激励、保留员工的重要手段。

员工福利具有多种多样的形式，按照不同的分类标准，可有不同的分类结果。归纳起来如表 5－23 所示。

表 5－23 员工福利的类型

划分标准	分类	说明
外延	广义的福利	泛指除工资、奖金以外的所有待遇，包括社会保险在内
	狭义的福利	指除工资、奖金，以及社会保险之外的其他待遇
管理层次	法定福利	指按照国家法律法规政策必须发生的福利项目，包括社会保险、法定节假日、特殊情况下的工资支付、工资性津贴、工资总额外补贴项目等
	补充福利	指企业自定的福利项目，项目繁多，如交通补贴、房租补助、工作午餐、子女医疗补助、贷款担保、化妆费……
享受对象	集体福利	指全部职工可以享受的公共福利设施，如职工食堂、托儿所、幼儿园、图书馆、健身房、浴室、医务室等。
	个人福利	指个人具备规定的条件可以享受的福利，如冬季取暖补贴、生活困难补助、房租补贴等
经济性	经济性福利	指可以用货币衡量的福利，如住房福利、交通福利、教育培训福利、医疗保健福利、金融性福利……
	非经济性福利	指难以用货币衡量的福利，如咨询性服务、保护性服务、工作环境保护等

5.4.2 职工福利费的提取和使用范围

1. 职工福利费的提取

职工福利费用是国家和单位用于职工生活福利设施和福利补贴的各种费用的总称。

2007年3月20日，财政部财企[2007]48号文件《关于实施修订后的〈企业财务通则〉的有关问题的通知》规定，企业不再按照工资总额14%提取福利费。按照新修订的《企业会计准则》的规定，企业职工福利费不超过工资薪金总额14%的部分，作为"职工薪酬"的组成部分，可直接在税前列支。《中华人民共和国企业所得税法实施条例》第四十条规定，企业发生的职工福利费指出，不超过工资薪金总额14%的部分，准予扣除。

2. 职工福利费的使用范围

按照财企[2009]242号文件规定，企业职工福利费是指企业为职工提供的除职工工资、奖金、津贴、纳入工资总额管理的补贴、职工教育经费、社会保险费和补充养老保险费(年金)、补充医疗保险费及住房公积金以外的福利待遇支出，包括发放给职工或为职工支付的以下各项现金补贴和非货币性集体福利。

(1) 为职工卫生保健、生活等发放或支付的各项现金补贴和非货币性福利，包括职工因公外地就医费用、暂未实行医疗统筹企业职工医疗费用、职工供养直系亲属医疗补贴、职工疗养费用、自办职工食堂经费补贴或未办职工食堂统一供应午餐支出、符合国家有关财务规定的供暖费补贴、防暑降温费等。

(2) 企业尚未分离的内设集体福利部门所发生的设备、设施和人员费用，包括职工食堂、职工浴室、理发室、医务所、托儿所、疗养院、集体宿舍等集体福利部门设备、设施的折旧、维修保养费用以及集体福利部门工作人员的工资薪金、社会保险费、住房公积金、劳务费等人工费用。

(3) 职工困难补助，或者企业统筹建立和管理的专门用于帮助、救济困难职工的基金支出。

(4) 离退休人员统筹外费用，包括离休人员的医疗费及离退休人员其他统筹外费用。企业重组涉及的离退休人员统筹外费用，按照《财政部关于企业重组有关职工安置费用财务管理问题的通知》(财企[2009]117号)执行。国家另有规定的，从其规定。

(5) 按规定发放的其他职工福利费，包括丧葬补助费、抚恤费、职工异地安家费、独生子女费、探亲假路费，以及符合企业职工福利费定义但没有包括在本通知各条款项目中的其他支出。

关于企业为职工提供的交通、住房、通讯待遇，财企[2009]242号文件规定，企业为职工提供的交通、住房、通讯待遇，已经实行货币化改革的，按月按标准发放或支付的住房补贴、交通补贴或者车改补贴、通讯补贴，应当纳入职工工资总额，不再纳入职工福利费管理；尚未实行货币化改革的，企业发生的相关支出作为职工福利费管理，但根据国家有关企业住房制度改革政策的统一规定，不得再为职工购建住房。

企业给职工发放的节日补助、未统一供餐而按月发放的午餐费补贴，应当纳入工资总额管理。

5.4.3 基本社会保险与住房公积金缴费

有关基本社会保险和住房公积金的基本理论、政策，已在相关课程中有详细介绍，本模块不赘述介绍。在此，根据国家及北京市的有关政策规定，整理了北京市养老、失业、医疗、工伤、生育等五项社会保险和住房公积金的缴费要求，详见表5-24所列。

表 5-24 北京市"五险一金"缴费规定

项 目	缴费基数		缴费比例	
	上 限	下 限	单 位	个 人
养 老	上年度社平工资的 300%	上年度社平工资的 40%	20%	8%
失 业	上年度社平工资的 300%	上年度社平工资的 40%	1.0%	0.2%
医 疗	上年度社平工资的 300%	上年度社平工资的 60%	10%	2%+3元
工 伤	上年度社平工资的 300%	上年度社平工资的 60%	0.2%—3%	——
生 育	上年度社平工资的 300%	上年度社平工资的 60%	0.8%	——
住房公积金	上年度社平工资的 300%	最低下限	12%	12%
合 计	——	——	约 44%	约 22.2%

注：住房公积金的缴费下限应满足：扣除后，职工的实发工资不低于本市的最低工资标准。

模块 5.5 薪 资 发 放

核心知识要点

5.5.1 现金发放工资

1. 发薪前的准备工作

企业人力资源部薪酬专员计算完成了职工各项薪资的计算后，应制作一份详尽的工资表，转给财务部门，由财务部出纳来发放工资。

如采用现金发放，出纳一定先把实发的职工工资总金额从银行取出来，按工资表上每个人的具体实发工资数额分配好，并与总实发工资金额再碰一下，看是否吻合。另外，为了使发薪时支付给每一位员工的货币张数尽可能地少，可以提前算一下每位职工薪金的货币面值与数额如何配置才更合理，这样也是为了避免出纳现金发薪时，少出差错。

2. 发薪

做好了上述准备工作，出纳就可以将薪金发给每一位职工了。注意一定要让职工先在工资表上签字后领取。出纳发完工资后，要将签字的工资表传一份(复印件)给人力资源部的薪酬专员，以备存档。

5.5.2 网银代发

现如今，多数用人单位已经选择银行网银支付来发放工资。这样可以省去用人单位财务人员现金发放的大量工时，工资发放起来高效便捷。当然，银行代发工资，为企业提供了服务，也是要收取一定的服务费的。这点与银行代收电话费、煤气、水电费、网络费、有线电视费等收取委托企业一定的服务费类似。

1. 网银代发工资的条件

选择一家银行代发员工工资，首先必须在该银行开立基本账户。单位在银行开立基本账户需要的资料如下所示：

(1) 营业执照正、副本；

(2) 组织机构代码证书副本；

(3) 税务登记证副本；

(4) 法人身份证；

(5) 法人委托书；

(6) 代办人身份证；

(7) 单位办公地址房产证或房屋租赁合同；

(8) 公章、财务章(须铜章)、法人章；

(9) 公司章程；

(10) 如果开设一般存款账户还需提供开户公函(需加盖公章、法人章)、开户许可证。

2. 网银代发工资的流程

下面以工行网银财务室发放工资流程为例来说明网银代发工资的流程。

(1) 生成当月电子表格工资文件。

将EXCEL文件按下面格式做好，不要带行头、合并的单元格等，第一行必须按“账号、姓名、金额”的排列顺序做好，表格中每列与上面三项对应(见图5-2)。

Microsoft Excel - 工资原始格式.xls

文件(F)　编辑(E)　视图(V)　插入(I)　格式(O)　工具(T)　数据

F9　fx

	A	B	C
1	帐号	姓名	金额
2	9558804200111244721	徐俊宽	172061.96
3	9555 5002 3158 9010	刘沛	1.23
4	5309801023480435	蒋中正	1.07
5	5309883273250197	张佳玲	1.08
6	4580603481378124	孙淑萍	1.09
7	4580686582754584	熊瑜萍	1.11

图5-2　工资原始格式

(2) 第一次转换时要配置好代发工资转换软件(见图5-3)。

双击代发工资软件(为一个蜘蛛图标)后，如果画面中显示的“企业名称”、“企业账号”、“汇出行行名”与您单位的不符，请打开“配置设置.ini”文件进行修改，将文件中“企业名称”、“企业账号”、“汇出行行名”修改成与您单位对应的各项要素，修改完成后按菜单里的“文件”保存文件(见图5-4)。

注：配置设置.ini文件与网银发工资.exe文件要放在同一个文件夹内，第一次设置好以后，非相关人员请不要随意改动配置文件内容。

(3) 生成上传文件，将要发放的电子表格工资文件(文件后缀名为.xls)转换为工行网银可以提交的格式文件(文件后缀名为.bxt)。

打开网银发工资软件(蜘蛛图标)，点击“浏览”，选择按第一步已经做好的当月要发放工资电子表格文件，然后，点击“转成网银格式”，选择转换后文件的保存位置，默认的保存文件

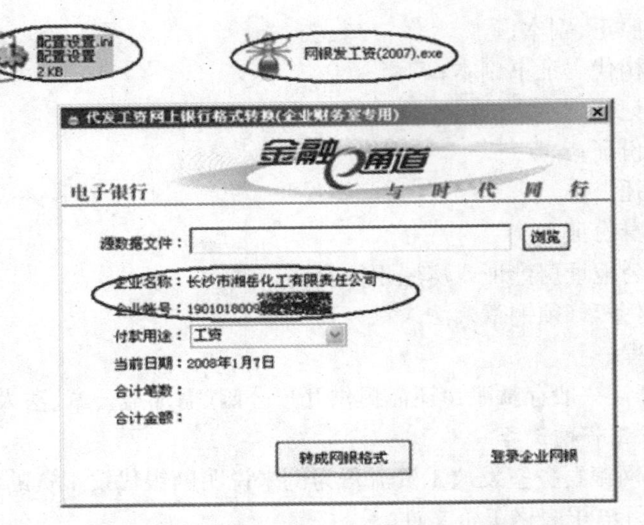

图 5－3 配置文件、发放工资转换程序及程序界面

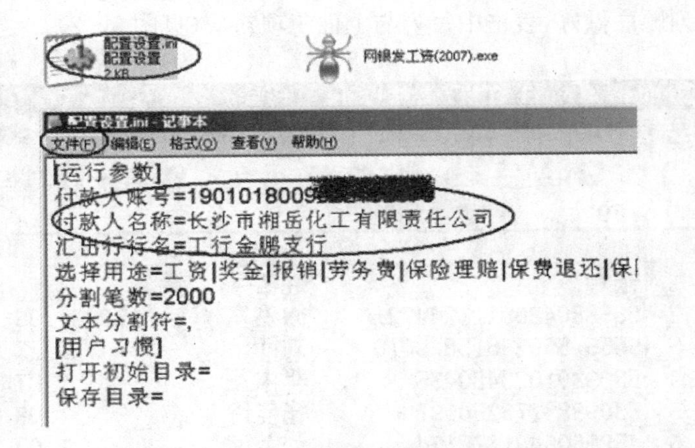

图 5－4 设置好配置文件并保存

名为“年月日”格式，保存位置和保存的文件名可在此处按您单位需要修改，点击“保存”（见图 5－5）。

转换完成后程序将生成该文件的转换报告文件，如果生成的文件有错误记录，还将生成错误报告文件（见图 5－6）。转换成功的文件内只包含正确的记录，错误的记录自动剔除，最后将生成可上传的工资文件（见图 5－7）。

注：当日如有多次工资要发放，应分别以不同的名称命名上传的文件，否则在网银财务室上传时将出现“重复提交同一笔指令”的提示。

（4）上传工资文件。

插入 U 盾，点击转换程序右下角的“登录企业网银”，或者从网址 www.icbc.com.cn 登录，输入密码，进入企业网银后，点击“付款业务”，再在左边选择“企业财务室”下面的“批量提交”，在右边的窗口内按“浏览”，选择按第三步已经做好的 bxt 工资文件，根据转换报告文件输入此次发放工资的金额、笔数，按“确定”，进行证书签名确认后，输入 2 次密码，等待工资文件上传完成（见图 5－8、图 5－9 及图 5－10）。

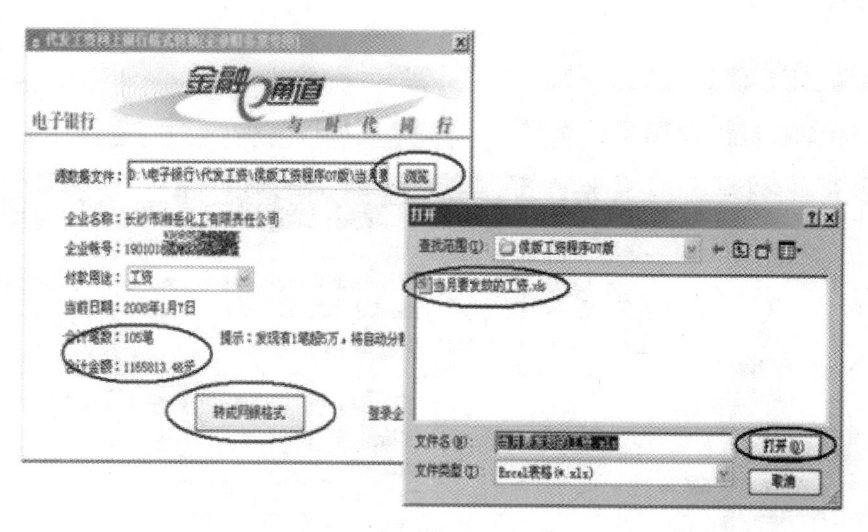

图5-5 点击“浏览”将EXCEL工资文件转换成工行网银上传格式文件

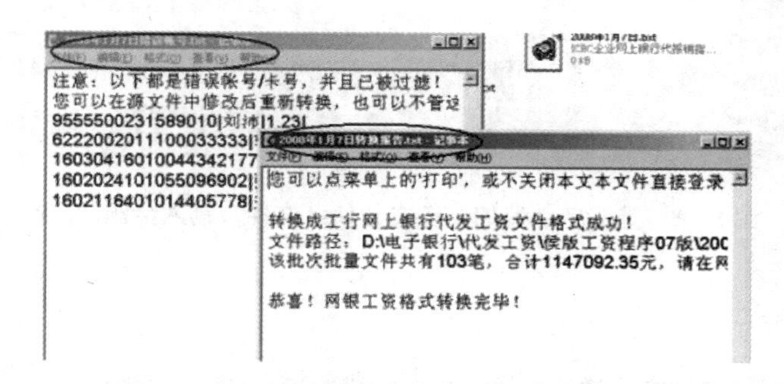

图5-6 转换报告和错误报告文件，没有错误则无错误报告文件

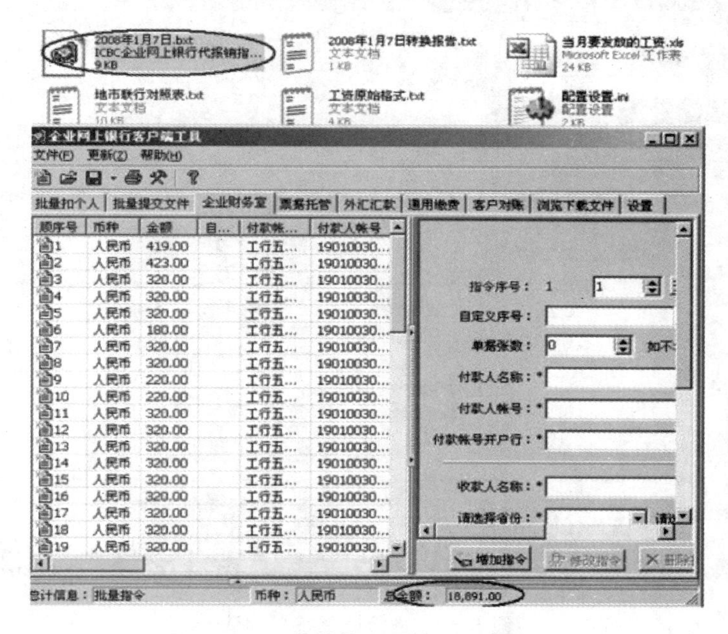

图5-7 文件转换为文件后缀名为bxt

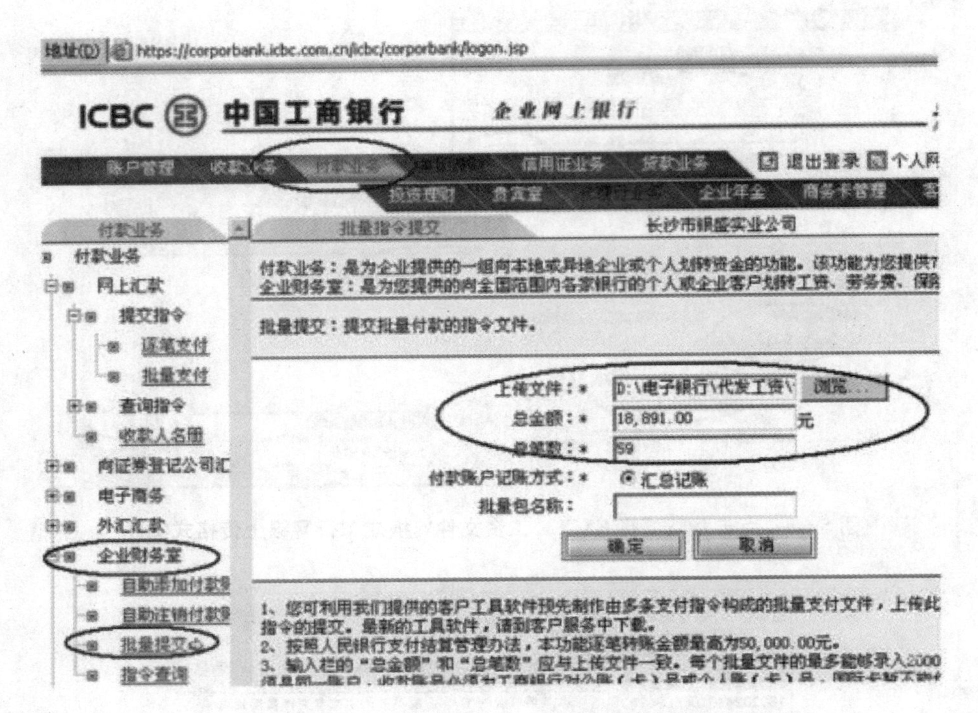

图 5－8　选择待上传的工资文件(bxt 文件),输入金额、笔数

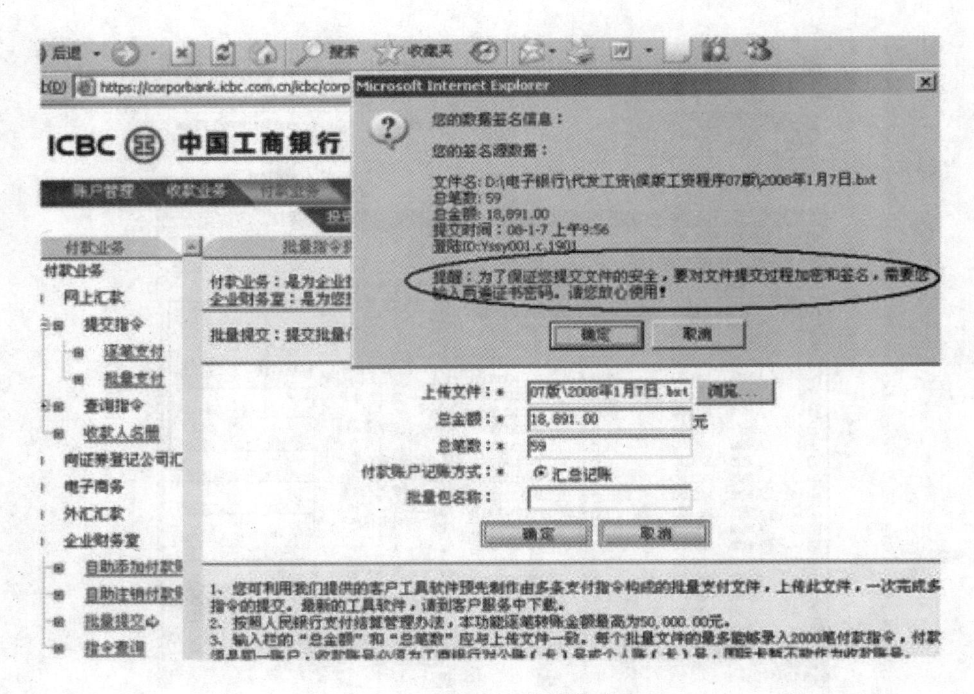

图 5－9　进行证书签名确认

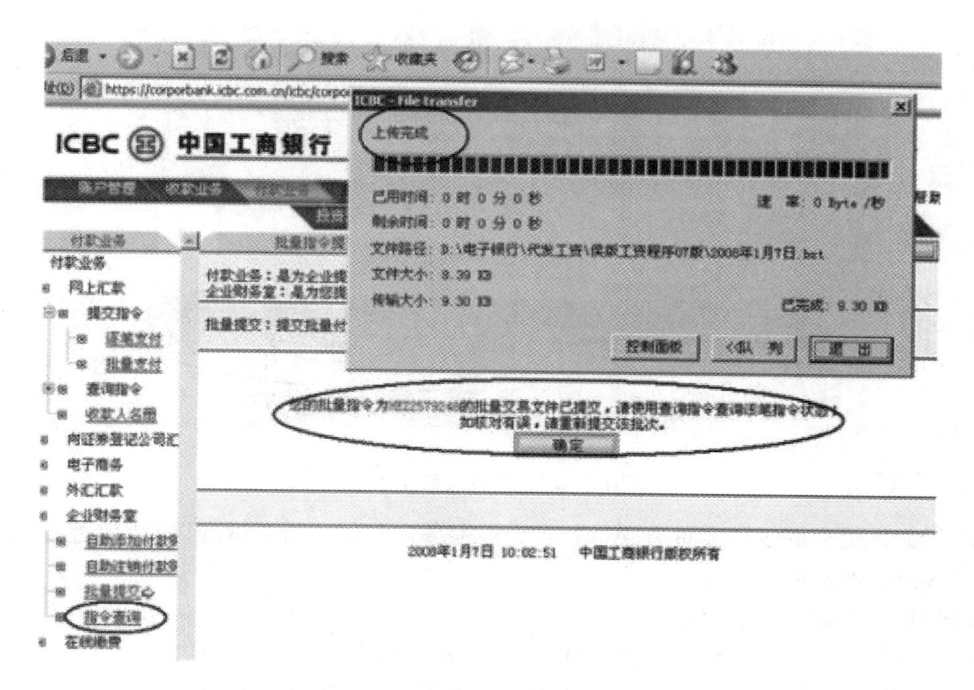

图 5－10　上传完成

注：带星号的为必输项，批量包名称可不输。

(5) 查询指令状态，进行相关处理。

上传的文件未通过银行核对前，指令状态为“未核对”(见图 5－11)，等待几分钟，银行核对完成后，正常情况下将有 2 种指令状态。

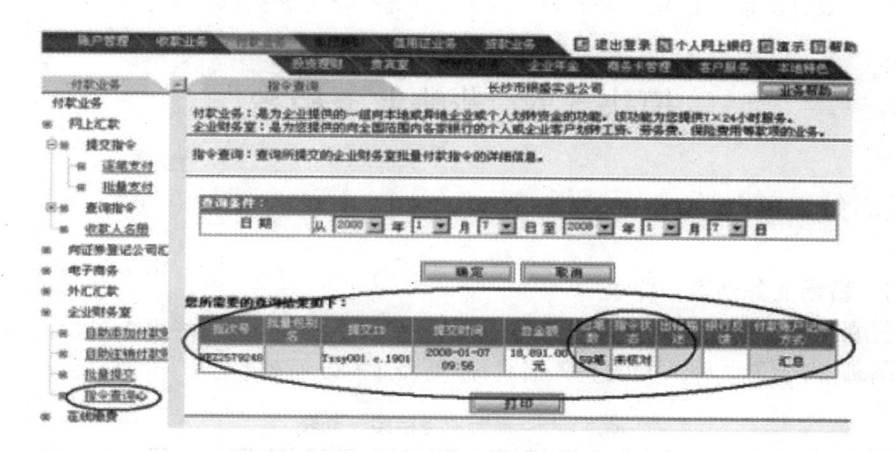

图 5－11　查询指令的状态

A. 单位只申请了 1 张证书，银行核对后，正常情况下指令状态为“提交成功，等待银行处理”(见图 5－12)，此时工资已发放完毕，一般第二天将到个人账户上。

B. 如果单位申请了 2 个 U 盾，则需要退出当前网银，并将第一个 U 盾(经办)拔出，再用第 2 个 U 盾(复核)登录工行网银，到付款业务下面的财务室下进行指令的查询，如该笔指令状态为“已核对”，则可对该笔指令的进行批准，批准后，查询指令状态含义同 A。

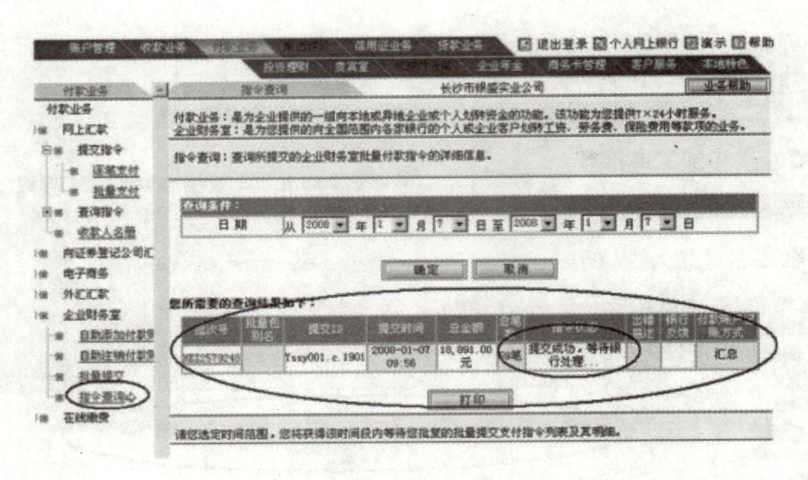

图 5－12　工资发放完毕

此时，如果提交的工资文件有误，请在“企业财务室”下的“指令批准”模块内进行“拒绝”（单证书客户无此功能）。

上述过程，有以下注意事项：

- 不支持国际卡，支持工行 19 位账号的存折、灵通卡、E 时代卡、信用卡。
- 工资账号、姓名、金额等数据有变动直接在 EXCEL 电子表格文件中修改好，转换后在网银上传，工资数据均由单位自己维护。
- 企业财务室只能提交转换好的 bxt 后缀名的文件，请不要提交其他类型的文件。
- 单证书客户无“指令拒绝”功能，请上传工资文件前仔细核对工资数据。
- 如发放工资出错，请将查询页面中单位名称、指令的批次号、提交/授权的时间、金额、出错描述、银行反馈等信息告知我行，以便我行更好地为您提供服务。

模块 5.6　薪酬业务档案

核心知识要点

5.6.1　薪酬业务档案一览表

企业薪酬管理业务档案目前并没有统一的规定。通过我们对一些用人单位的薪酬专员（主管）的调研，得出了一些共同的业务档案，详见表 5－25 所列。

表 5－25　薪酬业务档案一览表

序　号	类　　型	明　　　　细
1	单位规章制度类	考勤管理办法
2		薪酬管理办法
3		绩效考核与绩效工资计算办法
4		其他与工资有关的规定

（续表）

序 号	类 型	明 细
5	基础数据类	员工花名册
6		人员异动表（入、离、调）
7		员工工资标准表
8		考勤表
9		加班统计表（含加班审批单）
10		休假统计表
11		绩效考核结果统计表
12		社会保险和公积金缴费明细表
13		企业补充保险（企业年金、医疗保险）缴费明细表
14		企业代扣代缴费用
15		绩效工资核算表
16		奖金核算表
17		工资表
18		福利分摊表
19		部门人工成本统计表
20		单位人工成本表
21		实发工资网银申报表
…		……

5.6.2 主要薪酬业务用表样式举例

由于每个单位的具体情况和薪酬制度不同，因此其薪酬业务用表样式也不尽相同。下面附录中提供的是一些最基本的薪酬业务用表的样式，以供读者参考。

附录 5－1

员工花名册样式

姓 名	工号	身份证号	性别	民族	入职日期	员工类别	部 门	岗位	职务	兼岗	离职日期	离职原因
胡 婷	10025		女	汉	2011－9－7	合同制	研发部	研发	理研发工程师		2011－11－20	解除劳动合同
张 全	10026		男	汉	2011－9－19	合同制	研发部	研发	理研发工程师			
唐 军	10027		男	汉	2011－9－19	合同制	研发部	研发	理研发工程师			
周 光	10028		男	汉	2011－10－15	合同制	研发部	研发	研发工程师			
王大龙	10029		男	汉	2011－10－22	合同制	研发部	研发	研发工程师			
王 忌	10030		男	汉	2011－10－23	合同制	研发部	研发	级研发工程师			
张 敏	10023		女	汉	2011－9－5	合同制	市场部	销售	业务经理			
李 刚	10024		男	汉	2011－9－7	合同制	市场部	销售	销售代表			

（续表）

姓　名	工号	身份证号	性别	民族	入职日期	员工类别	部　门	岗位	职务	兼岗	离职日期	离职原因
张　三	10001		男	汉	2005-3-1	正式	办公室	管理	总经理			
李　四	10002		男	汉	2008-7-1	正式	研发部	研发	技术专家			
王　五	10003		男	汉	2008-7-1	正式	市场部	销售	大区经理		2011-6-14	终止劳动合同
赵　六	10004		男	汉	2008-7-1	正式	市场部	销售	销售主管		2011-3-2	终止劳动合同
钱　七	10005		男	汉	2008-7-1	正式	研发部	研发	技术专家	工会主席	2011-3-3	退休
孙　八	10006		男	汉	2011-1-20	正式	财务部	财务	会计			
李　九	10007		男	汉	2011-3-1	正式	市场部	销售	销售代表			
张　伟	10008		男	汉	2011-3-15	正式	市场部	销售	销售代表			
王　伟	10009		男	汉	2011-3-15	正式	市场部	销售	销售代表		2011-9-14	终止劳动合同
王　芳	10010		女	汉	2011-3-15	正式	市场部	销售	销售代表		2011-9-14	解除劳动合同
王秀英	10011		女	蒙古	2011-4-8	正式	市场部	销售	业务经理		2011-9-14	解除劳动合同
李　娜	10012		女	汉	2011-7-13	正式	市场部	销售	销售代表			
王　勇	10013		男	汉	2011-7-13	正式	市场部	销售	销售代表		2011-8-18	解除劳动合同
李　静	10014		女	汉	2011-7-13	正式	市场部	销售	销售代表			
王　鹏	10015		男	汉	2011-7-13	合同制	研发部	研发	研发工程师			
王小敏	10016		女	汉	2011-7-13	合同制	市场部	销售	销售代表		2011-7-23	解除劳动合同

附录 5-2

人员异动表样式

序号	本月新进人员			本月调出人员			本月离职人员		
	姓名	身份证	备注	姓名	身份证	备注	姓名	身份证	备注

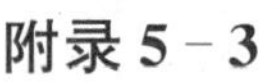

附录 5-3

考 勤 表

单位 ______ 部门 ______ 姓名 ______ 年份 ______

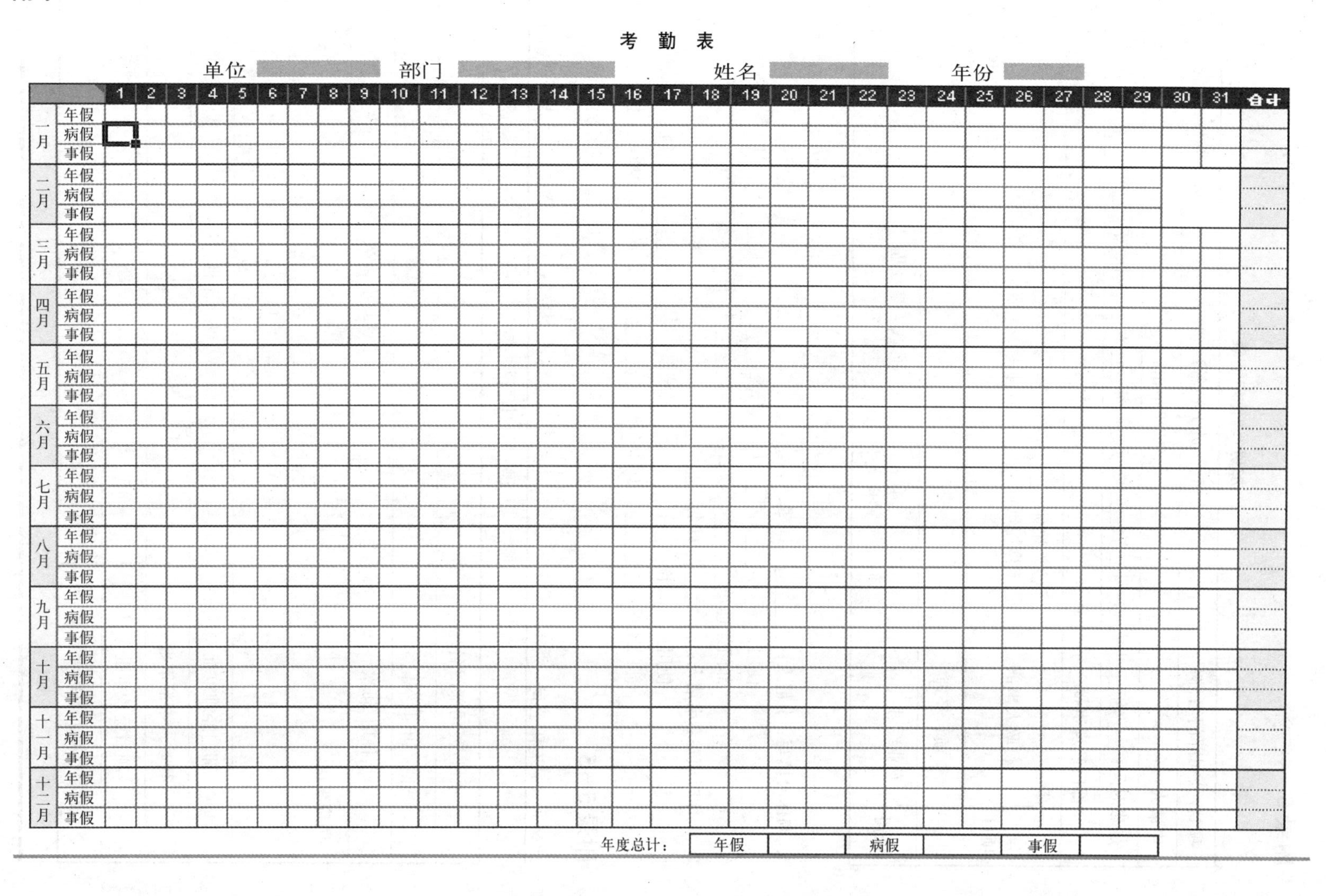

		1	2	3	4	5	6	7	8	9	10	11	12	13	14	15	16	17	18	19	20	21	22	23	24	25	26	27	28	29	30	31	合计
一月	年假																																
	病假																																
	事假																																
二月	年假																																
	病假																																
	事假																																
三月	年假																																
	病假																																
	事假																																
四月	年假																																
	病假																																
	事假																																
五月	年假																																
	病假																																
	事假																																
六月	年假																																
	病假																																
	事假																																
七月	年假																																
	病假																																
	事假																																
八月	年假																																
	病假																																
	事假																																
九月	年假																																
	病假																																
	事假																																
十月	年假																																
	病假																																
	事假																																
十一月	年假																																
	病假																																
	事假																																
十二月	年假																																
	病假																																
	事假																																

年度总计：

年假		病假		事假	

附录 5－4

加班/调休申请表

<table>
<tr><td colspan="3">项目/公司部门名称：</td><td colspan="2">员工姓名：</td><td>部门/职位：</td></tr>
<tr><td colspan="3">申请人：</td><td colspan="3">加班事由：</td></tr>
<tr><td colspan="6">加班时间：____年____月____日__午____时 至____年____月____日__午____时</td></tr>
<tr><td rowspan="3">项目</td><td>部门经理审批</td><td colspan="4">年　月　日</td></tr>
<tr><td>行政人事部</td><td colspan="4">□核算调休：____小时
□核算加班费：____小时计入____年____月工资
年　月　日</td></tr>
<tr><td>项目经理</td><td colspan="4">年　月　日</td></tr>
<tr><td>公司</td><td colspan="2">专业经理
年　月　日</td><td colspan="3">行政人事经理
年　月　日</td></tr>
</table>

1. 调休时填写：申请人：________ 日期：________
   使用：____年____月____日____时至____年____月____日____时　剩余：____小时
   部门经理：________ 项目经理：________ 行政人事经理：________
2. 调休时填写：申请人：________ 日期：________
   使用：____年____月____日____时至____年____月____日____时　剩余：____小时
   部门经理：________ 项目经理：________ 行政人事经理：________

附录 5－5

北××××有限公司　　表(人事)021

调 班 申 请 表

<table>
<tr><td>项目/公司部门名称</td><td colspan="3"></td></tr>
<tr><td>申请人</td><td></td><td>调换人</td><td></td></tr>
<tr><td>日期/班次</td><td></td><td>日期/班次</td><td></td></tr>
<tr><td colspan="4">调班事由</td></tr>
<tr><td>部门经理审批</td><td></td><td>日期</td><td></td></tr>
<tr><td>行政人事部审批</td><td></td><td>日期</td><td></td></tr>
<tr><td>项目经理审批</td><td></td><td>日期</td><td></td></tr>
<tr><td>公司行政人事经理审批</td><td></td><td>日期</td><td></td></tr>
</table>

附录5-6

工资标准库

工号	姓　名	性别	部　门	岗位级别	基本工资标准	岗位工资标准	工龄工资标准	住房补贴标准	交通补贴标准	电话补助标准	绩效工资标准
0001	员工A	男	办公室	1级							
0002	员工B	男	办公室	5级							
0013	员工C	男	财务部	6级							
0014	员工D	女	财务部	5级							
0015	员工E	男	财务部	6级							
0037	员工F	男	生产部	2级							
0038	员工G	男	生产部	1级							
0039	员工H	女	生产部	2级							
0040	员工I	女	生产部	4级							
0041	员工J	女	生产部	6级							
0042	员工K	男	销售部	2级							
0043	员工L	男	销售部	3级							
0044	员工M	男	销售部	4级							
0045	员工N	男	销售部	2级							
0046	员工O	女	销售部	5级							

附录5-7

养老、失业、工伤、生育保险明细表

序号	电脑序号	姓名	身份证号码	身份	入职日期	第一月工资	转移单基数	缴费基数	企业缴费金额					个人缴费金额			合计	备　注
									养老20%	失业1%	工伤0.8%	生育0.8%	小计	养老8%	失业0.2%	小计		
1				本市城镇														
2				本市城镇														
3				本市城镇														
4				本市城镇														
5				本市城镇														

（续表）

序号	电脑序号	姓名	身份证号码	身份	入职日期	第一月工资	转移单基数	缴费基数	企业缴费金额					个人缴费金额			合计	备注
									养老20%	失业1%	工伤0.8%	生育0.8%	小计	养老8%	失业0.2%	小计		
6				本市城镇														
7				本市城镇														
8				本市城镇														
9				本市城镇														
10				本市城镇														
11				本市城镇														
本页合计																		

附录 5-8

医疗保险明细表

序号	职工编码	姓名	身份证号码（18位号码）	身份	入职日期	第一月工资	原公司核定基数	缴费基数	企业缴费金额10%	个人缴费金额2%+3元	两项合计	备注
1				本市城镇								
2				本市城镇								
3				本市城镇								
4				本市城镇								
5				本市城镇								
6				本市城镇								
7				本市城镇								
8				本市城镇								
9				本市城镇								
10				本市城镇								
11				本市城镇								
本页合计												

附录 5－9

住房公积金明细表

序号	职工编码	姓　名	身份证号码	入职日期	身　份	第一月工资	缴费基数	企业缴费金额 12%	个人缴费金额 12%	两项合计	备　注
1					本市城镇						
2					本市城镇						
3					本市城镇						
4					本市城镇						
5					本市城镇						
6					本市城镇						
7					本市城镇						
8					本市城镇						
9					本市城镇						
10					本市城镇						
11					本市城镇						
本页合计											

附录 5－10

工 资 表

工号	姓 名	性别	部 门	岗位级别	基本工资	岗位工资	工龄工资	住房补贴	交通补贴	电话补助	绩效工资	奖金	病假扣款	事假扣款	迟到早退扣款	应发合计	住房公积金	养老保险	医疗保险	失业保险	个人所得税	代扣费用	实发合计
0001	张 三	男	办公室	1级																			
0002	李 四	男	办公室	5级																			
0013	王 五	男	财务部	6级																			
0014	赵 六	女	财务部	5级																			
0015	钱 七	男	财务部	6级																			
0037	孙 八	男	生产部	2级																			
0038	李 九	男	生产部	1级																			
0039	张无忌	女	生产部	2级																			
0040	周芷若	女	生产部	4级																			
0041	乔 峰	女	生产部	6级																			
0042	段 誉	男	销售部	2级																			

附录 5－11

人工成本核算表

部门	职工	人工成本																合计
		固定工资	月度考核工资	季度考核工资	年度考核工资	业务提成	专项奖金	员工福利	保险费	公积金	其他	手机费	交通费	生日关怀	节日关怀	体检	其他	
		1	2	3	4	5	6	7	8	9	10	11	12	13	14	15	16	17

附录 5－12

年度人工成本预算表

收支项目	部门								合计	备注
	部门 1	部门 2	部门 3	部门 4	部门 5	部门 6	部门 7	部门 8		
一、收入：										
二、成本费用：										
工资										
其中：1. 月薪										
2. 加班费										
……										
福利										
其中：1. 餐费										
2. 过节费										
3. 体检费用										
……										
社会保险费										
培训费										
存档费										
招聘费										
其中：1. 网络										
2. 报纸										
……										
合同补偿金										
办公费										
其中：1. 办公用品										
2. 办公设备/家具										
……										
招待费										
差旅费										
劳保费										

（续表）

收支项目	部门								合　计	备　注
	部门1	部门2	部门3	部门4	部门5	部门6	部门7	部门8		
其中：1. 工服										
2. 工服清洗费										
……										
水费										
电费										
维修费										

【课后巩固】

1. 工资应当以________支付，不得以实物及有价证券替代货币支付。

2. 用人单位应将工资支付给________。

3. 用人单位在支付工资时应向劳动者提供一份其个人的________。

4. 工资必须在用人单位与劳动者约定的时间支付。如遇节假日或休息日，则应________支付。工资至少________支付一次。

5. 劳动者在法定工作时间内依法参加社会活动期间，用人单位应视同其提供了正常劳动而________。

6.《劳动合同法》第二十条规定：劳动者在试用期的工资不得低于本单位相同岗位最低档工资或者________，并不得低于用人单位所在地的________。

7.《劳动合同法》第五十八条规定：被派遣劳动者在无工作期间，劳务派遣单位应当按照所在地________，向其按月支付报酬。

8. 非全日制用工小时计酬标准不得低于用人单位所在地人民政府规定的________。非全日制用工劳动报酬结算支付周期最长不得超过________日。

9. 用人单位安排劳动者延长工作时间的，支付不低于工资的________的工资报酬；休息日安排劳动者的工作又不能安排补休的，支付不低于工资的________的工资报酬；法定休假日安排劳动者工作的，应另外支付不低于工资的________的工资报酬。

10. 劳动者在规定的医疗期内由企业按有关规定支付其病假工资或疾病救济金，其标准可以低于当地最低工资标准支付，但不能低于________。

11. 职工因工作遭受事故伤害或者患职业病需要暂停工作接受工伤治疗的，在停工留薪期内，原工资福利待遇不变，由________按月支付。停工留薪期一般不超过________个月。

12.《北京市工资支付规定》第二十二条规定："劳动者在事假期间，用人单位可以________"。

13. 经济补偿按劳动者在本单位工作的年限，每满一年支付________的标准向劳动者支付。6个月以上不满1年的，按________年计算；不满6个月的，向劳动者支付________的经济补偿。

14. 符合支付经济补偿金情形的，企业应当向劳动者支付经济________。劳动者违反服务期约定和竞业限制约定的，应当支付________。

15.（判断）企业若采用综合计算工时制，就无需向劳动者支付加班费了。（　　）

16.（判断）职工请事假扣除事假工资后的工资可以低于最低工资标准。（　　）

17. 案例分析题

阅读下面的案例，分析一下李女士所在公司的这种做法是否合法？为什么？

女职工产检能否作病假处理？

李女士是某公司员工，怀孕(符合计划生育规定)后因定期要到医院进行产检而经常要向单位请假。请假的前几次，人力资源部经理倒挺照顾她的，没说什么，她的工资也没少一分。后来，请假的次数多了，人力资源部经理找她谈话了：经理认为李女士利用工作时间产检，应按照病假处理，产假当天只能发病假工资，并根据公司的员工管理制度，对季度累计请假天数超过十天的，扣发当季度奖金。李女士为此很苦恼，产检不能不做，医院产科周末也不上班，她也没法把自己的产假时间安排在周末。可是每次产假都扣工资，眼看着预产期临近，最后一个月一周得产假一次，那得扣多少工资啊。宝宝出生后家里就多添了一口人，得花很多钱呢。想着这些李女士感到了很大的压力。

【总结与评价】

学习效果评价表

班级________ 学生姓名________ 学号________ 教师________

项　目	评价要素点	学生评价(30%)	组长评价(30%)	教师评价(40%)
态度(30%)	出勤情况			
	课堂纪律			
	团队合作			
	积极主动			
技能(50%)	任务1：			
	任务2：			
	任务3：			
	任务4：			
	任务5：			
	任务6：			
	任务7：			
	任务8：			
	任务9：			
	任务10：			
	任务11：			

(续表)

项　目	评价要素点	学生评价(30%)	组长评价(30%)	教师评价(40%)
技能(50%)	任务12：			
	任务13：			
知识(20%)	课后巩固题			
综合评价：				

注：每个教学项目的学习效果评价从态度、技能和知识三个维度来进行，每个维度分值满分100分，视评价要素点的数目及重要程度来确定各个评价要素点的分值(也可简单地采取平均分配分值，比如态度评价维度，四个要素评价点各占25分)；技能评价要素点要求学生自行填写完整(这也是学生学习后一个回顾的过程)；三个评价维度分值所占总评成绩的权重分别为30%、50%和20%；评价主体包括学生本人、所在的小组组长和任课教师，其权重分别为30%、30%和40%。

项目 6

企业人工成本管控

【学习目标】

1. 掌握企业人工成本的构成；
2. 了解政府对人工成本的调控；
3. 了解政府宏观工资监督指导体系；
4. 掌握人工成本分析指标。

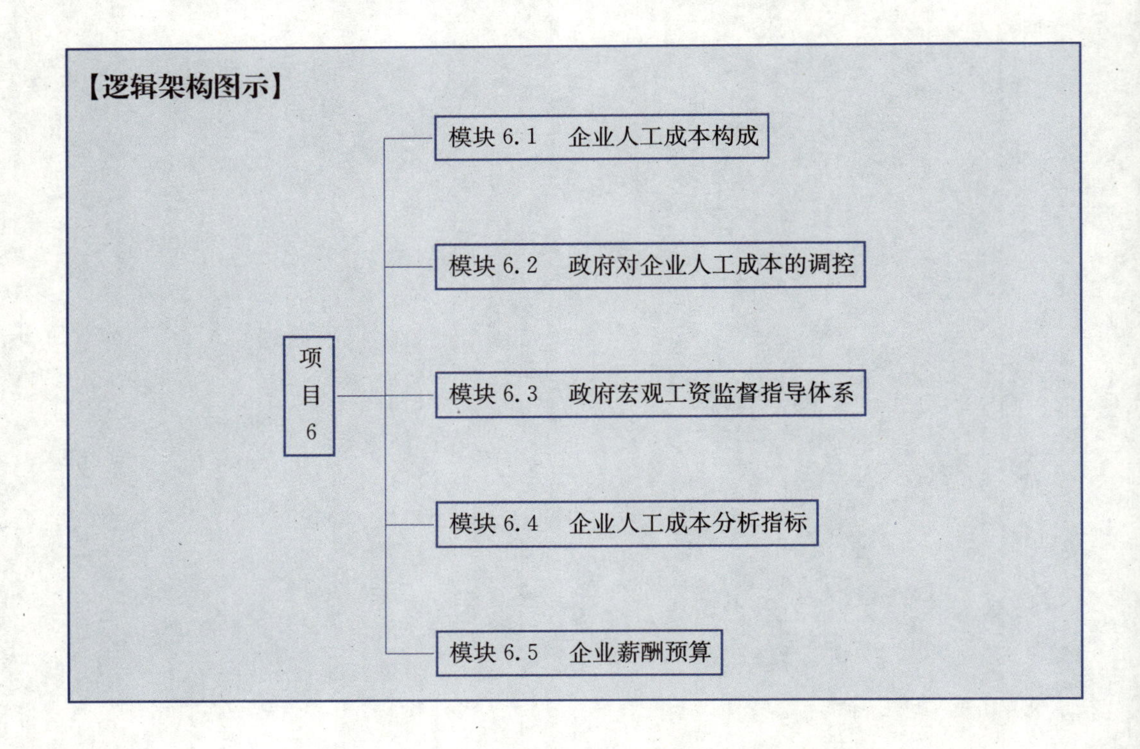

【引导案例】

2011 年 12 月 29 日下午，北京×××展览制品有限公司在位于昌平区小汤山镇的龙脉温泉度假村举办公司新年年会。年会上，总经理李 XX 发表了热情洋溢的讲话，他指出：过去的 2011 年公司的销售额上了一个新台阶，成绩的取得离不开广大员工的拼搏奋进；公司与员工共享发展成果，去年的人工成本也随着增加了 10 个百分点，平均人工成本达到 15 万元之多。年会后，李总发布的“平均人工成本 15 万元”的数字引起了不少员工的嘀咕，多数员工觉得企业的人工成本也就是发给员工的工资、奖金、过节费等收入，自己在过去的一年里领取这些收入加起来还不到 10 万元，与李总所说的 15 万元着实有相当的距离。然而，李总所说的数字也并非信口开河，是两天前公司人力资源部和财务部刚刚统计核算出来的结果。

上述案例中，为什么员工们所理解的人工成本与企业方统计的人工成本在数字上存在如此大的差距呢？究竟人工成本包括哪些费用？采用哪些指标来分析企业人工成本及劳动效益？什么样的人工成本带来企业和员工的双赢？带着上述问题，请你开始第六个项目的学习。

模块 6.1 企业人工成本构成

核心知识要点

6.1.1 企业人工成本的概念

1966 年，日内瓦第十一届国际劳动经济会议人工成本会议决议案将人工成本定义为：雇主在雇佣劳动力时产生的全部费用，它包括：已完成工作的工资；未工作而有报酬时间的工资；奖金与小费；食品饮料及此类支出；雇主负担的工作的住房费用；雇主支付雇员的社会保险支出；雇工对职业培训、福利服务和杂项费用的支出，如工人的交通费、工作服、健康恢复及视为人工成本的税收等。

在我国，企业人工成本也叫企业人工费用，是指企业在生产经营活动中用于和支付给职工的全部费用，它是企业因使用劳动力而支付的所有直接费用和间接费用的总和。理解人工成本的概念需要把握“用于”和“支付”这两个字：“支付”是指企业直接支付给员工的劳动报酬，包括货币的和实物的；而“用于”则把企业一些不是以支付给职工本人但确实是花在职工身上的费用都包括进来了，如企业为职工缴纳社会保险、住房公积金、职工教育经费、招聘费用等。因此，人工成本与工资总额比较起来，其外延要更广泛。

6.1.2 国外企业人工成本构成

国外企业一般人工成本的结构及大致比例如图 6－1 所示。其人工成本总额与规定工作时间内的工资的比例大约是 1.7 倍，但也因企业规模而异，详见表 6－1 所示。

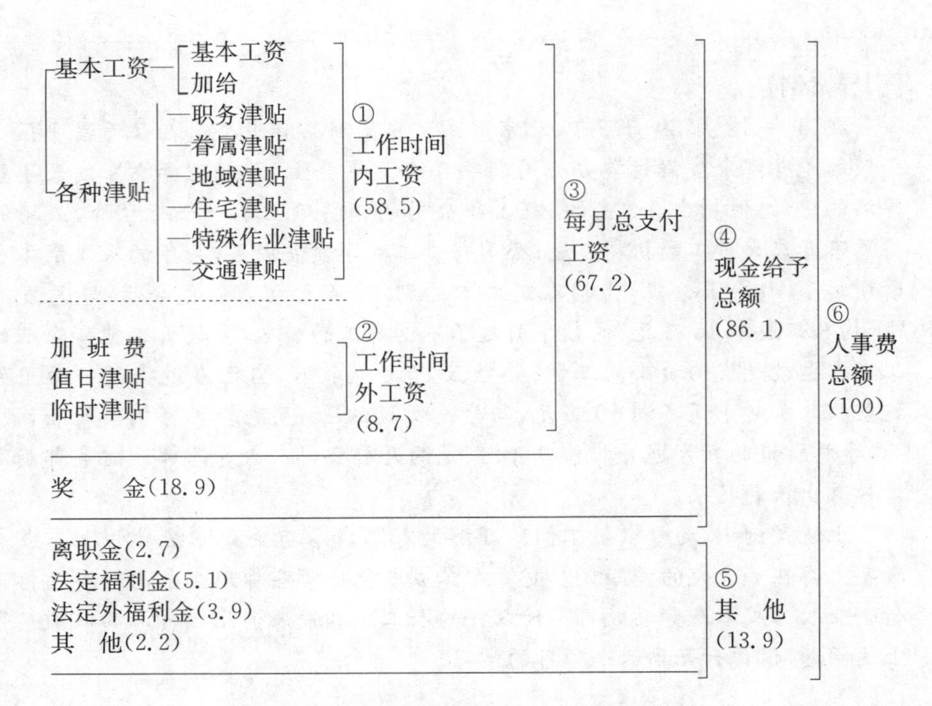

图 6-1 国外一般企业人工成本构成

表 6-1 国外企业人工成本与规定工作时间内工资的比例

企 业 规 模	人工成本/规定工作时间内工资
30—99 人	1.5 倍
100—299 人	1.6 倍
300—999 人	1.7 倍
1 000—4 999 人	1.8 倍
5 000 人以上	1.9 倍
平均值	1.7 倍

6.1.3 我国企业人工成本构成

按照我国原劳动部颁发的[1997]261 号文件规定，人工成本包括从业人员劳动报酬（含不在岗职工生活费）、社会保险费用、职工福利费用、职工教育经费、劳动保护费用、职工住房费用和其他人工成本支出 7 个组成部分。

北京市人力资源和社会保障局每年定期发布的《北京市劳动力市场工资指导价位与企业人工成本状况》中也对人工成本的构成做了说明：人工成本是企业因使用劳动力而支付于劳动者的全部费用总和，它包括劳动报酬总额、社会保险费用、福利费用、教育费用、劳动保护费用、住房费用和其他人工成本。

下面来分别介绍企业人工成本这 7 个组成部分。

1. 从业人员劳动报酬(含不在岗职工生活费)

从业人员劳动报酬包括在岗职工工资总额，聘用、留用的离退休人员的劳动报酬，人事档案关系保留在原单位的人员劳动报酬，外籍及港澳台方人员劳动报酬。其中：在岗职工工资总额是指企业在报告期内直接支付给在岗职工的劳动报酬总额，包括基础工资、职务工资、级别工资、工龄工资、计件工资、奖金、各种津贴和补贴等。

不在岗职工生活费，是指企业支付给已经离开本人的生产或工作岗位，但仍由本企业保留劳动关系职工的生活费用。

从业人员劳动报酬(含不在岗职工生活费)是人工成本的主要组成部分。

2. 社会保险费用

社会保险费用是指企业按有关规定实际为使用的劳动力缴纳的养老保险、医疗保险、失业保险、工伤保险和生育保险费用。它包括企业上缴给社会保险机构的费用和在此费用之外为使用的劳动力支付的补充养老保险或储蓄性养老保险、支付给离退休人员的其他养老保险费用。

要说明的是，此项人工成本费用只计算用人单位缴纳的部分，不含个人缴纳的部分，因为个人缴费已计算在工资总额以内。

3. 福利费用

福利费用是指企业在工资以外实际支付给单位使用的劳动力个人以及用于集体的福利费的总称。它主要包括企业支付给劳动力的冬季取暖补贴费(也包括企业实际支付给享受集体供暖的劳动力个人的部分)、医疗卫生费、计划生育补贴、生活困难补助、文体宣传费、集体福利设施和集体福利事业补贴费以及丧葬抚恤救济费等。该指标资料来源于两方面：一方面是企业净利润分配中公益金里用于集体福利设施的费用，另一方面是在成本费用中列支的福利费(不包括上缴给社会保险机构的医疗保险费)。福利费用按照实际支出数统计。

4. 教育经费

教育经费是指企业为劳动力学习先进技术和提高文化水平而支付的培训费用(包括为主要培训本企业劳动力的技工学校所支付的费用)。教育经费的来源一方面是财务“其他应付款”科目中的有关支出，另一方面是营业外支出中的“技工学校经费”。教育经费按照实际支出数统计。

5. 劳动保护费用

劳动保护费用是指企业购买劳动力实际享用的劳动保护用品、清凉饮料和保健用品等费用支出。在工业企业中，它来源于制造费用中的“劳动保护费”科目。劳动保护费用按照实际支出数统计。

6. 住房费用

住房费用是指企业为改善本单位使用的劳动力的居住条件而支付的所有费用，具体包括企业实际为使用的劳动力支付的住房补贴、住房公积金等。

7. 其他人工成本

其他人工成本是指不包括在以上各项成本中的其他人工成本项目，如工会经费，企业因招聘劳动力而实际花费的招工招聘费用、解聘辞退费用等。

6.1.4 人工成本与企业会计准则中“应付职工薪酬”的对比

《企业会计准则第9号——职工薪酬》(财会[2006]3号)第二条中对职工薪酬做了规定：职工薪酬，是指企业为获得职工提供的服务而给予各种形式的报酬以及其他相关支出。职工薪酬包括：(1)职工工资、奖金、津贴和补贴；(2)职工福利费；(3)医疗保险费、养老保险费、失业保险费、工伤保险费和生育保险费等社会保险费；(4)住房公积金；(5)工会经费和职工教育经费；(6)非货币性福利；(7)因解除与职工的劳动关系给予的补偿；(8)其他与获得职工提供的服务相关的支出。

同时，《企业会计准则第9号——职工薪酬》(财会[2006]3号)第三条规定：(1)企业年金基金，适用《企业会计准则第10号——企业年金基金》；(2)以股份为基础的薪酬，适用《企业会计准则第11号——股份支付》。

从企业人工成本的7个组成部分和企业会计准则中职工薪酬的组成部分对比来看：企业会计准则中职工薪酬已基本上涵盖了企业所有的人工成本，如果该企业没有建立企业年金和以股权为基础的薪酬的话，这两者是完全重合的。这种情况下，财务的“应付职工薪酬”科目就能准确地核算出企业的人工成本总额。

相关链接6-1：

“应付职工薪酬”会计科目

2211 应付职工薪酬
221101 应付职工薪酬——职工工资、奖金、津贴、补贴
22110101 应付职工薪酬——职工工资
22110102 应付职工薪酬——工资
22110203 应付职工薪酬——津贴
22110204 应付职工薪酬——补贴
221102 应付职工薪酬——福利费
221103 应付职工薪酬——五险一金
22110301 应付职工薪酬——医疗保险
22110302 应付职工薪酬——养老保险
22110303 应付职工薪酬——失业保险
22110304 应付职工薪酬——工伤保险
22110305 应付职工薪酬——生育保险
22110306 应付职工薪酬——住房公积金
221104 应付职工薪酬——工会经费和职工教育经费
22110401 应付职工薪酬——工会经费
22110402 应付职工薪酬——职工教育经费
221105 应付职工薪酬——非货币性职工福利
221106 应付职工薪酬——辞退福利
221107 应付职工薪酬——其他与获得职工提供服务相关支出

模块 6.2 政府对企业人工成本的调控

核心知识要点

在市场经济条件下，企业已成为自主经营、自负盈亏的独立主体，政府一般不对企业人工成本进行直接的调控，而是在制定企业所得税政策上，通过规定准予税前扣除的企业人工成本项目来间接实施调控。当然，国有企业例外，其原因在于：国有企业全部资产归国家所有，为了追求国有资产的保值和增值，政府必然对国有企业的经营实施管控，其中包括在收入分配上企业人工成本的调控。目前，国务院国有资产监督管理委员会代表国家来监督国有企业收入分配，采取的措施就是国有企业工资总额实行预算管理。由于工资总额是企业人工成本的主要组成部分，对国有企业工资总额进行调控在很大程度上也就是对国有企业人工成本进行了调控。

下面，分别介绍企业所得税法实施条例和国有工资总额预算管理办法。

6.2.1 《企业所得税法实施条例》涉及人工成本扣除的条款

2007 年 12 月 6 日，国务院令第 512 号令公布了《中华人民共和国企业所得税法实施条例》(以下简称《实施条例》)，自 2008 年 1 月 1 日 2008 年 1 月 1 日起施行。《实施条例》第二章第三节详细规定了税前扣除的事项，税前扣除事项规定了能够进入企业人工成本的工资支出、社会保险缴费、福利等的口径。现以表格的形式摘录整理如表 6－2 所示。

表 6－2 《企业所得税法实施条例》中准予扣除的人工成本

条款编号	项　目	细　　则
第三十条	工资薪金	企业发生的合理的工资薪金支出，准予扣除。工资薪金，是指企业每一纳税年度支付给在本企业任职或者受雇的员工的所有现金形式或者非现金形式的劳动报酬，包括基本工资、奖金、津贴、补贴、年终加薪、加班工资，以及与员工任职或者受雇有关的其他支出。
第三十五条	社会保险费和住房公积金	1. 企业依照国务院有关主管部门或者省级人民政府规定的范围和标准为职工缴纳的基本养老保险费、基本医疗保险费、失业保险费、工伤保险费、生育保险费等基本社会保险费和住房公积金，准予扣除。 2. 企业为投资者或者职工支付的补充养老保险费、补充医疗保险费，在国务院财政、税务主管部门规定的范围和标准内，准予扣除(注：在工资总额 4%以内的部分)。
第三十六条	商业保险费	除企业依照国家有关规定为特殊工种职工支付的人身安全保险费和国务院财政、税务主管部门规定可以扣除的其他商业保险费外，企业为投资者或者职工支付的商业保险费，不得扣除。
第四十条	职工福利费	企业发生的职工福利费支出，不超过工资薪金总额 14%的部分，准予扣除。

（续表）

条款编号	项　目	细　则
第四十一条	工会经费	企业拨缴的工会经费，不超过工资薪金总额 2%的部分，准予扣除。
第四十二条	职工教育经费	除国务院财政、税务主管部门另有规定外，企业发生的职工教育经费支出，不超过工资薪金总额 2.5%的部分，准予扣除；超过部分，准予在以后纳税年度结转扣除。
第四十八条	劳动保护支出	企业发生的合理的劳动保护支出，准予扣除。

6.2.2 国有企业工资总额预算管理办法

为进一步加强中央企业收入分配调控，深化收入分配制度改革，推动企业建立健全市场化工资决定机制和内部激励约束机制，促进企业科学发展，根据《中华人民共和国公司法》、《中华人民共和国企业国有资产法》、《企业国有资产监督管理暂行条例》和国家收入分配的有关政策，国务院国有资产监督管理委员会制定了《中央企业工资总额预算管理暂行办法》（国资发分配[2010]72 号）。下面对该《办法》的政策要点进行说明。

1. 工资总额预算编制和申报

第十四条　中央企业工资总额预算以上年实际发放工资总额为基础编制。工资总额预算增长根据企业经济效益预测情况、企业发展战略、工资增长调控线、工资效益联动机制等因素综合确定。

第十五条　国资委按照提高企业核心竞争力和调节行业收入分配关系的总体要求，依据中央企业经济效益增长预测情况，参考国民经济发展宏观指标、社会平均工资、劳动力市场价位等因素，分行业制定和发布工资增长调控线。工资增长调控线分为上线、中线和下线。

第十六条　中央企业根据经济效益状况、人工成本投入产出水平和职工工资水平等情况，分别适用工资增长调控线上线、中线和下线。企业处于特殊发展阶段或者受国家政策等因素影响，适用的工资增长调控线范围可以适当浮动。

第十七条　中央企业在科学确定经济效益预算目标值的基础上，按照效益导向原则和适用的调控线范围，自主建立工资效益联动机制，合理确定本企业工资总额预算增长。

第十八条　工资效益联动机制包括经济效益指标选取及预算目标值的确定、工资增长与经济效益状况相适应的联动办法等内容。经济效益指标的选取以利润总额和经济增加值为主。

第十九条　中央企业工资总额预算方案应当主要载明以下内容：

(1) 上年度生产经营和经济效益完成情况、工资总额预算执行情况；

(2) 预算年度生产经营和经济效益预测情况；

(3) 预算年度人力资源配置计划、薪酬策略调整情况、工资总额预算安排、人工成本项目构成及增减计划；

(4) 总部职工工资总额预算情况；

(5) 工资效益联动机制。

第二十条　中央企业应当按照国家收入分配政策规定和国资委有关要求编制工资总额

预算。工资总额预算方案提交董事会或者总经理办公会议审议后，按照规定时间报送国资委。

第二十一条　国资委按照本办法要求及相关规定，对中央企业报送的工资总额预算方案进行核准或者备案，并在规定的时间内出具审核意见，同时抄送派驻所在企业监事会。对于工资总额预算方案不符合国资委工资总额预算管理规定的，国资委将要求企业调整或者重新编报预算方案。

2. 工资总额预算执行和调整

第二十三条　中央企业应当建立工资总额预算执行情况定期分析报告制度，一年报告两次，分别于半年、全年结束后一个月内向国资委报送预算执行情况。

第二十四条　中央企业应当加强工资总额发放管理，规范列支渠道。在国资委核定的工资总额外，不得再以其他形式在成本（费用）中列支任何工资性项目。

第二十六条　中央企业工资总额预算在执行过程中出现以下情形之一，导致预算编制基础发生重大变化的，可以申请对工资总额预算进行调整：

(1) 国家宏观经济政策发生重大调整的；

(2) 市场环境发生重大变化的；

(3) 企业发生分立、合并等重大资产重组行为的；

(4) 其他特殊情况。

3. 工资总额预算清算和评价

第二十八条　国资委对中央企业工资总额预算执行情况实行清算评价制度。中央企业按照清算工作要求应当于下一年 4 月底前向国资委提交全年工资总额预算执行情况报告。

第三十条　国资委对工资总额预算执行偏离度过大、工资增长突破调控线、未完成经济效益预算目标值或者未有效执行工资效益联动机制的中央企业，将采取核减下一年度工资总额预算额度等措施，要求中央企业整改。

第三十一条　国资委对预算执行过程中弄虚作假以及其他严重违反预算管理规定的中央企业，将视情况对企业采取警示、通报批评、扣减企业负责人年度绩效薪金等处罚措施，必要时对企业负责人及相关责任人给予行政处分。

4. 工资总额基数核定

本年度工资总额预算以上年度实际发放工资总额为基础，具体来说本年度工资总额基数就是上级（集团公司或国资委）批复的工资总额清算额。工资总额清算额的计算公式一般为：

$$工资总额清算额=工资总额基数\times工资总额考核分数\div100\pm工资总额单列值$$

举个例子：某公司 2011 年度工资总额基数实际上就是该公司经上级批复的 2010 年度工资总额清算额（2010 年度工资总额清算额＝2010 年工资总额基数×2010 年度工资考核分数÷100±2010 年度工资总额单列值）。

工资总额单列值一般包括一次性补发上年度工资、成建制转入/转出职工工资、不合理的工资性支出、经营者绩效增长、上级单位批复的特别奖励和其他符合国资委规定的项目等。一次性补发上年度工资、成建制转出职工工资、不合理的工资性支出应直接核减；增人、成建制转入职工工资应核增翘尾工资、经营者绩效增长、上级单位批复的特别奖励等。

这里的翘尾是指单位年中调资，其后半年多出的工资对下年工资总额的影响就叫翘尾，就是比原计划核定的钱数要多了。企业因生产需要增加新职工（增人翘尾）、职工因某原因涨了工资（如，调资、转正定级翘尾）、国家和地方政府规定的津贴补贴翘尾工资等。增人、增资计算翘尾公式为：

增人翘尾工资＝新职工月平均工资×新职工人数×（12－本年度工资发放月数）

增资翘尾工资＝职工月平均工资增资×增资职工人数×（12－本年度增资月数）

下面通过例子来说明翘尾工资的计算：

例 1：某国有单位 2012 年 8 月份新引进大学生（8 月份起薪）5 名，月均工资 4 800 元；2012 年 7 月份 8 人转正定级工资月平均增加 300 元。试分别计算该单位核算 2013 年工资总额基数时应单列增加的这两笔翘尾工资。

解：增人翘尾工资＝4 800×5×（12－5）＝168 000（元）

转正定级翘尾工资＝300×8×（12－6）＝14 400（元）

5．案例：某央企工资总额预算管理

下面我们通过一个央企的案例来进一步具体说明国资委《中央企业工资总额预算管理暂行办法》（国资发分配[2010]72 号）的政策要点。该央企属于集团公司下属的一级子公司，下面有多家分公司。案例中主要收录了该公司工资总额考核指标表（见表 6－3）、工资总额考核分数测算表（见表 6－4）、工资总额预算申报表（见表 6－5）和工资总额清算情况报告（见附录 6－1）。

表 6－3　某央企工资总额考核指标表

单位：

指标		单位	权重	目标值	计分办法
基本指标	利润	万元	35%	5 366	当年完成值与目标值持平时，得基本分 100 分；高于目标值时，每增加 1 个百分点加 0.5 分，最多加 15 分，最高分 115 分；低于目标值时，每减少 1 个百分点扣 0.5 分，最多扣 5 分，最低 95 分。
	经济增加值	万元	20%	－583	
分类指标	流动资产周转率	次	5%	0.6	当年完成值与目标值持平时，得基本分 100 分；高于目标值时，每加快周转 0.5 次加 10 分，最多加 15 分，最高得分 115 分；低于目标值时，每延缓周转 0.5 次扣 10 分，最多扣 15 分，最低得分 85 分。
	成本费用占主营业务收入比重	%	10%	99.0%	当年完成值与目标值持平时，得基本分 100 分；低于目标值时，每减少 0.5 个百分点加 10 分，最多加 15 分，最高分 115 分；高于目标值时，每增加 0.5 个百分点扣 10 分，最多扣 15 分，最低 85 分。
	营业收入	万元	10%	55 000	得分值＝实际完成值/目标值 * 100 得分值为 115（含）以上的，得分为最高分 115 分；得分为 85（含）以下的，得分为最低分 85 分。

（续表）

指标		单位	权重	目标值	计分办法
劳动效率指标	劳动生产率	万元/人	20%	3.42	当年完成值与目标值持平时，得基本分100分；高于目标值时，每增加0.5个百分点，加1分，最多加15分，最高得分115分；低于目标值时，每减少1个百分点，扣0.5分，最多扣5分，最低得分95分。
控制指标	安全责任事故	—	—	—	见下页
	安全质量标准化	—	—	—	考核或评价结果合格及以上的不扣分，不合格的每项扣1分。

某央企安全生产责任扣分规则

企业类别 / 事故类型	A类			B类		C类	D类
	井工矿生产施工	露天矿生产施工	其他地面生产施工	井下施工	地面生产施工	—	—
一次死亡1人的责任事故	0.2	0.4	0.6	0.2	0.6	0.8	0.8
以上事故累计达2人	0.5	0.7	0.9	0.5	0.9	1.1	1.1
以上事故累计达3人	0.9	1.1	1.3	0.9	1.3	1.5	1.5
以上事故累计达3人以上	每增加1人扣0.5分，2分封顶						
一次死亡2人的责任事故	0.5	0.7	0.9	0.5	0.9	1.1	1.1
以上事故累计2起及以上	0.9	1.1	1.3	0.9	1.3	1.5	1.5
一次死亡3人及以上10人以下的较大责任事故	1.4	1.6	1.8	1.4	1.8	2	2
一次死亡10人及以上的重大或特别重大责任事故	2	2	2	2	2	2	2
说明：各单位所属类别以安全监察局确定的类别为准。							

表6-4 某央企2010年工资总额考核分数测算表

单位(印章)：

指标		权重	目标值	预计完成值	预计得分	备注
基本指标	利润					
	经济增加值					
分类指标						

（续表）

指　　标		权　重	目标值	预计完成值	预计得分	备　注
劳动效率指标						
控制指标						
合　　计			—	—		

单位负责人：　制表人(联系人)：　联系电话：　填报日期：　年　月　日

表6-5　某央企工资总额预算申报表

项　　目	上报值	审核值
一、2010年工资总额情况		
(一) 职工年平均人数(人)		
其中：在岗职工年平均人数(人)		
(二) 机关职工年平均人数(人)		
其中：机关在岗职工年平均人数(人)		
(三) 企业实际提取职工工资总额(万元)		
其中：在岗职工提取工资总额(万元)		
(四) 企业实际发放职工工资总额(万元)		
其中：在岗职工发放工资总额(万元)		
(五) 职工年平均工资(元/人)		
其中：在岗职工年平均工资(元/人)		
(六) 工资总额清算额(万元)		
其中：单列(万元)		
二、2010年应付工资金额(万元)		
其中：工资储备金(万元)		
三、2011年工资总额预算情况		
(一) 职工年平均人数(人)		
其中：在岗职工年平均人数(人)		
(二) 工资总额基数(万元)		
其中：清算批复额		
新扩建项目转固定资产后的增人增资(＋)		
企业兼并或成建制划入(划出)(±)		
其他(列出具体科目)(±)		

（续表）

项　　目	上报值	审核值
（三）工资总额考核分数预测（分）		
（四）单列工资总额预算（万元）		
其中：新建扩建项目（＋）		
兼并或成建制划入（划出）（±）		
井下津贴（＋）		
上年超提扣回（－）		
其他（列出具体科目）（±）		
（五）工资总额预算总额（万元）		
工资总额预算总额增幅（%）		
其中：在岗职工工资总额预算数额（万元）		
在岗职工工资总额预算数额增幅（%）		
（六）职工年平均工资预算额（元/人）		
职工年平均工资预算增幅（%）		
其中：在岗职工年平均工资预算额（元/人）		
在岗职工年平均工资预算增幅（%）		
四、2011年机关工资总额预算情况		
（一）机关职工年平均人数（人）		
其中：机关在岗职工年平均人数（人）		
（二）机关工资总额预算总额（万元）		
机关工资总额预算总额增幅（%）		
其中：在岗职工工资总额预算数额（万元）		
在岗职工工资总额预算数额增幅（%）		
（三）机关职工年平均工资预算额（元/人）		
机关职工年平均工资预算增幅（%）		
其中：机关在岗职工年平均工资预算额（元/人）		
机关在岗职工年平均工资预算增幅（%）		
五、2011年劳务及外包情况		
（一）农民工情况		
平均人数（人）		
劳务费预算额（万元）		
年平均劳务费预算额（元/人）		

（续表）

项　　目	上报值	审核值
（二）劳务派遣情况		
平均人数(人)		
劳务费预算额(万元)		
年平均劳务费预算额(元/人)		
（三）外包情况		
平均人数(人)		
外包人工费预算额(万元)		
年平均外包人工费预算额(元/人)		

注：阴影部分已设定公式并核定。

业务演练

任务6-1：识别准予税前扣除的人工成本项目

练习1：某公司为提高广大职工的幸福指数，在上足社会保险的同时，今年又为每位职工分别购买了一份人身意外伤害险和一份家庭财产保险，保费支出共计28万元。请你用所学的知识判断一下，该公司这28万元的支出是否属于人工成本？能否税前扣除？如果不能税前扣除，需要另行缴纳企业所得税多少？

任务6-2：了解国有企业工资总额预算管理办法

练习2：阅读《中央企业工资总额预算管理暂行办法》(国资发分配[2010]72号)、表6-3、表6-4、表6-5以及附录6-1、附录6-2，了解熟悉国有企业工资总额预算管理办法。

模块6.3　政府宏观工资监督指导体系

核心知识要点

我国政府通过定期调整并向社会公布最低工资标准，发布工资指导线、劳动力市场工资指导价位、企业人工成本预测预警等方式来对企业工资标准、工资增长、人工成本控制等方面进行宏观上的监督指导。本模块主要介绍这方面的内容。

6.3.1　最低工资标准

为了维护劳动者取得劳动报酬的合法权益，保障劳动者个人及其家庭成员的基本生活，根据劳动法和国务院有关规定，2004年1月20日中华人民共和国劳动和社会保障部令第21号发布了《最低工资规定》，并自2004年3月1日起施行。

根据《最低工资规定》，最低工资标准是指劳动者在法定工作时间或依法签订的劳动合同约定的工作时间内提供了正常劳动的前提下，用人单位依法应支付的最低劳动报酬。

所谓正常劳动，是指劳动者按依法签订的劳动合同约定，在法定工作时间或劳动合同约定的工作时间内从事的劳动。劳动者依法享受带薪年休假、探亲假、婚丧假、生育（产）假、节育手术假等国家规定的假期间，以及法定工作时间内依法参加社会活动期间，视为提供了正常劳动。劳动者由于本人原因造成在法定工作时间内或依法签订的劳动合同约定的工作时间内未提供正常劳动的，不适用于本条规定。

1. 最低工资的内容

《最低工资规定》：在劳动者提供正常劳动的情况下，用人单位应支付给劳动者的工资在剔除下列各项以后，不得低于当地最低工资标准：(1) 延长工作时间工资；(2) 中班、夜班、高温、低温、井下、有毒有害等特殊工作环境、条件下的津贴；(3) 法律、法规和国家规定的劳动者福利待遇等。

北京市历年公布的调整最低工资标准的通知中也明确了下列项目不作为最低工资标准的组成部分，用人单位应按规定另行支付：(1) 劳动者在中班、夜班、高温、低温、井下、有毒有害等特殊工作环境、条件下的津贴；(2) 劳动者应得的加班、加点工资；(3) 劳动者个人应缴纳的各项社会保险费和住房公积金；(4) 根据国家和本市规定不计入最低工资标准的其他收入。

实行计件工资或提成工资等工资形式的用人单位，在科学合理的劳动定额基础上，其支付劳动者的工资不得低于相应的最低工资标准。

2. 最低工资标准的形式

最低工资标准一般采取月最低工资标准和小时最低工资标准的形式。月最低工资标准适用于全日制就业劳动者，小时最低工资标准适用于非全日制就业劳动者。

确定和调整月最低工资标准，应参考当地就业者及其赡养人口的最低生活费用、城镇居民消费价格指数、职工个人缴纳的社会保险费和住房公积金、职工平均工资、经济发展水平、就业状况等因素。

确定和调整小时最低工资标准，应在颁布的月最低工资标准的基础上，考虑单位应缴纳的基本养老保险费和基本医疗保险费因素，同时还应适当考虑非全日制劳动者在工作稳定性、劳动条件和劳动强度、福利等方面与全日制就业人员之间的差异。

省、自治区、直辖市范围内的不同行政区域可以有不同的最低工资标准。

月最低工资标准和小时最低工资标准具体测算方法见“相关链接6-2”。

相关链接6-2：

最低工资标准测算方法

一、确定最低工资标准应考虑的因素

确定最低工资标准一般考虑城镇居民生活费用支出、职工个人缴纳社会保险费、住房公积金、职工平均工资、失业率、经济发展水平等因素。可用公式表示为：

$M=f(C、S、A、U、E、a)$

M——最低工资标准；

C——城镇居民人均生活费用；

S——职工个人缴纳社会保险费、住房公积金；

A——职工平均工资；

U——失业率；

E——经济发展水平；

a——调整因素。

二、确定最低工资标准的通用方法

（一）比重法与恩格尔系数法

1. 比重法即根据城镇居民家计调查资料，确定一定比例的最低人均收入户为贫困户，统计出贫困户的人均生活费用支出水平，乘以每一就业者的赡养系数，再加上一个调整数。

2. 恩格尔系数法即根据国家营养学会提供的年度标准食物谱及标准食物摄取量，结合标准食物的市场价格，计算出最低食物支出标准，除以恩格尔系数，得出最低生活费用标准，再乘以每一就业者的赡养系数，再加上一个调整数。

以上方法计算出月最低工资标准后，再考虑职工个人缴纳社会保险费、住房公积金、职工平均工资水平、社会救济金和失业保险金标准、就业状况、经济发展水平等进行必要的修正。

（二）举例

某地区最低收入组人均每月生活费支出为210元，每一就业者赡养系数为1.87，最低食物费用为127元，恩格尔系数为0.604，平均工资为900元。

1. 按比重法计算得出该地区月最低工资标准为：

$$\text{月最低工资标准} = 210 \times 1.87 + a = 393 + a(\text{元}) \qquad (1)$$

2. 按恩格尔系数法计算得出该地区月最低工资标准为：

$$\text{月最低工资标准} = 127 \div 0.604 \times 1.87 + a = 393 + a(\text{元}) \qquad (2)$$

公式(1)与(2)中 a 的调整因素主要考虑当地个人缴纳养老、失业、医疗保险费和住房公积金等费用。

另，按照国际上一般月最低工资标准相当于月平均工资的40%—60%，则该地区月最低工资标准范围应在360—540元之间。

$$\begin{aligned}\text{小时最低工资标准} = &〔(\text{月最低工资标准} \div 20.92 \div 8)\\ &\times(1+\text{单位应当缴纳的基本养老保险费、}\\ &\text{基本医疗保险费比例之和})〕\times(1+\text{浮动系数})\end{aligned}$$

浮动系数的确定主要考虑非全日制就业劳动者工作稳定性、劳动条件和劳动强度、福利等方面与全日制就业人员之间的差异。

各地可参照以上测算办法，根据当地实际情况合理确定月、小时最低工资标准。

资料来源：《最低工资规定——附件》，2004年劳动保障部令第21号公布。

3. 最低工资标准的确定和调整

最低工资标准的确定和调整方案，由省、自治区、直辖市人民政府劳动保障行政部门会同同级工会、企业联合会/企业家协会研究拟订，并将拟订的方案报送劳动保障部。方案内容包括最低工资确定和调整的依据、适用范围、拟订标准和说明。劳动保障部在收到拟订方案后，应征求全国总工会、中国企业联合会/企业家协会的意见。劳动保障部对方案可以提出修订意见，若在方案收到后14日内未提出修订意见的，视为同意。

省、自治区、直辖市劳动保障行政部门应将本地区最低工资标准方案报省、自治区、直辖市人民政府批准，并在批准后7日内在当地政府公报上和至少一种全地区性报纸上发布。省、自治区、直辖市劳动保障行政部门应在发布后10日内将最低工资标准报劳动保障部。

最低工资标准每两年至少调整一次。

6.3.2 工资指导线

工资指导线是在社会主义市场经济体制下，政府宏观调控工资总量、调节工资分配关系，规划工资水平增长，指导企业工资分配所采用的一种制度。其目的在于引导城镇各类企业在发展生产、提高效益的基础上适度增加工资，为企业集体协商谈判确定工资水平提供依据；使企业的工资微观决策与政府的宏观调控政策保持协调统一，以达到政府稳定物价、促进经济增长、实现充分就业及提高职工生活水平的目标。

1. 工资指导线的内容

工资指导线水平包括本年度企业货币工资水平增长上线、基准线、下线。

(1) 工资增长上线。

工资增长预警线即工资增长预警线，是政府依据宏观经济形势和社会收入分配关系分析，对工资水平较高企业提出的工资适度增长的预警提示。企业工资增长如已达到当地政府提出的工资增长预警线，就应自我约束，以免工资增长过快，超过本企业经济效益和劳动生产率的提高幅度，对整个社会分配秩序产生冲击。

(2) 工资增长基准线。

工资增长基准线，是政府对大多数生产发展、经济效益正常的企业工资正常增长的基本要求。

(3) 工资增长下线。

工资增长下线，是政府对经济效益下降或亏损企业工资增长的起码要求。明确规定这类企业的实际工资可以是零增长或负增长，但支付给提供正常劳动的职工的工资不低于当地最低工资标准。

2. 工资指导线的运用

工资指导线对不同类别的企业实行不同的调控办法。

(1) 国有企业和国有控股企业，应严格执行政府颁布的工资指导线。企业在工资指导线所规定的下限和上限区间内，围绕基准线，根据企业经济效益合理安排工资分配，各企业工资增长均不得突破指导线规定的上限。

(2) 在工资指导线规定的区间内，对工资水平偏高、工资增长过快的国有垄断性行业和企业，按照国家宏观调控阶段性从紧的要求，根据有关政策，从严控制其工资增长。

(3) 非国有企业(城镇集体企业、外商投资企业、私营企业等)应依据工资指导线进行集体协商确定工资，尚未建立集体协商制度的企业，依据工资指导线确定工资分配，并积极建立集体协商制度。企业在生产经营正常的情况下，工资增长不应低于工资指导线所规定的基准线水平，效益好的企业可相应提高工资增长幅度。

3. 北京市行业工资指导线

为了加强对不同行业企业工资分配的宏观指导，北京市人力资源和社会保障局2012年在发布企业工资指导线的同时，发布了食品制造业、通用设备制造业、交通运输设备制造业、电气机械及器材制造业、通信设备计算机及其他电子设备制造业、仪器仪表及文化办公用机械制造业、房屋和土木工程建筑业、建筑装饰业、道路运输业、互联网信息服务业、批发业、百货零售业、超市零售业、旅游饭店业、房地产开发经营业、物业管理业、出版业等17个的行业工资指导线。

下面以食品制造业为例，来说明行业指导线的应用。

食品制造业工资指导线函数式为：

$$y=\begin{cases}15\,120 & (x\leqslant 176\,684)\\ 0.085\,577x & (176\,684<x\leqslant 982\,646)\\ 0.028\,526x+56\,061 & (x>982\,646)\end{cases}$$

警戒线函数式为：$y'=0.176\,473x$

其中：y——为年平均从业人员劳动报酬；

x——年平均销售收入。

注：176 684元为年最低工资15 120元对应的年人均销售收入，982 646元为北京市城镇单位职工平均工资1.5倍时对应的年人均销售收入。

2012年食品制造业工资指导线图示如图6-2所示。

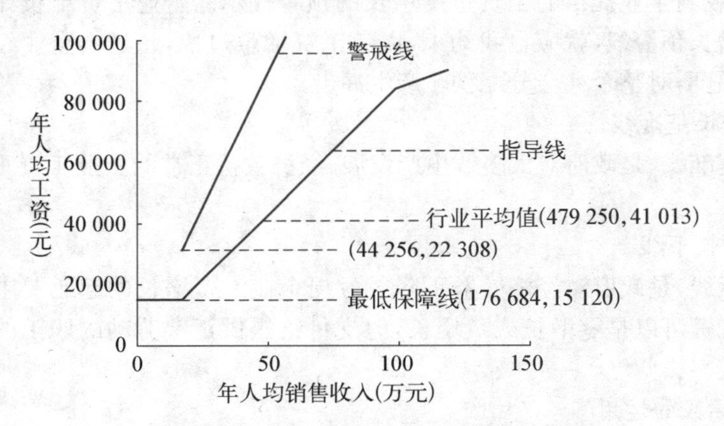

图6-2 2012年食品制造业工资指导线

如函数图所示，食品制造业从业人员年平均工资41 013元，对应的人均销售收入为479 250元。如果某食品制造业企业，测算出年销收入30万元，则应将30万元带入相应区间既 $y=0.085\,577x$（按单位元带入计算），得出年人均工资25 673.1元；同时带入警戒线函数式即 $y'=0.176\,473x$，得出人均工资警戒值52 941.9元。根据测算，该企业人均工资应为25 673.1元，在此基础上企业可以结合自身情况上下浮动，但不宜突破52 941.9元。

如果测算出人均销售收入低于176 684元，则直接对应最低工资保障线，说明企业可能由于人均销售收入水平过低而影响企业实现盈利；如果测算出人均销售收入高于982 646

元，则应将测算值对应带入 $y = 0.028\,526x + 56\,061$ 计算出相应的人均工资水平。

同时，该企业也可以用上一年度人均销售收入及人均工资水平在行业工资指导线的函数图上描点，如果所描出的点在行业工资指导线之下，反映企业的人均销售收入与工资的投入产出效率高于行业平均水平，企业可以较大幅度提高职工工资水平，但不宜突破北京市企业工资指导线的预警线；如果所描出的点在行业工资指导线之上而在警戒线之下，反映企业的人均销售收入与工资的投入产出效率低于行业平均水平，企业应该采取促进销售或加强成本管理等措施，在保证企业正常收益的前提下，适度提高职工工资水平；如果所描出的点在行业警戒线之上，说明企业是接近或处于亏损状态，在综合分析原因，采取有效措施改善经营状况的同时可考虑降低工资增幅或停止增长工资，以扭转不利局面。

6.3.3 劳动力市场工资指导价位

劳动力市场工资指导价位制度主要内容是：劳动保障行政部门按照国家统一规定要求，定期对各类企业中的不同职业（工种）的工资水平进行调查、分析、汇总、加工，形成各类职业（工种）的工资价位，向社会发布，用以指导企业合理确定职工工资水平和工资关系，调节劳动力市场价格。

下面，介绍劳动力市场工资指导价位调查和制定方法。

1. 制订调查方案

调查方案包括调查范围、调查内容、调查方法、调查对象及调查表等。

（1）调查范围和内容。

调查范围包括城市行政区域内的所有城镇企业。调查内容为上一年度企业中有关职业（工种）在岗职工全年工资收入及有关情况。随着工资指导价位制度建设工作的推进，有条件的地区还可调查普通劳动力的小时工资率。工资收入按国家有关规定口径进行统计。

（2）调查方法和对象。

一般采取抽样调查方法。根据以下要求分别确定调查行业、调查企业、调查职业（工种）和调查职工。

调查行业：在16个大行业中，以农林牧渔业、采掘业、制造业、电力煤气及水的生产和供应业、建筑业、交通运输仓储及邮电通信业、批发和零售贸易餐饮业、金融保险业、房地产业、社会服务业10个行业为重点，根据本地区的产业结构进行选择，并可根据实际需要对大行业进行细化。

调查职业（工种）：要根据当地产业结构来确定，特别注重选择通用的或市场上流动性较强的职业（工种）。职业的名称、代码要按照《中华人民共和国职业分类大典》和我部编制的《劳动力市场职业分类与代码》进行规范，保证职业分类的统一化和标准化。

调查企业按以下方法确定：在选定的行业中，将企业（应为生产经营正常的企业）按上年职工平均工资水平从高到低排列，采取等距抽样办法抽取企业。为保证调查结果有代表性，应覆盖各类型企业，其中非国有企业应占较大比例，具体比例各城市根据当地非国有经济发展程度确定。若个别行业经济类型有明显偏差，可适当调整。35个大中城市调查企业户数应不少于200户，其他城市不少于100户。要根据当地产业结构确定调查企业在行业间的分布，具体可通过改变每一行业企业间的间距增加调查企业户数。调查企业确定后，年度间应相对固定。

调查职工：按规定的抽样方法抽取部分职工进行调查。

2. 实施调查

在确定的调查企业中，根据《企业在岗职工工资调查表》的要求进行调查，采集有关数据、资料。调查应在每年的第一季度完成。

3. 汇总分析、制定工资指导价位

将同一职业（工种）的全部调查职工工资收入从高到低进行排列，按下列方法分别确定本职业（工种）工资指导价位的高位数、中位数和低位数。

(1) 高位数：工资收入数列中前5%的数据的算术平均数。

(2) 中位数：处于工资收入数列中间位置的数值。确定中位数的计算方法：中位数位置$=(n+1)/2$，其中n为同一职业（工种）工资收入数列的项数。若n是奇数，则处于数列中间位置的工资收入数值就是中位数；若n是偶数，则处于中间位置相邻的两个工资收入数值的算术平均数为中位数。

(3) 低位数：工资收入数列中后5%的数据的算术平均数。

对有关数据进行检查、分析及做必要调整后，制定有关职业（工种）工资指导价位。每一职业（工种）工资指导价位应分为高位数、中位数和低位数三档，由国家规定职业资格的职业（工种）还应按技术等级进行划分。

还可根据实际需要，按行业、经济类型等对有关数据进行分析整理后，制定分行业、经济类型的工资指导价位。

6.3.4 人工成本预测预警

人工成本预测预警是劳动保障部门和行业管理部门为促进企业建立人工成本自我约束机制而采取的指导性监控措施。其主要内容包括以下两个方面。

1. 发布行业人工成本状况

地方劳动保障行政部门于每年初对地方所属企业上年人工成本状况进行调查，在整理、汇总、分析的基础上，于当年6月底前向全社会发布包括平均人工成本、人工成本占总成本比重、劳动分配率、人事费用率等指标在内的上年行业人工成本基础数据。

2. 企业人工成本预警

企业人工成本预警是宏观人工成本管理工作的重要内容，市、区、县劳动保障部门每年将管辖范围内人工成本占总成本比重、劳动分配率、人事费用率三项指标超过行业平均水平的企业发出预警通知。同时，市劳动保障部门将在行业管理部门的协助下，研究制定更加完善的人工成本预警线，以进一步提高人工成本预警的科学性。

业务演练

任务6-3：工资指导线的应用

练习3：某物业管理公司今年预计年人均销售收入达到28万元。请你根据下面的2012年物业管理业行业工资指导线函数式及图表，计算一下该物业管理公司年人均工资水平应该在多少范围内。

$$y=\begin{cases}15\,120 & (x\leqslant 176\,684)\\ 0.085\,577x & (176\,684<x\leqslant 982\,646)\\ 0.028\,526x-56\,061 & (x>982\,646)\end{cases}$$

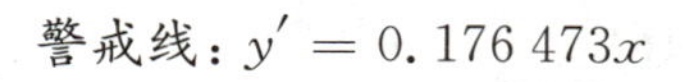

警戒线：$y' = 0.176\,473x$　　　　　　$(x \geqslant 176\,684)$

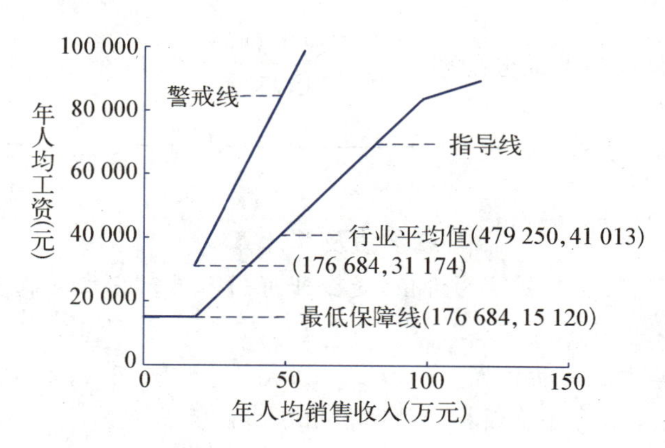

模块6.4　企业人工成本分析指标

核心知识要点

企业人工成本的分析指标，一般由人均水平指标、综合性主指标和成本结构性主指标组成。

6.4.1　人均水平指标

常用到的人均水平指标一般包括平均人工成本和人均工资总额这两个指标。

1. 平均人工成本

平均人工成本反映了企业招用一名职工的人工费用。其计算公式为：

$$平均人工成本=\frac{年度人工成本总额}{年度平均人数}$$

2. 平均工资

平均工资反映了企业职工平均工资性收入的高低。其计算公式为：

$$平均工资=\frac{年度工资总额}{年度平均人数}$$

6.4.2　综合性主指标

综合性主指标包括人工费比率和劳动分配率这两个指标。

1. 人工费比率

人工费比率，反映劳动投入占实现价值形态的总产出程度，是反映劳动投入产出的指标。其计算公式如下。

$$人工费比率=\frac{人工成本总额}{销售收入}\times 100\%$$

2. 劳动分配率

劳动分配率，反映劳动投入对企业净产出的影响，又反映企业新创造价值中对职工分配的份额，是反映劳动投入与净产出关系的指标。其计算公式如下：

$$劳动分配率=\frac{人工成本总额}{增加值总额}\times 100\%$$

相关链接 6-3：

增加值及其计算

增加值，系由企业本身创造的价值，是企业可用来进行分配的收入，即成为在资本与劳动之间分配的基础。

增加值的计算方法有两种。

一种是扣除法，由销货净额扣除外购价值求出。其公式为：

增加值＝销货(生产)额－外购部分
＝销货净额－当期进货成本(直接原本材料
＋购入零配件＋外包加工费＋间接材料)

另一种是相加法，即将形成增加值的各项因素相加而得出。其公式为：

增加值＝利润＋人工费用＋其他形成增加值各项费用
＝利润＋人工费用＋财务费用＋租金＋折旧＋税收

综合性主指标反映的是：活劳动要素的投入产出关系；企业增加值劳动生产率同职工收入的关系；与同行业的平均水平或其他企业相比，企业相对人工成本的高低状况。

6.4.3 成本结构性主指标

成本结构性指标主要是人工成本占总成本的比例来反映。其公式是：

$$人工成本占总成本的比例=\frac{人工成本总额}{产品成本总额}\times 100\%$$

也有企业采用人工成本工资含量这个指标来进一步分析工资占人工成本的比重，其计算公式为：

$$人工成本工资含量=\frac{工资总额}{人工成本总额}\times 100\%$$

6.4.4 人工成本效益指标

对于人工成本的分析，除了上述三大类主要分析指标之外，还有一些企业使用人工成本效益指标来分析人工成本状况。主要有以下两个指标。

1. 人工成本产出系数

人工成本产出系数反映人工成本投入产出效益状况的指标即投入单位的人工成本能带来多大的企业增加值。其计算公式为：

$$人工成本产出系数=\frac{增加值}{人工成本总额}$$

2. 人工成本销售收入系数

人工成本销售收入系数反映人工成本投入产出效益状况的指标，即投入单位的人工成本能带来多大的销售收入。其计算公式为：

$$\text{人工成本销售收入系数}=\frac{\text{销售收入}}{\text{人工成本总额}}$$

6.4.5　企业合理的人工成本

在实际人工成本统计分析中，以上三个方面的四项具体指标往往同时使用，对单个企业来说，与同行业平均水平相比，比较理想的情况是“一高三低”，即平均人工成本要高，而人工费比率、劳动分配率和人工成本占总成本的比例要低。一般来说，这是劳动要素高投入、高产出、高效益。与此相反，最糟的情况是“一低三高”，即平均人工成本低于同行业平均水平，而人工费比率、劳动分配率和人工成本占总成本的比例却高于平均水平。一般来说，这是劳动要素的低投入、低产出、低效益。

对于与同行业水平相比出现了“一低三高”情况的企业，有关部门要及时提出警告，提醒企业采取措施改善不良的人工成本状况。

业务演练

任务 6-4：计算并简单分析企业人工成本状况

练习 4：北京某民营通讯设备公司 2010 年销售收入 10 000 万元，其增加值率为 20%。当年平均人数 100 人，支付工资总额 1 000 万元，其他人工费用 500 万元，产品总成本 6 000 万元。

请根据上述数据，完成以下任务。

1. 计算该公司以下人工成本指标：

(1) 平均人工成本＝

(2) 人工费比率＝

(3) 劳动分配率＝

(4) 人工成本占总成本的比例＝

2. 查阅《北京市 2010 年企业人工成本状况》中有关数据，分析该公司人工成本状况（提示：与公司所属行业、所属经济类型的数据对比分析）。

模块 6.5　企业薪酬预算

薪酬预算，是指企业管理者在薪酬管理过程中进行的一系列成本开支方面的权衡和取舍。薪酬预算是企业人工成本控制的重要环节，准确的预算可以保证企业在未来一段时间内的薪酬支付受到一定程度的协调和控制。薪酬预算要求管理者在进行薪酬决策时，综合考虑企业的财务状况、薪酬结构及企业所处的市场环境因素的影响，确保企业的薪酬成本不超出企业的承受能力。

核心知识要点

6.5.1 薪酬预算需要考虑的因素

1. 内部环境分析

公司内部环境分析是指对公司薪酬支付能力、薪酬策略、薪酬结构、人力资源流动情况、招聘计划、晋升计划、薪酬满意度等人力资源政策如下各方面的了解。

(1) 公司支付能力：包括劳动分配率、薪酬费用率和薪酬利润率三项指标，一般选用同行业平均水平或标杆企业同指标进行比较。

(2) 薪酬策略：一方面是薪酬水平策略，即领先型、跟随型还是滞后型；另一方面是薪酬激励策略，即重点激励哪些人群，采用什么样的激励方式。

(3) 薪酬结构：薪酬分几个层级，层级之间的差距是多少；以及薪酬由几部分构成，分别占多少比例。

(4) 人力资源流动情况：预计有多少员工会离开公司。

(5) 招聘计划：公司准备吸收多少新员工，是应届毕业生还是有经验者。

(6) 晋升计划：公司准备会提拔多少员工，提拔到什么等级，给予他们什么样的薪酬待遇。

(7) 薪酬满意度：员工对薪酬的满意程度，对薪酬的哪些方面最不满意。

2. 外部环境分析

外部环境分析主要是针对市场情况、市场薪酬水平、市场薪酬变化趋势、标杆企业或竞争对手的薪酬支付水平等如下各方面的了解。

(1) 企业未来发展前景：企业在未来一年中会快速增长、稳定增长还是萎缩，这决定了企业的战略和对人力资源的需求。

(2) 市场薪酬水平：基准职位的市场薪酬水平和分布(主要是25分位、50分位、75分位、90分位等关键点)、该职位的平均薪酬水平、最高水平和最低水平、该职位薪酬水平分布最集中的区域、该职位薪酬的一般构成比例等。

(3) 市场薪酬变化趋势：对薪酬是匀速增长、迅速增长还是下降。

(4) 标杆企业或竞争对手的薪酬支付水平：该标杆企业目前薪酬支付水平、薪酬总额、关键岗位的薪酬水平等。

6.5.2 薪酬预算的操作步骤

编制薪酬预算，大致需要以下七步。

(1) 第一步，通过薪酬市场调查，比较企业各岗位与市场上相对应的岗位的薪酬水平(这里的薪酬水平是指总薪酬水平，包括工资、奖金、福利、长期激励等)。

(2) 第二步，了解企业财力状况，根据企业人力资源策略，确定企业薪酬水平采用何种市场薪酬水平是90%点处、75%点处，还是50%点处、25%点处。

(3) 第三步，了解企业人力资源规划。对人力资源需求和供给的预测，主要包括总人数的预测、有多少员工被提拔到上一层级、新增加多少员工、有多少员工离职等。

(4) 第四步，将前三个步骤结合起来画出一张薪酬计划计算表，表6-6是某企业的薪酬计划计算表，各岗位的薪酬水平，企业采用50%点处的市场薪酬水平。

表6-6 薪酬计划计算表

<table>
<tr><th>部 门</th><th>岗 位</th><th>市场薪酬水平
(50%点处)</th><th>人力资源规划的
各岗位人数</th><th>各部门薪酬总额
(元)</th></tr>
<tr><td rowspan="4">行政部</td><td>岗位1</td><td>3 000</td><td>1</td><td rowspan="4">9 500</td></tr>
<tr><td>岗位2</td><td>2 000</td><td>2</td></tr>
<tr><td>岗位3</td><td>1 500</td><td>1</td></tr>
<tr><td>岗位4</td><td>1 000</td><td>1</td></tr>
<tr><td rowspan="2">财务部</td><td>岗位5</td><td>2 000</td><td>1</td><td rowspan="2">4 500</td></tr>
<tr><td>岗位6</td><td>2 500</td><td>1</td></tr>
<tr><td rowspan="5">生产部</td><td>岗位7</td><td>5 000</td><td>1</td><td rowspan="5">22 500</td></tr>
<tr><td>岗位8</td><td>1 500</td><td>1</td></tr>
<tr><td>岗位9</td><td>2 000</td><td>1</td></tr>
<tr><td>岗位10</td><td>2 500</td><td>2</td></tr>
<tr><td>岗位11</td><td>4 000</td><td>2</td></tr>
<tr><td rowspan="2">销售部</td><td>岗位12</td><td>2 000</td><td>6</td><td rowspan="2">18 000</td></tr>
<tr><td>岗位13</td><td>1 500</td><td>4</td></tr>
<tr><td colspan="2">预计的薪酬总额</td><td></td><td></td><td>54 500</td></tr>
</table>

(5) 第五步,根据经营计划预计的业务收入和前几个步骤预计的薪酬总额,计算薪酬总额占销售收入的比率,将计算出的比率与同行业的该比率或企业往年的该比率进行比较,如果计算的比率小于或等于同行业水平或企业往年水平,则该薪酬计划可行;如果大于同行业水平或企业往年水平,可以根据企业董事会对薪酬计划的要求将各岗位薪酬水平适当降低。

(6) 第六步,各部门根据企业整体的薪酬预算和企业薪酬分配制度规定,考虑本部门人员变化情况,各员工的基本情况如工龄、业绩考核结果、能力提高情况等,做出部门的薪酬预算,并上报到人力资源部,由人力资源部进行所有部门薪酬计划的汇总。

(7) 第七步,根据需要再进行调整,将确定的薪酬预算报公司领导审批、并颁布。

在实践中,也有一些小规模的企业在制定薪酬预算时,采用比较简单的方法进行。例如,某物业公司每年底做下一年度的人工成本预算,到年中总结上半年的人工成本支出情况,根据具体情况,调整下半年的人工成本预算,年底进行人工成本支出分析。人工成本主要包括工资福利、劳保、工服费、员工活动费、招聘费、培训费、合同赔偿金等。工资预算以公司人员编制、各岗位工资标准及本行业具体情况为依据,基本每年上调工资总额的10%。五险一金费用根据人员编制数,在上一年成本的基础上,上调12%。

6.5.3 制定薪酬预算的方法

制定薪酬预算的方法有两种,一种是自上而下法,一种是自下而上法。

1. 自上而下法

自上而下法,就是先由决策者决定公司的总体薪酬预算总额,以及加薪的幅度,然后再将预算总额分配到各个部门，各个部门再分配到每一个员工。这种做法的主要优点是容易控制整体的薪酬成本；主要缺点是预算缺乏灵活性，因主观因素多从而降低了预算的准确性，不利于调动员工的积极性。

2. 自下而上法

自下而上法，就是根据部门的人力资源规划和企业的每一位员工在未来一年薪酬的预算估计数字，计算出整个部门所需要的薪酬支出，然后汇集所有部门的预算数字，编制出企业整体的薪酬计划。在编制薪酬计划过程中，部门主管只需按企业既定的加薪准则，如按绩效加薪，按年资或消费品物价指数的变化情况等调整薪酬，分别计算出每个月员工的增薪幅度及应得的薪酬金额，计算出每一部门在薪酬方面的预算支出，再呈交给高层的管理人员审核和批准，一经通过，便可以着手编制计划。此方法的主要优点是灵活性高，因接近实际从而员工容易满意；但主要缺点是不容易控制薪酬成本。

由于两种方法各有优劣，通常企业会同时采用这两种方法。首先，根据企业制定的整体薪酬预算决定各部门的薪酬计划额；然后，根据企业规定的增资准则预测个别员工的增薪幅度；最后，比较这两步得出的结果，确保员工的增资符合部门的薪酬计划额。如果两者之间的差异较大，就要适当调整部门的计划额。

制定薪酬预算时可以制作一张薪酬预算表，以便于统计与分析。表 6－7 是一张较为典型的薪酬预算表范例。

表 6－7 薪酬预算表

序号	岗位	编号	姓名	上次调资时间	上次调资额度	目前薪酬数额	工作表现	预测增资(%)	预测增资水平	备注
薪酬预算总数										

附录 6－1

某中央企业 2011 年度工资总额清算情况的报告

一、工资总额清算情况

（一）工资总额基数

上级批复××××公司 2010 年度工资总额清算结果为 3 457 万元，其中单列值为 0 万元。

(二) 工资总额考核指标完成情况和考核分数测算

1. 基本指标

(1) 利润总额

目标值为 4 933 万元，全年实际完成 5 366 万元，考核利润 5 529 万元，按考核利润测算利润总额得分为 106 分。

(2) 经济增加值

目标值为－900 万元，全年实际完成－396 万元，即经济增加值得分为 120 分。

2. 分类指标

(1) 流动资产周转率

目标值为 0.7 次，全年完成目标，即流动资产周转率得分为 100 分。

(2) 成本费用占主营业务收入比重

目标值为 97.8%，全年实际完成 101.6%，即成本费用占主营业务收入比重得分为 80 分。

(3) 营业收入

目标值为 50 000 万元，全年实际完成 50 201 万元，即营业收入得分为 101 分。

3. 劳动效率指标

目标值为 3 万元/人，全年实际完成 3.5 万元/人，即劳动生产率得分为 120 分。

4. 控制指标

(1) 安全责任事故：扣 0 分。

(2) 安全质量标准化：扣 0 分。

综上，按集团工资总额管理办法，××××公司工资总额考核得分如下：

$$\begin{aligned}\text{考核得分} &= \sum \text{基本指标单项得分} \times \text{权重} + \sum \text{分类指标单项得分} \times \text{权重} \\ &\quad + \sum \text{劳动效率指标单项得分} \times \text{权重} - \text{控制指标扣分合计} \\ &= 35\% \times 106 + 20\% \times 120 + 5\% \times 100 + 10\% \times 80 + 10\% \times 101 + 20\% \times 120 \\ &= 108\ \text{分}\end{aligned}$$

(三) 单列值

××××公司工资总额单列值总计为 100 万元。具体构成如下：

1. 调配人员增人增资 30 万元。
2. 领导班子兑现安全奖增资 14 万元。
3. 经营者绩效增长 16 万元。
4. 集团公司批复特别奖励 40 万元。

(四) 工资总额清算结果

2011 年度工资总额清算额度如下：

$$\begin{aligned}\text{工资总额清算额} &= \text{工资总额基数} \times \text{考核分数} \div 100 \pm \text{单列值} \\ &= 3\,457 \times 108 \div 100 + 100 \\ &= 3\,834\ \text{万元}\end{aligned}$$

二、工资总额执行情况

2011 年，××××公司依据集团工资总额管理办法对工资总额实行了预算、执行、清算的管控模式，全年实际发放工资总额为4 118万元，基本控制在工资总额清算额内。具体情况如下。

(一) 工资总额增长情况

2011年，××××公司实际发放工资总额3 695万元，剔除2010年单列增资因素(单列工资总额100万元)同比2010年工资总额3 457万元，工资总额实际增幅为4%。

(二) 人员增减及人均工资情况

2011年，××××公司平均职工730人(其中在岗职工583人)。同比2010年的762人(其中在岗职工601人)，职工减少了32人，在岗职工减少了18人。

剔除单列增资因素，职工人均工资由2010年的4.5万元增长至2011年的4.9万元，增幅为9%；在岗职工人均工资由2010年的5.6万元增长至2011年的6.3万元，增幅为13%。

(三) 公司总部工资总额执行情况

2011年，××××公司总部全年平均职工61人(其中在岗职工55人)，同比2010年的65人(其中在岗职工57人)，职工减少了4人，在岗职工减少了2人。

2011年实际发放工资总额864万元，同比2010年的723万元增加141万元，剔除单列增资因素同口径增幅为9%。

……

二〇一二年三月五日

注：编者已对原报告做了精简处理。

附录6-2

北京市国有及国有控股企业工资总额预算制管理暂行办法

(2005年12月16日　京国资考核字[2005]147号)

第一章　总　　则

第一条　为了切实履行企业国有资产出资人职责，维护所有者权益，适应企业运行规律的要求，简化管理程序，强化约束机制，根据《企业国有资产监督管理暂行条例》等有关规定，结合本市实际情况，制定本办法。

第二条　本办法适用范围为北京市人民政府国有资产监督管理委员会(以下简称"市国资委")履行出资人职责的、且具有一定规模、管理规范的国有及国有控股企业(以下简称企业)。

第三条　企业编制工资总额预算及工资使用计划，报市国资委批准后实施。

第四条　企业执行工资总额预算制管理办法应遵循以下原则：

(一) 坚持效率优先、兼顾公平；

(二) 坚持激励与约束相结合，促进企业收入分配科学化；

(三) 坚持简化管理环节，强化约束机制。

第二章　预算管理指标

第五条　企业预算管理指标由效益考核预算指标(体系)和工资总额预算指标构成。

效益考核预算指标是指能够全面反映企业综合经济效益和社会效益的考核指标体系。

效益考核预算指标参照业绩考核指标体系。

工资总额预算指标是指企业根据本单位劳动人事计划和全面预算管理需要编制，报市国资委审核后，并交由企业股东会或行使股东会权利的董事会批准的工资总额指标。

第六条　效益考核预算指标(体系)值原则上根据业绩考核指标值确定。

企业工资总额预算指标值根据企业工资总额预算指标确定。(具体内容参照企业工资总额预算指标值测算方法。)

享受政策性补贴的公用事业类企业工资总额预算指标值增长幅度原则上不超过上年实发工资总额的基准线范围；其他类企业工资总额预算指标值增长幅度原则上不超过上年实发工资总额基准线和预警线的中位数水平。

第七条　市国资委根据相关数据测算后发布各行业当年平均工资增长水平，指导企业做好当年工资总额的编制。

第三章　预算管理程序

第八条　企业预算指标及其指标值由企业劳资(人事)部门会同财务部门根据劳动人事计划和年度经营预算编制，按规定时间书面上报市国资委，经审核同意后交由股东会或行使股东会权利的董事会批准实施。

市国资委业绩考核处具体负责预算指标值的审核事宜。

第九条　除受国家和本市重大政策、战略规划调整和不可抗力因素影响外，预算指标及其指标值原则上不得调整。当出现重大特殊情况时，企业应提交书面说明和修正方案，经市国资委审核批准后，可修正预算指标及其指标值。

第十条　建立企业工资性支出预算执行情况快报制度。企业根据工资台账等基础管理制度，对照年度使用计划执行情况，编制工资性支出季度报表，上报市国资委。市国资委根据执行情况对非正当理由或重大特殊情况下，执行情况偏差较大的企业及时给予警示，敦促其采取积极应对措施。

第十一条　根据需要委托社会中介机构专项审计工资性支出，监督预算指标执行情况。

第四章　预算执行结果管理机制

第十二条　企业应严格执行年度工资总额预算。有条件的企业可根据效益考核预算指标执行情况在规定范围内，决定企业工资的提取和发放，但不得提留新增工资结余。

企业工资上下浮动范围不得超过工资总额预算指标值的 3%，其中享受政策性补贴的公用事业类企业工资总额上浮结果原则上不得超过上年实发工资总额的基准线；其他企业工资总额上浮结果原则上不得超过上年实发工资总额基准线与预警线的中位数水平。

第十三条　企业工资总额预算执行结果按以下办法管理。

(一) 当年职工实发工资总额低于年度预算工资总额预算指标值的下浮标准，下一年度的工资总额预算增幅不得超过当年的实发工资总额增幅。

(二) 当年职工实发工资总额高于年度工资总额预算指标值的上浮标准，下一年度的工资总额预算指标值予以相应扣减。

(三) 未完成效益考核预算指标或国有资产保值增值指标，下一年度工资总额预算指标值予以相应扣减。

(四) 工资总额预算执行结果超过规定范围，市国资委还将对企业主要负责人薪酬水平予以相应核减，并依据有关规定予以责任追究。

第十四条　各企业要认真履行对所属企业工资总额预算执行情况的监督职责。对于工资总额预算执行情况良好，并经审计未发现违规行为的企业，其工资总额预算将交由企业股东会或行使股东会权利的董事会审批实施，并报市国资委、当地主管税务机关备案。

第五章　附　则

第十五条　本办法自印发之日起实施。

【课后巩固】

1. 国外企业一般人工成本总额与规定工作时间内的工资的比例大约是________倍左右。

2. 企业人工成本主要由________________、________________、________________、________________、________________、________________和其他工人成本组成。

3. (判断题)单位与员工解除合同后，支付给员工的经济补偿金不应该计入企业人工成本。(　)

4. (判断题)企业会计准则中的“职工薪酬”实际上就是企业人工成本。(　　)

5. 企业发生的职工福利费支出，不超过工资薪金总额________的部分，准予税前扣除。

6. 企业发生的职工教育经费支出，不超过工资薪金总额________的部分，准予扣除；超过部分，准予在以后纳税年度________。

7. (判断题)企业依照国家有关规定为特殊工种职工支付的人身安全保险费，可以税前扣除。(　)

8. (判断题) 中央企业工资总额预算以上年实际发放工资总额为基础编制。工资总额预算增长根据企业经济效益预测情况、企业发展战略、工资增长调控线、工资效益联动机制等因素综合确定。(　　)

9. 最低工资标准的主要形式有________和________。

10. (判断题)劳动力市场工资指导价位制度按行业、工种(职业)，只公布不同工种(职业)的平均工资。(　)

【总结与评价】

学习效果评价表

班级________　学生姓名________　学号________　教师________

项　目	评价要素点	学生评价(30%)	组长评价(30%)	教师评价(40%)
态度(30%)	出勤情况			
	课堂纪律			
	团队合作			
	积极主动			
技能(50%)	任务1:			
	任务2:			

（续表）

项　目	评 价 要 素 点	学生评价 （30%）	组长评价 （30%）	教师评价 （40%）
技能 （50%）	任务3：			
	任务4：			
知识 （20%）	课后巩固题			
综合评价：				

注：每个教学项目的学习效果评价从态度、技能和知识三个维度来进行，每个维度分值满分100分，视评价要素点的数目及重要程度来确定各个评价要素点的分值（也可简单地采取平均分配分值，比如态度评价维度，四个要素评价点各占25分）；技能评价要素点要求学生自行填写完整（这是一个学生学习后回顾的过程）；三个评价维度分值所占总评成绩的权重分别为30%、50%和20%；评价主体包括学生本人、所在的小组组长和任课教师，其权重分别为30%、30%和40%。

主要参考文献

1. 〔美〕C·A·摩尔根著. 劳动经济学. 北京：工人出版社，1984
2. 〔美〕迈克尔·朱修斯著. 人事管理学. 北京：劳动人事出版社，1987
3. 〔美〕罗纳德·伊兰伯格、罗伯特·史密斯著. 现代劳动经济学——理论与公共政策. 北京：中国劳动出版社，1991
4. 〔美〕乔治·T·米尔科维奇、杰里·M·纽曼著. 董克勇等译. 薪酬管理(第6版). 北京：中国人民大学出版社，2005
5. 董克用、潘功胜编. 西方劳动经济学教程. 北京：中国劳动出版社，1995
6. 杨河清主编. 劳动经济学(第2版). 北京：中国人民大学出版社社，2010
7. 康士勇主编. 薪酬设计与薪酬管理(第2版). 北京：中国劳动社会保障出版社，2005
8. 康士勇主编. 工资理论与工资管理(第2版). 北京：中国劳动社会保障出版社，2006
9. 康士勇主编. 薪酬福利管理. 北京：中国劳动社会保障出版社，2007
10. 康士勇主编. 薪酬与福利管理实务. 北京：中国人民大学出版社，2008
11. 康锋编著. 薪酬设计全程指导. 北京：中国劳动社会保障出版社，2011
12. 康锋编著. 绩效考核与绩效薪酬设计全程指导. 北京：中国劳动社会保障出版社，2012
13. 刘昕编著. 薪酬管理(第3版). 北京：中国人民大学出版社，2011
14. 祝宴君主编. 工资收入分配. 北京：中国劳动社会保障出版社，2001
15. 安鸿章主编. 现代企业人力资源管理. 北京：中国劳动社会保障出版社，2003
16. 饶征、欧阳辉著. 职能工资设计. 北京：中国人民大学出版社，2003
17. 石伟主编. 薪酬管理. 北京：对外经济贸易大学出版社，2009
18. 王雁飞、朱瑜编著. 绩效与薪酬管理实务. 北京：中国纺织出版社，2005
19. 刘军胜编著. 薪酬管理实务手册. 北京：机械工业出版社，2005
20. 张建国编著. 薪酬体系设计结构化设计方法. 北京：北京工业大学出版社，2005
21. 张正堂、刘宁编著. 薪酬管理. 北京：北京大学出版社，2007
22. 王少东、吴全能、于鑫主编. 薪酬管理. 北京：清华大学出版社，2009
23. 李宝元编著. 薪酬管理原理方法实践. 北京：清华大学出版社，北京交通大学出版社，2009
24. 孙立虎、宗立娟编著. 薪酬体系设计实务手册. 北京：人民邮电出版社，2006
25. 李贵强主编. 员工薪酬管理(第2版). 北京：电子工业出版社，2009
26. 余清泉编著. 人力财税师讲义(中级). 内部印制
27. 余清泉编著. 人力财税师讲义(高级). 内部印制

28. 解进强、史春祥编著. 薪酬管理实务. 北京：机械工业出版社，2009
29. 卿涛、郭志刚主编. 薪酬管理. 大连：东北财经大学出版社，2009
30. 中国就业培训指导中心组织编写. 国家职业资格培训教程(第2版)：企业人力资源管理管理师(四级). 北京：中国劳动社会保障出版社，2007
31. 中国就业培训指导中心组织编写. 国家职业资格培训教程(第2版)：企业人力资源管理管理师(三级). 北京：中国劳动社会保障出版社，2007
32. 中国就业培训指导中心组织编写. 国家职业资格培训教程(第2版)：企业人力资源管理管理师(二级). 北京：中国劳动社会保障出版社，2007
33. 中国就业培训指导中心组织编写. 国家职业资格培训教程(第2版)：企业人力资源管理管理师(一级). 北京：中国劳动社会保障出版社，2010

图书在版编目(CIP)数据

薪酬管理业务综合训练/肖红梅、康锋主编. —上海:复旦大学出版社,2013.5(2020.3 重印)
(复旦卓越·人力资源管理和社会保障系列教材)
ISBN 978-7-309-09625-5

Ⅰ. 薪…　Ⅱ. ①肖…②康…　Ⅲ. 企业管理-工资管理-高等职业教育-教材　Ⅳ. F272.92

中国版本图书馆 CIP 数据核字(2013)第 076446 号

薪酬管理业务综合训练
肖红梅　康　锋　主编
责任编辑/宋朝阳

复旦大学出版社有限公司出版发行
上海市国权路 579 号　邮编:200433
网址:fupnet@fudanpress.com　http://www.fudanpress.com
门市零售:86-21-65642857　团体订购:86-21-65118853
外埠邮购:86-21-65109143
上海春秋印刷厂

开本 787×1092　1/16　印张 20.25　字数 468 千
2020 年 3 月第 1 版第 2 次印刷
印数 4 101—5 200

ISBN 978-7-309-09625-5/F·1922
定价: 39.00 元

如有印装质量问题,请向复旦大学出版社有限公司发行部调换。
版权所有　侵权必究